손바느질로 완성하는 베이비돌 옷과 소품

베이비돌 코스프레

인형옷 만들기

베이비돌 코스프레 인형옷 만들기

2019년 8월 21일 초판 1쇄 인쇄
2019년 8월 28일 초판 1쇄 발행

지은이 | 이선우
펴낸이 | 이종춘
펴낸곳 | ㈜첨단

주소 | 서울시 마포구 양화로 127 (서교동) 첨단빌딩 5층
전화 | 02-338-9151
팩스 | 02-338-9155
인터넷 홈페이지 | www.goldenowl.co.kr
출판등록 | 2000년 2월 15일 제 2000-000035호

본부장 | 홍종훈
편집 | 상想 company, 이소현
디자인 | 상想 company
교정·교열 | 박재언
일러스트 | 이시은
사진 | 이선우, 상想 company
전략마케팅 | 구본철, 차정욱, 나진호, 이동후, 강호묵
제작 | 김유석

ISBN 978-89-6030-533-5 13630

BM 황금부엉이는 ㈜첨단의 단행본 출판 브랜드입니다.

* 본 책의 촬영 장소는 퍼스트 가든(주소 : 파주시 탑삭골길 260(상지석동 1021-3) 대표 전화 : 031-957-6861)으로 동의 하에 촬영을 했습니다.

손바느질로 완성하는 베이비돌 옷과 소품

베이비돌 코스프레 인형옷 만들기

이선우 지음

BM 황금부엉이

Prologue

리코더를 불고 고무줄놀이를 하던 시절부터, 생각한 것을 계획하고 꾸미고 그리고 만드는 놀이가 너무 재미있었던 소녀는 지금은 한 아이의 엄마가 되었습니다. 결혼생활을 하며 아이를 갖고 자수, 뜨개질, 바느질 등으로 태교를 하면서 내 아이의 옷가지, 소품 등을 정성스럽게 핸드메이드로 만들어주고 싶은 욕구가 점점 커져 갔습니다.

아이를 키우다 보면 자연스럽게 인형을 자주 접하게 되고 모으는 취미도 생깁니다. 취미로 시작한 놀이는 지금까지도 진행 중이랍니다.
외출할 때나 집에서나 심지어 잠이 들 때까지 아이들이 좋아하는 애착인형이나 장난감은 손에서 떨어지지 않죠. 보기만 해도 행복한 투샷입니다. 소소히 인형옷을 만들고, 아이의 옷을 만들어 입히다 보니, 다양하고 재미있는 코스프레 옷을 입고 친구들과 노는 인형과 아이들을 생각하게 되었습니다.

동화 속에서 만날 수 있는 멋진 주인공들의 모습을 실제로 입혀 보는 재미가 쏠쏠합니다.
로빈 후드, 빨간 망토, 드라큘라, 마녀, 병정, 산타클로스, 박쥐, 공룡, 요정까지….
내가 가지고 있는 인형이 동화 속 주인공으로 변신하는 것도 또 다른 즐거움입니다.

요즘 너무 바쁜 슈퍼 맘들이지만 사부작사부작 틈틈이 재미있는 코스프레 옷을 만들어 예쁜 인형에 입혀서 자고 있는 아이의 머리맡에 살짝궁 놓아주면 다음 날 아이의 표정이 어떨지 상상만으로도 기분이 좋아집니다.
미싱과 손바느질을 함께 작업해 왔는데, 점점 핸드메이드 작품에 정성을 들이게 됩니다. 조금 느려도 한 땀 한 땀 작은 것부터 정성스럽게 따뜻함을 꺼내서 표현해 봅니다. 포도 한 알 한 알 몇 해 키워 만드는 와인, 로스팅하고 한 방울 한 방울 내려서 입안 가득 풍미 있는 커피를 마시는 것처럼 겉으로 보이는 기교보다는 혼이 담긴 따뜻하고 정성스러운 작업을 차곡차곡 쌓아가고 싶어요.

작지만 인형옷을 만들다 보면 꽤 많은 정성과 시간이 들어갑니다.
만들다 보면 점점 성장해 가는 나를 발견할 수 있을 거예요.
내가 좋아하는 일을 통해서 나를 표현하고 살아갈 수 있다면, 그것이 조금이라도 누군가에게 도움이 되고 공유하고 배워가며 공감하면 행복할 것 같습니다.
꾸준히, 쉼 없이, 열정적으로….
인형옷, 내 아이 옷을 소중하고 정성스럽게 만들어 보아요.

지금 이 순간도 꿈틀꿈틀 열땀하는
꾸미시옹 작업실에서…
이선우

Contents

Witch

멋지고 시크한 마녀

Nutcracker Suite

동화 속 호두까기 병정

Santa Claus

빨간 옷의 산타클로스

Bat

하늘을 나는 박쥐

Dinosaur

귀여운 공룡 친구로 변신

Fairy

숲 속의 깜찍한 요정

Doll Photo

Robin hood
p.040

Red Riding Hood
p.060

Dracula
p.078

Witch
p.096

Nutcracker Suite
p.110

Santa Claus

p.124

Bat
p.138

Dinosaur

p.148

Fairy
p.158

Basics of Sewing

기본 소개

01

기본 도구

❶
❷
❸
❹
❺
❻
❼
❽
❾
❿
⓫
⓬
⓭
⓮
⓯
⓰
⓱
⓲
⓳
⓴
㉑
㉒
㉓
㉔
SHOE ADHESIVE
ピケ
Piquē
ドライ・水洗いOK
ほつれ止め
FRENCH CURVE
MADE IN KOREA
CLOVER

❶ 그레이딩자
패턴을 그리고 수정할 때 주로 쓰며, 직선과 사선으로 그레이딩할 때 사용합니다. 0.5cm 단위 눈금이 있어 시접 유무에 따른 재단 시 매우 용이합니다.

❷ 시침봉
바느질하지 않을 때 시침핀, 바늘을 꽂아 두면 편리합니다.

❸ 시침핀
원단을 겹쳐서 바느질할 때 원단이 서로 밀리지 않도록 고정해 주는 역할을 합니다. 핀 머리가 작거나 잘 구부러지는 얇은 것이 좋습니다.

❹ 바늘
용도에 따라 바늘 굵기를 선택하면 됩니다. 기본적으로 가정용 손바느질 세트에 있는 바늘이면 충분합니다.

❺ 실
잘 끊어지지 않고 꼬임이 덜한 퀼트 실을 쓰면 좋습니다. 기타 가정용 손바느질용 실이나 자수 실도 사용 가능합니다.

❻ 시접 고정 집게
일반적으로 원단을 고정할 때 시침핀을 사용하지만, 두꺼운 가죽 원단이나 반대로 올이 나가기 쉬운 원단, 탄성이 있는 원단 등에 시접 고정 집게를 사용하면 도움이 됩니다.

❼ 줄자
치수를 측정할 때 사용하는데, 특히 곡선의 치수를 측정할 때 많은 도움이 됩니다.

❽ 재단 가위
원단 전용 가위로 원단을 재단할 때 사용합니다.

❾ 패브릭 수성펜
패턴을 원단에 옮겨 그릴 때 사용합니다. 수세형이라 물에 쉽게 없어집니다. 원단에 따라 수성펜과 초크펜을 구분해서 씁니다.

❿⓫ 초크펜
가죽 원단이나 탄성이 있는 원단 등에 쓰면 도움이 됩니다. 기화성으로 시간이 지나면 없어집니다.

⓬ 올 풀림 방지액
천의 가장자리나 공단, 울, 리본테이프 등을 흐트러지지 않고 깔끔하게 정리할 수 있도록 도와줍니다.

⓭ 접착 본드
소재에 따라서 구분해서 씁니다. 이 책에서는 주로 신발 만들기 등에서 피혁 접착제를 활용했습니다.

⓮ 고무줄 끼우개
주로 바지와 치마 허릿단에 고무줄을 넣을 때나, 폭이 좁은 원단을 뒤집을 때 편리하게 사용할 수 있습니다.

⓯ 송곳
작은 크기의 단추를 달기 위해 구멍을 뚫을 때나 두꺼운 원단에 선을 표시할 때 사용하면 도움이 됩니다. 원단을 뒤집어 시접 정리할 때나 잘못된 바늘땀을 뜯을 때도 사용 가능합니다.

⓰ 실뜯개
바느질이 잘못되어 바늘땀을 뜯어야 할 때 많이 사용합니다.

⓱ 쪽가위
실밥을 정리하거나 원단 끝에 가위집을 낼 때 주로 사용합니다.

⓲ 다리미용 자
시접을 선으로 그리지 않고 원하는 시접만큼 접어서 원단과 함께 다릴 수 있어 편리합니다.

⓳ 암홀자
정확한 패턴을 그리기 위해 암홀, 힙 등 주로 곡선 등을 그레이딩할 때 사용합니다.

⓴ 글루건, 글루건 심
장식 코사지, 단추 등을 달거나 간단하게 고정할 때 사용합니다.

㉑ 다리미
다림질은 작업 중간에 원활한 바느질을 위해서도 하고, 작품이 끝난 후 완성도를 높이기 위해서 사용됩니다. 인형옷 만들기는 원단 소요량이 크지 않으므로 미니 다리미를 사용하면 편합니다.

㉒ 겸자
창구멍으로 시접 정리할 때 원단을 뒤집거나 솜을 넣어 입체적인 연출을 할 때 사용합니다. 가위 끝에 톱니날이 맞물려 있어 단단하게 잡아줍니다.

㉓ 패턴지
패턴을 옮겨서 그릴 때 사용합니다. 부직포로 되어 있으며, 모눈 선이 그려진 패턴지가 용이하고, 가봉 시 사이즈를 확인할 때 많은 도움이 됩니다.

㉔ 심지
단단한 부직포 재질로, 원단이 빨리 닳거나 해지는 것을 방지하고 원단의 두께를 용도에 맞게 보완해 주는 역할을 해서 홈데코 및 모자, 가방 만들기에 필요합니다(이 책에서는 힘에 의한 변형이 필요한 모자 만들기에서 가방 심지를 활용했습니다).

02

원단의 종류

* 원단 내용의 기준은 사람의 사용에 기준합니다.

면 크랙 인조 가죽

인조 가죽의 종류 중 하나입니다. 면사에 색을 입혀 크랙 효과를 준 코팅이 되어 있습니다. 핸드메이드의 자연스러움을 연출하기에 적합합니다.

스웨이드

물과 오염에 취약한 단점이 있지만, 우아하고 고급스러운 느낌이 있어 재킷, 베스트, 신발, 지갑, 가방 등 패션 액세서리에 주로 사용됩니다.

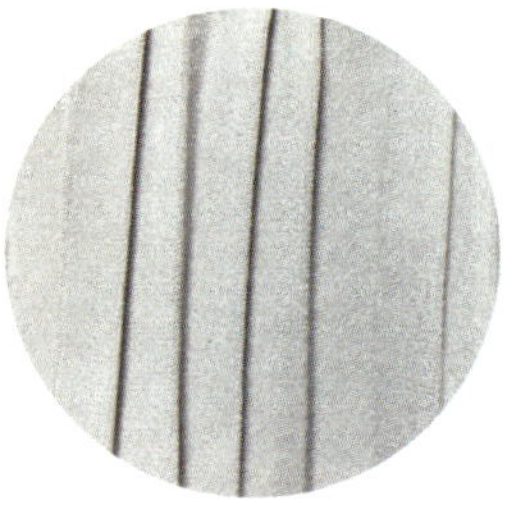

베타 주름 폴리스판

부드러운 촉감, 라인을 살릴 수 있는 핏감, 적당한 두께, 신축성을 갖춘 원단입니다.

새틴

광택이 있고 매끄러운 직물입니다. 드레스, 블라우스, 스카프 외에도 옷의 안감, 코트의 안감으로 적합합니다.

에나멜 주름

가죽 대용으로 많이 사용되는 원단입니다. 가방, 소품, 의류 등에 다양하게 쓰입니다.

코튼 린넨 워싱 무지

탄탄한 조직감과 함께 빈티지스러운 워싱이 들어가 있어서 어디에나 내츄럴한 효과를 낼 수 있습니다. 두께감이 적당해서 홈데코 아이템으로도 다양하게 연출이 가능합니다.

T/C 무지

면 + 나일론 혼방 원단이며 옷을 처음 만드는 초보자들은 조금 뻣뻣하지만 잘 늘어나지 않는 직기 원단이 다루기 좋습니다.

노방

얇은 비단의 종류로 여름용 옷감에 매우 적합합니다.

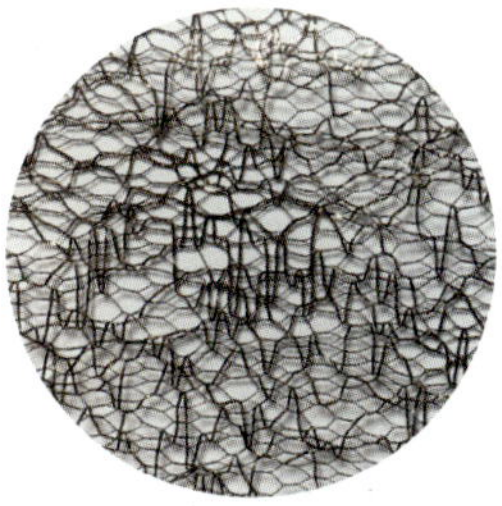

망사
볼륨 있는 곡선을
표현할 때 좋습니다.

린넨 선염 바이오 21수
마 식물 원료로 피부에
달라붙지 않고, 땀 흡수가
잘되어 여름옷 옷감으로
선호합니다. 구김이 잘 가는
특징이 있습니다.

면 40수/60수
옷감의 원료가 목화입니다.
자극이 덜하고 신축성이 좋아
편안한 실내복으로 적합합니다.

면 70% + 폴리 30% 혼방 워싱 가공
먼지가 잘 붙지 않고
세탁이 편리합니다.
고열 다림질은 피해야 합니다.

공단
감이 두껍고 무늬가 없는 비단
입니다. 요즘은 인조 섬유로
다양하게 만들어집니다.
표면이 매끄럽고 광택이 있지만
질기지 못하고 올이 잘 풀립니다.
안감용으로 적합합니다.

폴리우레탄
가죽 대용으로
많이 사용됩니다.

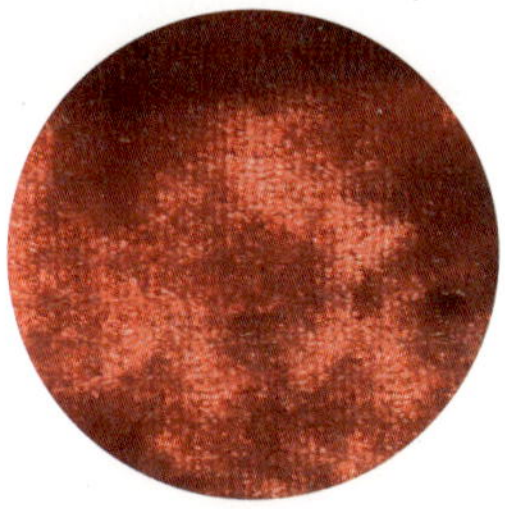

벨벳
짧고 부드러운 솜털이 있는
고급 원단입니다. 촉감이 매우
좋아 의류용으로 많이 사용됩니다.
건조한 재질이라 먼지가 잘
붙으니 자주 털어줍니다.

폴라폴리스
폴리 100%입니다.
겨울용 원단으로 다양하게
연출이 가능합니다.

나일론 80% + 스판 20% 혼방
시원하고 가벼운 소재로 편안한
착용감이 있습니다.
간절기 의류에 많이 사용됩니다.

양면 기모
직물의 기모 가공면에 따라
구분됩니다. 표면에 얇은 양털을
붙인 겨울용 원단으로
보온 효과가 뛰어나고
부드러운 촉감이 특징입니다.

스판 골지
신축성이 좋아서 편안한
착용감이 있습니다.
골지 원단 사이로 통풍이
잘되고 슬림한 핏을 연출할 때
적합합니다.

레이스
비침 무늬를 만들어낸
직물입니다.
레이스 기법에 따라 다양한
표현이 가능합니다.

03

옷 만들기 전 준비 작업

옷을 만들기 전에 선세탁이나 도안 그리기, 재단하기 등의 작업 과정과 직접 작업을 할 때 어떠한 도구와 방법으로 작업을 할 수 있는지에 대해 알아보겠습니다.

1. 실물 패턴을 그리기 전에 선세탁을 한 다음, 실물 크기의 패턴을 시접의 유무를 파악하여 패턴지에 그립니다.
2. 원단의 소요량을 확인한 후 원단 폭을 고려해서 원단 방향으로 배치하고, 원단과 패턴지를 시침핀으로 고정한 후 재단 가위로 잘라냅니다.

방향 익히기

각 도안 사이의 간격은 책의 원단 소요량에 기재된 것보다 조금 넉넉하게 배치하여 전체 소요량을 가늠해도 무방합니다.

전체적으로 배치를 해 놓습니다. 재단을 한꺼번에 하지 않고, 바느질 순서대로 시접과 사이즈를 잘 고려하여 재단선, 완성선, 골선, 식서 방향 등의 패턴 기호와 표시를 정확히 인지한 후에 재단을 하고 바느질하는 것이 원단의 로스를 줄일 수 있는 방법입니다.

- **식서 방향 :** 원단을 당겼을 때 늘어나는 방향입니다.
- **푸서 방향 :** 식서 방향의 반대 방향입니다. 원단이 식서 방향만큼 늘어나지 않아요.
- **바이어스 방향 :** 원단을 45도로 경사지게 자르는 방향입니다. 양방향입니다.

접착솜 붙이기

풀이 도포되어 있는 곳과 원단의 안을 맞대고 풀이 도포되어 있지 않은 쪽을 다림질합니다.

이때 밀면서 다리지 않고 풀이 녹을 수 있도록 2~3초 정도를 꾹 눌러 패턴 안에서 바깥 쪽으로 다려줍니다.

❶ 선세탁하기

대부분의 원단은 세탁을 하면 사이즈가 줄어들 수 있기 때문에 미리 세탁을 해 놓은 후에 바느질하는 것이 좋습니다.

Tip

· 미온수에 원단이 충분히 잠기게 한 다음 1시간 정도 놔둡니다.
· 색 오염이 있을 수 있으니 시간이 다소 걸리더라도 단독 세탁을 권합니다.
· 비틀어 짜지 않고 물기를 꾹 눌러서 그대로 펴고 말립니다. 구김이 많은 옷은 덜 말랐을 때 다림질을 해 놓으면 바느질할 때 편리합니다.

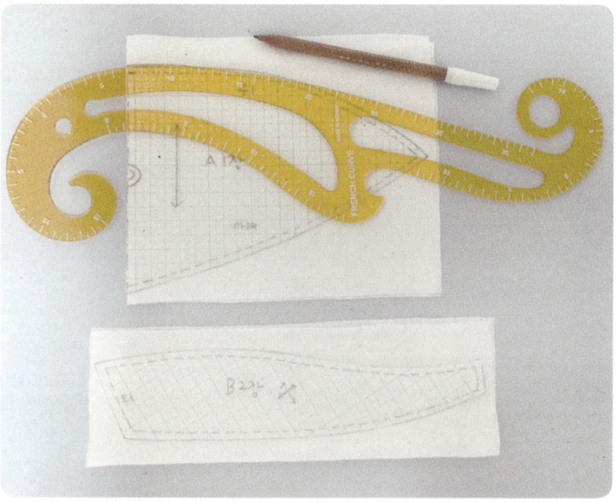

❷ 도안 그리기

실물 도안을 옮겨 그린 패턴지를 원단 위에 올려놓습니다.

그레이딩자, 암홀자를 활용해서 확실한 패턴을 그리는 것이 완성도 있는 작품을 만들 수 있는 기초 작업입니다.

재단선과 완성선, 패턴 명, 원단 소요량 등 디테일 항목을 꼼꼼히 패턴지에 옮겨서 기재해 놓으면 원활한 작업을 할 수 있습니다.

❸ 재단하기

실선을 따라 정확하게 재단 가위로 자릅니다.

골선이 표시되어 있는 도안은 좌우대칭이 되도록 원단을 안끼리 맞대고 접은 선에 골선을 맞춰 시침핀으로 고정한 후에 재단합니다.

골선이 없는 패턴은 소요량 확인 후, 1장은 패턴지 겉이 보이도록 원단 위에 패턴지를 대고 도안을 그리고 또 다른 1장은 패턴지 안이 보이도록 뒤집어서 원단 위에 패턴지를 대고 도안을 그립니다.

Tip

가위를 비스듬히 잡지 않고 원단과 직각이 되도록 하며 원단과 가위를 재단하는 책상 위에서 떼지 않고 재단합니다.

04

기본 바느질법

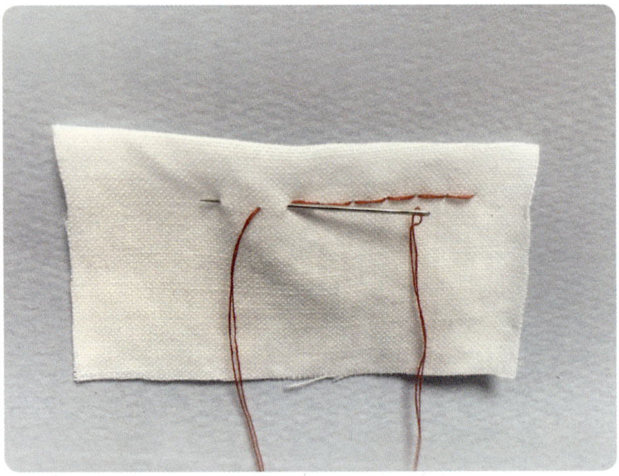

박음질

손바느질도 미싱처럼 반듯하게 직선으로 표현 가능하며, 한 땀씩 잇대어 바늘을 시작점 뒤쪽으로 넣었다가 앞으로 빼내는 홈질보다 조금 더 튼튼한 바느질입니다.

홈질

가장 기본적으로 많이 사용하는 기초 바느질이며, 2~3mm 간격으로 바늘땀을 일정하게 앞뒤로 넣었다가 빼는 과정을 반복하는 바느질입니다. 천이 주름지지 않도록 바늘땀을 고르게 작업합니다.

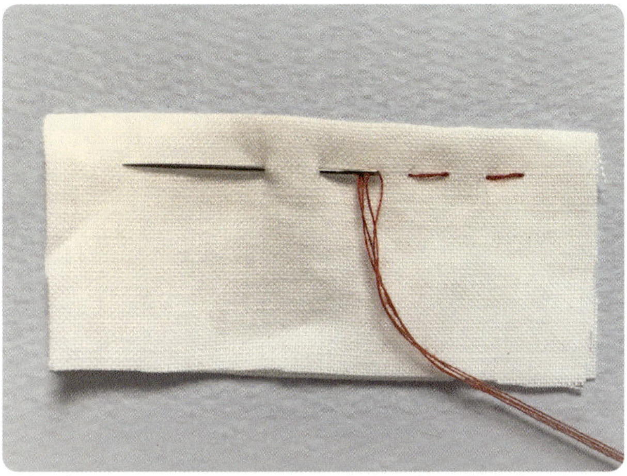

시침질

주로 가봉 시 임시 고정할 때 많이 쓰입니다. 방법은 홈질과 같지만 바늘땀의 간격을 홈질의 2배 정도 넓게 하는 것이 다른 점입니다. 홈질이나 박음질 전에 먼저 하며, 홈질이나 박음질을 하고 나서는 뜯어냅니다.

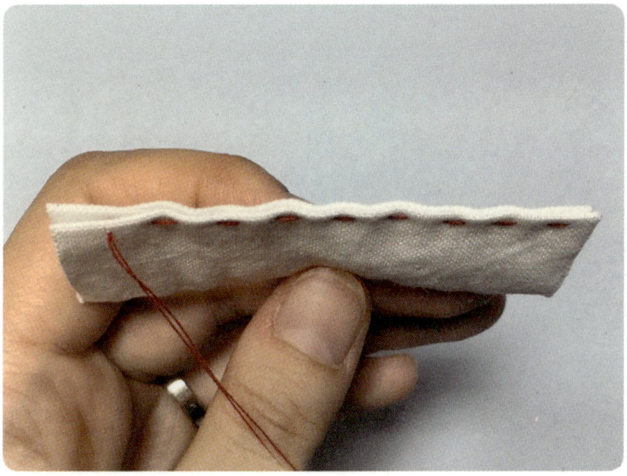

상침

2~3mm 간격으로 칼라, 포켓, 가장자리, 단 등을 마무리하고 시접끼리 겹치는 부분을 보이지 않게 고정하여 형태를 안정시키는 역할을 할 때 많이 쓰입니다.

공그르기

창구멍으로 뒤집고 시접을 정리할 때 주로 사용합니다. 원단의 시접을 맞대고 바늘을 양쪽에서 한 땀씩 번갈아가며 떠서 바늘을 잡아당겨 주고 시접 겉으로 바늘땀이 보이지 않도록 깔끔하게 마무리하는 바느질입니다.

How to Make

만들기

Cosplay doll clothes

Robin hood

멋쟁이 로빈 후드로 변신

로빈 후드 재킷 + 로빈 후드 바지 + 로빈 후드 판초 +
로빈 후드 깃털 달린 모자 + 로빈 후드 활과 화살대, 활통 + 로빈 후드 부츠

멋쟁이 로빈 후드가 되어 볼까요?
재킷과 깃털 달린 모자, 판초를 걸치고
의적으로 변신해 봐요.
활과 활통을 메고
더 멋진 모습을 뽐낼 수 있어요!

Item 1

로빈 후드 재킷

실물 크기 도안 p.171

원단	앞판 A, 뒤판, 소매 C : 면 크랙 인조 가죽 52×20cm
	앞판 B, 소매 B, 칼라 : 스웨이드 31×20cm
	소매 A : 베타 주름 폴리스판 30×14cm
단추	장식 단추 : 15mm 3개 / 스냅 단추 : 5mm 3쌍

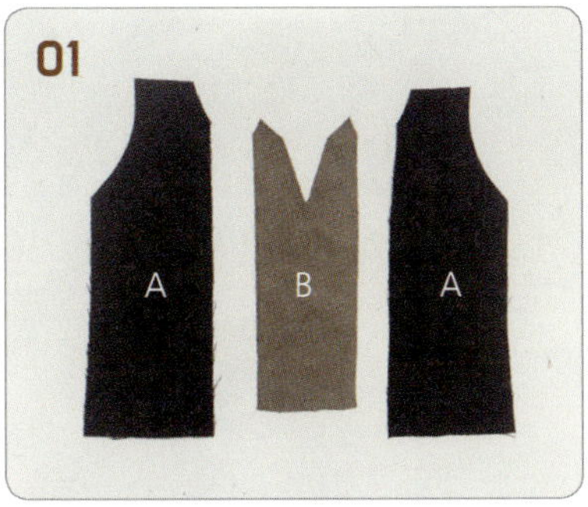

앞판 A는 2장, B는 1장을 재단해요.

TIP A와 B를 배색 혹은 원단이 다르게 재단해요.

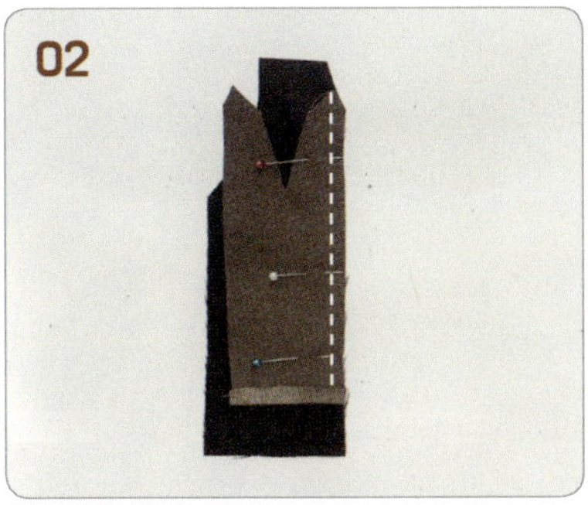

앞판 A, B, A 순서로 겉끼리 맞대고 시침핀으로 고정한 후 B의 밑단 시접 0.5cm를 제외하고 양쪽 시접을 패치해서 0.5cm 너비로 박음질해요.

앞판 B 밑단은 안으로 0.5cm 접어 0.2cm 상침해요.

패치된 앞판 모습을 확인해요.

뒤판 2장을 재단해요.

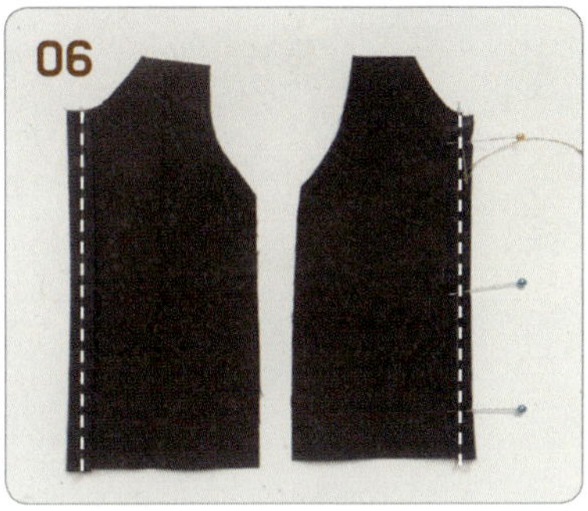

뒤판 왼쪽은 뒤 중심을 안쪽으로 1cm씩 두 번 말아 접고, 오른쪽은 1cm 한 번 접어 각각 0.5cm 너비로 박음질해요.

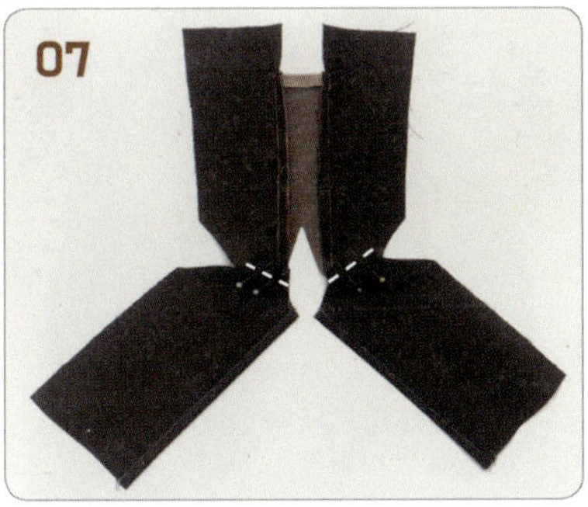

앞판과 뒤판 어깨를 겉끼리 맞대고 시침핀으로 고정한 후 0.5cm 너비로 박음질해서 연결해요.

앞판과 뒤판을 연결한 모습이에요.

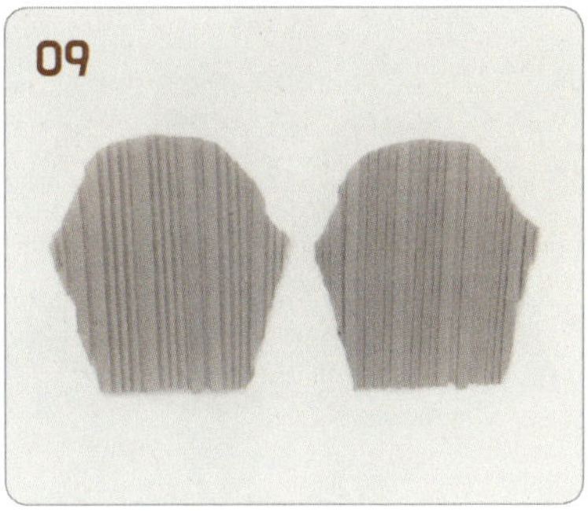

소매 A를 2장 재단해요.

10

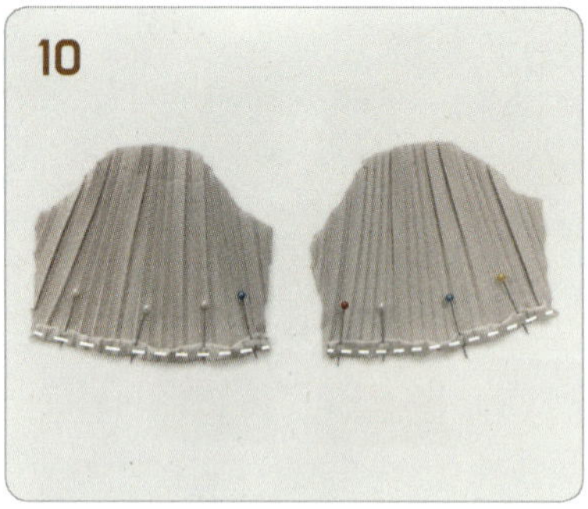

소매 밑단은 안쪽으로 0.5cm 두 번 말아 접고 0.2cm 상침해요.

11

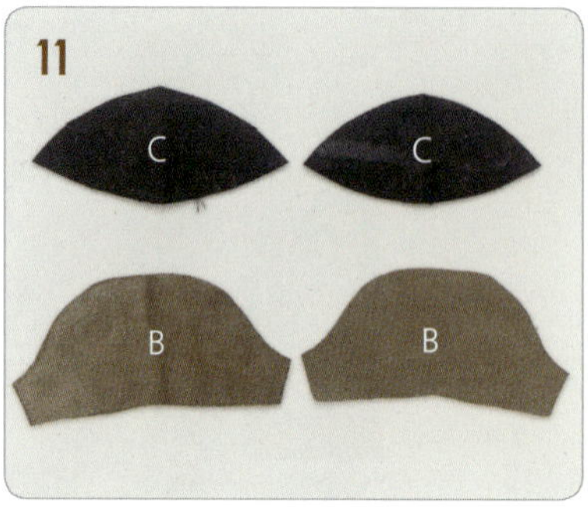

소매 C와 B를 각각 2장씩 재단해요.

12

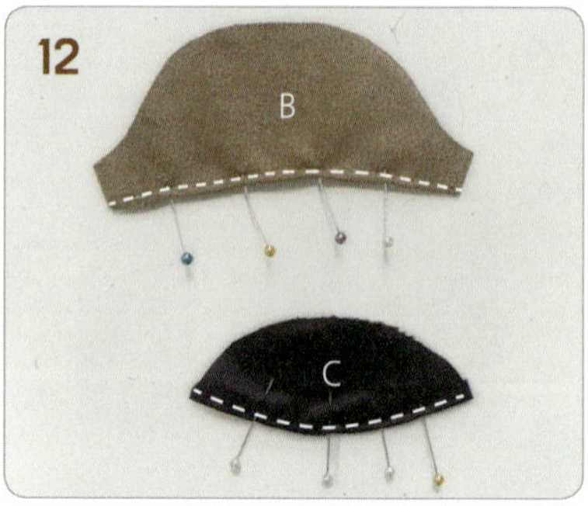

재단한 B와 C의 밑단을 0.5cm 안으로 접어 올리고 상침해요.

13

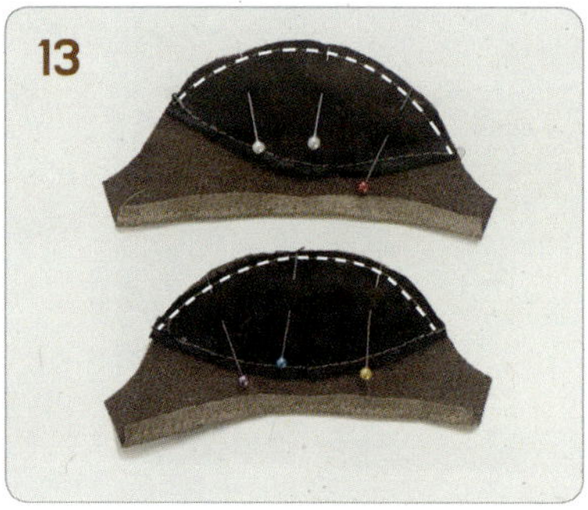

소매 B의 안과 C의 겉을 맞대고 시침핀으로 고정한 후 0.2cm 너비로 상침해요.

14

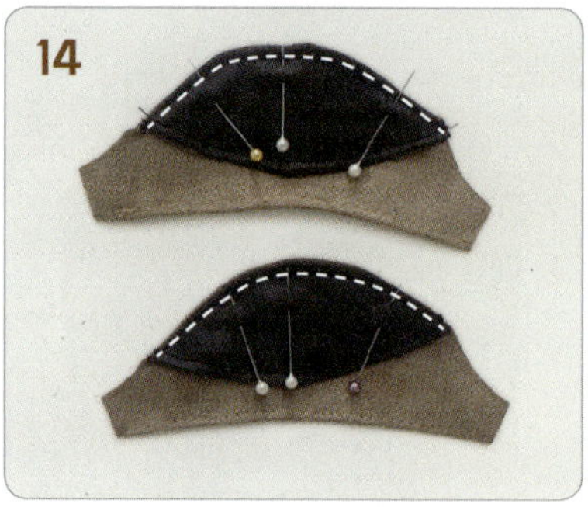

뒤집어서 겉에서 0.2cm 상침해요.

15

10번에 바느질된 소매와 14번의 소매를 어깨 중심과 소매의 겉끼리 중심부터 맞춘 후 소매 진동둘레를 맞춰 시침핀으로 고정하여 소매부터 옆선까지 박음질로 연결해요.

16

연결한 모습이에요.

17

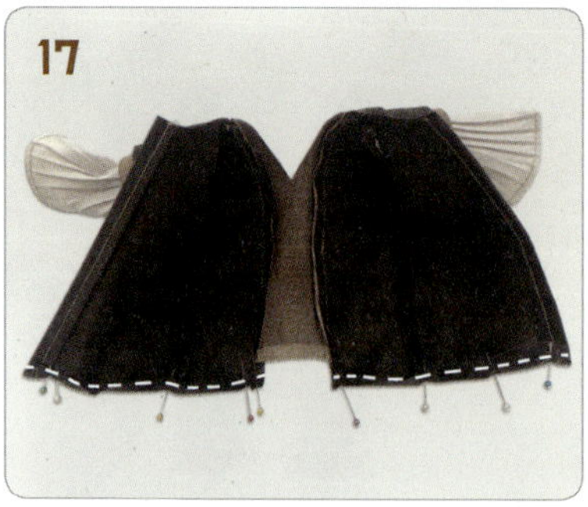

앞판 A와 뒤판의 밑단은 안으로 1cm 접어 0.5cm 너비로 박음질해요.

18

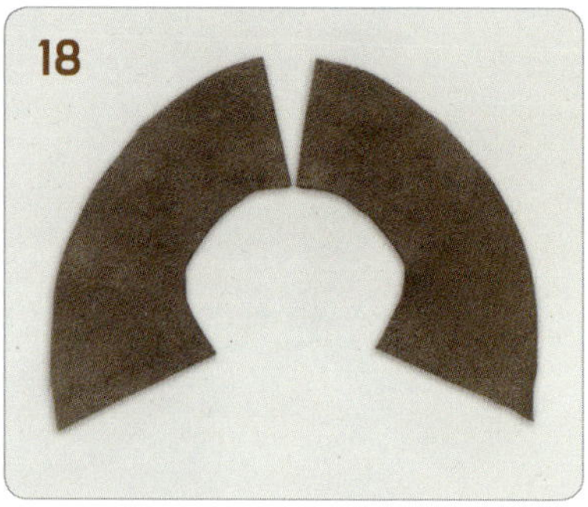

칼라를 2장 재단해요.

목둘레에 맞춰 칼라를 겉이 보이도록 얹혀 놓고, 0.5cm 너비를 목둘레 안쪽으로 말아 접어서 상침해요(양쪽 모두 동일한 방법으로 작업해요).

뒤판 중심에 스냅 단추 3쌍을 맨 위에서 3cm 아래 지점부터 3cm 간격으로 달아요.

앞판 B에 단추를 맨 위에서 1cm 아래 지점부터 3.5cm 간격으로 달아주면 완성이에요.

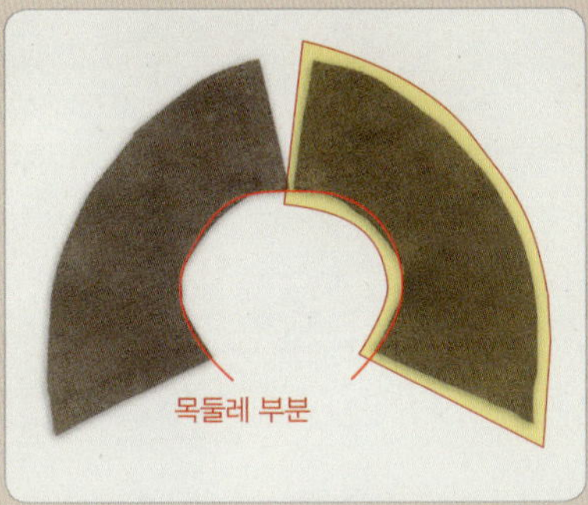

Item Plus!

로빈 후드의 칼라는 원단 소재 특성상 올이 풀리지 않는 원단이어서 겉 1장으로 활용했습니다.
겉, 안 2장으로 작업할 경우, 실물 도안에서 0.5cm 시접을 주어 겉과 안을 각각 2장씩 재단합니다.
겉과 안을 겉끼리 맞대고 목둘레 부분을 제외한 3면을 0.5cm 너비로 박음질한 후 목둘레 쪽으로 뒤집고, 시접 정리를 한 후 19번 작업을 동일하게 합니다.

Item 2

로빈 후드 바지

실물 크기 도안 p.174

원단	앞판, 뒤판, 벨트 : 새틴 30×30cm
	바지 배색 : 베타 주름 폴리스판 16×16cm
고무줄	5mm짜리 17cm

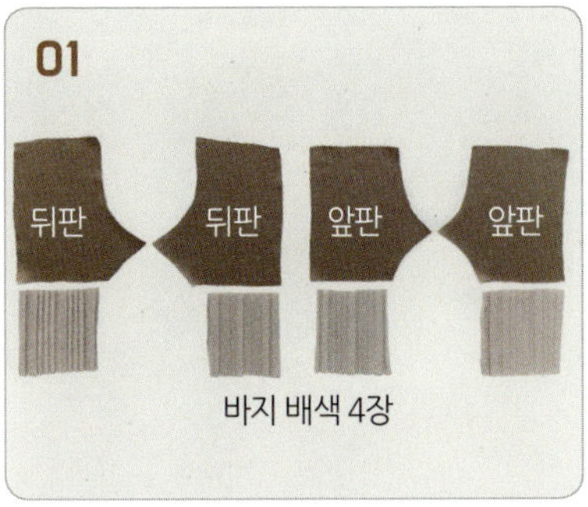

앞판 2장, 뒤판 2장을 재단하고, 바지 배색 4장을 재단해요.

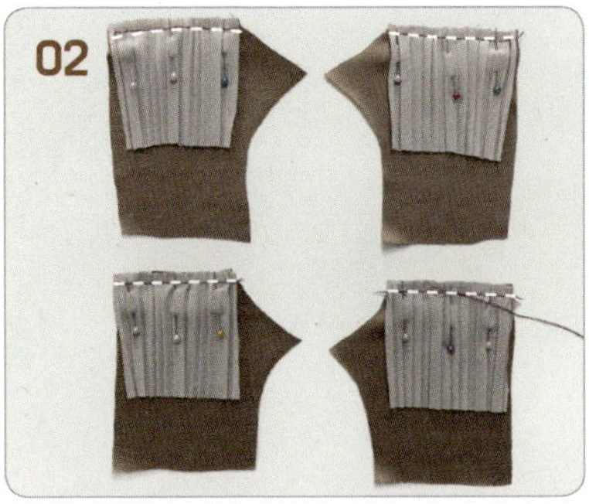

앞판 2장, 뒤판 2장의 밑단과 바지 배색을 겉끼리 맞대고 시침핀으로 고정한 후 0.5cm 너비로 박음질해서 연결해요.

앞판과 뒤판이 바지 배색과 연결된 모습이에요(4장이 동일해요).

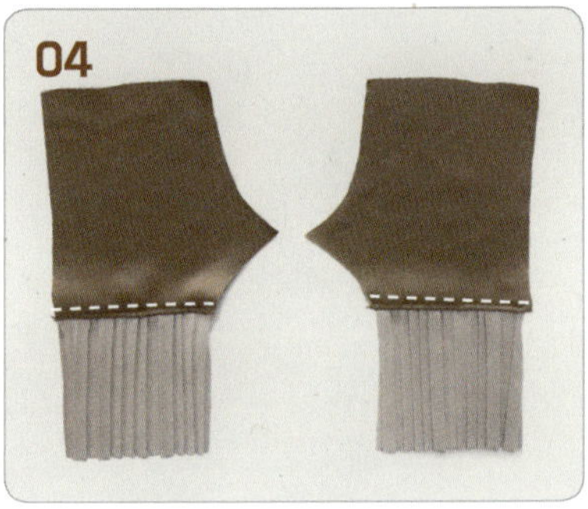

4장 모두 연결한 부분을 겉면에서 0.2cm 상침해요.

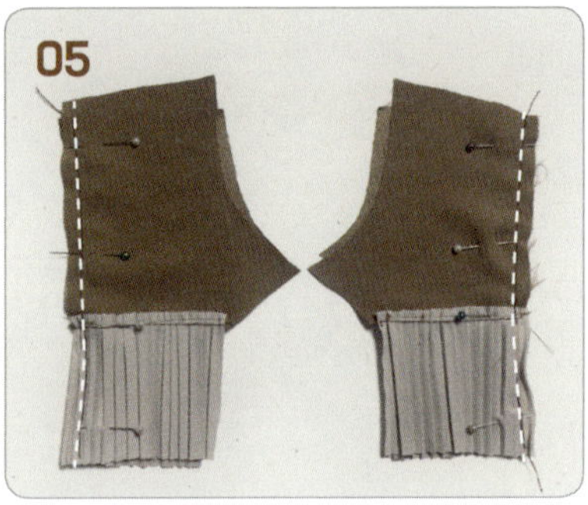

앞판과 뒤판을 겉끼리 맞대고 시침핀으로 고정한 후 옆선을 시접 0.5cm 너비로 박음질해요.

밑아래 옆선도 밑아래를 기준으로 시침핀으로 고정한 후 시접 0.5cm 너비로 박음질해요.

오른쪽 몸판을 뒤집어 보이게 한 뒤, 왼쪽 몸판에 넣어 오른쪽(겉)–왼쪽(겉)끼리 마주 보게 놓아요.

밑위 선 가름솔을 정리하면서, 밑위 선을 중심으로 시침핀으로 고정한 후, 앞 밑위 선부터 뒤 밑위 선까지 시접 0.5cm 너비로 박음질해요.

오른쪽 몸판으로 빼준 앞모습이에요.

10

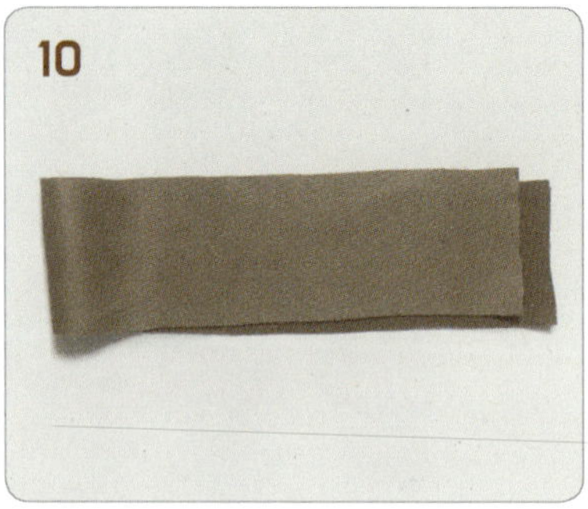

벨트를 1장 재단해요.

11

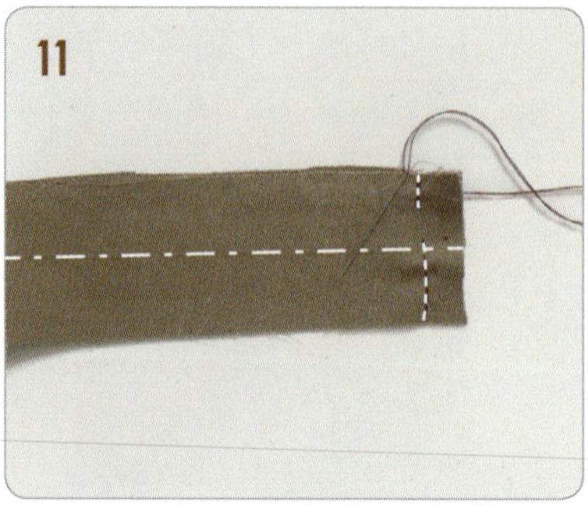

벨트 1/2 지점에 접는 선을 수성펜으로 체크해요. 겉으로 맞대고 시침핀으로 고정한 후 1cm 너비로 표시된 옆선 부분에 박음질해요.

TIP 수성펜으로 체크해 놓은 접는 선 위로 고무줄 넣을 창구멍을 0.7cm 남겨주세요.

12

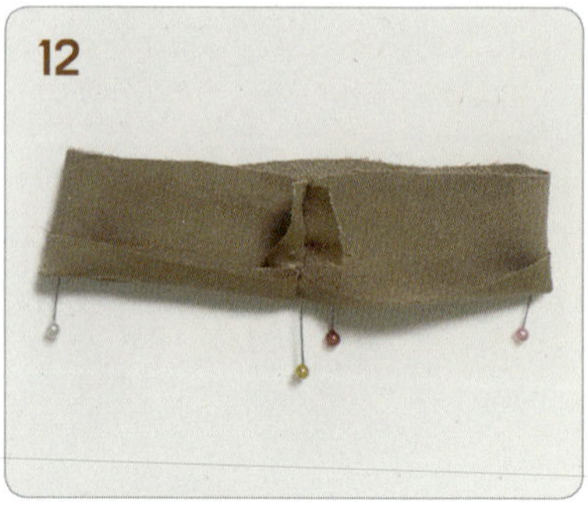

아래 시접을 0.5cm 너비로 안으로 접어서 다림질하거나 시침핀으로 고정해요.

13

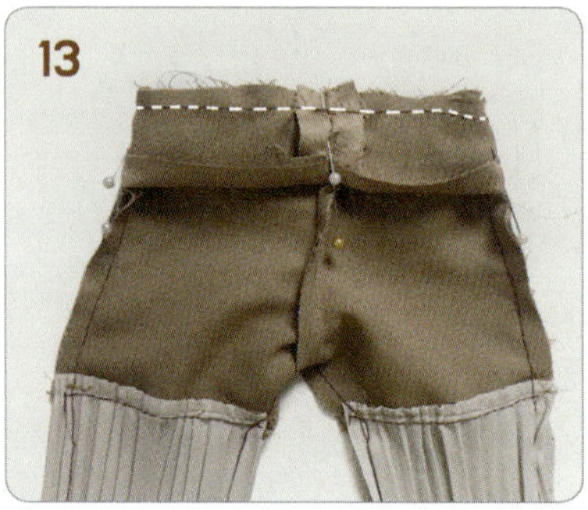

벨트 겉과 몸판 안을 맞대고 허리둘레를 시접 0.5cm 너비로 박음질해요.

TIP 벨트 창구멍이 있는 중심과 뒤 몸판 중심을 기준으로 바느질해요.

14

겉으로 뒤집어서 0.5cm 너비로 박음질된 허리둘레를 벨트 쪽에 올려놓고, 벨트의 접는 선에 맞춰서 접은 다음, 시침핀으로 고정한 후 0.2cm 상침해요.

15

몸판에 벨트를 연결한 모습이에요.

16

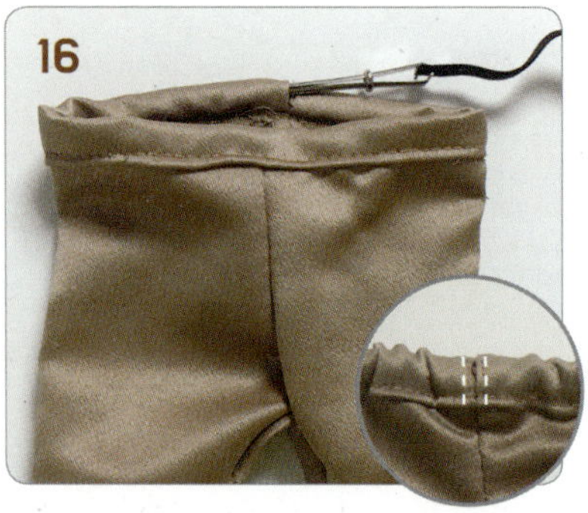

5mm 고무줄 17cm를 준비해요. 고무줄 끼우개를 이용해서 창구멍으로 고무줄을 넣고 양 끝을 1cm 겹쳐서 박음질해요.

TIP 창구멍 양옆을 겉에서 0.2cm 상침해요.

17

바지 밑단을 0.5cm 안으로 접고 0.2cm 상침하면 완성이에요.

Item 3

로빈 후드 판초

실물 크기 도안 p.175

원단 후드, 앞 몸판, 뒤 몸판 : 코튼 린넨 워싱 무지 60×32cm

단추 스냅 단추 : 5mm 2쌍

양면 징 5mm 4쌍

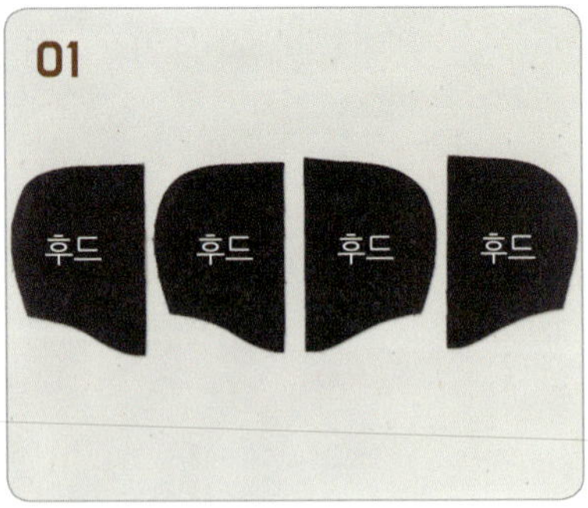

후드 4장을 재단해요.

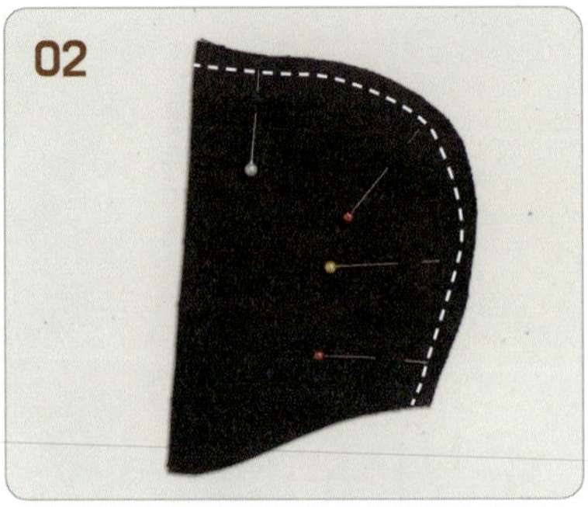

후드는 2장씩 겉끼리 맞대고 시침핀으로 고정한 후 0.5cm 너비로 박음질해요.

바느질한 02번을 겉끼리 맞대고 중심과 끝을 잘 맞춰 시침핀으로 고정한 후 0.5cm 너비로 박음질해요.

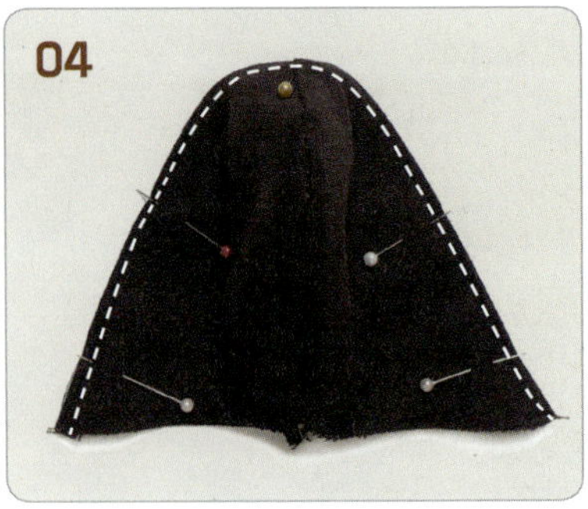

바느질하지 않은 밑 둘레로 뒤집고, 시침핀으로 고정한 후 겉에서 0.2cm 너비로 상침해요.

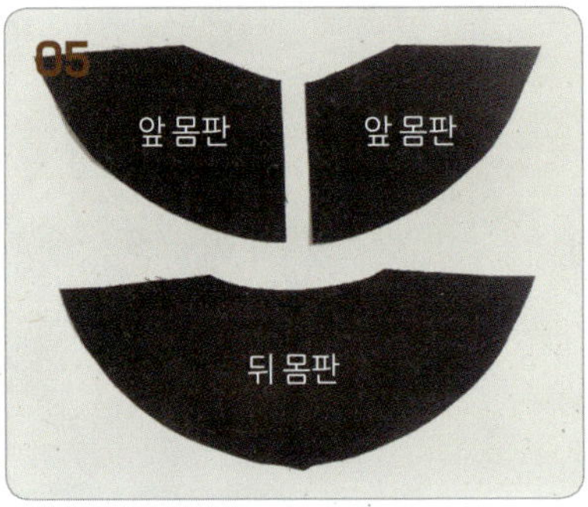

앞 몸판 2장, 뒤 몸판 1장을 재단해요.

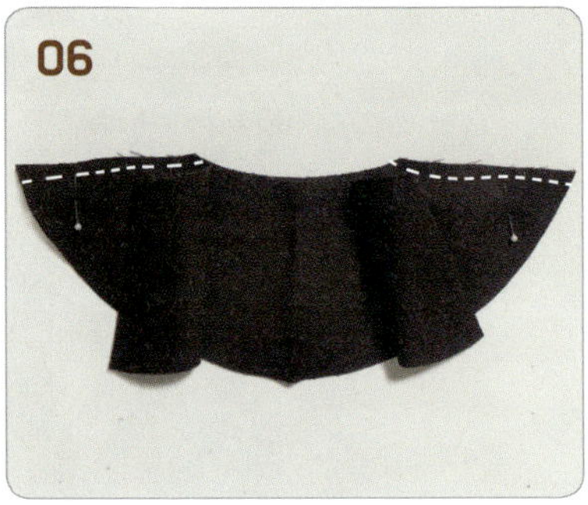

앞 몸판 2장과 뒤 몸판 1장을 겉끼리 맞대고 시침핀으로 고정한 후 어깨를 0.5cm 너비로 박음질해요.

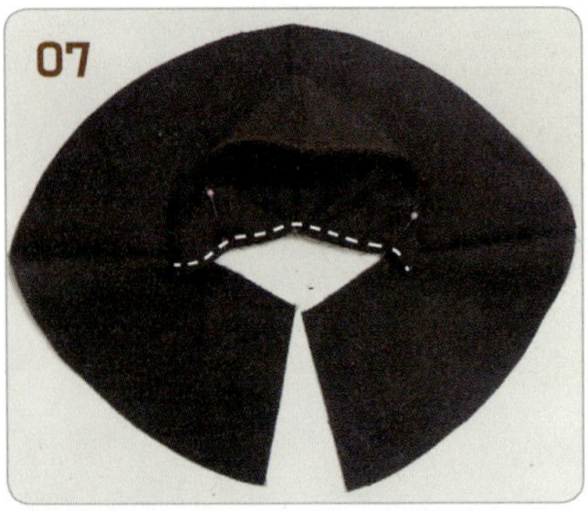

뒤 몸판과 후드를 겉끼리 맞대고 어깨너치를 잘 맞춰 시침핀으로 고정한 후 0.5cm 너비로 박음질해요.

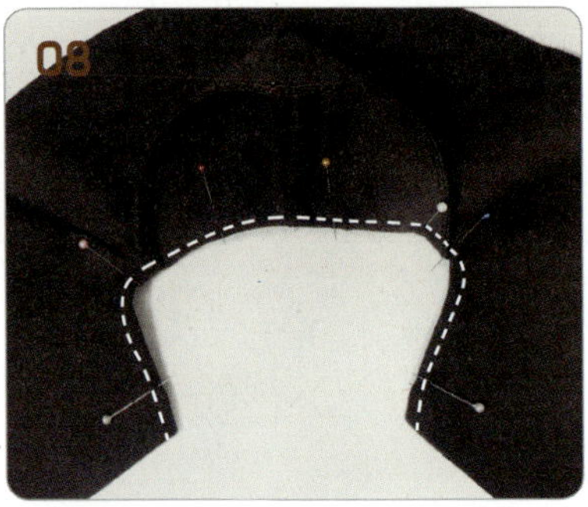

시접을 몸판 안쪽으로 0.5cm 너비를 넘겨서 0.2cm 상침해요.

후드 입구 왼쪽은 안쪽으로 1cm 접고, 오른쪽은 안쪽으로 1cm 두 번 말아 접은 후, 각각 0.5cm 너비로 박음질해요. 스냅 단추 2쌍을 앞 중심과 앞 몸판 네크라인에 달아요.

밑단을 안쪽으로 1cm 접고 다림질한 후 0.5cm 너비로 박음질해요.

그림과 같이 징 4쌍을 앞 몸판과 뒤 몸판 네크라인의 1cm 떨어진 곳에서 시작하여 달아주면 완성이에요.

Item 4

로빈 후드 깃털 달린 모자

실물 크기 도안 p.178

원단	A : 면 크랙 인조 가죽(모카브라운) 44×18cm
	B : 면 크랙 인조 가죽(베이지브라운) 29×16cm
단추	장식 단추 : 25mm 1개
깃털	2개

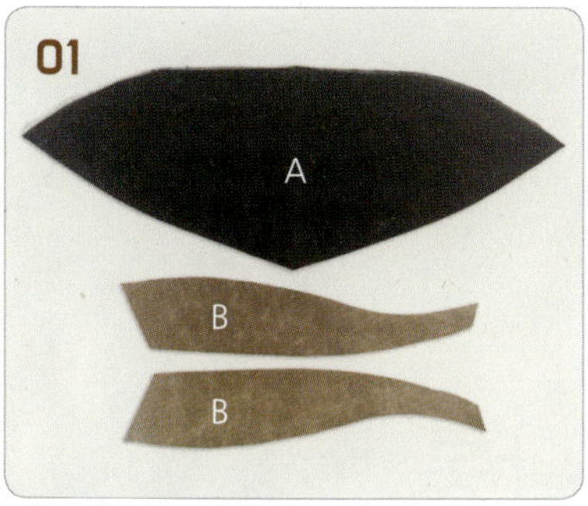

A 1장, B 2장을 재단해요.

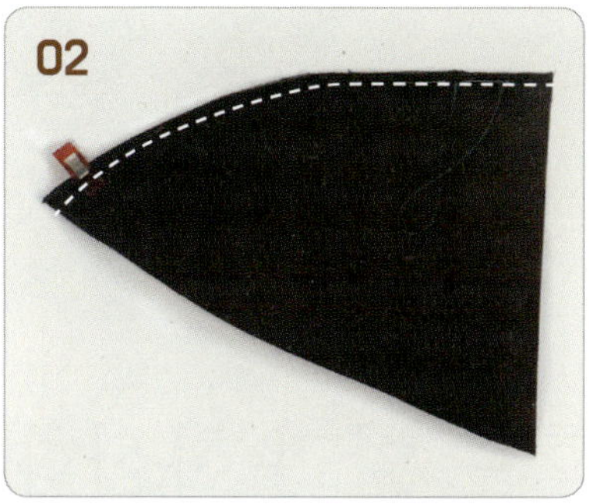

A를 겉으로 맞대고 머리둘레 위를 0.5cm 너비로 박음질해요.

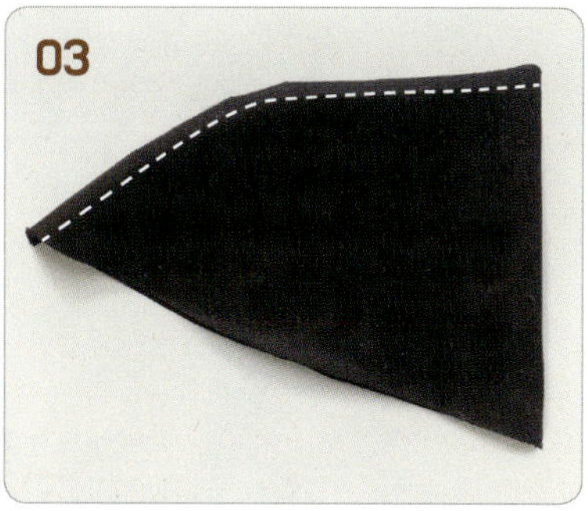

뒤집고 겉에서 0.2cm 너비로 상침해요.

B 2장은 안끼리 맞대고 앞뒤 중심을 잘 맞춰 시침핀으로 고정한 후 옆선을 0.5cm 너비로 박음질해요.

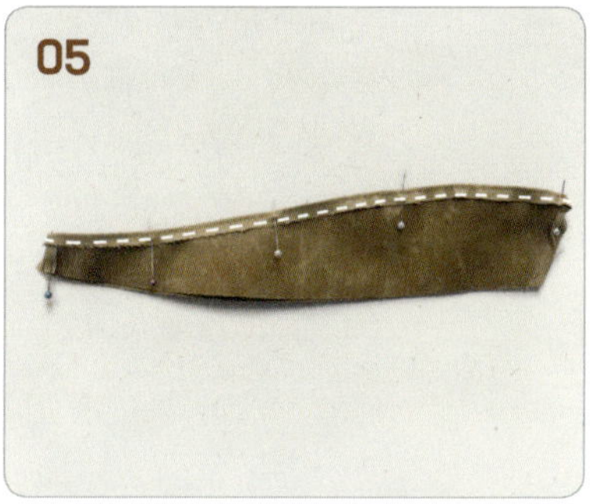

가름솔을 정리해 위 둘레 시접 0.5cm를 겉쪽으로 접어 내리고 시침핀으로 고정한 후 0.2cm 너비로 상침해요.

모자 A의 안쪽 밑 둘레와 모자 B의 안쪽 밑 둘레를 맞대고 앞뒤 중심을 맞춰 시침핀으로 고정한 후 0.5cm 너비로 박음질해요.

모자 B의 겉이 보이도록 밖으로 빼요. 모자 A와 B가 연결된 모습이에요.

B를 A의 겉으로 접어 올려놓고, 밑 둘레를 0.2cm 너비로 상침해요.

TIP B의 앞중심이 A보다 길어요. 상침하고 벌어진 부분은 공그르기로 마감해요.

단추를 달고, 글루건을 이용해서 깃털을 멋스럽게 붙여 연출하면 완성이에요.

Item 5

로빈 후드 활과 화살대, 활통

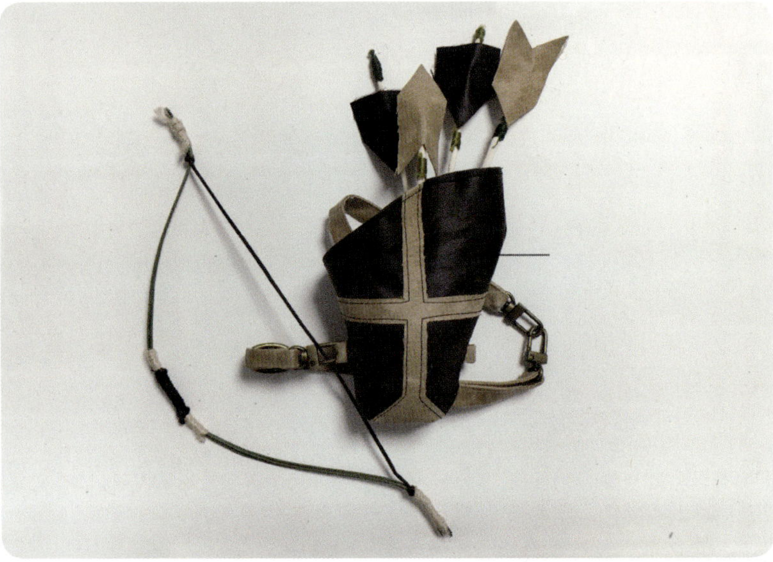

실물 크기 도안 p.180

원단	활통 몸판 와펜 장식, 벨트, 어깨끈, 고리 : 면 크랙 인조 가죽(모카브라운) 35×28cm 활통 몸판, 화살촉 : 면 크랙 인조 가죽(모카브라운) 38×20cm
타원 버클	18mm 1개
고리	미니 자물통 고리 3개
기타 부자재	꽃철사 : 3개 / 마끈 : 60cm 3줄 / 목걸이 심 : 26cm 2줄 / 자수 실 : 580번 30cm 3줄, 895번 30cm 2줄 / 디퓨저 막대기 : 15cm 4개

몸판 2장을 재단해요.

몸판 와펜 장식 1장을 재단하고, 몸판 겉면에 0.2cm 너비로 상침해서 달아요.

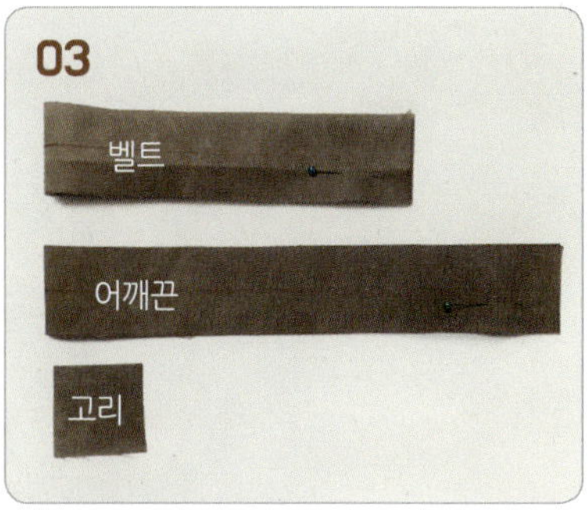

벨트 1장, 어깨끈 1장, 고리 1장을 재단해요.

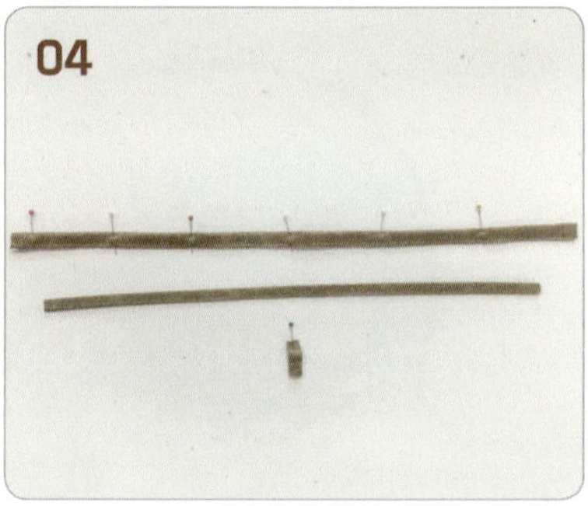

재단한 03번을 모두 접는 선에 따라 접고, 3면을 완성선 쪽으로 말아 접어 0.2cm 상침해요.

TIP 짧은 면부터 말아 접어서 바느질하면 깔끔해요.

몸판을 겉끼리 맞대고 위 둘레를 한 면씩 안쪽으로 1cm 말아 접어 0.2cm 너비로 상침해요.

몸판을 겉끼리 맞대고 벨트 구멍, 고리 구멍, 어깨끈 구멍을 제외한 나머지 3면을 0.5cm 박음질해요.

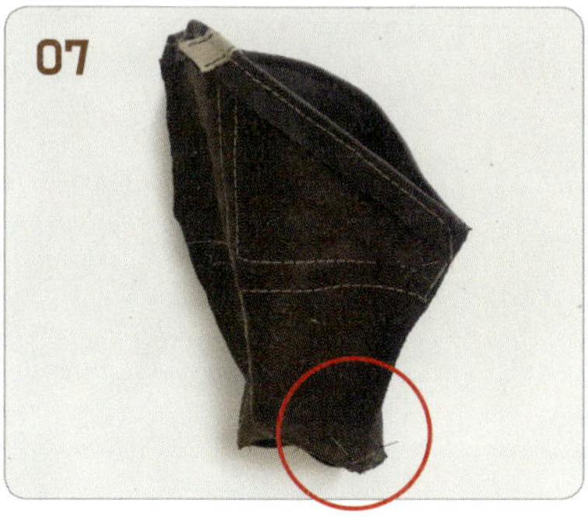

몸판의 바닥 모서리 부분을 2cm 너비로 T자 바닥을 만들어요. 시접을 0.3cm 남겨 두고 잘라 뒤집고 위 둘레 가름솔을 깨끗하게 정리해요.

고리는 반을 접어 몸판 겉과 겉 사이의 고리 구멍에 넣고 0.5cm 너비로 박음질하고, 겉으로 뒤집어 사진과 같이 앞모습을 확인해요.

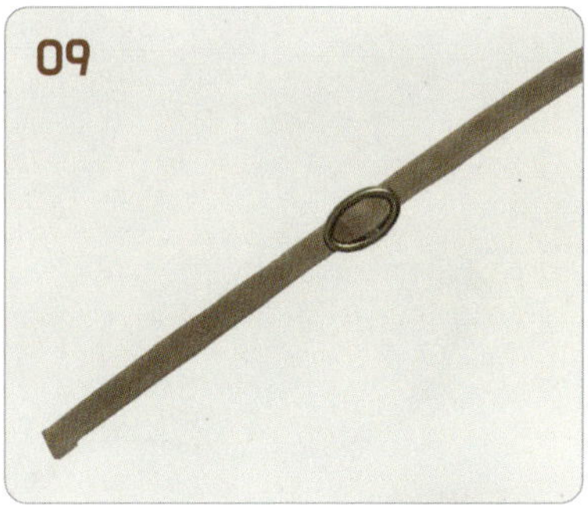

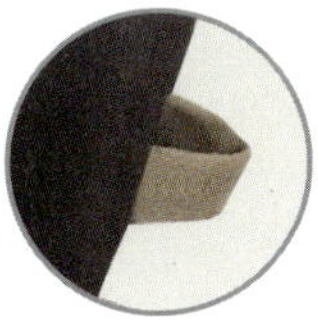

벨트는 타원 버클을 통과시켜 놓고, 고리와 동일하게 반대쪽 벨트 구멍에 넣어 0.5cm 너비로 박음질해요.

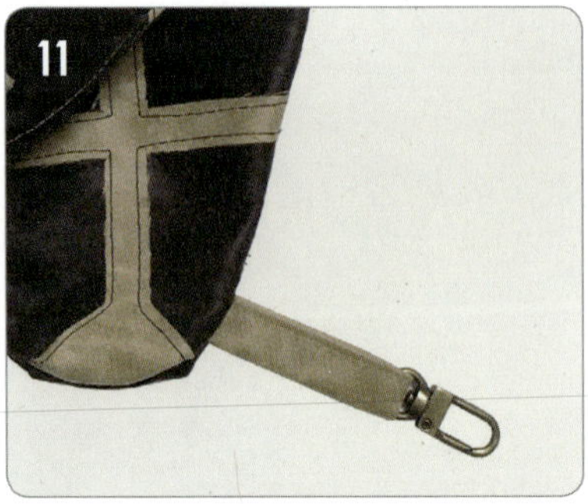

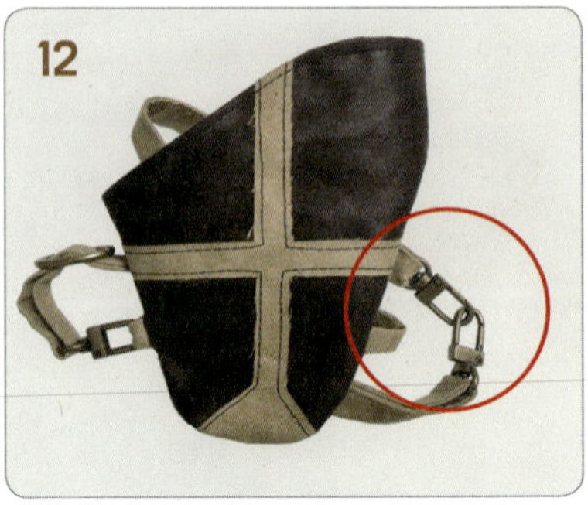

어깨끈의 어깨 쪽은 21cm 길이로 어깨 위 둘레선 밑으로 1cm 말아 접고 주변을 사각으로 돌려 박음질해요. 그리고 다른 한쪽에 고리를 통과시켜 3cm 겹쳐 놓고 상침해요.

어깨끈의 허리 쪽 끈은 반을 접어 고리를 끼우고 몸판 겉과 겉 사이의 어깨끈 구멍에 넣어 0.5cm 너비로 박음질해요(겉으로 뒤집은 앞모습이에요).

양쪽 고리를 끼워 채우면 활통이 완성이에요.

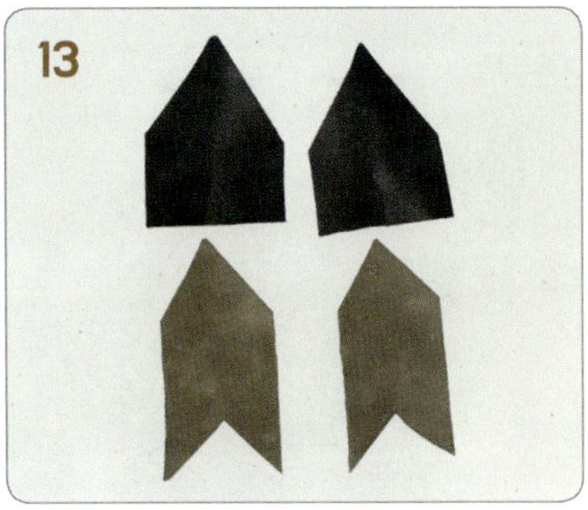

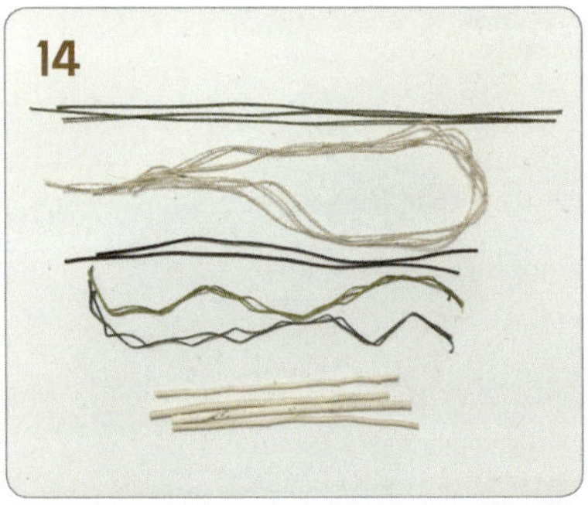

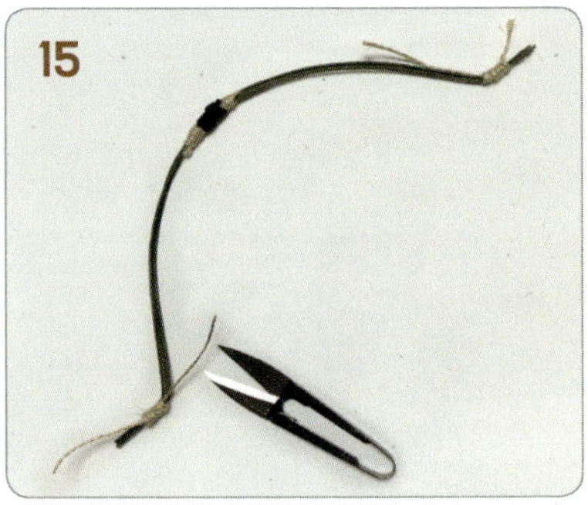

화살촉 4장을 재단해요.

꽃철사 3개, 마끈, 목걸이 심, 자수 실, 막대기 4개를 준비해요.

꽃철사를 구부려 활 모양을 잡아주고 양 끝과 중간 지점에 마끈으로 맵핑(로프 매듭법)하고 그 위에 목걸이 심으로 한 번 더 단단히 맵핑해요.

TIP **로프 매듭법** : 한 줄 이상의 끈을 다발지을 때 묶어서 마감하는 방법으로 마끈, 목걸이 심, 막대기의 맵핑을 이 방법을 사용하였어요.

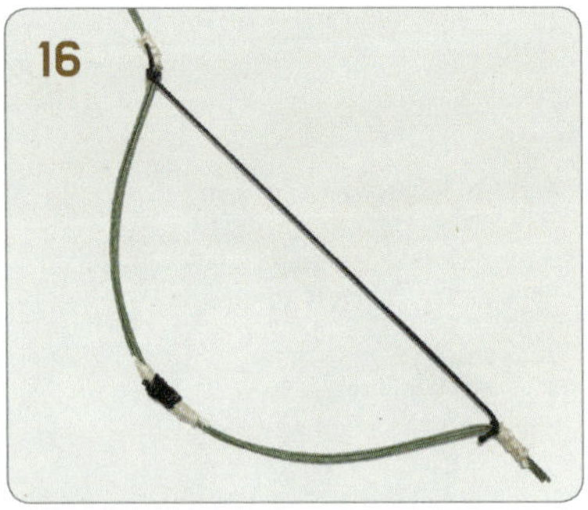

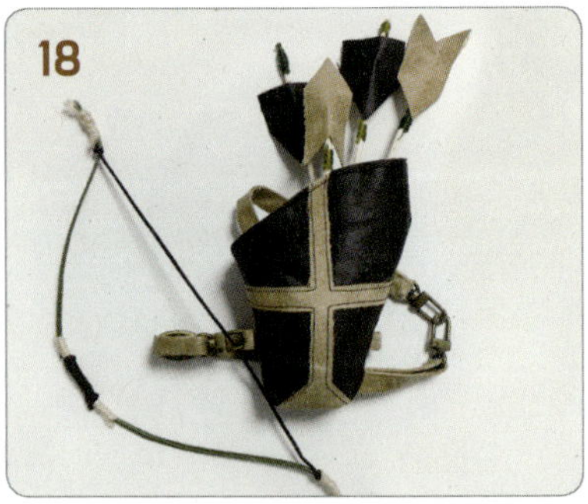

만들어 놓은 활 양 끝에 목걸이 심으로 활을 당기는 줄을 맵핑해요.

글루건 심을 녹여 화살촉 4장을 막대기에 붙여요. 15번과 동일한 방법으로 막대기에 자유롭게 자수 실로 맵핑해요.

활과, 화살대, 활통이 완성된 모습이에요.

Item 6

로빈 후드 부츠

실물 크기 도안 p.182

원단 몸판 A, 몸판 B : 인조 가죽 모카브라운 50×16cm

안창 원단 : 인조 가죽 베이지브라운 13×10cm

기타 부자재 양면 징 : 5mm 16쌍 / 안창 종이(두꺼운 골지) : 12×9cm /

끈 : 50cm 2줄 / 솔 : 고무 밑창 13×10cm

몸판 A를 2장 재단해요.

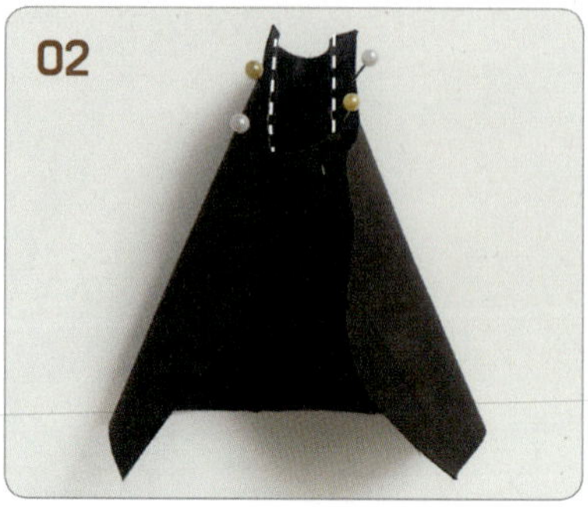

몸판 A를 겉으로 맞닿게 놓아요. 01번 사진을 참고하여 몸판 A②와 B의 밑 둘레를 겉끼리 맞대고 시침핀으로 고정한 후 양쪽 A①~② 를 0.5cm 너비로 박음질해요.

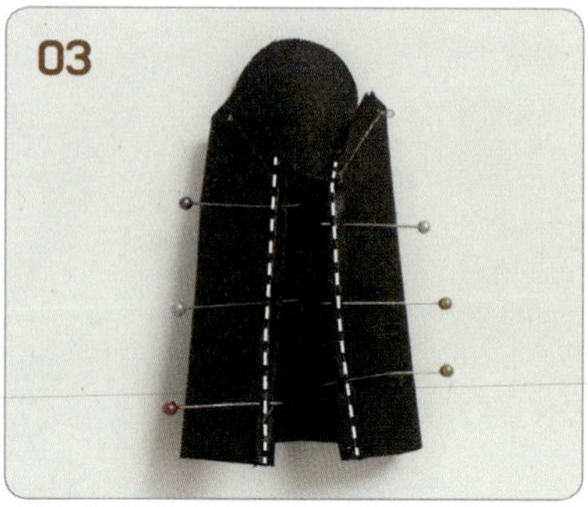

몸판 A 양쪽 앞 중심을 안쪽으로 0.5cm 접어서 상침해요.

뒤집어서 몸판 A와 B의 연결된 시접을 몸판 B 쪽으로 보내고 겉에서 0.2cm 상침해요.

몸판 A의 위 가장자리를 안으로 0.5cm 두 번 말아 접어 상침해요.

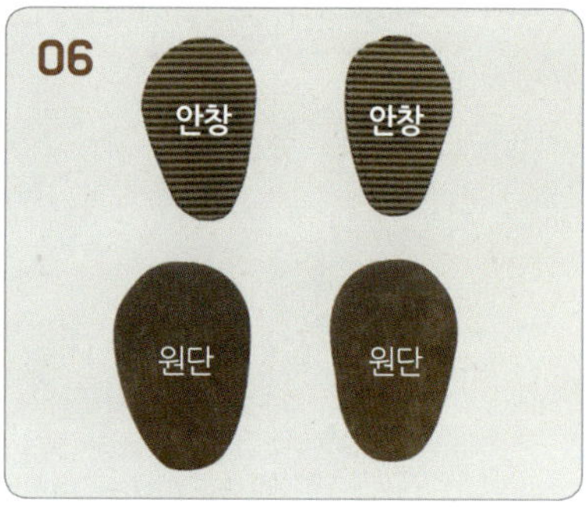

안창은 종이와 원단 2가지로 재단해요(종이 : 0.2cm 두께로 2장을 재단, 원단 : 안창 종이 재단에 0.5cm 시접을 두어 2장 재단).

재단한 안창 원단의 발끝에 표시된 부분을 0.3cm 너비로 홈질해요.

안창 원단(안)과 종이(안)끼리 맞대 실을 당겨 주름을 잡아주면서 꼼꼼하게 피혁 접착제로 붙이고 말려요.

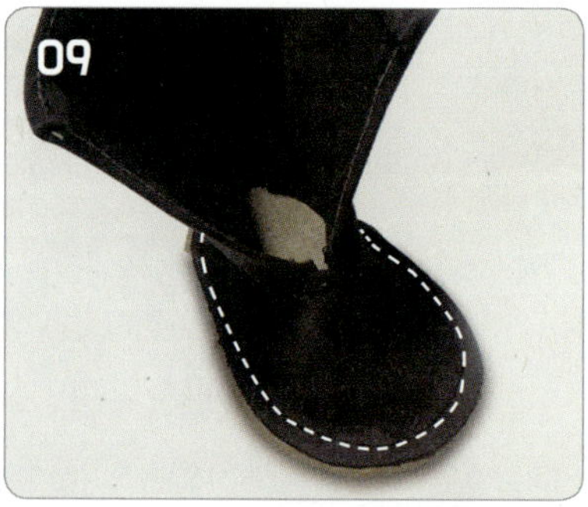

몸판 안과 안창 겉을 맞대고 시침핀으로 고정한 후 0.5cm 너비로 박음질한 모습이에요.

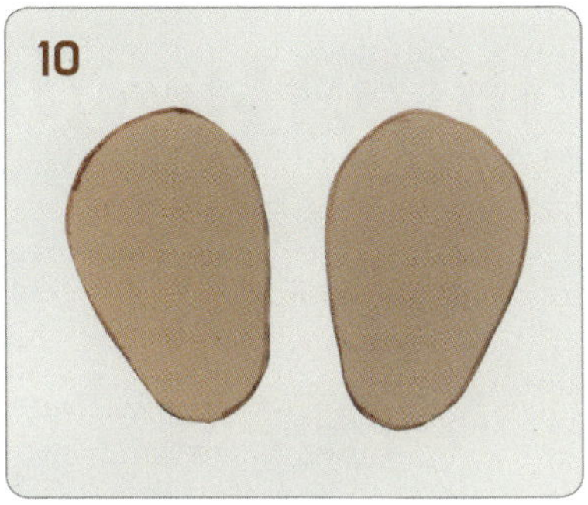

솔을 안창 크기와 동일하게 2장 재단해요.

안창을 솔에 붙이고 완전히 건조될 때까지 말려요. 솔이 튀어나오는 부분이 있다면 안창 사이즈에 맞게 커팅해서 마무리해요.

몸판 A 앞 중심 맨 위에서 1cm 아래 지점부터 1.5cm 간격으로 양면 징을 달아요.

준비해 놓은 끈으로 양면 징 뒤를 X자로 교차해서 연결해요.

다른 한쪽 부츠도 처음부터 동일하게 작업하면 완성이에요(완성 컷은 안창과 솔을 시접선으로 재단하여 몸판과 솔을 감침질한 모습이에요).

Item Plus!

신발 솔 색상으로 다양하게 연출하는 방법.

신발 솔이 밝은색으로 눈에 거슬린다면, 솔의 테두리 컬러에 페브릭 펜으로 원하는 색을 입힐 수도 있고, p.183의 실물 도안에서 솔과 안창을 시접선으로 재단하여 몸판으로 솔을 감싸서 감칠질해도 좋아요.

Cosplay doll clothes

Red Riding Hood

숲 속 귀염둥이 빨간 망토

빨간 망토 후드 + 빨간 망토 원피스 +
빨간 망토 프릴 앞치마 + 빨간 망토 장화

아픈 할머니에게 음식을 가져다 드리는
빨간 망토 소녀로 변신해 볼까요?
깜찍한 원피스에 앙증맞은 앞치마까지,
러블리한 소녀가 되어
숲 속으로 길을 떠나 봐요!

Item 1

빨간 망토 후드

실물 크기 도안 p.184

원단	후드 겉, 몸판 겉 A, 몸판 겉 B : 면 40수 58×45cm
	후드 안, 몸판 안 A, 몸판 안 B : 면, 폴리 혼방 워싱 가공 58×45cm
방울 레이스	70×1.5cm
단추	스냅 단추 : 5mm 3쌍

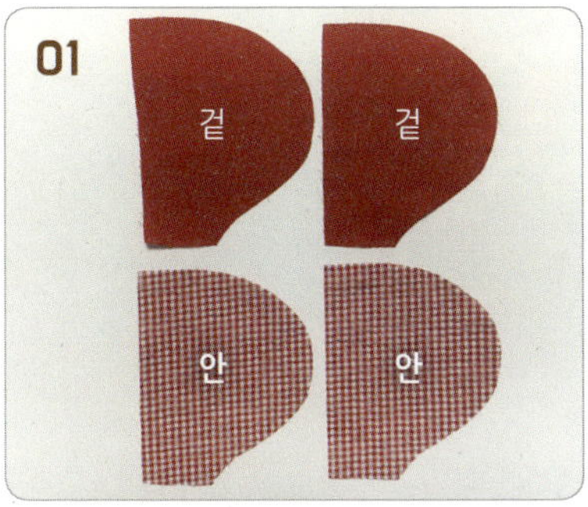

후드는 겉 2장, 안 2장을 각각 재단해요.

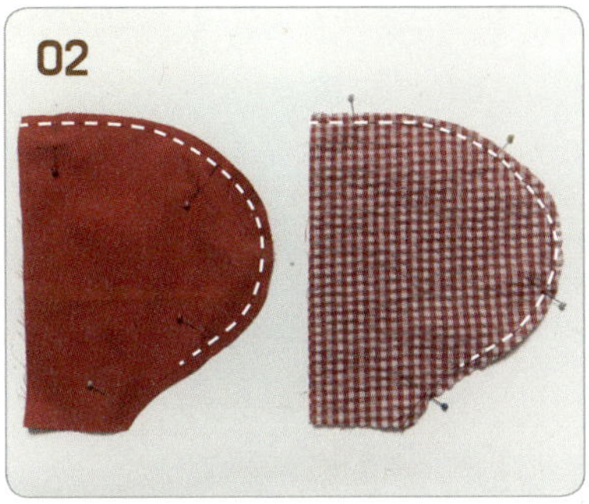

겉은 겉끼리 맞대고 시침핀으로 고정한 후 0.5cm 너비로 박음질해요(안도 동일한 방법으로 작업해요).

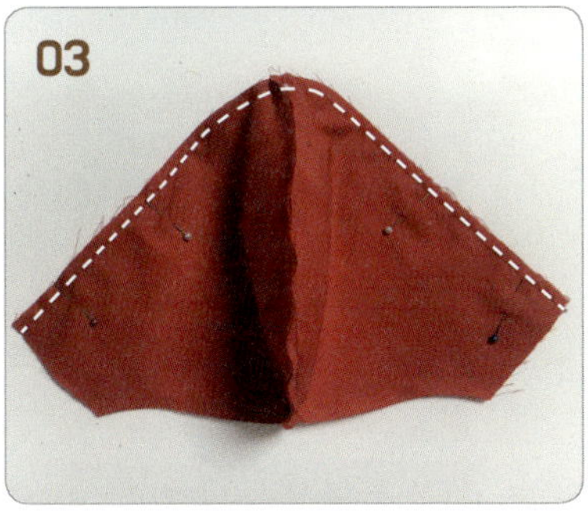

겉과 안을 겉끼리 맞대고 시침핀으로 고정한 후 후드 위 둘레를 0.5cm 너비로 박음질해요.

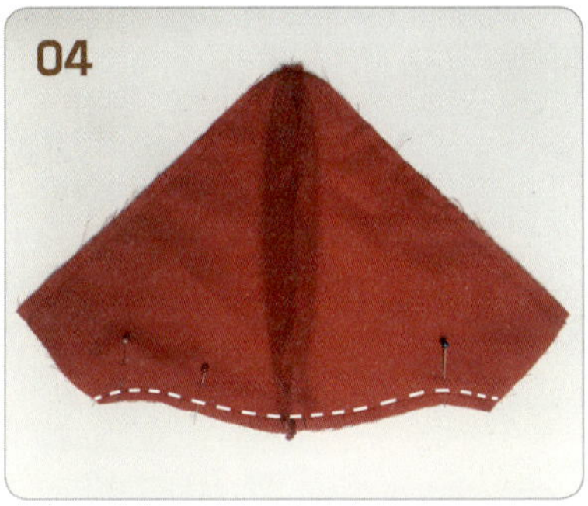

밑 둘레도 동일하게 바느질해요(겉으로 뒤집고 다림질해요).

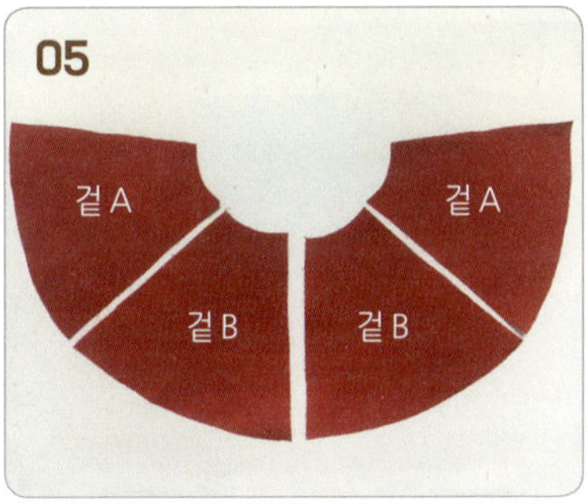

몸판 겉은 A 2장, B 2장씩 재단해요.

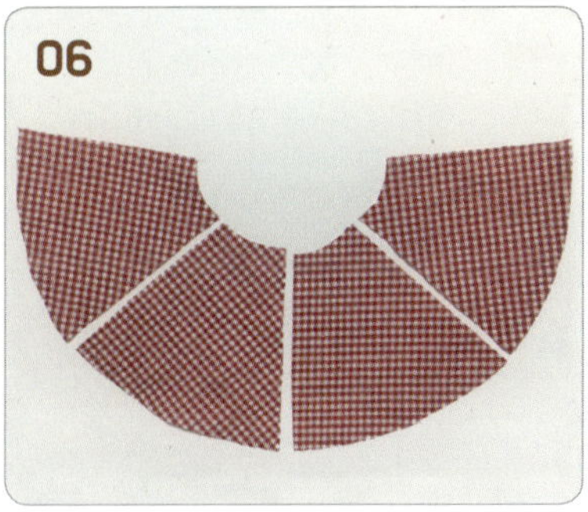

몸판 안도 동일하게 재단해요.

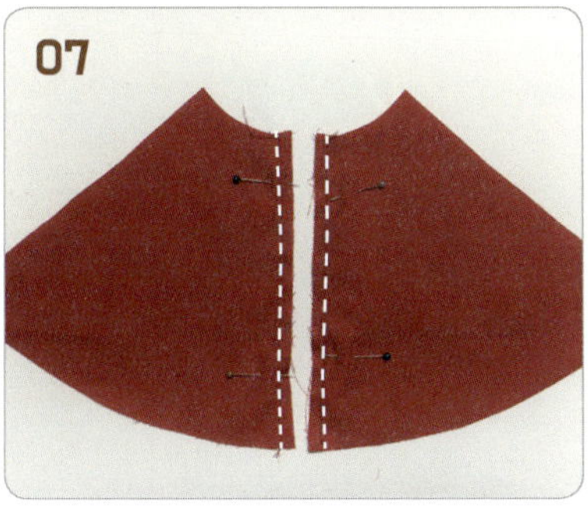

몸판 겉의 A와 B를 연결해요.

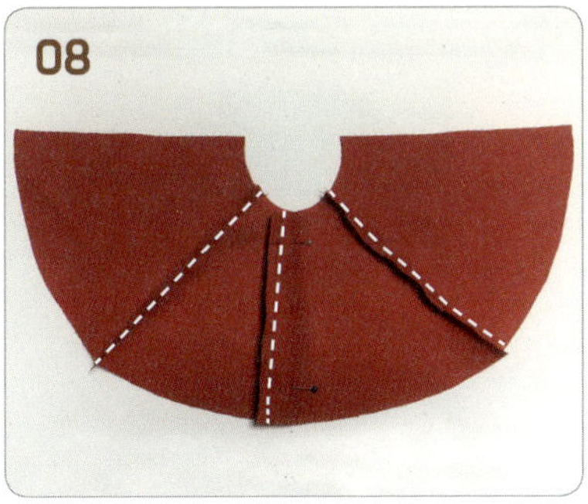

몸판 겉 전체를 연결해요(안도 07, 08번과 동일하게 진행해요).

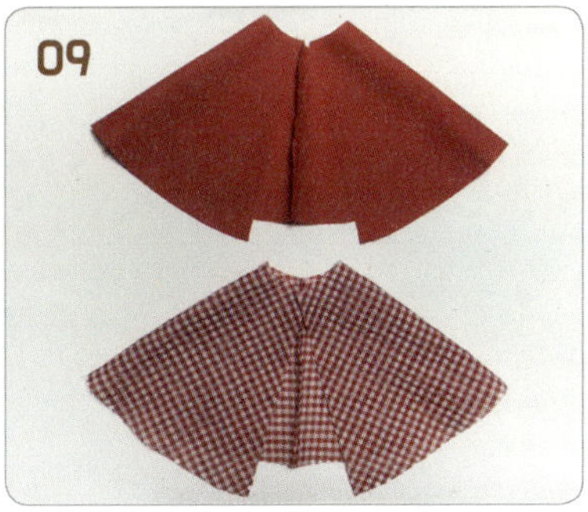

바느질된 몸판 겉과 안의 모습이에요.

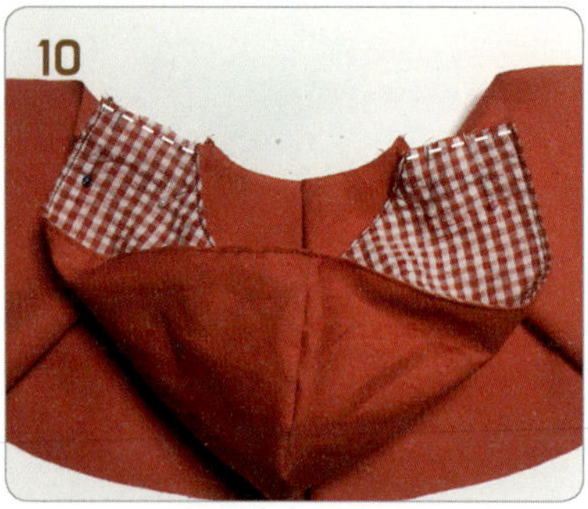

몸판 겉과 후드를 겉끼리 맞대고 몸판의 양쪽 앞중심을 기준으로 시침핀으로 고정한 후 0.5cm 박음질해요.

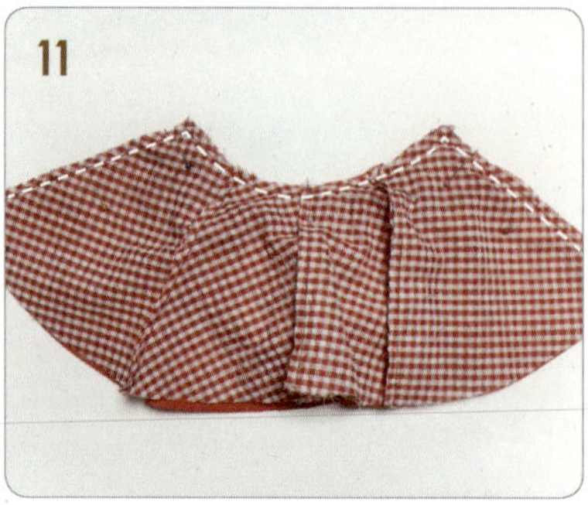

바느질한 10번과 몸판 안을 겉끼리 맞대고 시침핀으로 고정한 후 앞 중심과 목둘레를 0.5cm 너비로 박음질해요.

창구멍을 제외한 밑단도 0.5cm 너비로 박음질하고 뒤집어서 창구멍을 공그르기로 마무리해요.

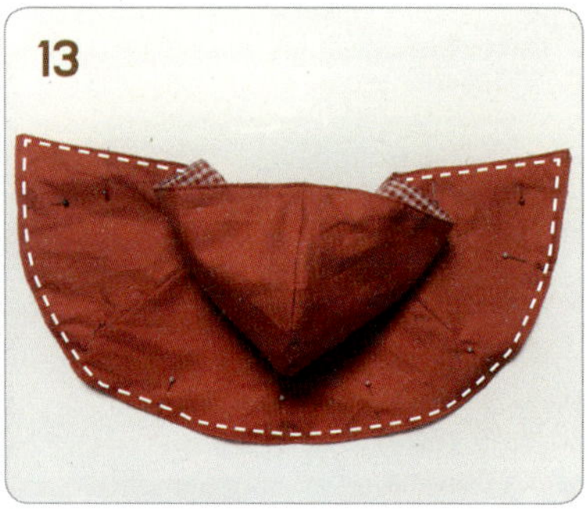

후드와 몸판 모두 겉에서 0.2cm 상침해요.

앞 중심에 스냅 단추 4쌍을 맨 위에서 1cm 아래 지점부터 4cm 간격으로 달아요.

TIP 왼판 안쪽에 스냅 단추를 달 때 겉면에 바느질 자국이 안 나게 살짝 띄어서 바느질해요.

밑단에 달아 줄 방울 레이스 70cm를 준비해요.

양 끝 시접을 1cm씩 앞 중심 안쪽으로 고정하고, 레이스를 밑단 둘레에 맞춰 시침핀으로 고정한 후 0.5cm 너비로 박음질해요.

완성된 모습이에요.

Item 2

빨간 망토 원피스

실물 크기 도안 p.187

원단	앞판 겉, 뒤판, 소매 커프스, 소매, 칼라, 칼라 덧단 안 : 린넨 선염 바이오 21수 70×26cm 앞판 안, 치마 : 면 60수(레드) 62×12cm 치마 안 : 노방(화이트) 42×12cm
레이스	앞판 레이스 : 4.5×7cm / 치마 레이스 : 82×5cm
레이스 띠	29×1.5cm
단추	스냅 단추 : 5mm 4쌍

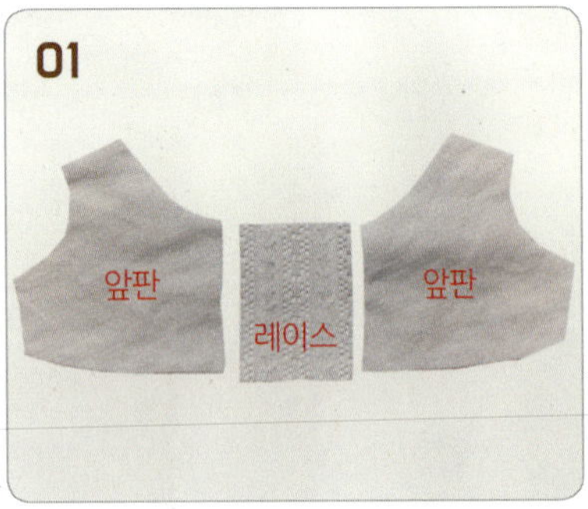

앞판 겉 2장, 레이스(4.5×7cm) 1장을 재단해요.

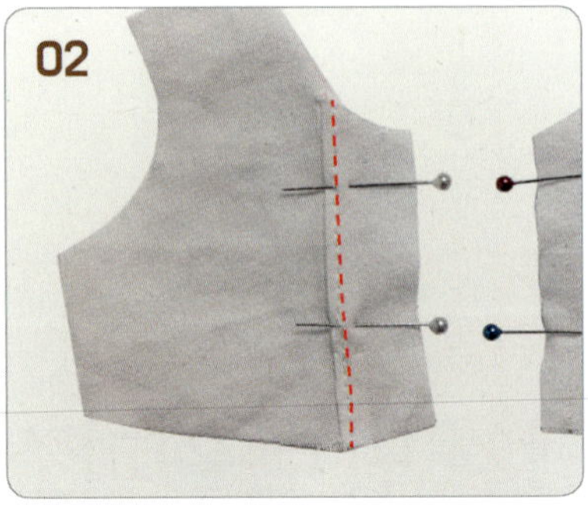

앞판 2장은 주름선을 따라 시접을 접고 0.2cm 상침해요.

TIP 시접을 커팅해서 정리해요.

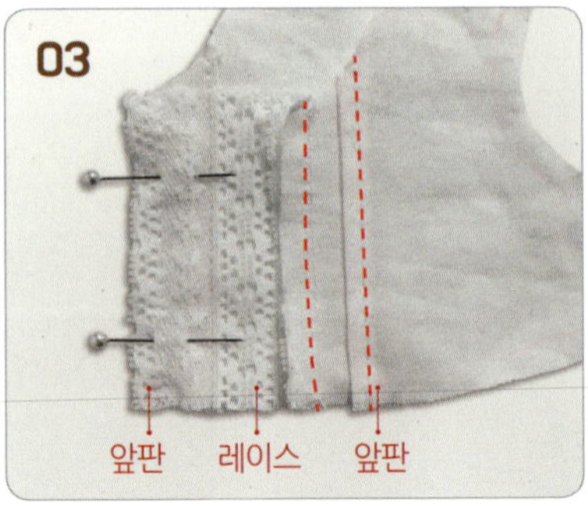

앞판-레이스-앞판 순서로 겉끼리 맞대고 시침핀으로 고정한 후 0.5cm 너비로 박음질해요.

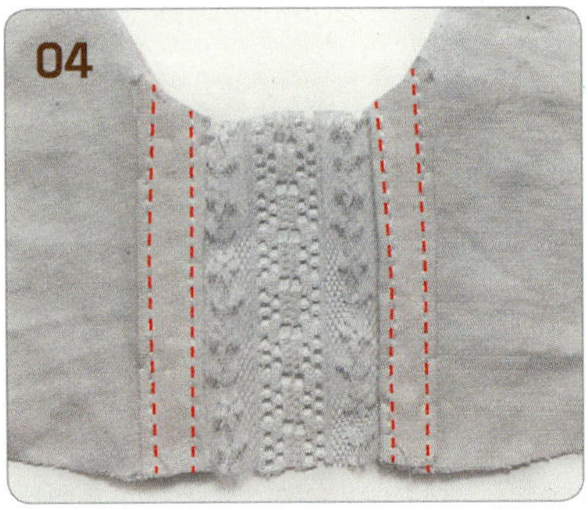

연결한 부분을 겉에서 상침해요.

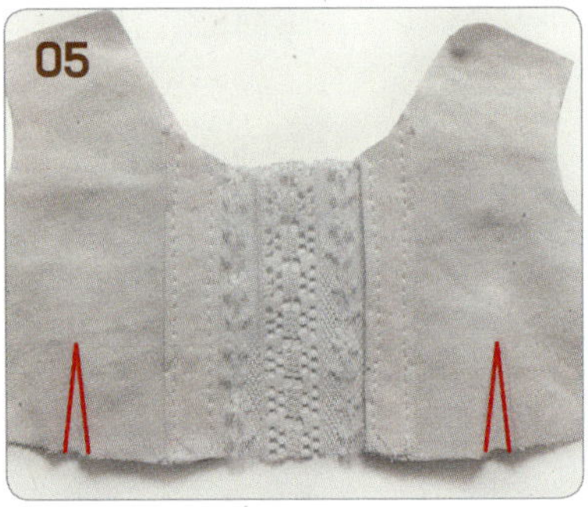

앞판 다트를 접는 선을 따라 접고 안쪽에서 선을 따라 박음질해요.

앞판 안 1장을 재단해요(안도 겉과 동일하게 다트를 바느질해요).

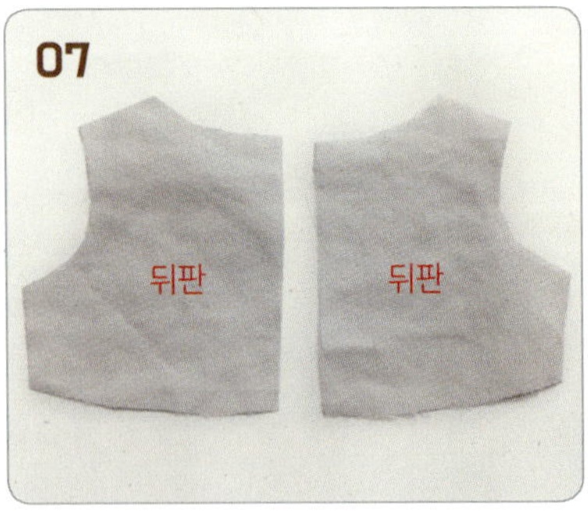

뒤판 2장을 재단해요.

앞판 겉과 안을 겉끼리 맞대고, 어깨를 시침질로 고정해요. 앞판과 뒤판을 겉끼리 맞대 시침핀으로 고정한 후 어깨를 0.5cm 너비로 박음질해요.

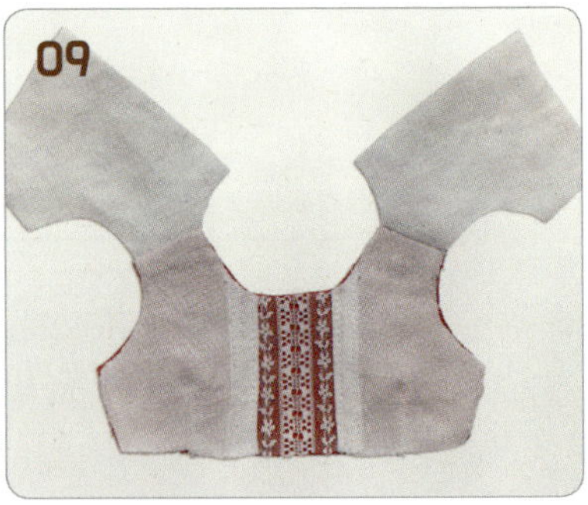

앞판과 뒤판을 연결한 모습이에요.

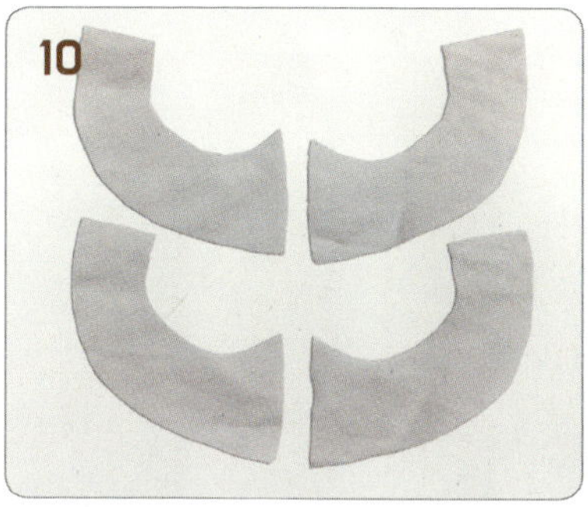

칼라 4장을 재단해요.

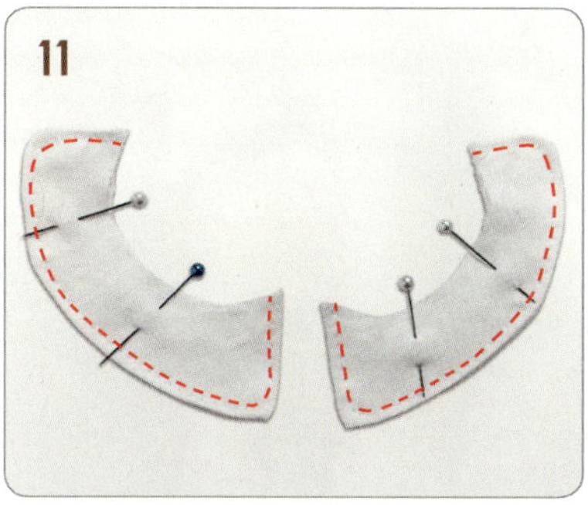

칼라의 겉과 안을 겉끼리 맞대고 목둘레를 제외한 3면을 0.5cm 너비로 박음질해요. 그리고 겉으로 뒤집어서 잘 정리하고 겉에서 상침해요.

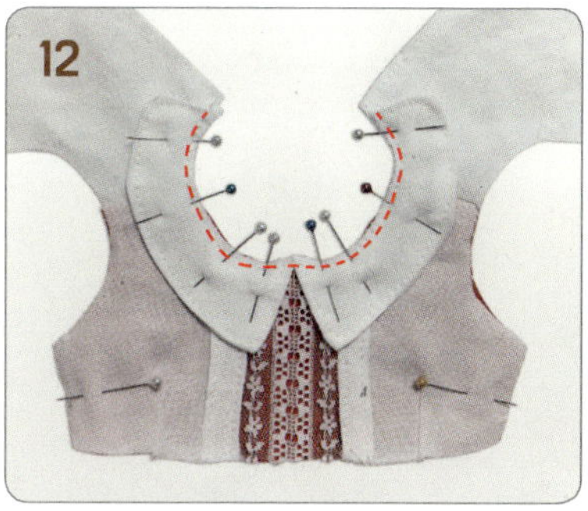

앞판의 중심을 체크하고 앞판과 뒤판의 목둘레에 칼라를 맞춰 시침핀으로 고정한 후 0.5cm 너비로 박음질해요.

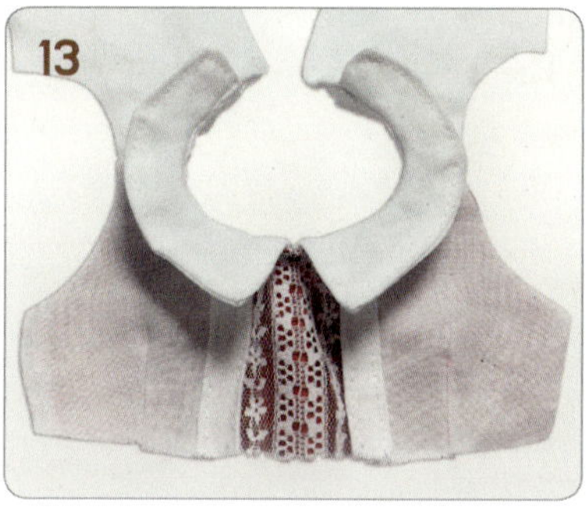

앞판과 뒤판의 목둘레에 칼라를 단 모습이에요.

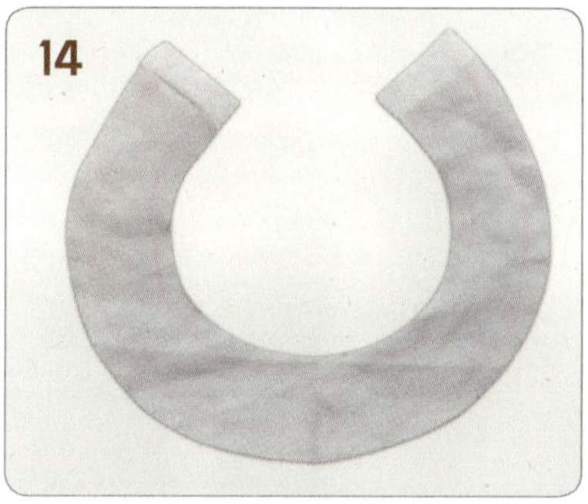

칼라 덧단 안 1장을 재단해요.

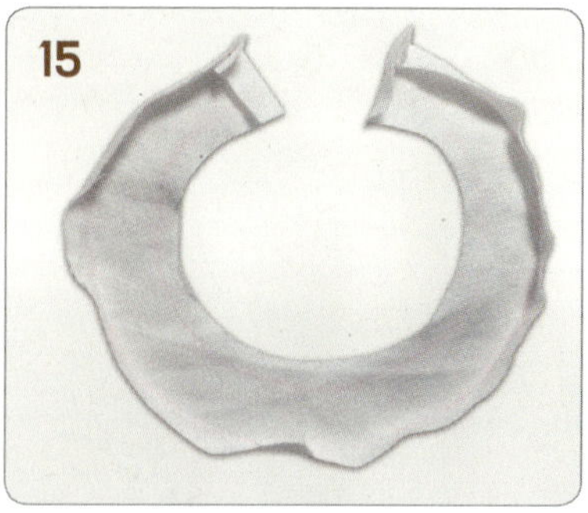

칼라 덧단 안의 겉 둘레 시접과 양 끝 시접을 안으로 0.5cm 접어서 다림질해요.

접은 시접을 상침해요.

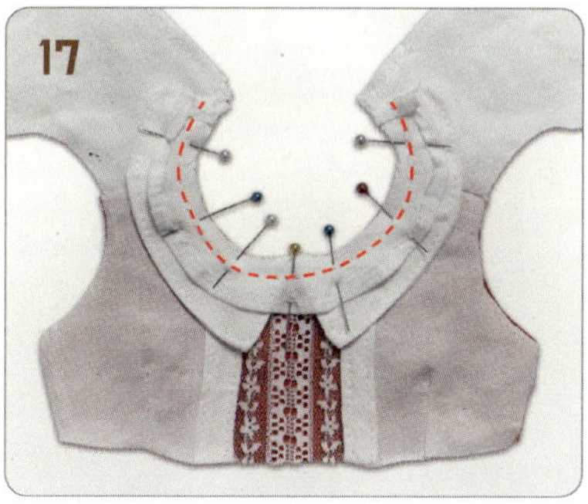

칼라를 단 목둘레에 안단의 겉을 맞대고 0.5cm 너비로 박음질해요.

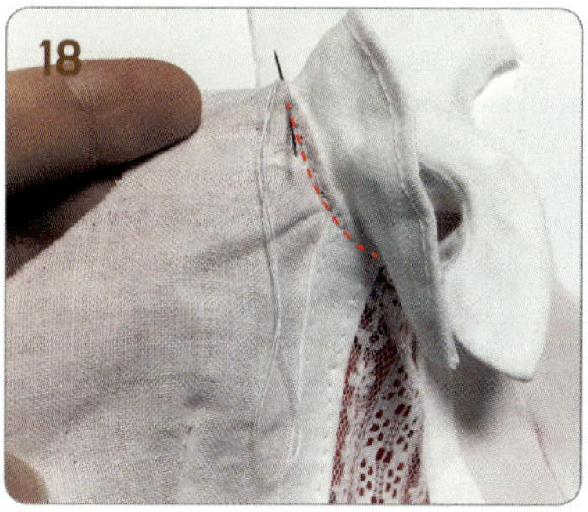

안단을 뒤집어 시접을 앞판으로 보내고 칼라를 들춰 안쪽 시접을 상침해요.

TIP 칼라 덧단 안단을 뒤집어 시접을 앞판으로 보내고 칼라를 들춰 뜨지 않게 정리하는 작업이에요.

19

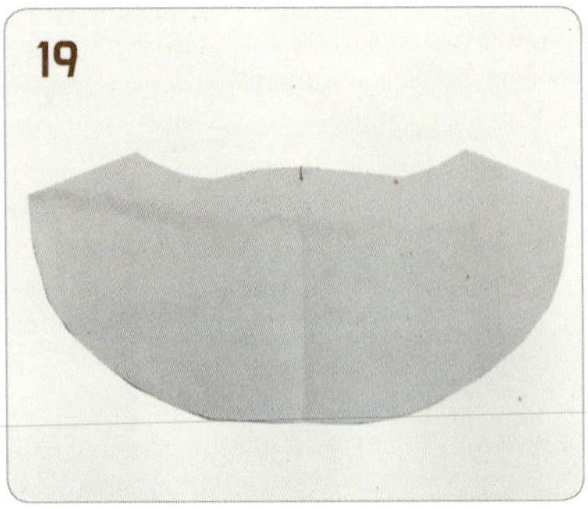

본 모양의 소매를 재단, 1장 더 준비해요(총 2장을 재단해요).

20

소매 2장은 밑단을 홈질로 주름을 잡고, 어깨 중심과 소매 중심의 겉끼리 맞춰 시침핀으로 고정한 후 0.5cm 너비로 박음질해요.

TIP 소매 앞 진동둘레와 앞판의 진동둘레, 소매 뒤 진동둘레와 뒤판의 진동둘레를 서로 잘 맞춰요.

21

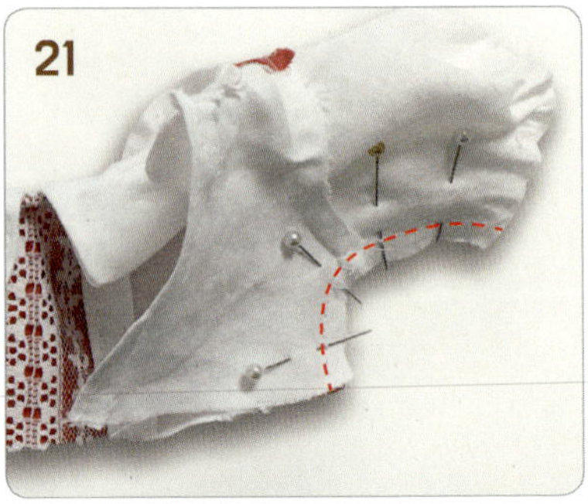

앞판과 뒤판을 겉끼리 맞대고 소매부터 옆선까지 시침핀으로 고정한 후 0.5cm 너비로 박음질해요(다른 한쪽도 동일하게 작업해요).

22

소매 커프스를 2장 재단해요.

23

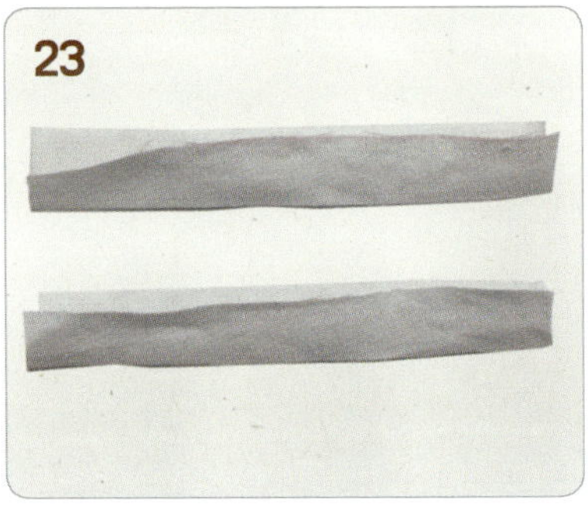

재단한 커프스는 반을 접어 다림질해요.

24

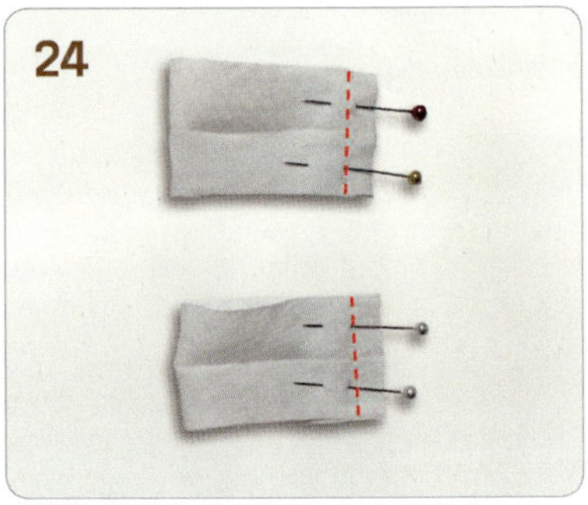

커프스를 겉으로 맞대고 반을 접어서 옆선을 0.5cm 너비로 박음질해요.

25

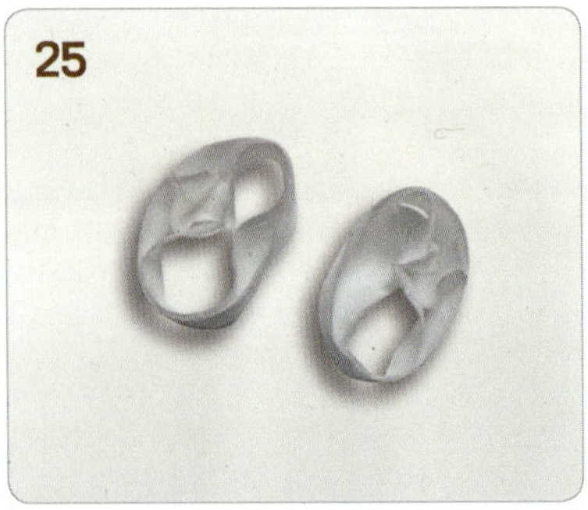

23번에서 다림질로 접어 놓은 부분을 다시 접어서 가름솔을 정리해요.

26

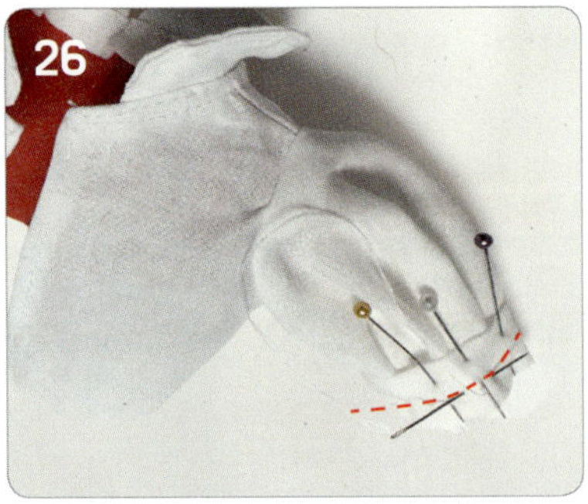

소매 겉의 소맷부리와 소매 커프스를 겉끼리 맞대고 가름솔을 맞춰 시침핀으로 고정한 후 0.5cm 너비로 박음질해요.

27

소매 끝단에 커프스를 단 모습이에요.

28

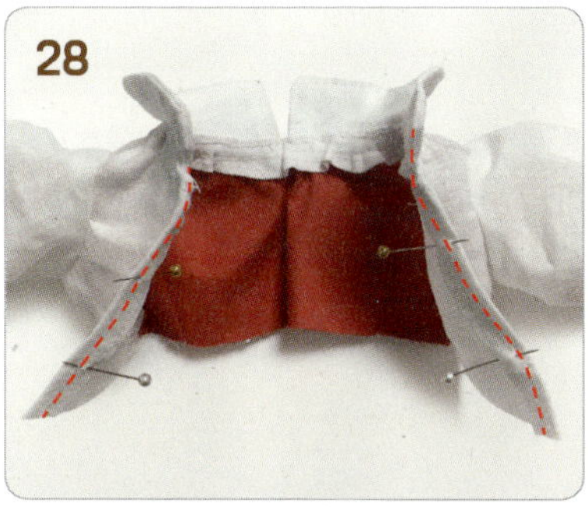

뒤판 뒤 중심을 0.5cm 두 번 말아 접고 0.2cm 상침해요.

29

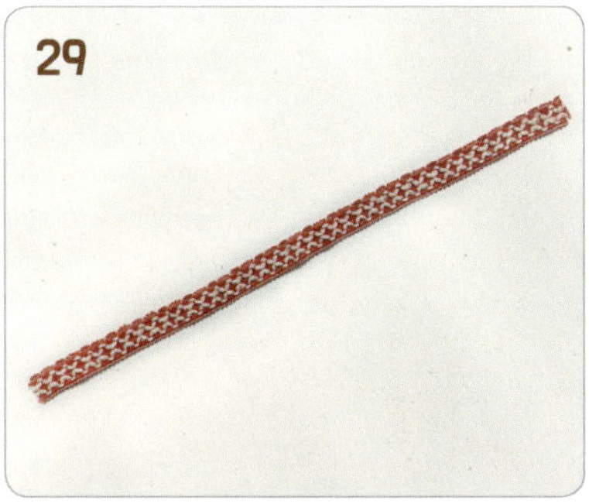

띠 리본을 29×1.5cm로 1장 준비해요.

30

바느질된 몸판 위에 준비한 띠 리본의 1/2 시접을 걸쳐 놓고, 양 끝 시접을 0.5cm씩 접어, 뒤판 뒤 중심부터 밑단을 상침해요.

31

치마 겉 2장을 재단해요. 치마 밑단에 붙일 레이스 82×5cm 1장도 준비해요.

32

안 2장을 재단해요.

33

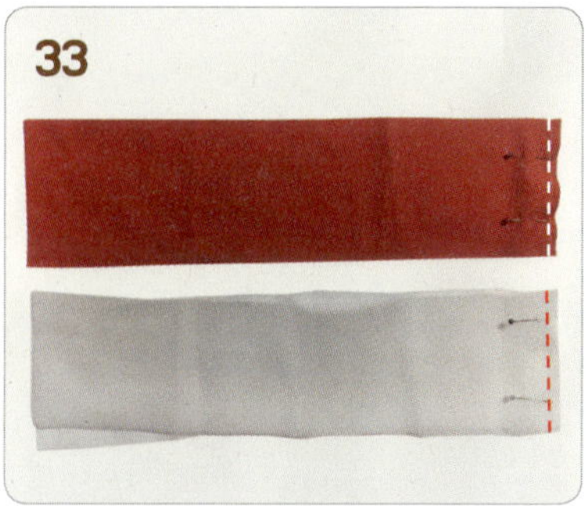

겉 2장을 겉끼리 맞대고 시침핀으로 고정한 후 0.5cm 너비로 박음질해서 연결해요(재단한 안을 밑단 0.5cm 접어 상침하고, 겉 위 가장자리에 대고 0.5cm 너비로 박음질해요).

34

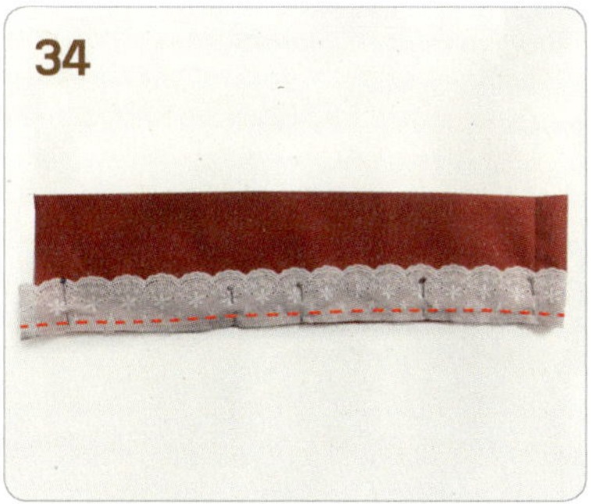

치마 겉과 레이스 겉끼리 맞대고 양 끝 시접을 0.5cm씩 두 번 말아 접어 전체 시침핀으로 고정한 후 밑단을 0.5cm 너비로 박음질해요.

35

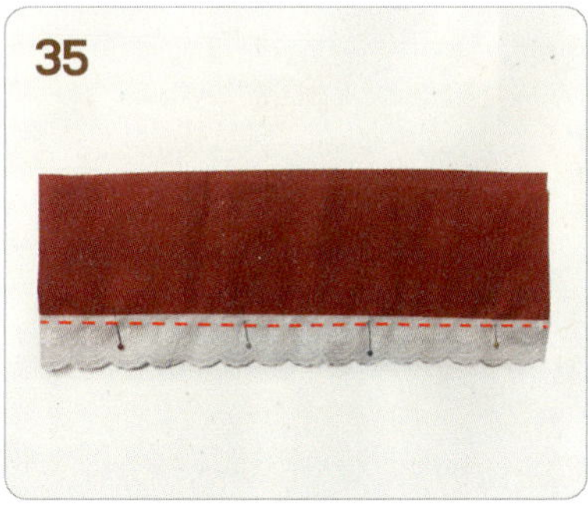

레이스를 뒤집고 겉에서 상침해요.

36

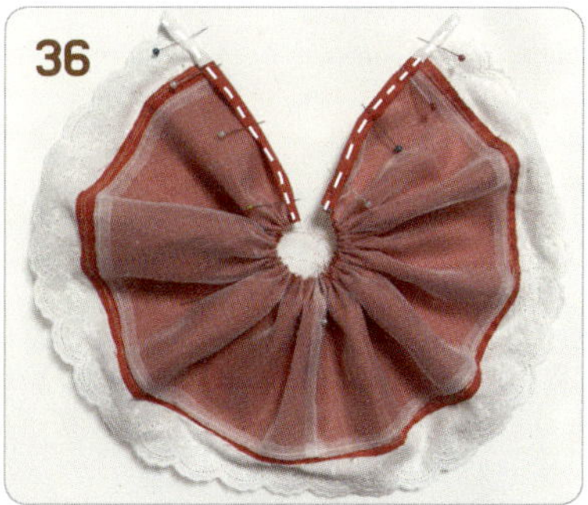

연결한 치마와 레이스 양 끝 시접을 0.5cm 두 번 말아 접고 상침해요.

37

치마 위 가장자리는 홈질로 주름을 잡아요.

TIP 주름 길이는 몸판에 맞춰요.

38

몸판과 주름을 잡아 놓은 치마 앞모습이에요. 30번에서 1/2 겹쳐 놓은 몸판 밑단 띠 리본에 치마를 대고 시침핀으로 고정한 후 상침해요.

39

뒤 중심에 스냅 단추 4쌍을 맨 위에서 1cm 아래 지점부터 5cm 간격으로 달아요.

40

완성된 모습이에요.

Item 3

빨간 망토 프릴 앞치마

실물 크기 도안 p.190

원단 앞치마, 몸판 A, 몸판 B의 프릴, 앞치마의 프릴 : 린넨 선염 바이오 21수 52×20cm

몸판 B : 면, 폴리 혼방 워싱 가공(체크) 22×10cm

허리끈 : 면 60수(레드) 50×7cm

벨벳 리본 6mm짜리 70cm

01

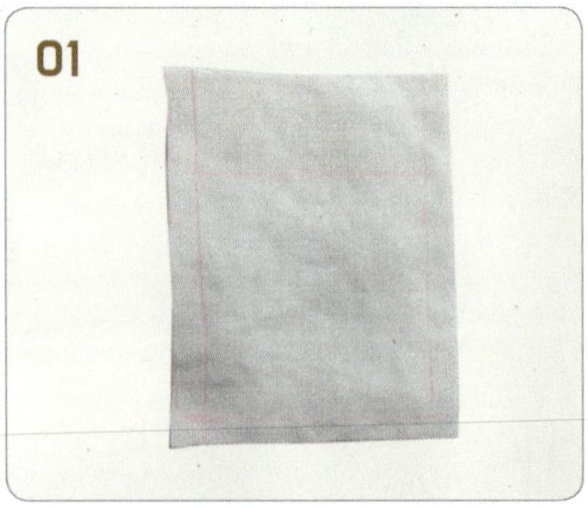

몸판 A 1장을 재단해요.

02

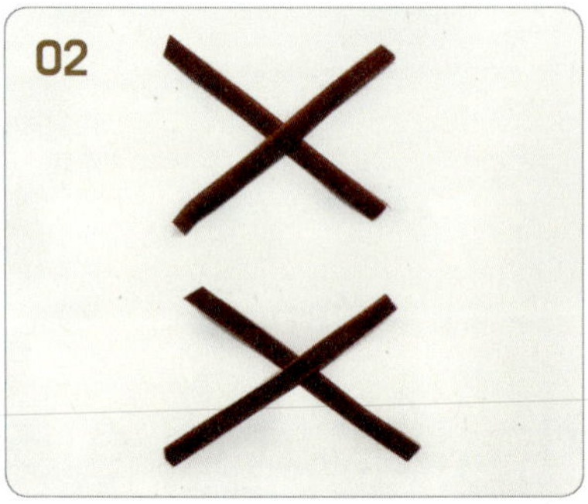

몸판 위에 붙일 리본 10×0.5cm 4장을 준비해요.

03

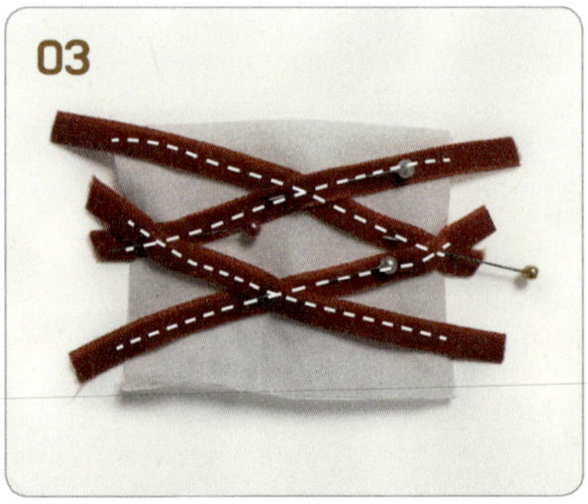

몸판 A는 위 둘레를 안으로 1.5cm 접어요. 몸판 A 위에 리본 4장을 1.5cm 간격을 두고 리본을 X자로 교차해서 시침핀으로 고정한 후 리본 위를 박음질해요.

04

시접을 커팅해서 정리하고, 양쪽 옆선을 몸판 안으로 0.5cm 접은 후 0.2cm 상침해요.

05

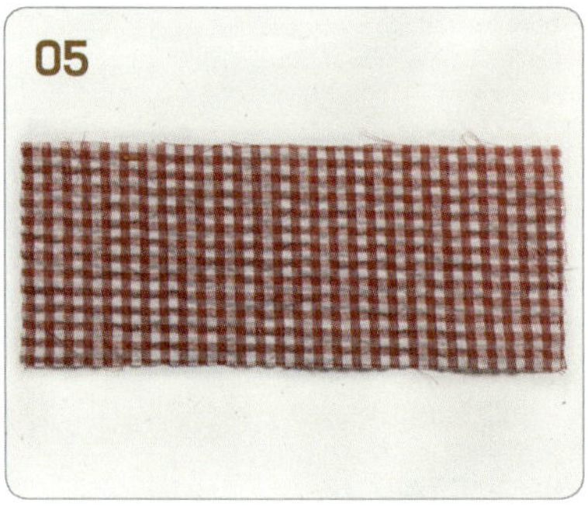

몸판 B를 1장 재단해요.

06

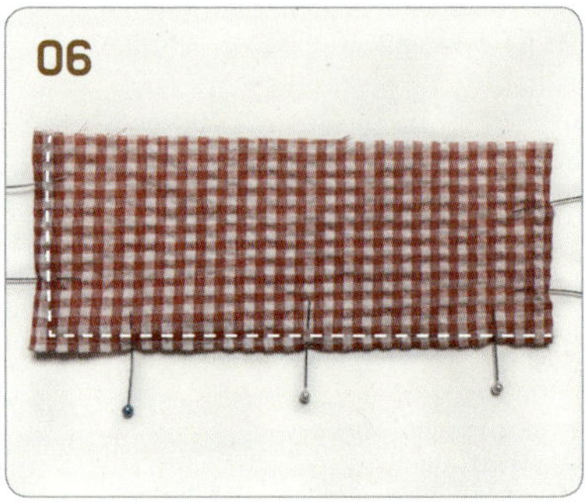

몸판 B는 옆선과 윗단을 0.5cm 안으로 접은 후 0.2cm 상침해요.

07

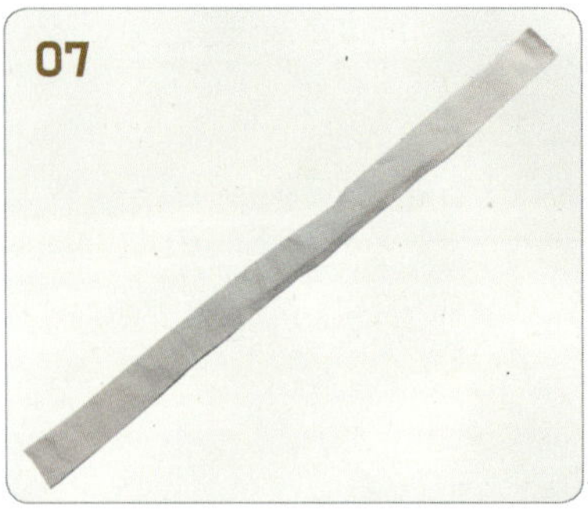

몸판 B의 프릴 1장을 재단하고, 양쪽 옆선과 밑단을 0.5cm 안으로 접은 후 반을 접어 0.2cm 상침해요.

08

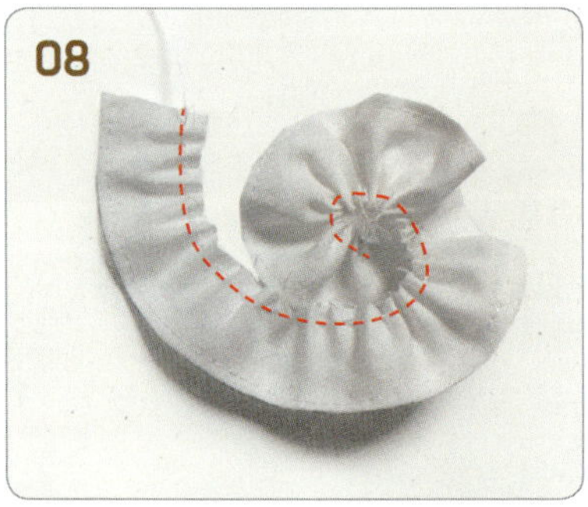

프릴을 홈질하여 주름을 잡아줘요.

TIP 주름 길이는 몸판 B에 맞춰요.

09

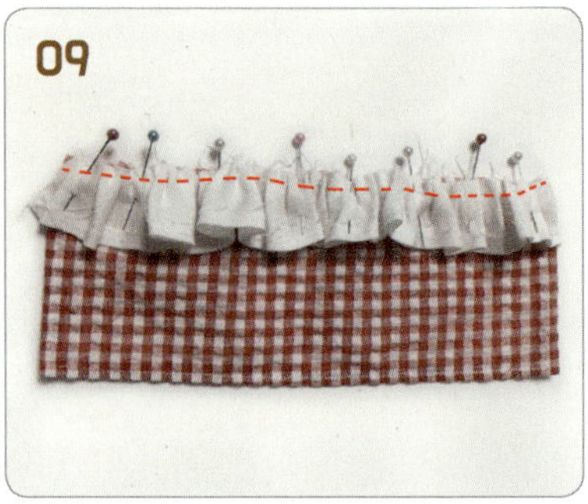

몸판 B와 밑단에 프릴을 겉끼리 맞대고 0.5cm 너비로 박음질해요.

10

프릴을 뒤집고 시접을 몸판 B로 넘겨 겉에서 0.2cm 너비로 상침해요.

11

앞치마 1장을 재단해요.

12

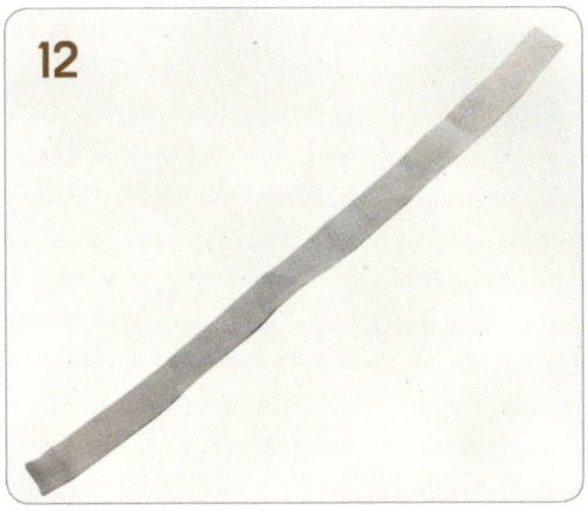

앞치마 프릴을 1장 재단하고, 밑단을 0.5cm 안으로 접은 후 0.2cm 상침해요.

13

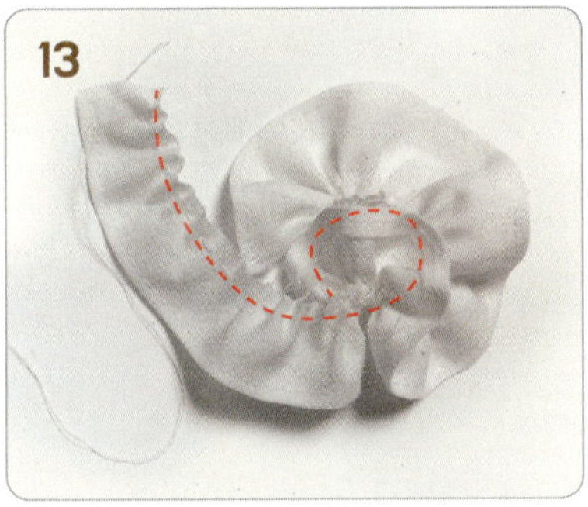

프릴을 홈질하여 주름을 잡아줘요.

TIP 주름 길이는 앞치마에 맞춰요.

14

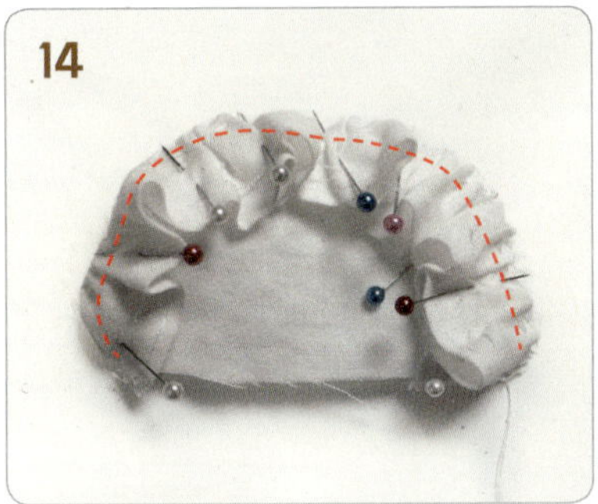

앞치마와 프릴을 겉끼리 맞대고 0.5cm 너비로 박음질해요.

15

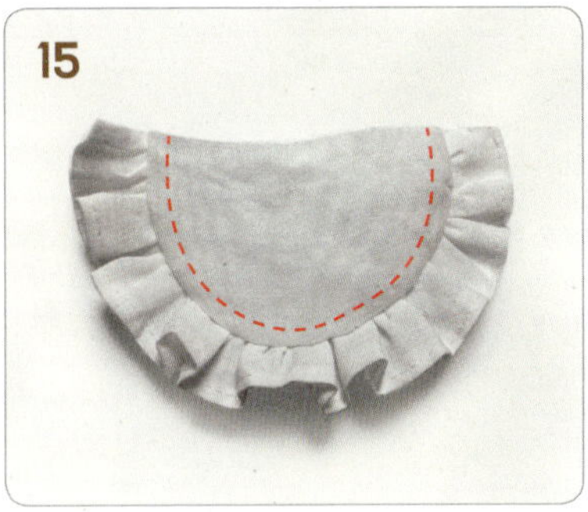

뒤집어서 시접을 앞치마로 넘기고 겉에서 0.2cm 상침해요.

16

바느질한 몸판 B 위에 앞치마 겉이 보이도록 놓고 0.2cm 상침해요.

TIP 앞치마와 몸판 B의 중심을 체크해요.

17

16번에 몸판 A를 겉끼리 마주 놓고 시침핀으로 고정한 후 0.5cm 박음질해요.

18

뒤집어서 윗단 시접을 0.5cm 안으로 접고 겉에서 상침한 후 다림질해요. 몸판 A, 몸판 B, 앞치마를 연결한 모습이에요.

19

허리끈을 1장 재단해요.

20

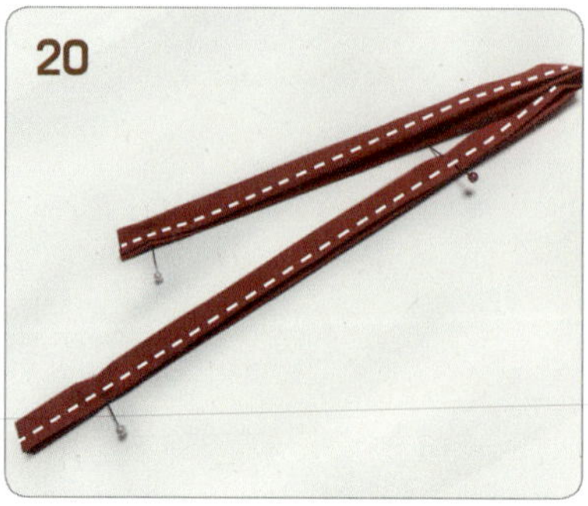

허리끈 위아래는 1.5cm씩, 양쪽 옆선은 0.5cm씩 접고 반으로 접어 다림질해요. 시침핀으로 고정한 후 3면을 상침해요.

21

18번 위에 바느질한 허리끈 중심을 맞춰 대 놓고, 몸판 A 밑단과 몸판 B 윗단이 겹쳐진 곳을 허리끈 겉에서 0.2cm 상침해요.

22

뒷모습이에요.

23

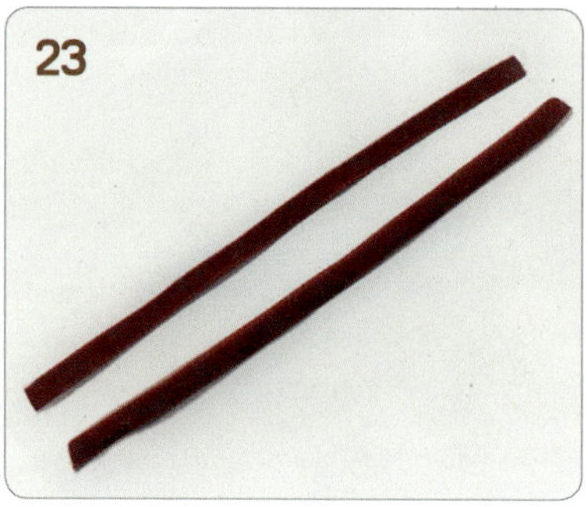

목끈으로 리본 15×0.5cm 2장을 재단해요.

24

목끈 2장 모두 몸판 A의 안쪽 0.5cm 접은 시접분에 목끈 리본의 겉을 대고 바느질로 고정해요.

25

다림질해서 정리하면 완성이에요.

Item 4

빨간 망토 장화

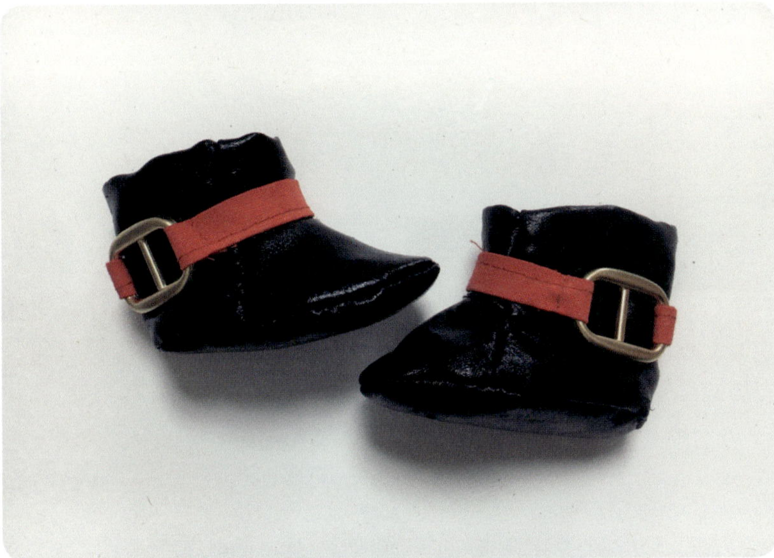

실물 크기 도안 p.192

원단 몸판 A 겉, 몸판 B 겉, 몸판 C 겉, 안창 겉 : 에나멜 주름 53×10cm
몸판 A 안, 몸판 B 안, 몸판 C 안, 안창 안 : 린넨 선염 바이오 21수 53×10cm
신발 끈 : 면 60수 28×5cm

사각 버클 25×20mm 2개

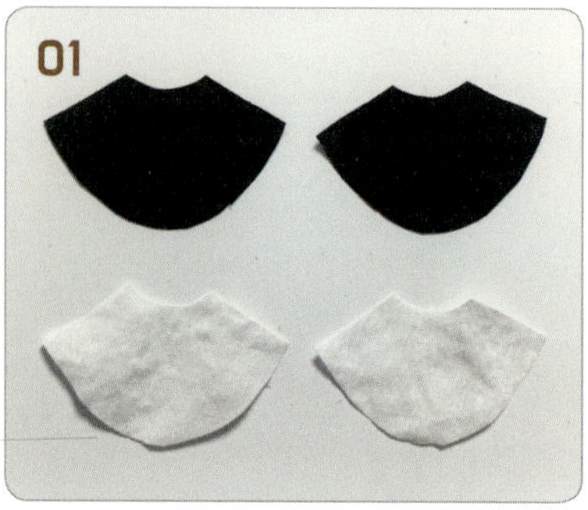

몸판 B는 겉과 안 각각 2장씩 재단해요.

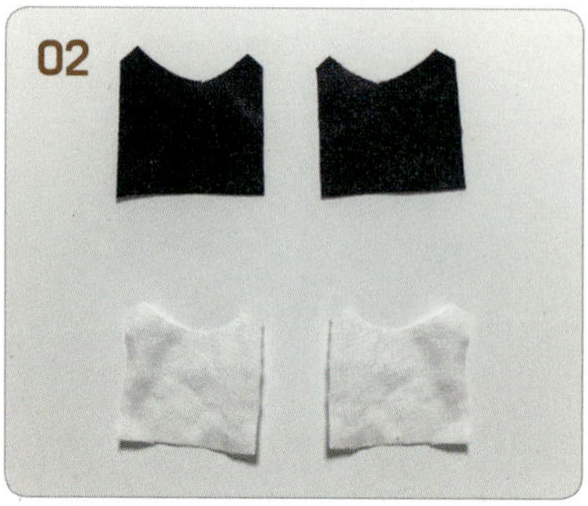

몸판 C는 겉과 안 각각 2장씩 재단해요.

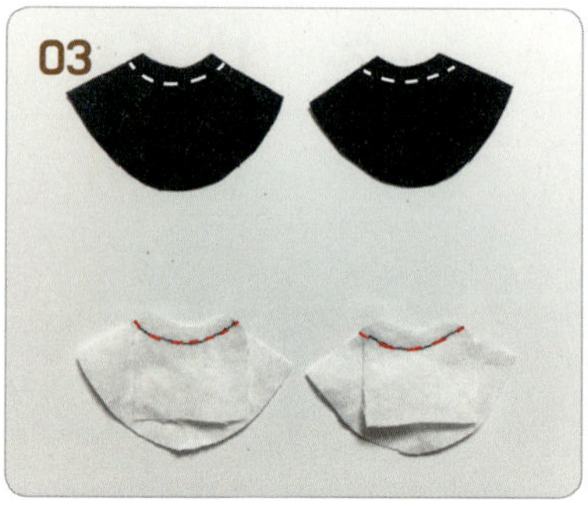

몸판 B와 C를 겉끼리 맞대고 위 가장자리를 0.5cm 너비로 박음질해요.

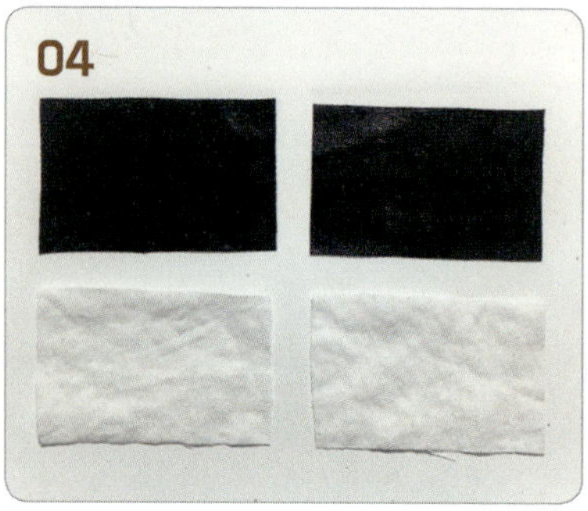

몸판 A는 겉과 안 각각 2장씩 재단해요.

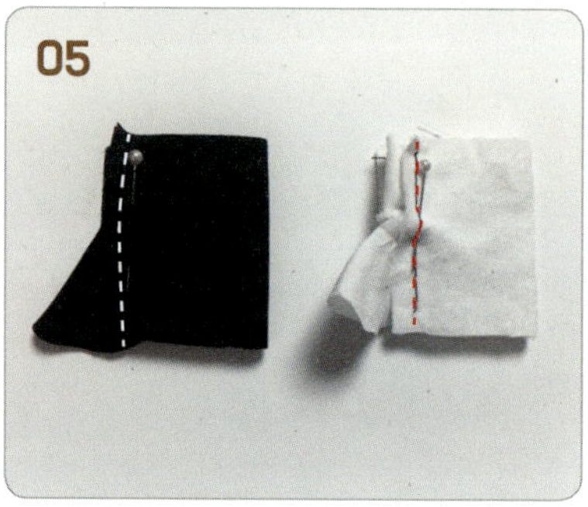

연결한 03번과 몸판 A를 겉끼리 맞대고 양쪽 옆선을 0.5cm 너비로 박음질해요(안도 03~05번 과정을 동일하게 작업해요).

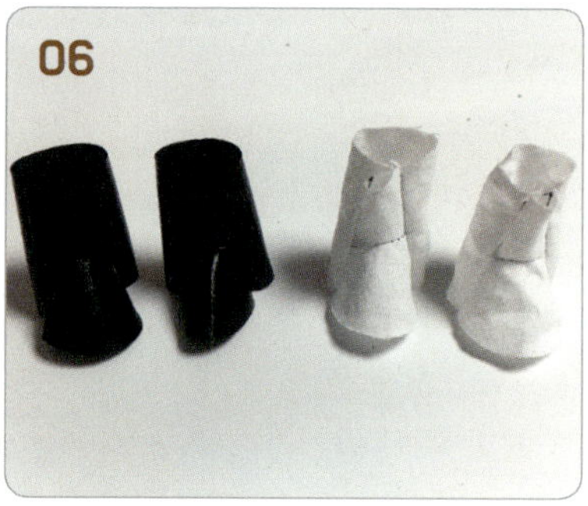

몸판 A, B, C를 연결한 모습이에요.

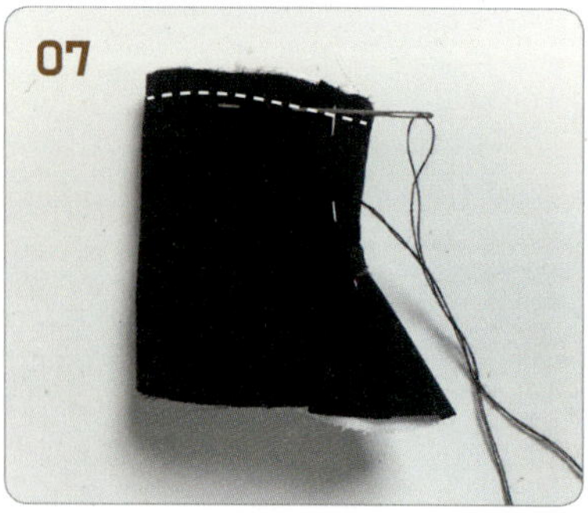

연결한 겉 A, B, C와 안 A, B, C를 겉끼리 맞대고 시침핀으로 고정한 후 위 둘레를 0.5cm 너비로 박음질해요.

뒤집어서 겉과 안의 시접을 정리해준 모습이에요.

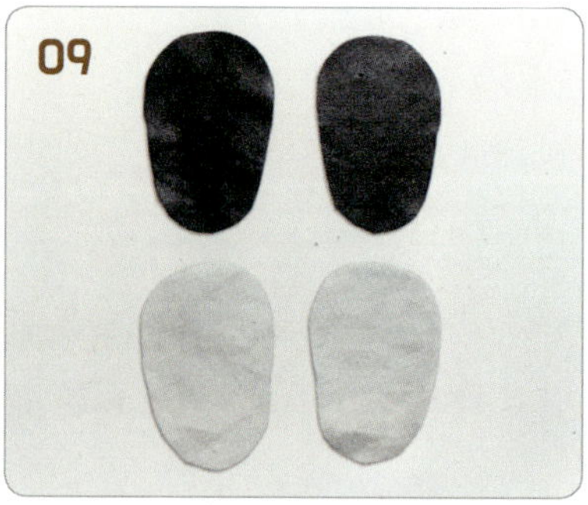

안창은 겉과 안을 각각 2장씩 재단해요.

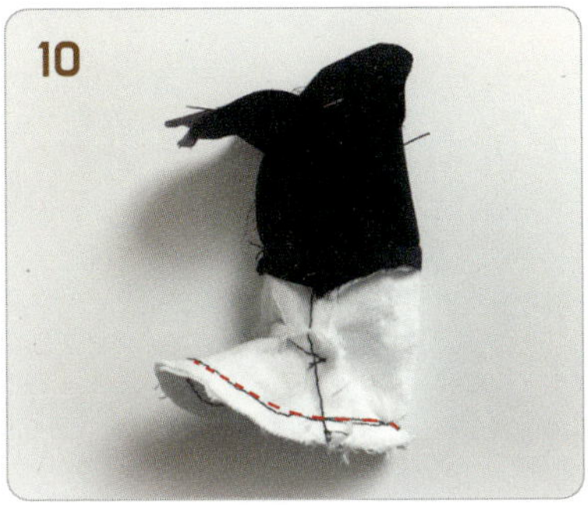

연결된 안 A, B, C와 안창 안을 겉끼리 맞대고 0.5cm 너비로 박음질해요.

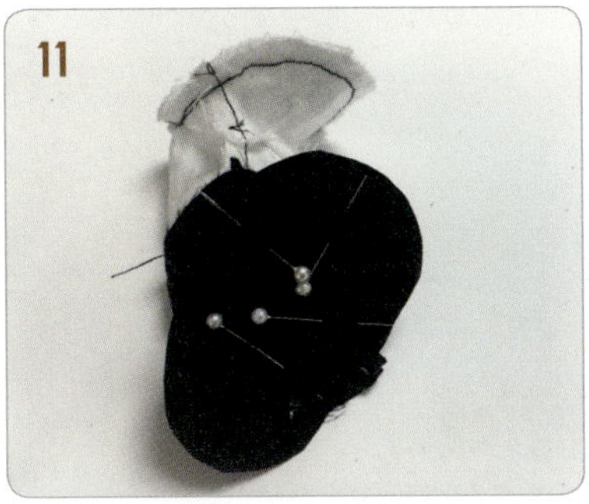

겉 안창도 10번을 창구멍 3cm 남기고 동일하게 작업해요.

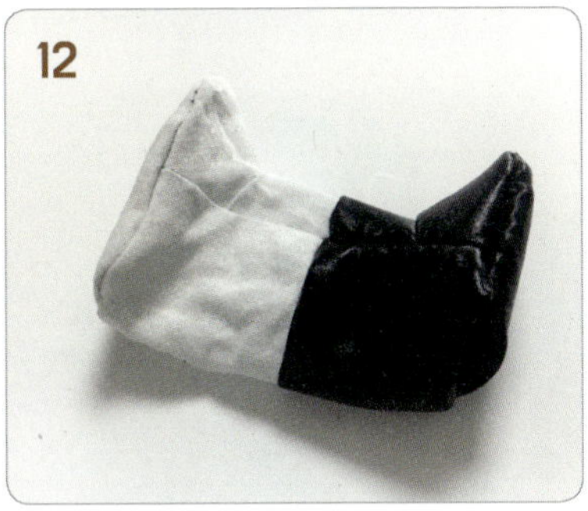

창구멍으로 뒤집은 모습이에요.

연결된 안 A, B, C, 안창을 겉 A, B, C, 안창 안으로 넣어서 시접을 잘 정리하고, 창구멍은 공그르기로 마무리해요.

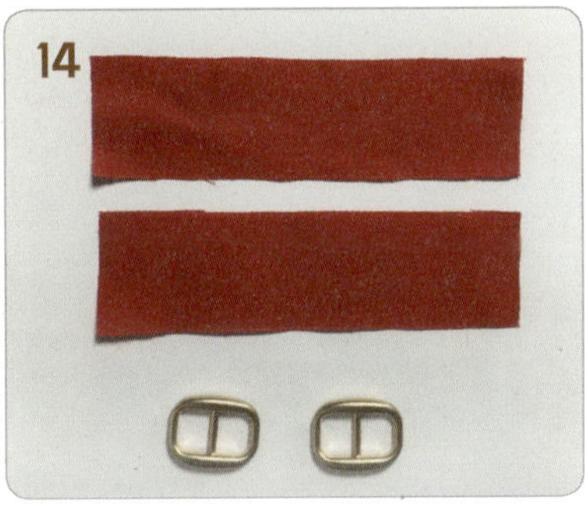

신발 끈은 2장 재단하고, 사각 버클 2개를 준비해요.

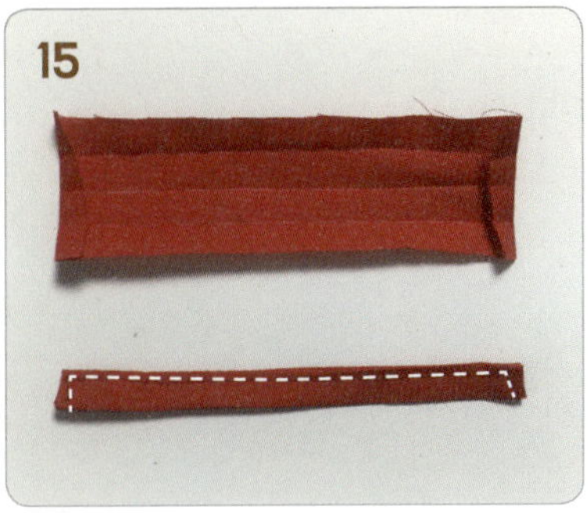

신발 끈 양쪽 옆선은 0.5cm 안으로 접어요. 위 둘레, 밑 둘레는 완성선 쪽으로 시접을 말아 접은 후, 접는 선을 따라 반을 접어요. 0.2cm 상침해요.

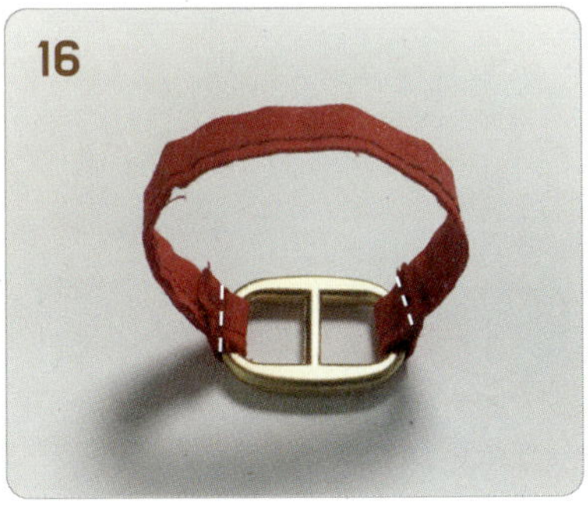

신발 끈 양쪽을 사각 버클에 통과시켜 1cm 겹쳐서 접고, 0.2cm 상침해요(다른 한쪽도 동일하게 작업해요).

완성된 모습이에요.

Cosplay doll clothes

Dracula

밤의 제왕 드라큘라

드라큘라 깃 망토 + 드라큘라 칼라 재킷 +
드라큘라 가죽 바지 + 드라큘라 셔츠 + 드라큘라 구두

밤이 되면 우아한 몸짓으로
어둠 속을 거니는 드라큘라 백작으로 변신!
강렬한 레드로 포인트를 살린 망토와
망토를 돋보이게 해 줄 화이트 셔츠까지,
멋지게 차려 입고 가면무도회에 가볼까요?

Item 1

드라큘라 깃망토

실물 크기 도안 p.193

원단	몸판 겉, 칼라 겉 : 에나멜 주름 40×36cm
	몸판 안, 칼라 안 : 공단 40×36cm
공단 리본	1cm짜리 50cm
금속 체인	10cm
단추	장식 단추 : 10mm 2개

How to Make

몸판 겉 1장, 칼라 겉 1장을 재단해요(안도 몸판 안 1장, 칼라 안 1장을 재단해요).

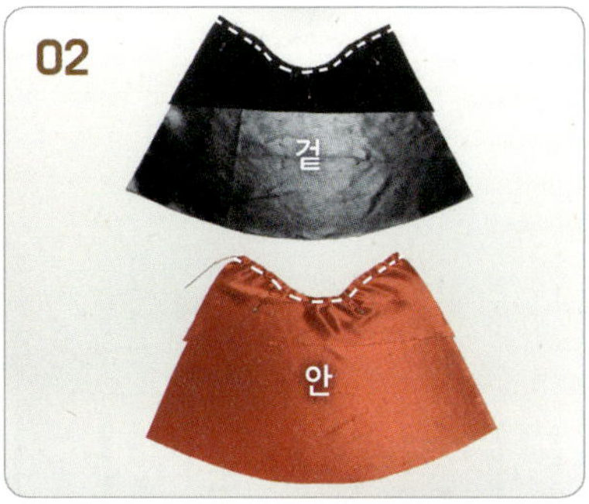

몸판 겉과 칼라 겉의 겉끼리 맞대고 0.5cm 너비로 박음질해요.

칼라 목둘레의 가름솔을 정리하고, 바느질된 02번의 겉과 안을 겉끼리 맞대고 시침핀으로 고정한 후 창구멍을 남기고 0.5cm 너비로 박음질해요(양 끝 시접을 0.2cm 남겨 두고 커팅해요).

몸판 안의 창구멍을 통해 겉으로 뒤집은 모습이에요(양 끝 시접 정리를 깔끔하게 해요).

창구멍은 공그르기로 정리해주세요.

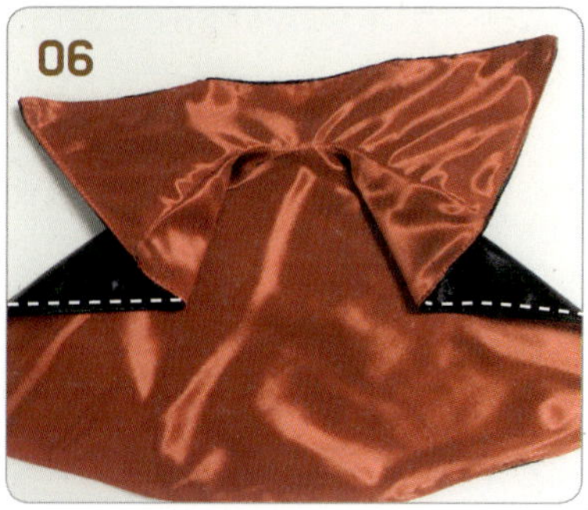

몸판과 칼라 전체를 겉면에서 0.2cm 상침해요.

장식할 리본 끈, 장식 단추, 금속 체인을 준비해요.

칼라 뒤 목둘레 중심에 공단 리본을 겉이 보이게 올려놓고, 목둘레선을 따라 박음질해요.

몸판 맨 위에 단추를 달고 금속 체인에 바늘을 끼워서 한쪽은 박음질로 고정해요.

TIP 다른 한쪽은 고정하지 않고 장식 단추 뒤로 한 바퀴 돌려 묶어서 완성해요.

Item 2

드라큘라 칼라 재킷

실물 크기 도안 p.199

원단	앞판, 뒤판의 겉, 소매 겉, 커프스 겉, 칼라 겉 : 폴리우레탄 70×23cm 앞판, 뒤판의 안, 소매 안, 커프스 안, 칼라 안 : 공단 70×23cm
단추	장식 단추 : 11mm 3개

앞판과 뒤판을 각각 2장씩 재단해요.

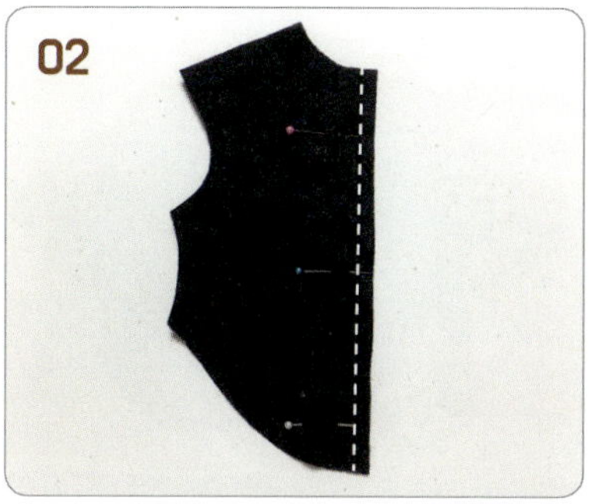

뒤판 2장을 겉끼리 맞대고 시침핀으로 고정한 후 0.5cm 너비로 박음질해요.

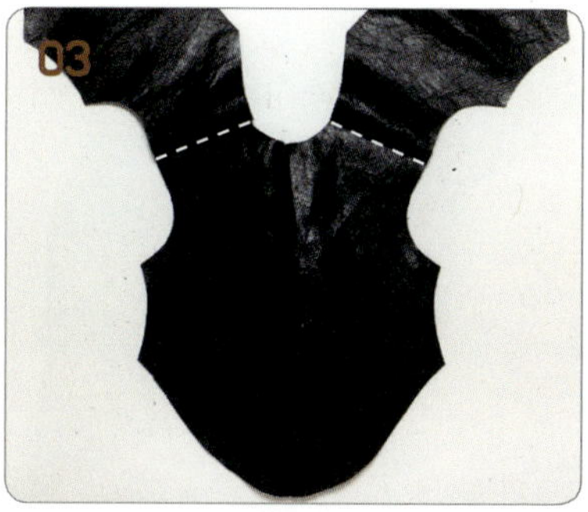

앞판 2장과 바느질한 뒤판 2장의 어깨를 겉끼리 맞대고 0.5cm 너비로 박음질해서 연결해요.

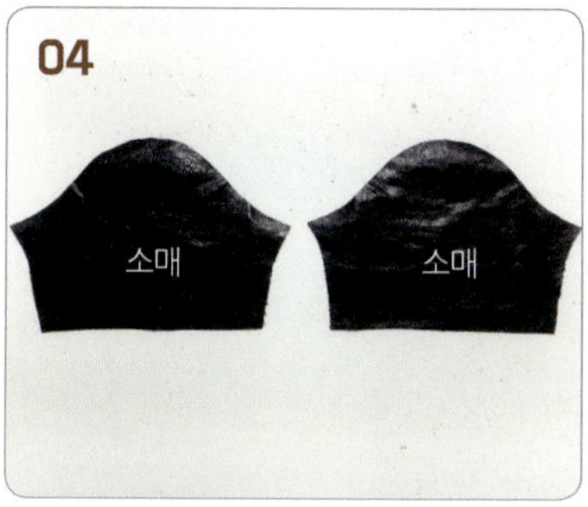

소매를 2장 재단해요.

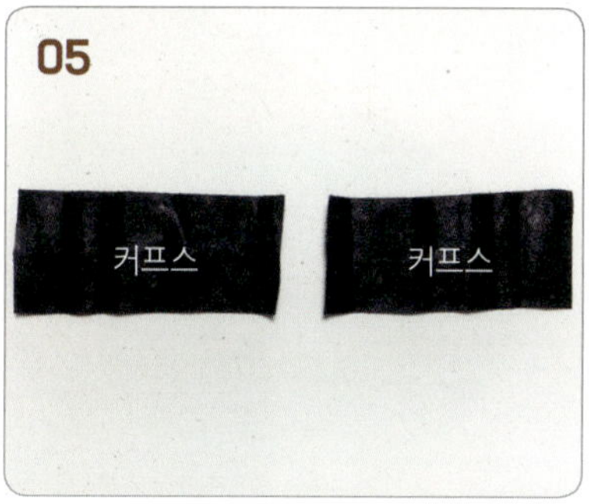

소매 커프스를 2장 재단해요.

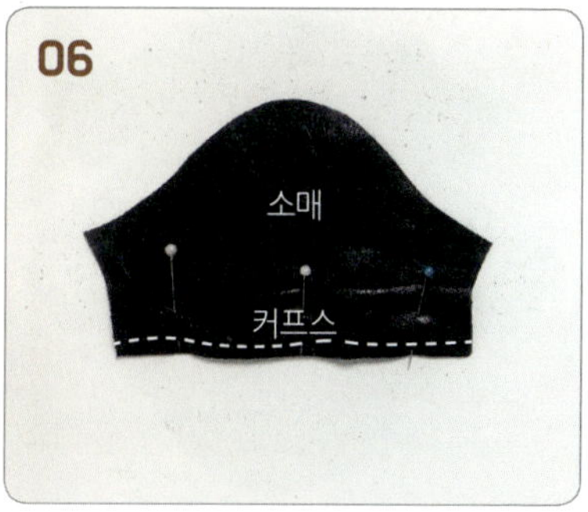

재단한 커프스를 반으로 접고 소맷부리에 올려 0.5cm 너비로 박음질해요(2세트 만듦).

TIP 시접을 소맷부리 쪽으로 넘기고 뒤집어서 연결한 부분에 상침해요.

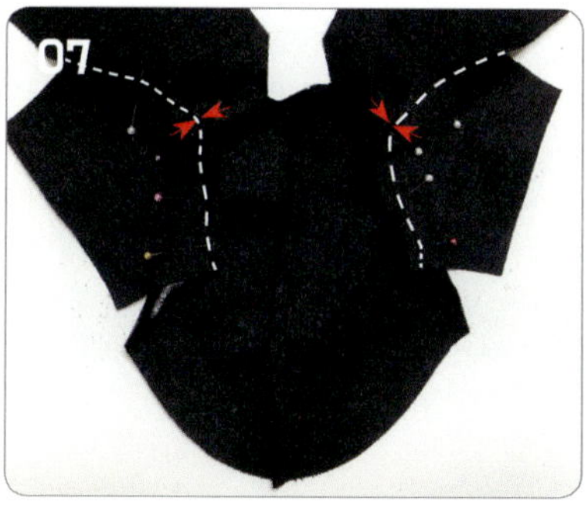

어깨 중심과 소매산 겉의 중심부터 맞춘 후, 소매 앞 진동둘레와 앞판 진동둘레, 소매 뒤 진동둘레와 뒤판 진동둘레를 맞추고, 시침핀으로 고정한 후 0.5cm 너비로 박음질해요.

앞판, 뒤판, 소매를 연결한 모습이에요.

안도 겉과 동일하게 재단하고, 01~07번 과정을 동일하게 작업해요(안 모습).

TIP 안 소매 재단 시, 안의 소맷단 길이를 겉의 소맷단 길이보다 0.3cm 짧게 해주세요.

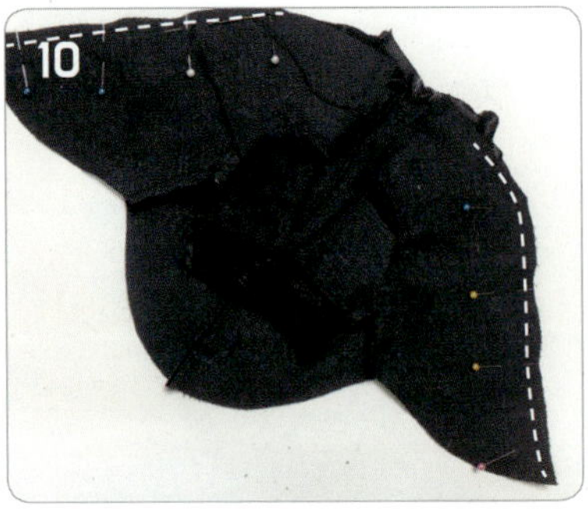

겉과 안의 겉쪽끼리 맞대고 앞 중심을 시침핀으로 고정한 후 0.5cm 너비로 박음질해요.

뒤집어서 정리한 겉쪽의 모습이에요.

뒤집어서 정리한 안쪽의 모습이에요.

안의 겉쪽과 겉의 안쪽이 보이도록 놓아요.

겉의 소매를 안으로 집어넣은 후 소맷단의 시접을 정리해서 시침핀으로 고정해요(양쪽 소매 동일).

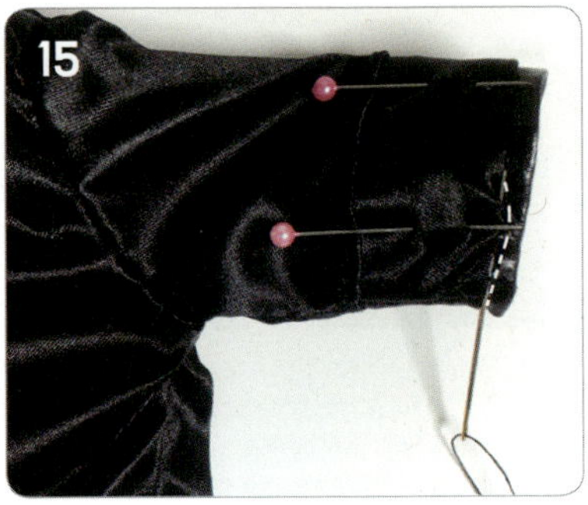

공그르기로 겉과 안의 양쪽 소맷단을 연결해요.

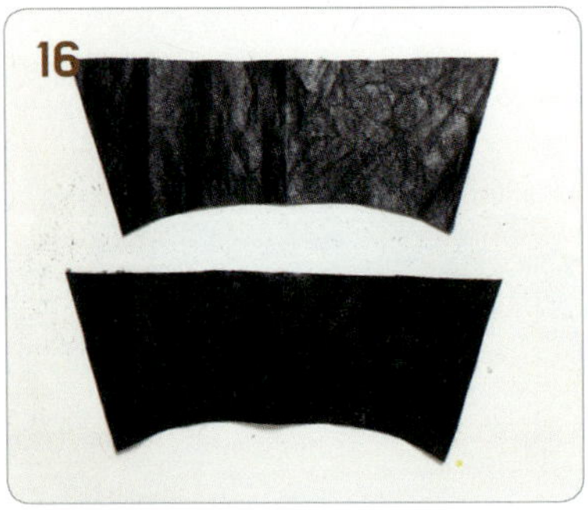

칼라 겉을 2장 재단해요.

칼라 안도 2장 재단해요.

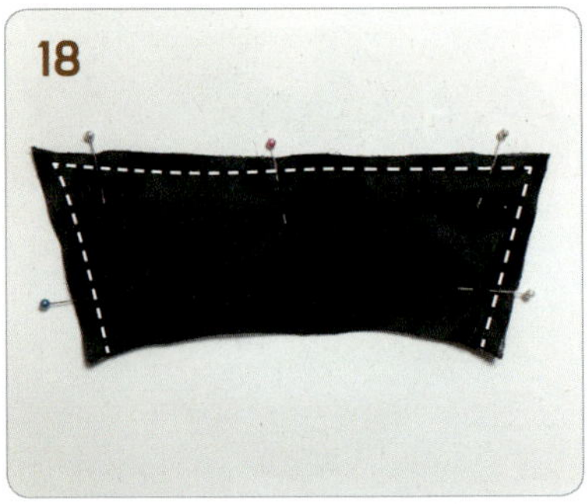

겉 칼라와 안 칼라의 겉끼리 맞대고 시침핀으로 고정한 후 0.5cm 너비로 박음질해요.

19

뒤집어서 송곳이나 뒤집개 등으로 양 끝 시접을 잘 정리해주고 겉에서 0.2cm 상침해요.

20

몸판의 겉과 안을 겉끼리 맞대고 밑단을 시침핀으로 고정한 후 0.5cm 너비로 박음질해요.

21

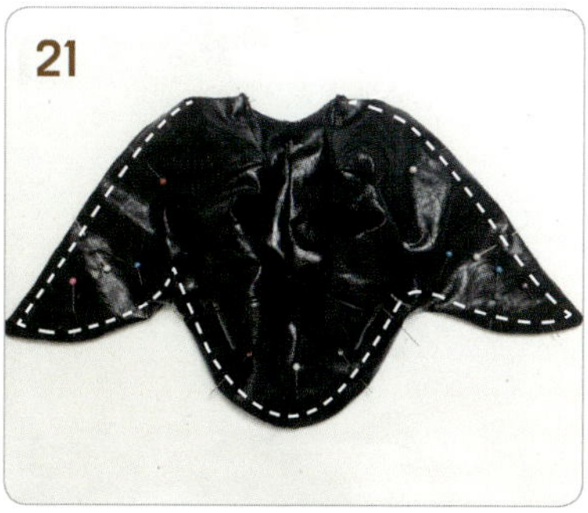

뒤집어서 밑단 시접을 잘 정리하고 시침핀으로 고정한 후 겉에서 앞판 앞 중심부터 밑단 전체를 0.2cm 상침한 겉모습이에요.

22

안의 안쪽과 겉의 안쪽이 보이도록 뒤집고 겉의 겉쪽과 칼라의 겉쪽, 안의 겉쪽과 칼라 안쪽의 중심을 맞춰 시침핀으로 고정해요. 그리고 왼쪽 앞 중심은 칼라 시작점까지 2cm 남기고 오른쪽 앞 중심을 창구멍으로 5cm 남긴 후 0.5cm 너비로 박음질해요.

23

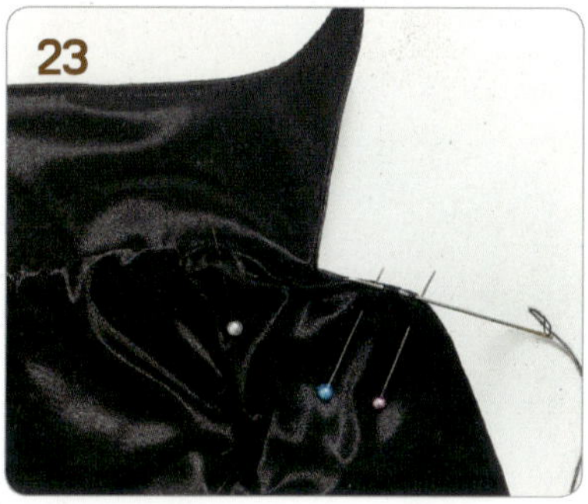

창구멍으로 뒤집고 공그르기로 마감해요.

24

겉에서 몸판의 위 가장자리 전체를 0.2cm 상침해요.

25

앞모습이에요.

26

앞판 중심에 장식 단추 3쌍을 맨 위에서 1cm 아래 지점부터 5cm 간격으로 달면 완성이에요.

Item 3

드라큘라 가죽바지

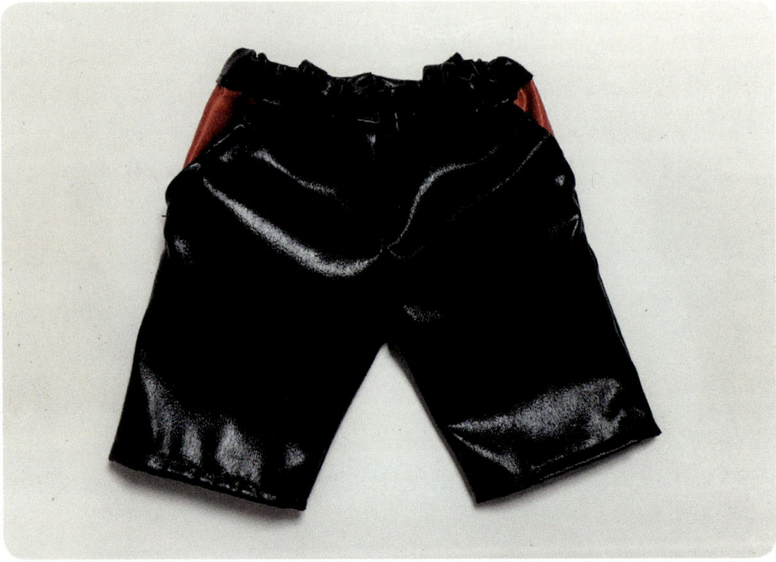

실물 크기 도안 p.194

원단 앞판, 뒤판, 벨트, 벨트 끈 : 에나멜 주름 40×21cm
주머니 : 공단 24×10cm

01

앞판 2장, 뒤판 2장을 재단해요.

TIP 본 책의 바지는 칠부바지 기장 사이즈예요. 긴 바지를 재단할 경우 밑단 기장을 2~3cm 추가로 늘려 재단해요.

02

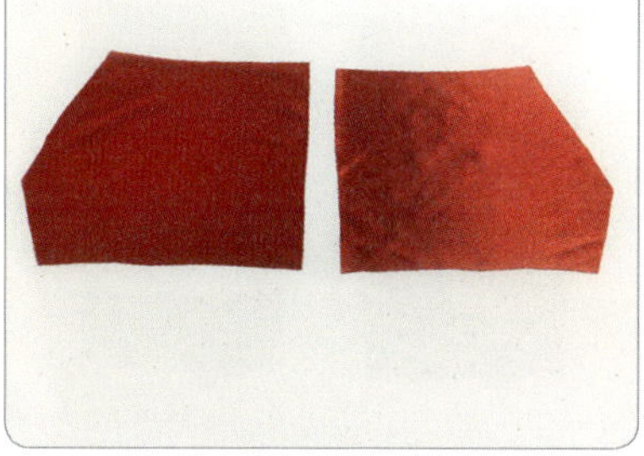

주머니를 2장 재단해요.

03

앞판과 주머니를 겉끼리 맞대고 주머니 입구 부분을 0.5cm 너비로 박음질해요.

04

앞판과 주머니를 연결한 앞모습이에요.

05

박음질한 부분을 접고 0.2cm 너비로 상침해요.

06

주머니를 접는 선에 맞춰 안쪽을 맞대어 접고 밑단을 0.2cm 상침해요.

07

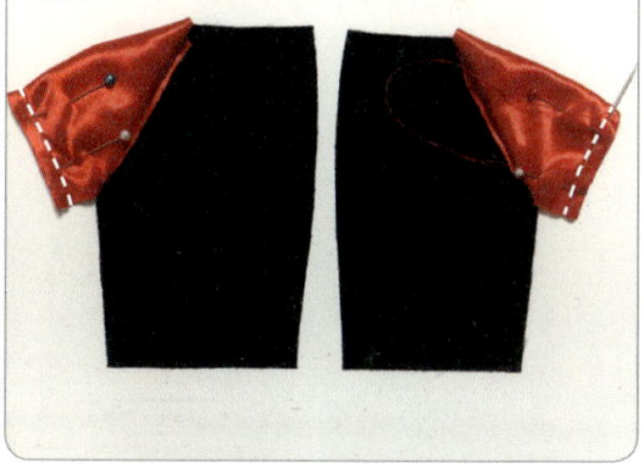

주머니를 뒤집어 시접을 정리해요. 겉끼리 맞대고 밑단을 0.5cm 너비로 박음질해요.

08

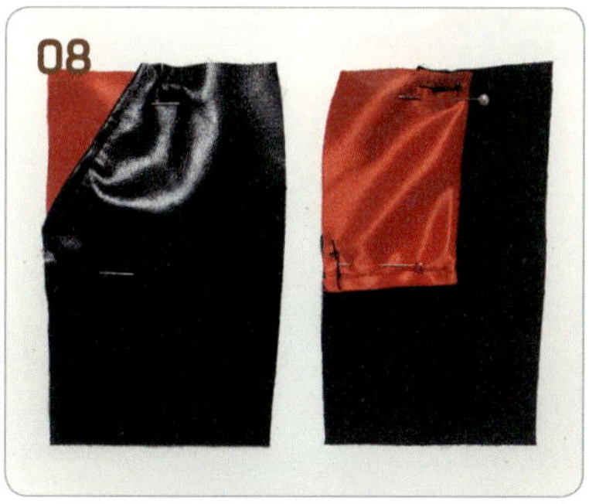

주머니와 앞판이 겹치는 부분은 0.5cm 너비로 박음질해요(오른쪽 앞판은 박음질한 뒷모습).

09

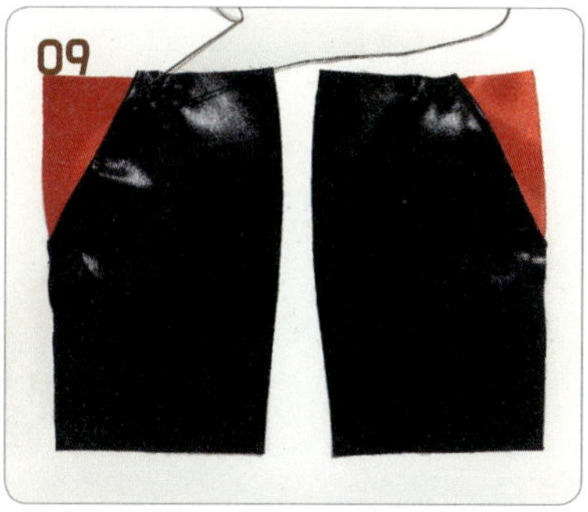

05번에서 상침한 면에 윗단과 옆선의 완성선보다 0.5cm 안으로 체크한 후에 제자리 지그재그로 스티치해서 0.5cm 너비로 주머니 입구를 고정해요.

10

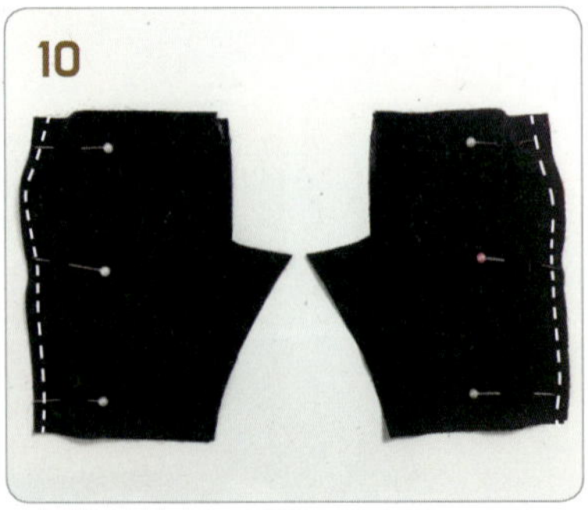

앞판과 뒤판을 겉끼리 맞대고 시침핀으로 고정한 후 옆선을 시접 0.5cm 너비로 박음질해요.

11

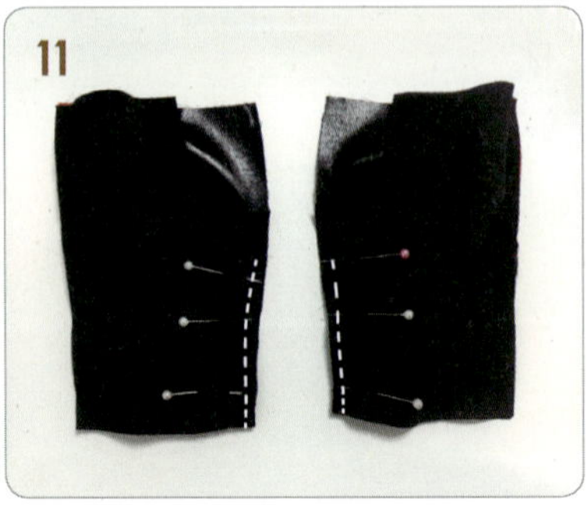

밑아래 옆선도 밑아래를 기준으로 시침핀으로 고정한 후 시접 0.5cm 너비로 박음질해요.

12

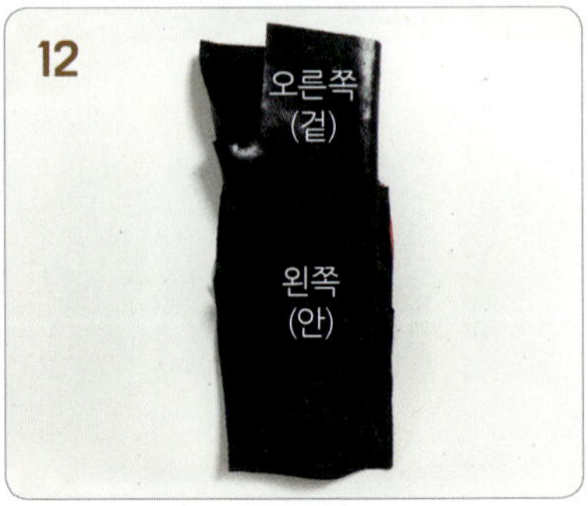

오른쪽 몸판을 뒤집어 보이게 한 뒤, 왼쪽 몸판에 넣어 오른쪽(겉)–왼쪽(겉)끼리 마주 보게 놓아요.

13

밑위 선 가름솔을 정리하면서, 밑위 선을 중심으로 시침핀으로 고정한 후 앞 밑위 선부터 뒤 밑위 선까지 시접 0.5cm 너비로 박음질해요.

14

오른쪽 몸판을 빼준 앞모습이에요.

15

벨트를 1장 재단해요.

16

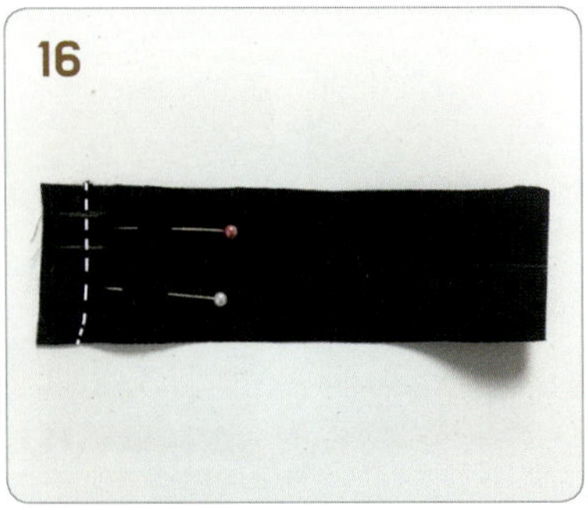

벨트 1/2 지점에 접는 선을 수성펜으로 체크해요. 겉끼리 맞대고 시침핀으로 고정한 후 1cm 너비로 박음질해요.

TIP 수성펜으로 체크해 놓은 접는 선 위로 고무줄 넣을 창구멍을 0.7cm 남겨요.

17

가름솔을 정리한 후 아래 시접을 0.5cm 너비로 안으로 접어서 다림질하고, 시침핀으로 고정해요.

18

벨트 겉과 몸판 안을 맞대고 허리둘레를 시접 0.5cm 너비로 박음질해요.

TIP 벨트 창구멍이 있는 중심과 뒤 몸판 중심을 기준으로 바느질해요.

뒤집어서 0.5cm 너비로 박음질된 허리둘레를 벨트 쪽을 올려놓고, 벨트의 접는 선에 맞춰서 접고 시침핀으로 고정한 후 0.2cm 상침해요.

5mm 고무줄 17cm를 준비해요. 창구멍으로 고무줄 끼우개를 이용해서 고무줄을 넣어요.

고무줄 양 끝을 1cm 겹쳐서 박음질해요. 창구멍 양옆을 2줄 상침해요.

바지에 벨트를 연결한 모습이에요.

벨트 끈을 4장 재단해요.

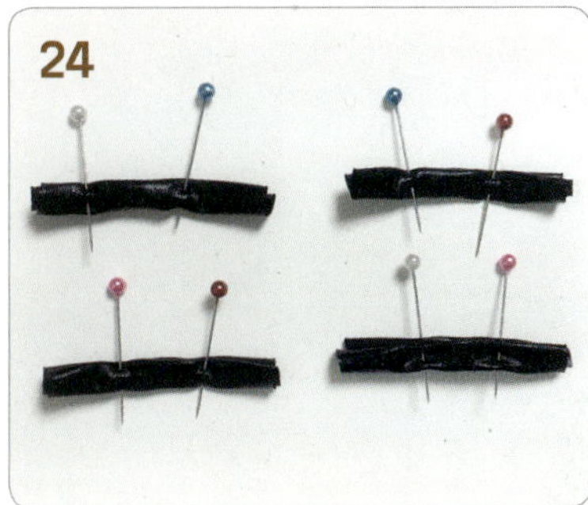

양 끝 시접을 0.5cm 안으로 접고 반을 접어 0.2cm 너비로 상침해요. 양 끝을 1cm씩 겹쳐서 박음질한 후 벨트 위에 올려놓고 바느질해서 고정해요.

바지 밑단은 안으로 0.5cm 접고 시침핀으로 고정한 후 0.2cm 상침해요.

완성된 모습이에요.

Item 4

드라큘라 셔츠

실물 크기 도안 p.196

원단 앞판, 뒤판, 소매, 소매 커프스, 칼라 : 면 60수 85×23cm

프릴, 목끈 : 공단 22×12cm

브로치 30mm 1개(검정이나 레드)

단추 장식 단추 : 11mm 3개 / 스냅 단추 : 5mm 4쌍

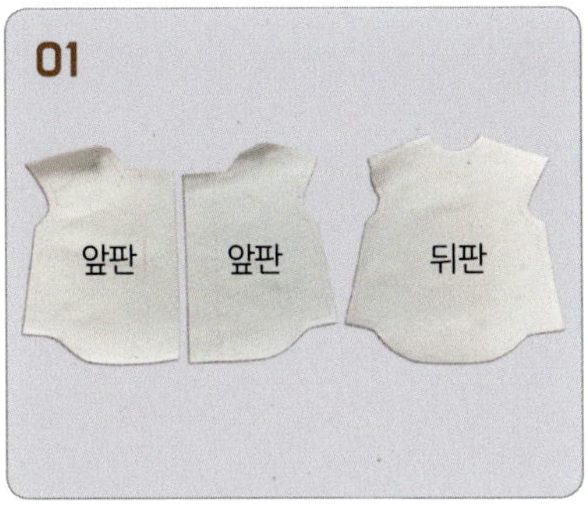

앞판 2장, 뒤판 1장을 재단해요.

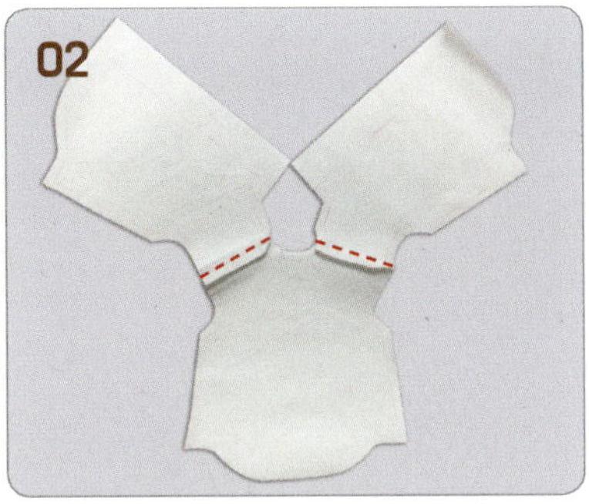

앞판과 뒤판을 겉끼리 맞대고 시침핀으로 고정한 후 어깨를 0.5cm 너비로 박음질하고 겉에서 연결한 부분을 박음질해요.

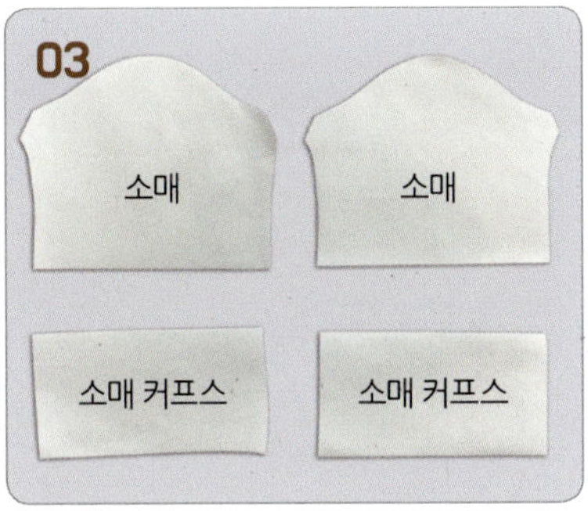

소매와 소매 커프스를 각각 2장씩 재단해요.

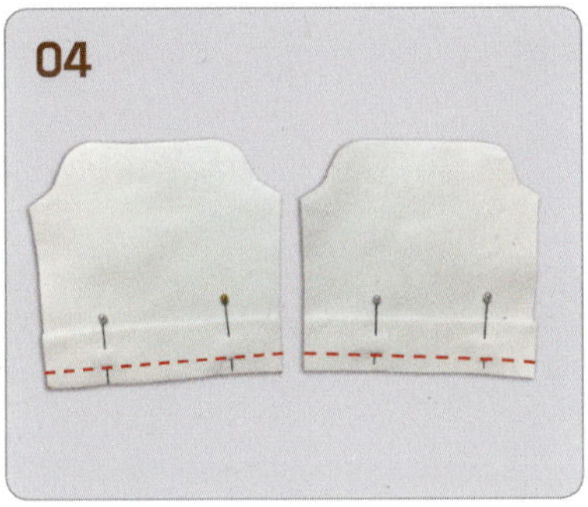

재단한 커프스를 반으로 접고 소맷부리에 올려 0.5cm 너비로 박음질해요. 시접을 소맷부리 쪽으로 넘기고 뒤집어서 연결한 부분에 상침해요.

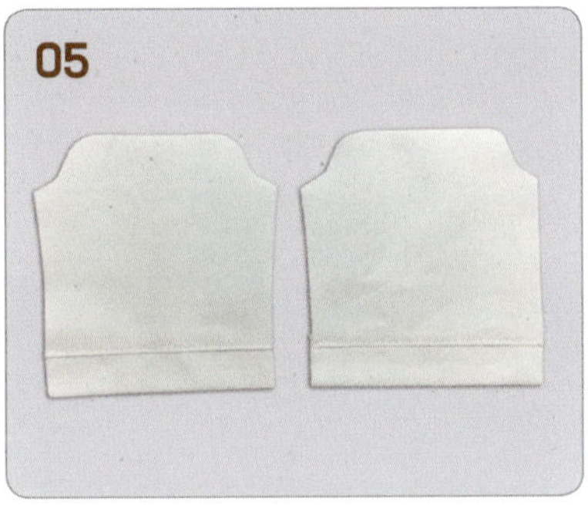

소매와 커프스를 연결한 모습이에요.

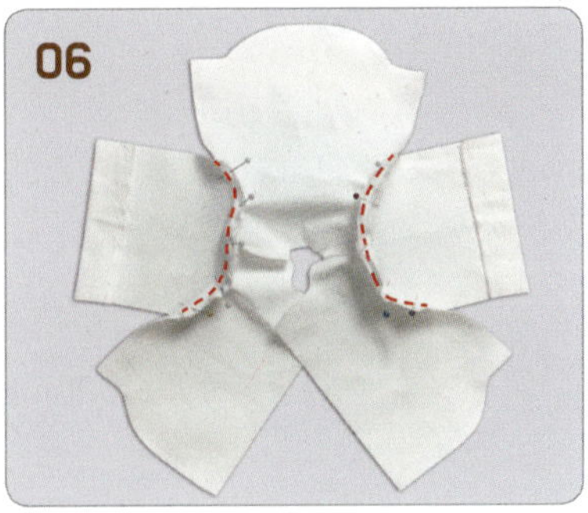

몸판 어깨에 중심선 체크를 하고, 소매 진동둘레를 맞춰 시침핀으로 고정한 후 0.5cm 너비로 박음질해요.

소매와 몸판 겉끼리 맞대고 소매부터 옆선까지 잘 맞추어 시침핀으로 고정한 후 0.5cm 너비로 박음질해요.

겉으로 뒤집은 모습이에요.

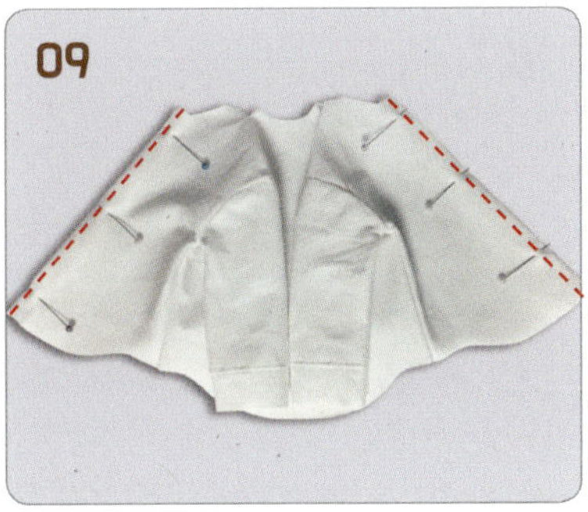

앞판의 앞 중심 시접을 1cm씩 두 번 말아 접고, 0.2cm 상침해요.

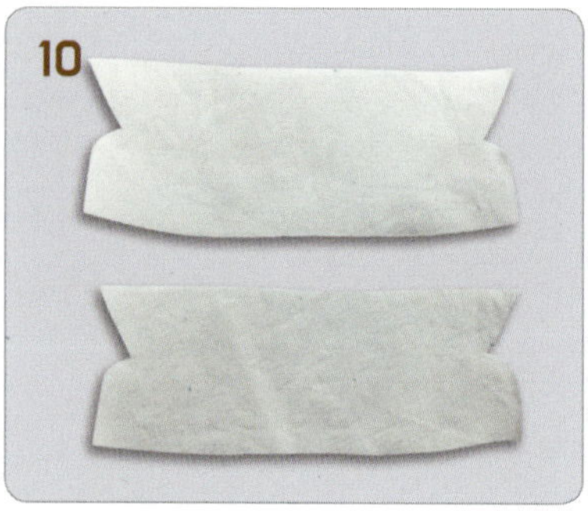

칼라 2장을 재단해요.

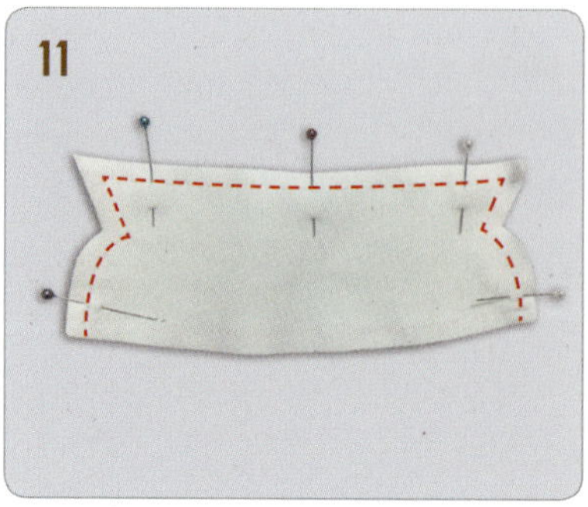

칼라 2장을 겉끼리 맞대고 시침핀으로 고정한 후 3면을 0.5cm 너비로 박음질해요.

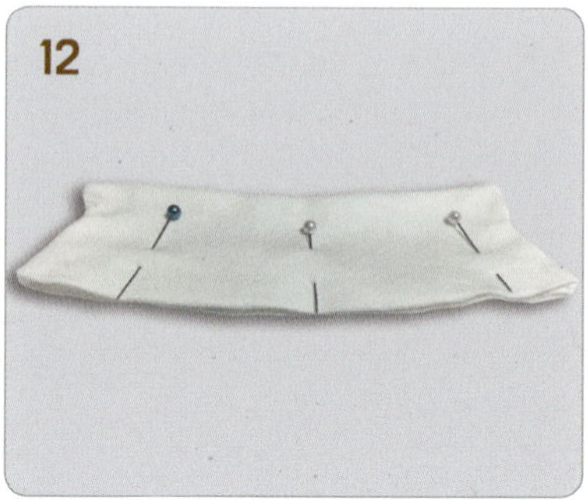

뒤집어서 밑 칼라 시접을 안으로 집어넣어 정리해요.

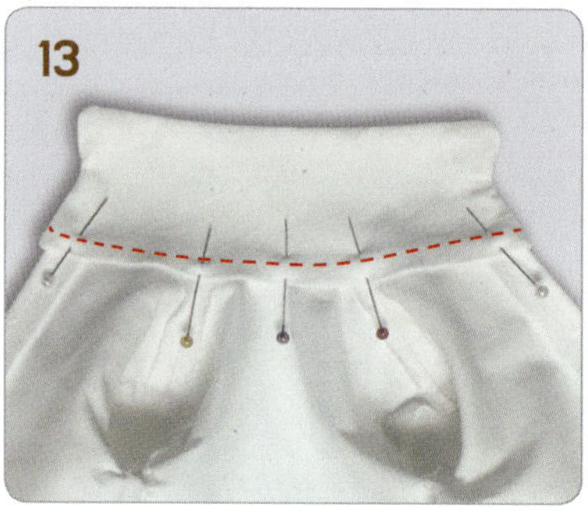

칼라 사이에 목둘레를 맞추어 넣은 후 시침핀으로 고정하고 0.2cm 상침해요.

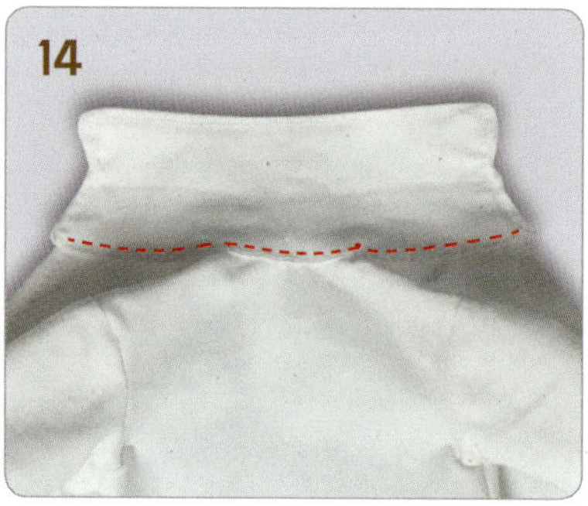

칼라 겉면에서 연결 부분을 상침해요.

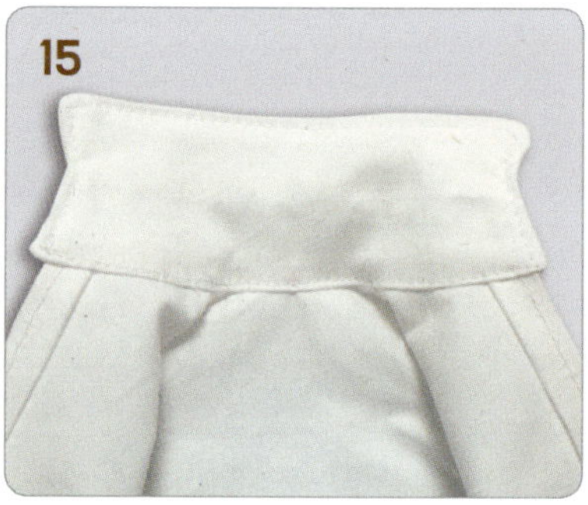

연결한 안쪽 모습이에요.

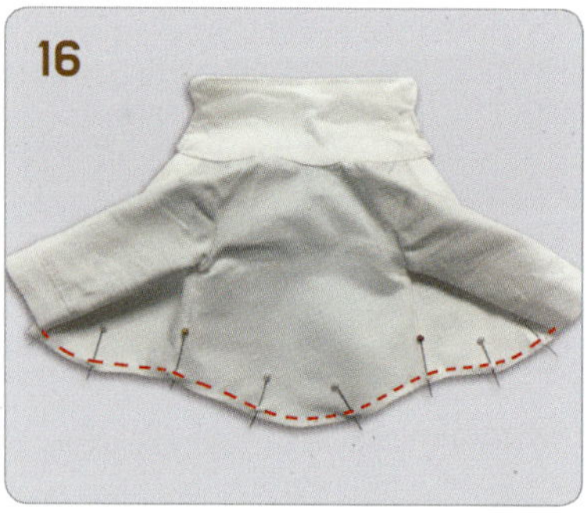

밑단 시접을 안쪽으로 0.5cm 접고 상침해요.

앞판 앞 중심에 스냅 단추 3쌍을 맨 위에서 1cm 아래 지점부터 5cm 간격으로 달아요.

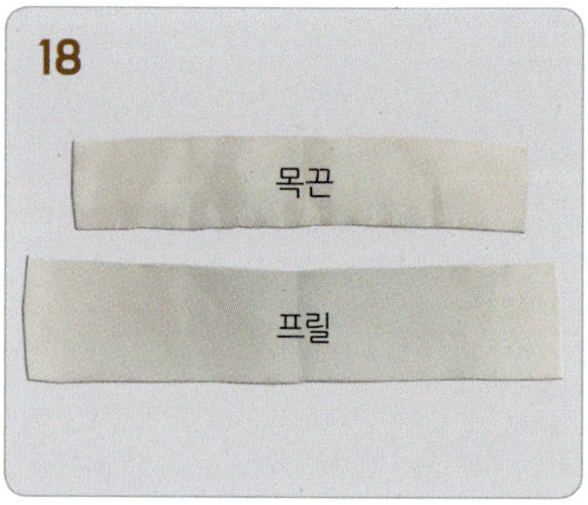

러프 넥타이 목끈과 프릴을 각각 1장씩 재단해요.

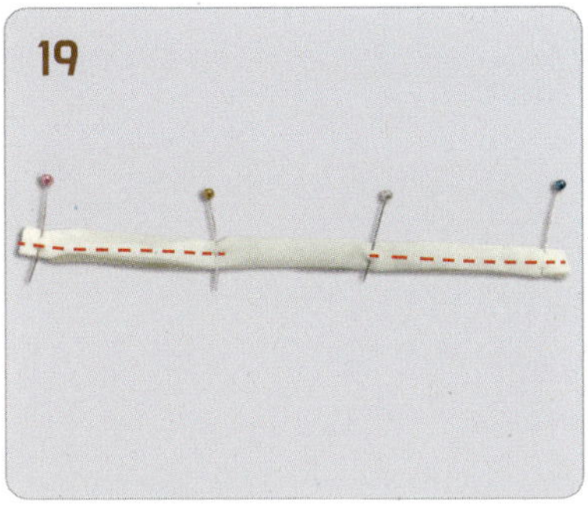

목끈은 반을 접고 3면을 시접 1cm 접어서 안이 맞닿게 반으로 접은 후 중심에서 양방향 3cm는 창구멍으로 남기고 나머지 3면을 0.2cm 상침해요.

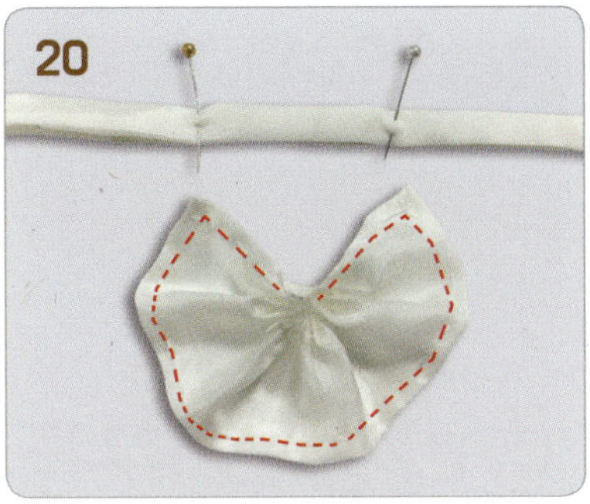

프릴은 양쪽 옆선과 밑 둘레를 0.5cm 안으로 접어 상침하고, 목끈 사이에 끼워 넣을 위 가장자리는 홈질해서 주름을 잡아줘요.

TIP 주름의 길이는 목끈의 중심에서 양방향으로 3cm 지점에 맞춰요.

코사지를 준비하고, 목끈에 프릴을 끼워 넣고 상침해요.

프릴 중심에 코사지를 달아요.

TIP 코사지는 레드와 블랙 컬러를 준비해서 다양하게 연출할 수 있어요(p.078 참고).

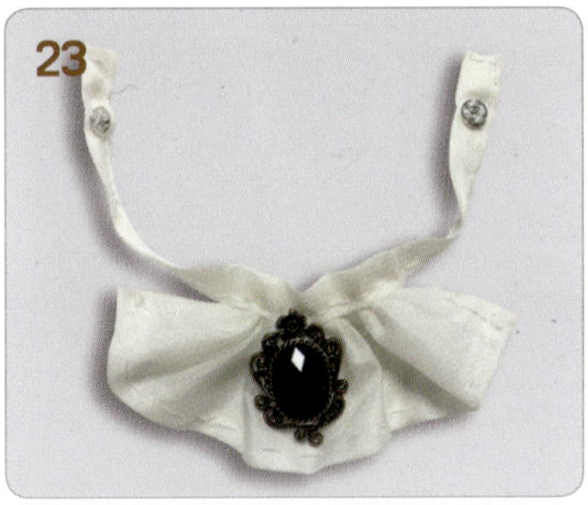

스냅 단추 1쌍을 목끈 끝에서부터 2cm 지점에 달아요.

TIP 탈부착 가능한 러프 넥타이에요.

장식 단추 2쌍을 맨 위에서 4cm 아래 지점부터 5cm 간격으로 달고, 칼라 겉에도 1쌍을 달아줘요. 그리고 셔츠에 러프 넥타이를 달아주면 완성이에요.

Item 5

드라큘라 구두

실물 크기 도안 p.198

원단 몸판 겉, 안창 겉 : 폴리우레탄 40×13cm

몸판 안, 안창 안 : 공단 40×13cm

양면 징 5mm 4쌍

금속 체인 6cm 2줄

몸판은 겉과 안을 각각 4장을 재단하고, 안창은 겉과 안을 각각 2장씩 재단해요.

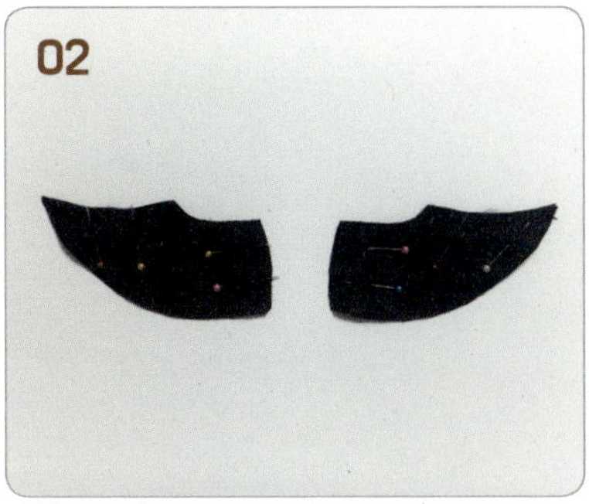

몸판은 2장씩 겉끼리 맞대고 시침핀으로 고정한 후 2면을 0.5cm 너비로 박음질해요.

TIP 2면 모두 위 둘레 시접 0.5cm는 바느질하지 않아요.

몸판과 안창을 겉끼리 맞대고 중심을 맞춰 시침핀으로 고정한 후 0.5cm 너비로 박음질해요.

TIP 앞코의 시접을 커팅해요.

뒤집은 앞모습이에요. 앞코의 시접을 잘 정리해요.

TIP 안도 02~04번의 과정을 동일하게 작업해요.

겉과 안을 겉쪽끼리 맞대고 시침핀으로 고정한 후 창구멍을 3cm 남기고, 위 둘레를 0.5cm 너비로 박음질해요.

창구멍으로 뒤집어 시접을 잘 정리하고, 안을 겉쪽의 안으로 넣어요. 그리고 창구멍은 공그르기로 마무리해요.

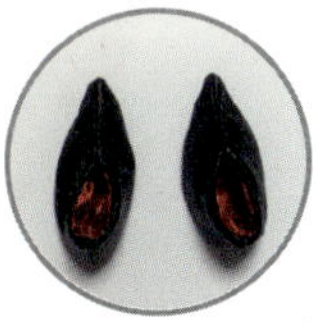

위 둘레에서 1.5cm 떨어진 곳에 양면 징 2쌍을 달아요.

TIP 송곳을 활용해요.

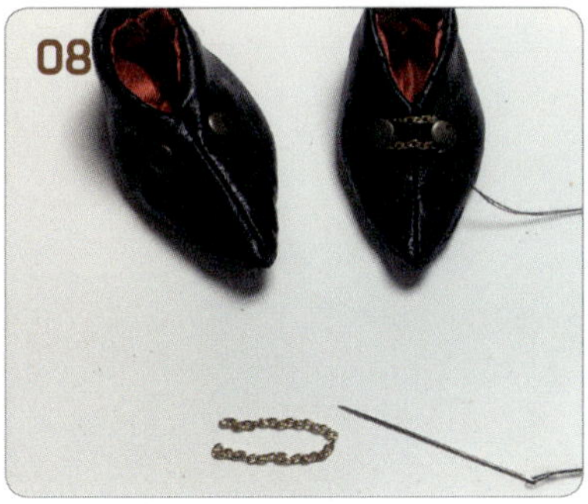

원하는 길이로 커팅 가능한 금속 체인을 준비해요. 6cm 2줄로 커팅하고 체인에 바늘을 끼워서 박음질을해요. 양쪽 양면 징을 한바퀴 박음질해서 고정해요.

완성된 모습이에요.

Cosplay doll clothes

Witch

멋지고 시크한 마녀

마녀 원피스 + 마녀 깃 망토 +
마녀 모자 + 마녀 리본 끈 부츠

파티를 즐길 준비가 되었나요?
풍성하고 화려한 롱 원피스에 무심한 듯 시크한 망토를 걸치고
금방이라도 날아오를 것 같은 모자를 썼더니
카리스마 넘치는 마녀로 변신했어요.
자, 이제 핼러윈 파티의 주인공이 되어 볼까요?

Item 1

마녀 원피스

실물 크기 도안 p.201

원단	앞판 A, 뒤판 A : 에나멜 주름 18×12cm
	앞판 B, 뒤판 B, 소매 : T/C 무지(오렌지 원단) 52×50cm
	앞판 C, 뒤판 C : 노방 블랙 68×21cm
	앞판 D, 뒤판 D : 망사 66×24cm
기타 부자재	프릴 레이스 : 47×6cm(소매, 목 프릴) / 스냅 단추 : 5mm 4쌍

앞판 A, B를 각각 1장씩 재단해요.

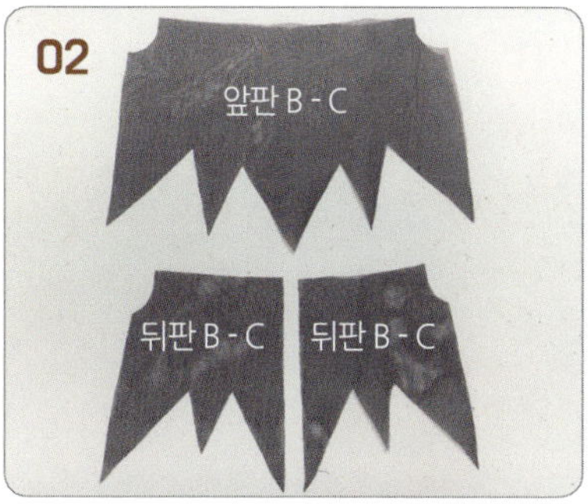

앞판 B에 붙일 앞판 C 1장, 뒤판 B에 붙일 뒤판 C 2장을 재단해요.

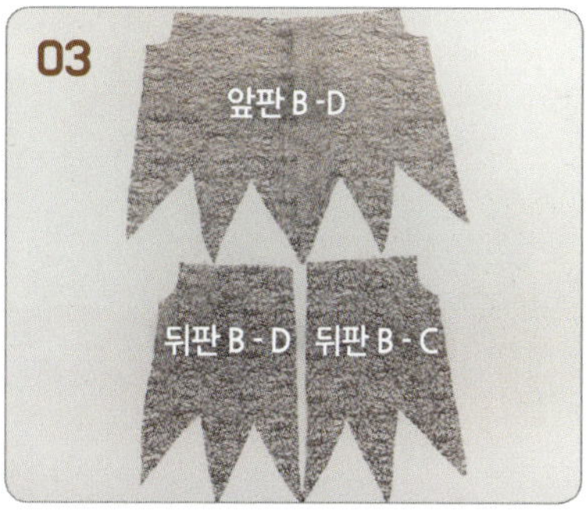

앞판 B에 붙일 앞판 D 1장, 뒤판 B에 붙일 뒤판 D 2장을 재단해요.

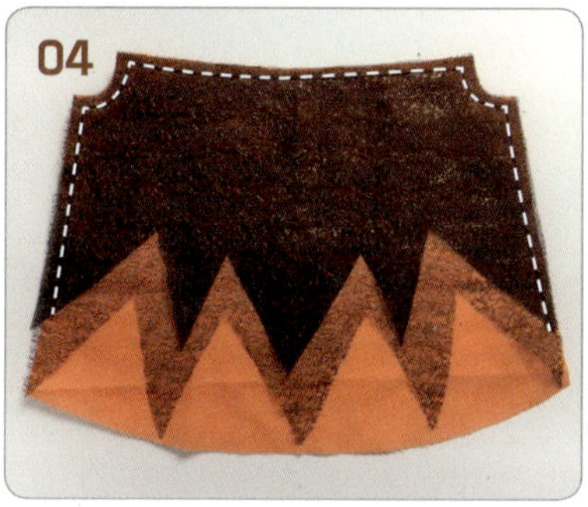

앞판 B 위에 앞판 C, D를 겉이 보이게 올려놓고, 0.5cm 너비로 박음질해요.

앞판 B를 홈질해서 주름을 잡아요.

TIP 주름 길이는 앞판 A에 맞춰요.

바느질된 앞판 B와 앞판 A를 겉끼리 맞대고 시침핀으로 고정한 후 0.5cm 너비로 박음질해요.

앞판 A와 앞판 B를 연결한 모습이에요.

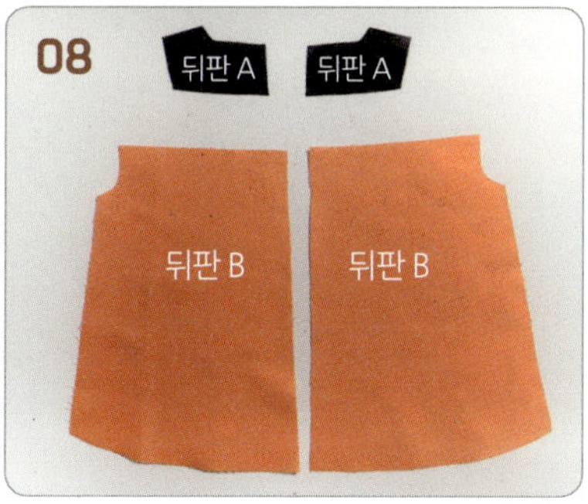

뒤판 A, B를 각각 2장씩 재단해요.

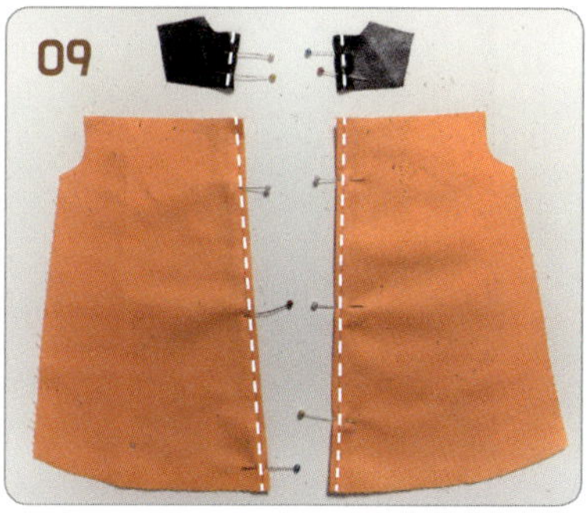

뒤판 A, B의 뒤 중심을 반씩 접어서 0.2cm 상침해요.

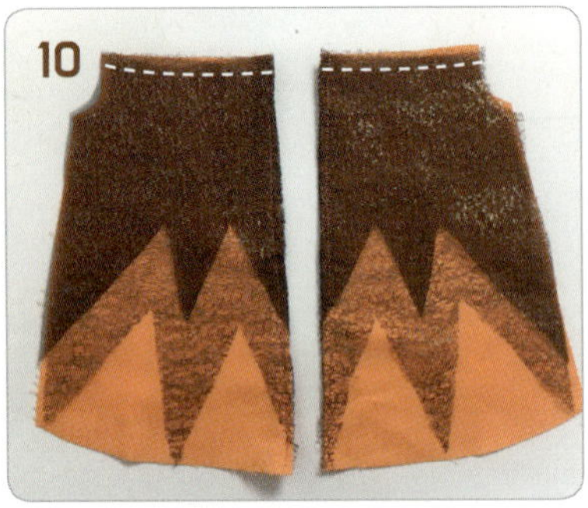

뒤판 B 위에 뒤판 C, D를 겉이 보이게 올려놓고 0.5cm 너비로 박음질해요.

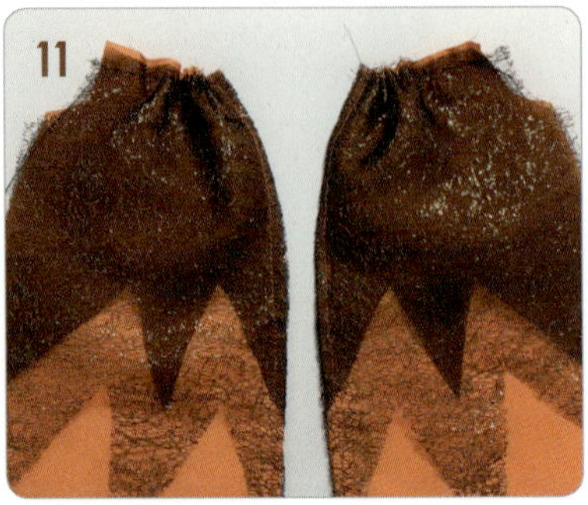

뒤판 B를 홈질해서 주름을 잡아줘요.

TIP 주름 길이는 뒤판 A에 맞춰주세요.

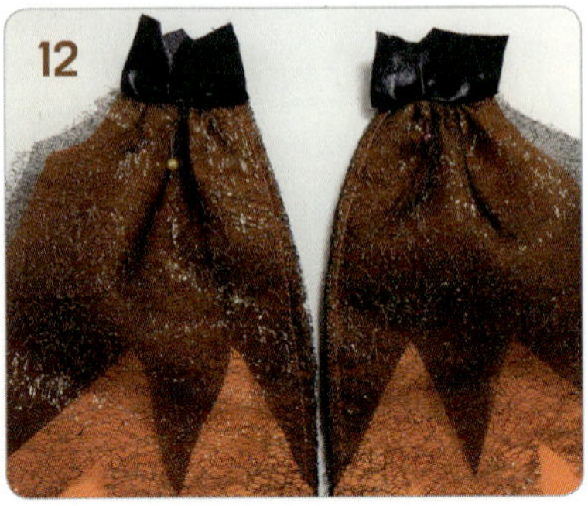

뒤판 A와 B의 겉끼리 맞대고 0.5cm 너비로 박음질해서 뒤판 A쪽으로 넘긴 모습이에요.

앞판과 뒤판의 어깨를 겉끼리 맞대고 시침핀으로 고정한 후 0.5cm 너비로 박음질한 모습.

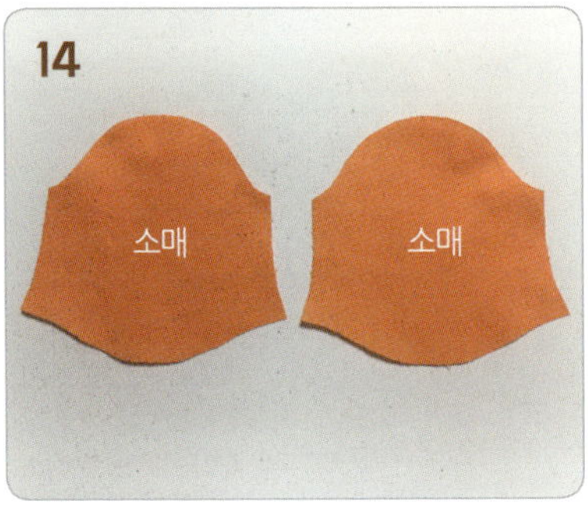

소매 2장을 재단해요.

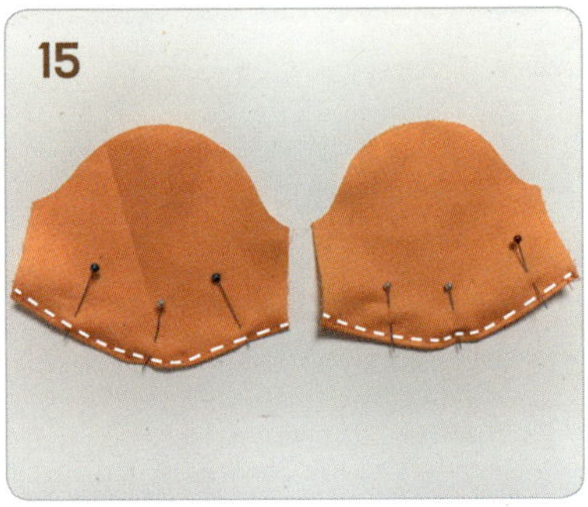

소매 밑단은 안쪽으로 0.5cm 두 번 말아 접고 0.2cm 누름 상침해요.

소매 프릴 레이스를 2장 준비해요.

TIP 소매 프릴 레이스 길이는 소매 위 진동둘레에 맞춰 재단해요.

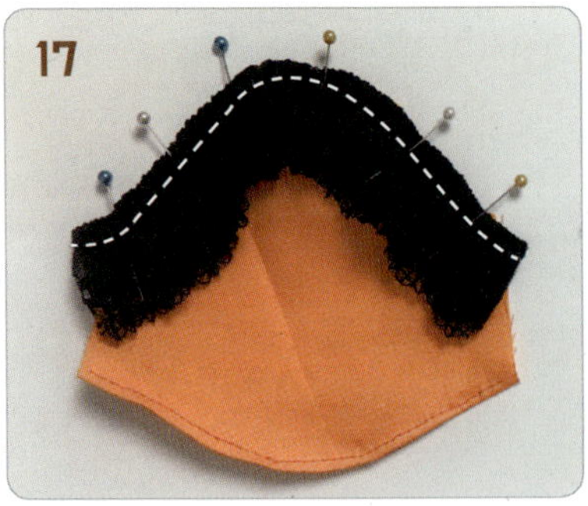

소매 프릴의 겉이 보이도록 반을 접어 소매 겉 중심에 맞춰 시침핀으로 고정한 후 시침질로 임시고정해요.

앞판과 뒤판의 어깨 중심과 소매 중심을 맞춰 반을 접은 프릴과 소매 진동둘레의 겉끼리 맞대고 시침핀으로 고정한 후 0.5cm 너비로 박음질해요.

앞판, 뒤판, 소매가 연결된 앞모습이에요.

목 프릴을 1장 준비해요.

TIP 목 프릴 레이스 길이는 목둘레에 맞춰 재단해요.

목 진동둘레의 반을 접어 목 프릴 레이스를 끼워 넣고, 0.5cm 너비로 박음질해요.

TIP 목둘레 프릴은 양쪽 뒤판의 뒤 중심을 시작으로 바느질해요.

뒤집어서 목 프릴을 위로 넘겨 겉에서 상침해요.

목둘레에 프릴을 달아준 모습이에요.

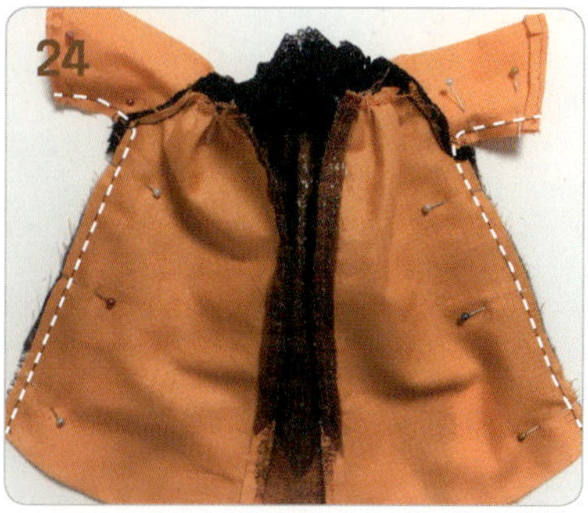

소매와 옆선을 겉끼리 맞대고 시침핀으로 고정한 후 0.5cm 너비로 박음질해요.

앞판, 뒤판의 밑단은 안쪽으로 0.5cm 접고 0.2cm 누름 상침해요.

뒤판 A, B 중심에 스냅 단추 4쌍을 맨 위에서 1cm 아래 지점부터 6cm 간격으로 달아요.

완성된 모습이에요.

Item 2

마녀 깃 망토

실물 크기 도안 p.208

원단 몸판 겉, 칼라 안 : 에나멜 주름 34×34cm

몸판 안, 칼라 겉 : 공단 34×34cm

공단 리본 1cm 짜리 50cm

단추 장식 단추 : 10mm 2개

How to Make

01

몸판 겉 1장, 칼라 겉 1장을 재단해요.

02

몸판 안 1장, 칼라 안 1장을 재단해요.

03

몸판과 칼라의 겉끼리 맞대고 0.5cm 너비로 박음질해요(안에도 동일하게 작업해주세요).

04

칼라 목둘레의 가름솔을 정리해요. 바느질된 03번의 겉과 안을 겉끼리 맞대고 시침핀으로 고정한 후 창구멍을 남기고 0.5cm 너비로 박음질해요(양 끝 시접을 0.2cm 남겨 두고 커팅해요).

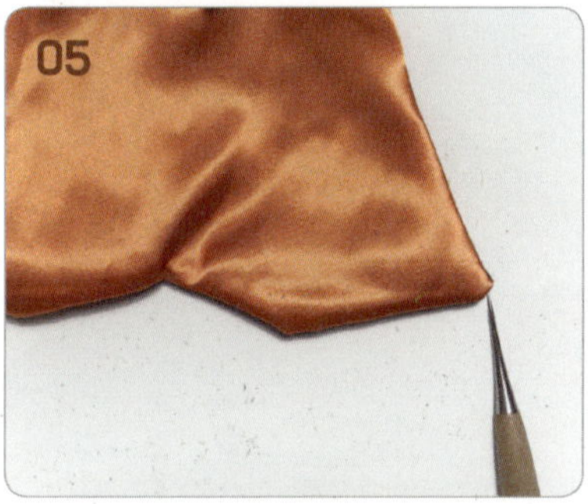

05

몸판 안의 창구멍을 통해 겉으로 뒤집은 모습(양 끝 시접 정리를 깔끔하게 해요).

06

창구멍은 공그르기로 정리해요.

07

몸판과 칼라 전체를 겉면에서 0.2cm 상침해요.

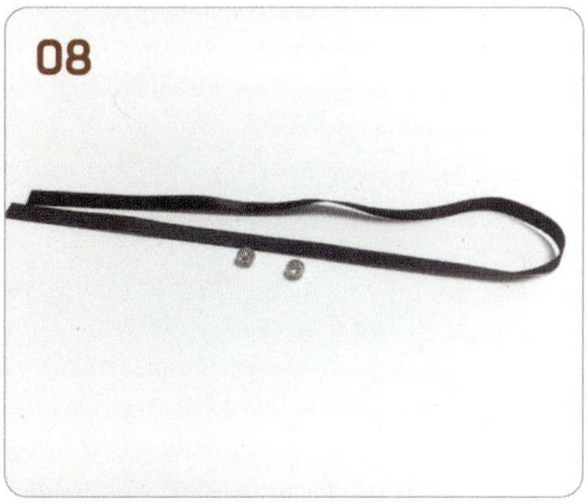

08

공단 리본과 장식 단추를 준비해요.

09

칼라 뒤 목둘레 중심에 공단 리본을 겉이 보이게 올려놓고, 목둘레선을 따라 박음질한 후 몸판 맨 위에 단추를 달아주면 완성이에요.

TIP 몸판과 컬러 배색이 달라서 연출 시 앞뒤로도 쓸 수 있어요.

Item 3

마녀 모자

실물 크기 도안 p.209

원단	탑 겉, 프레임의 겉, 안 : 에나멜 주름 80×25cm
	탑 안 : 코튼 린네 워싱 무지 60수 40×25cm
와펜	25×25mm 1개
접착 심지	40×24cm

01

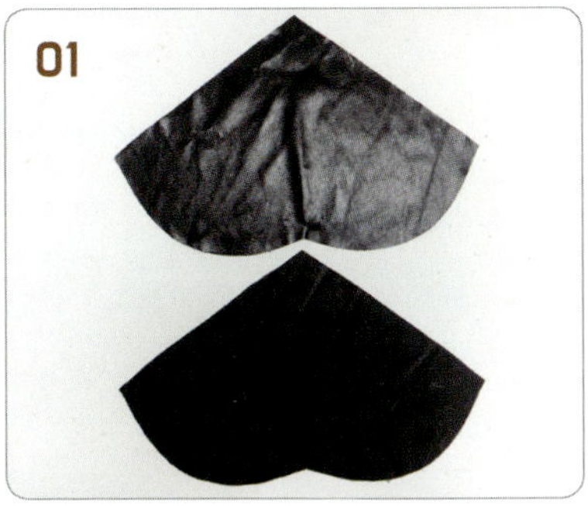

탑은 겉과 안을 각각 1장씩 재단해요.

02

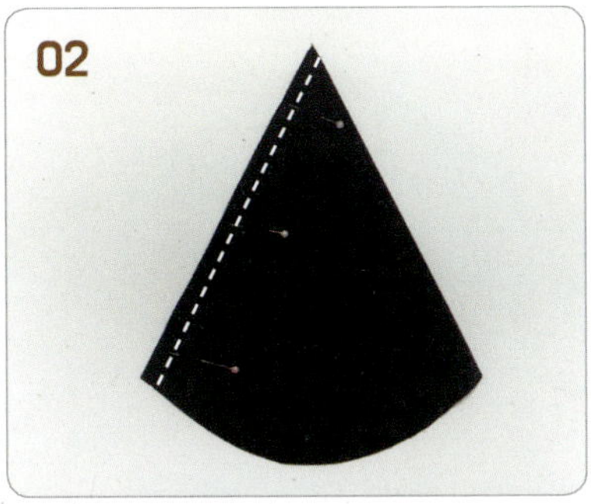

탑은 겉으로 맞대고 시침핀으로 고정한 후 0.5cm 너비로 박음질해요(안도 동일하게 작업해요).

03

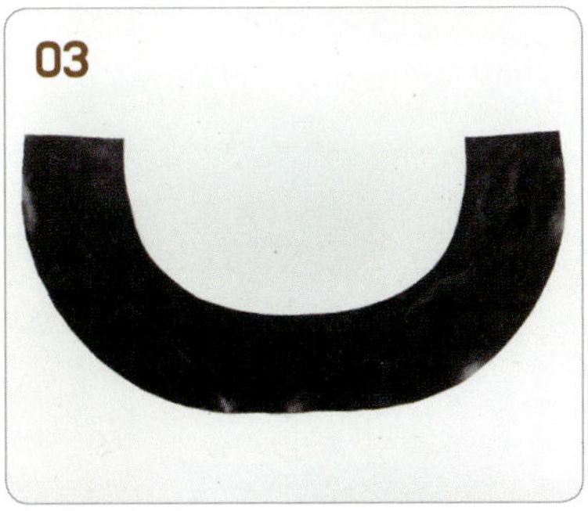

프레임은 동일 원단으로 겉과 안을 1장씩 재단해요.

04

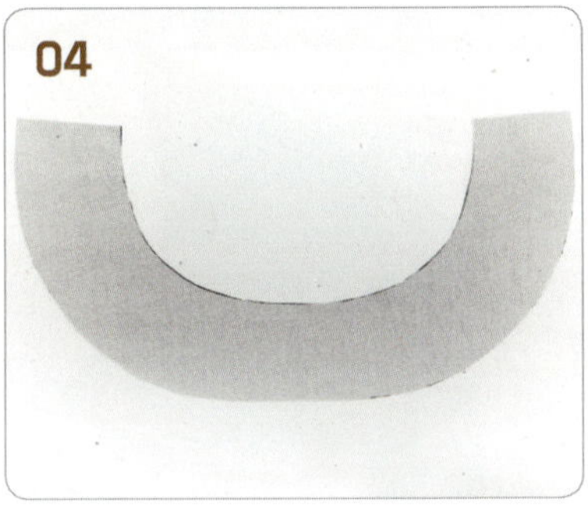

프레임 겉의 안쪽에 접착 심지를 붙여요.

05

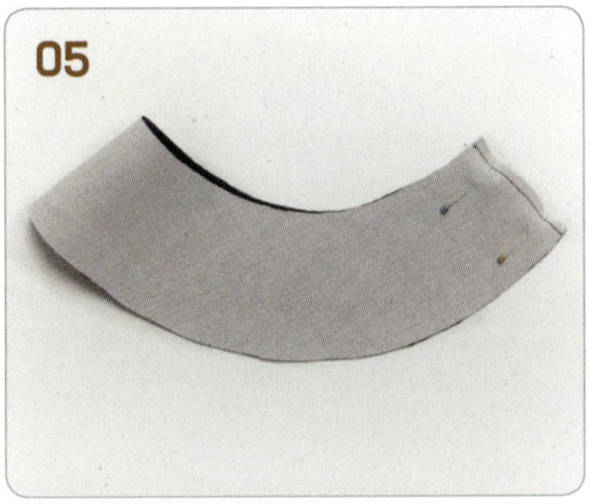

프레임을 겉으로 맞대고 반을 접어 옆선을 0.5cm 너비로 박음질하고 가름솔을 정리해요.

06

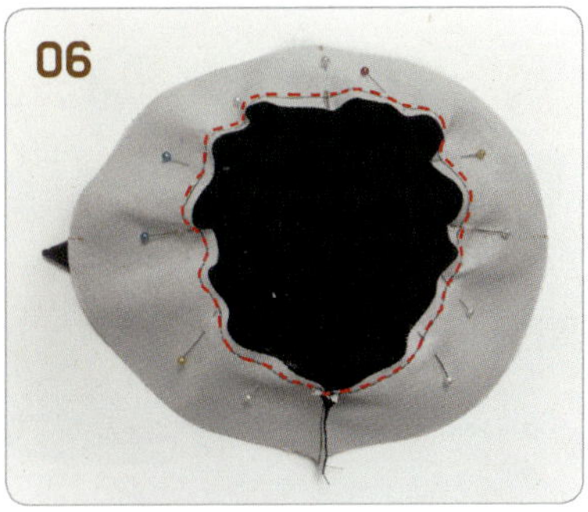

탑 뒤 중심과 프레임 뒤 중심을 맞춰 겉끼리 맞대고, 뒤 중심 기준으로 4곳 중심을 체크한 뒤, 둘레를 시침핀으로 고정하고 0.5cm 너비로 박음질해요.

07

뒤집어 겉에서 0.2cm 상침해요.

08

탑과 프레임을 바느질한 겉쪽 모습이에요.

09

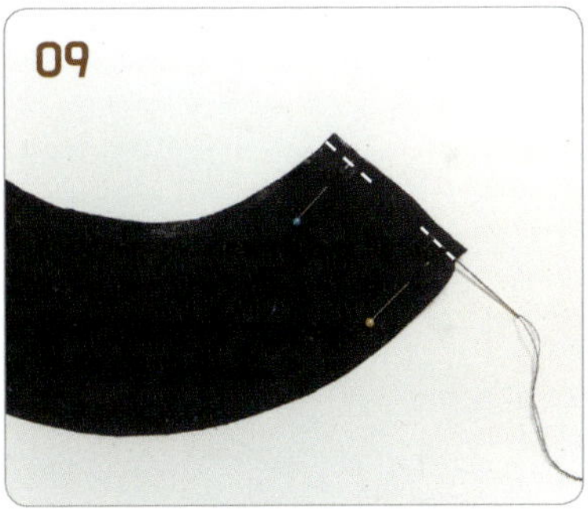

프레임 안도 겉과 동일하게 바느질해요.

TIP 안 프레임은 겉끼리 맞대 반을 접어 창구멍을 남기고 0.5cm 너비로 박음질해요.

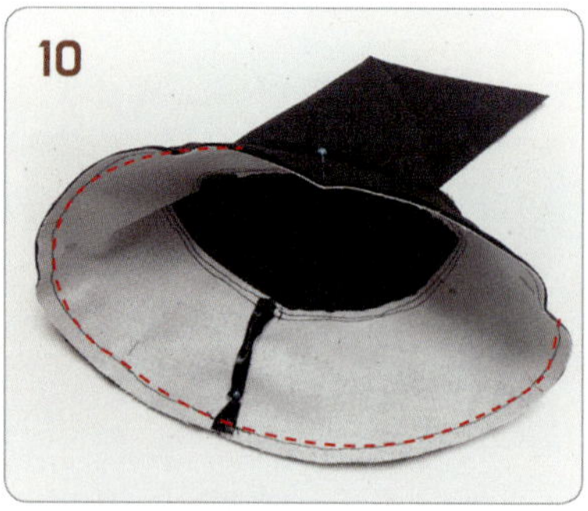

탑과 프레임을 연결한 겉과 안을 겉끼리 맞대고, 겉 둘레를 0.5cm 너비로 박음질해요.

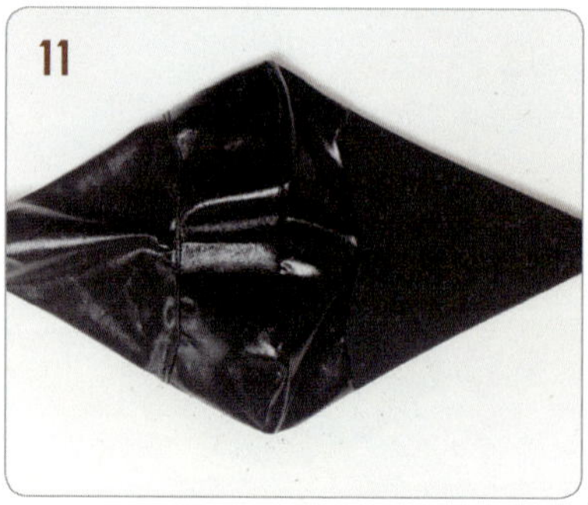

안의 창구멍으로 뒤집은 모습이에요.

창구멍을 공그르기해요.

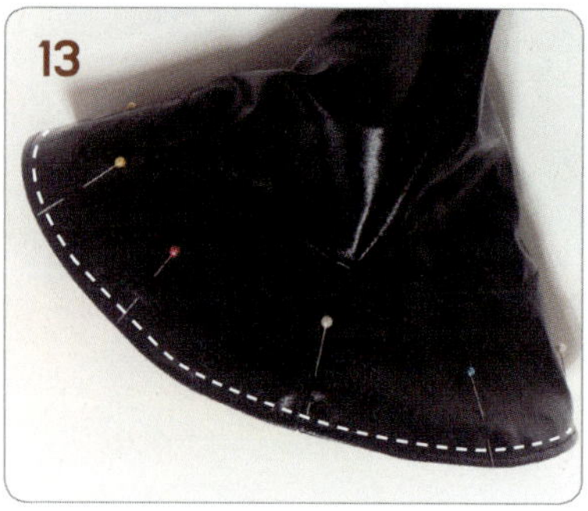

프레임 겉 둘레를 0.2cm 상침해요.

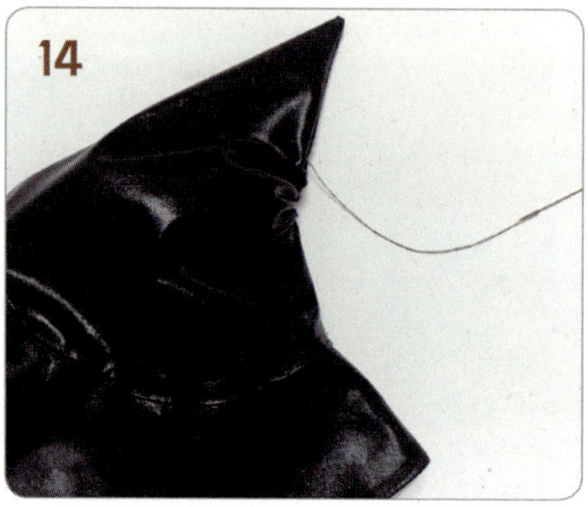

마녀가 빗자루를 타고 날아가는 느낌을 상상하며 모자의 탑 옆선에 홈질로 주름을 잡아서 표현해요.

어울리는 와펜, 코사지 등으로 장식하면 완성이에요.

Item 4

마녀 리본 끈 부츠

실물 크기 도안 p.210

원단 부츠 몸판 A, 부츠 몸판 B, 안창 : 펠트 82×18cm

매듭 끈 50cm 2줄

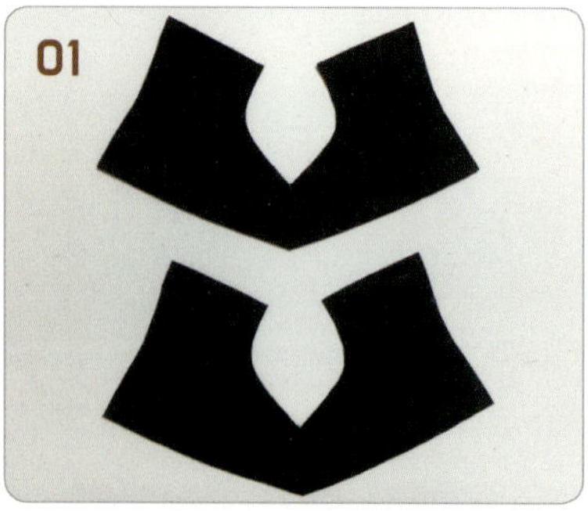

몸판 B를 2장 재단해요.

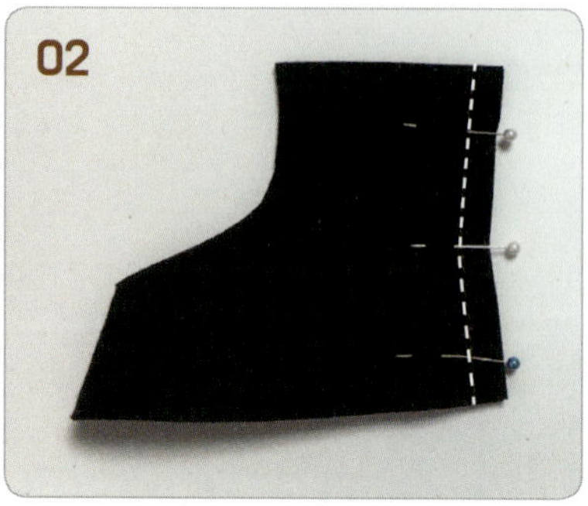

몸판 B의 앞 중심을 접어 겉으로 맞대고 뒤 중심을 시침핀으로 고정한 후 1cm 너비로 박음질해요.

두 켤레를 똑같이 박음질해요.

시접은 0.3cm 남기고 커팅해서 정리해요.

TIP 몸판 B의 밑 둘레에 가위집을 내요.

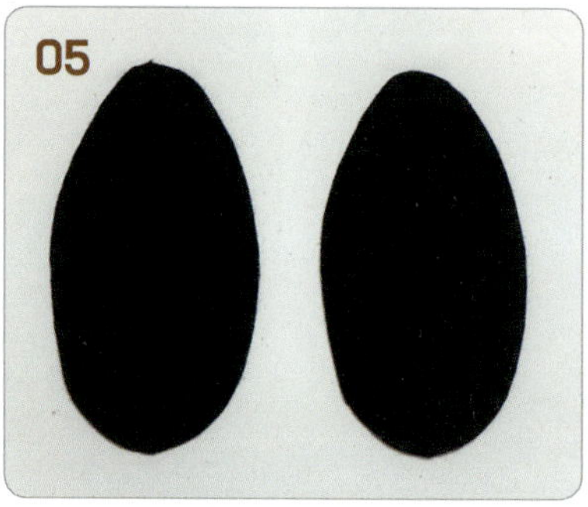

안창을 2장 재단해요.

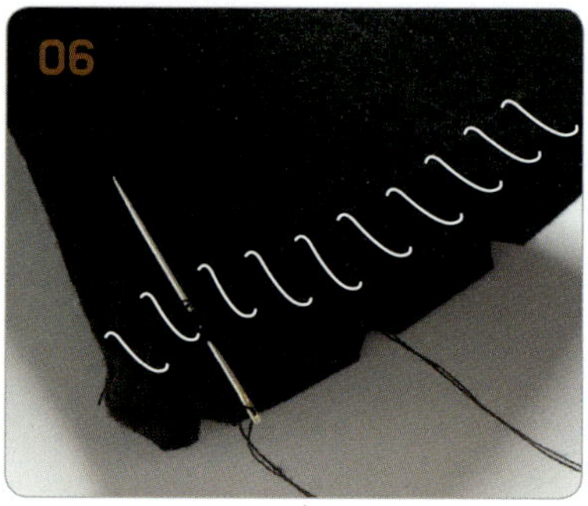

몸판 B의 밑 둘레 시접을 0.5cm 안으로 접고, 안창과 겉끼리 맞댄 후 시침핀으로 고정해요. 앞뒤 중심을 맞춰 0.3cm 간격을 두고 촘촘하게 감침질해요.

연결한 모습이에요.

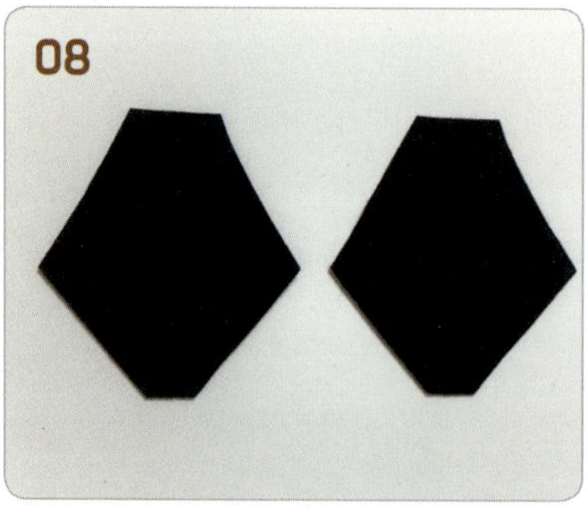

몸판 A를 2장 재단해요.

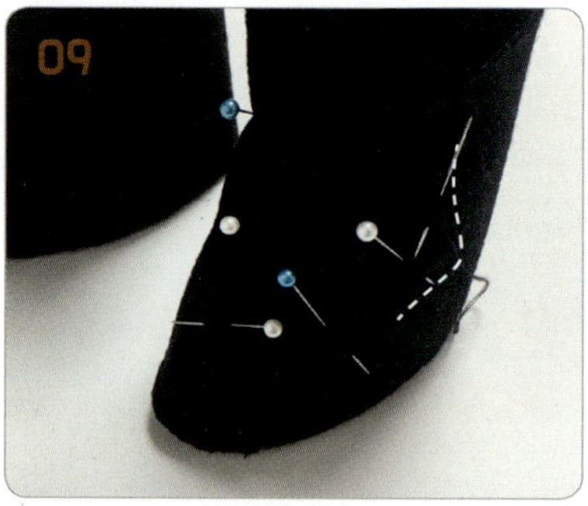

08번에 몸판 A를 넣어서 옆선을 0.5cm 너비로 겹쳐 놓고 시침핀으로 고정한 후 0.2cm 상침해요.

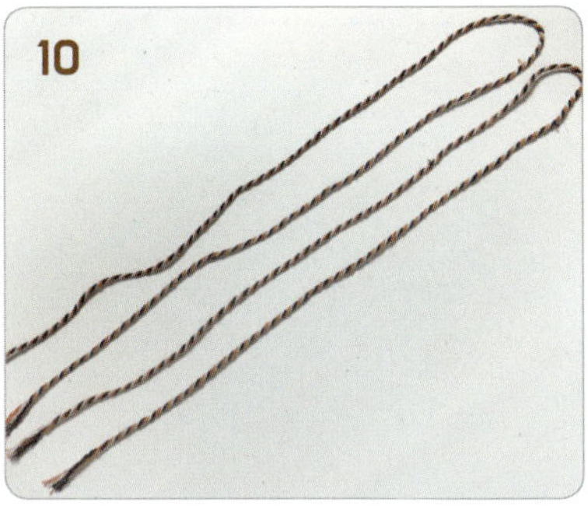

매듭 끈 60cm 2줄을 준비해요.

패브릭 펜으로 신발 끈 구멍을 체크하고 송곳으로 양쪽 10개를 뚫어줘요.

돗바늘에 매듭 끈을 끼워 신발 끈 구멍에 X자로 교차해서 묶어줘요.

양쪽 모두 끼워주면 완성이에요.

Cosplay doll clothes

Nutcracker Suite

동화 속 호두까기 병정

호두까기 병정 재킷 + 호두까기 병정 올인원 슈트 +
호두까기 병정 모자 + 호두까기 병정 신발, 모형 칼

펄펄 눈이 내리는 크리스마스이브에
빨간색, 파란색, 금색의 멋진 옷을 입은
씩씩한 호두까기 병정이
놀러온다면 얼마나 좋을까요?
설렘 가득 안고 기다려 봅니다!

Item 1

호두까기 병정 재킷

실물 크기 도안 p.212

원단	앞판 B, 뒤판, 소매, 목 시보리 : 나일론 80%, 스판 20% 혼방 직물 65×22cm 앞판 A, 소매 커프스, 어깨 견장 : 글리터 펠트지 28×16cm 벨트 : 폴리우레탄 38×5cm
단추	스냅 단추 : 5mm 8쌍 / 장식 단추 : 8mm 6개
금속 체인	7cm 3줄
기타 부자재	공단 리본 끈 : 36cm 2줄 / 폴리 금사(반구) : 12cm 2줄 / 타원 버클 : 1개

01

앞판 A, B는 각각 1장씩, 뒤판은 2장을 재단해요.

02

앞판 A와 B를 겉끼리 맞대고 시침핀으로 고정한 후 0.5cm 너비로 박음질해요. 겉에서 상침해요.

03

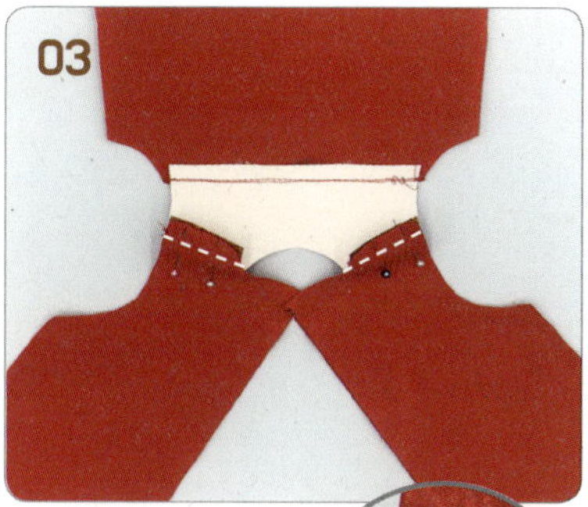

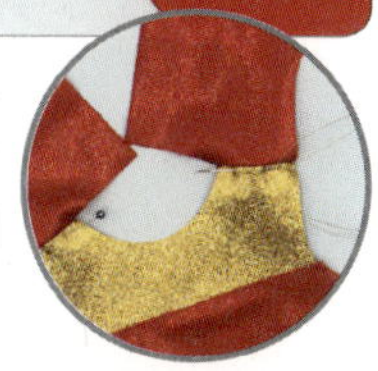

앞판, 뒤판을 겉끼리 맞대고 어깨를 0.5cm 너비로 박음질하고, 겉에서 상침해요.

04

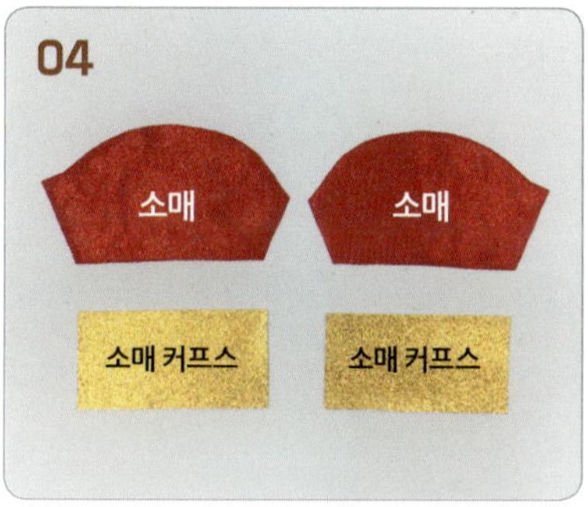

소매와 소매 커프스를 각각 2장씩 재단해요.

05

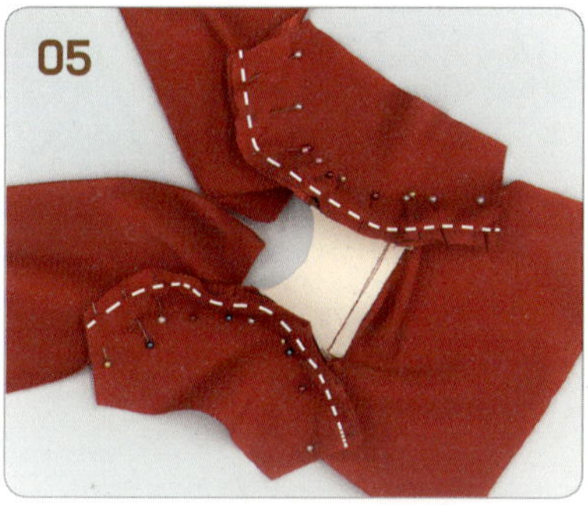

소매의 중심을 표시하고 소매 앞뒤 진동둘레와 몸판의 앞판 뒤판을 겉끼리 맞대고 시침핀으로 고정한 후 0.5cm 너비로 박음질해요.

TIP 소매의 앞뒤 진동둘레를 확인해요.

06

커프스는 반을 접어 소매 밑단에 대고 0.5cm 너비로 박음질해요. 뒤집어서 시접을 소매 쪽으로 보내고 상침해요.

07

몸판의 앞판, 뒤판을 겉끼리 맞대고 시침핀으로 고정한 후 옆선을 0.5cm 너비로 박음질해요.

08

뒤 중심은 0.5cm 2번 말아 접어 상침해요.

09

목 시보리를 2장 재단해요.

10

앞판의 중심을 표시해요. 양쪽 옆선을 0.5cm 접고 반을 접어 3면을 상침해요. 뒤 중심 시작 점부터 표시해 놓은 중심까지 목둘레에 대고 시침핀으로 고정한 후 0.5cm 너비로 박음질해요.

11

뒤집어서 뒤 중심 시작점부터 시접을 몸판으로 보내고 겉에서 0.2cm 상침해요.

12

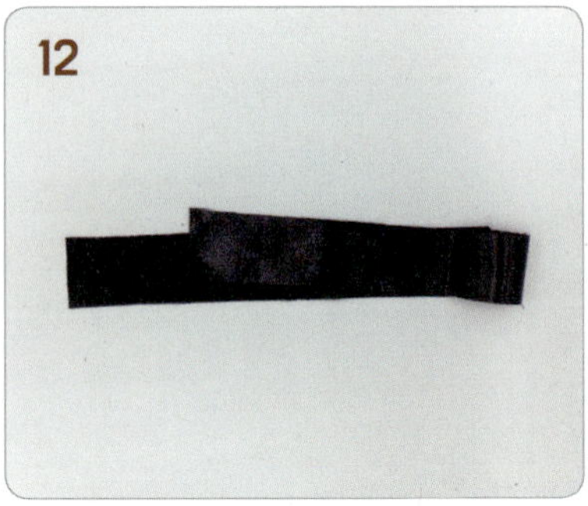

벨트 1장을 재단해요.

13

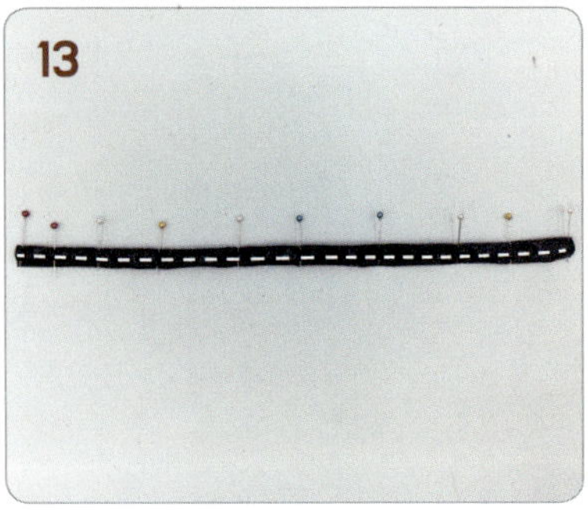

양쪽 옆선을 0.5cm 접고 반을 접어 3면을 상침해요.

14

벨트 위치를 몸판에 표시하고 사각 버클을 통과시켜 놓고 사각 버클 중심, 앞뒤 중심과 앞판과 뒤판을 연결한 곳 5곳에 박음질해요.

15

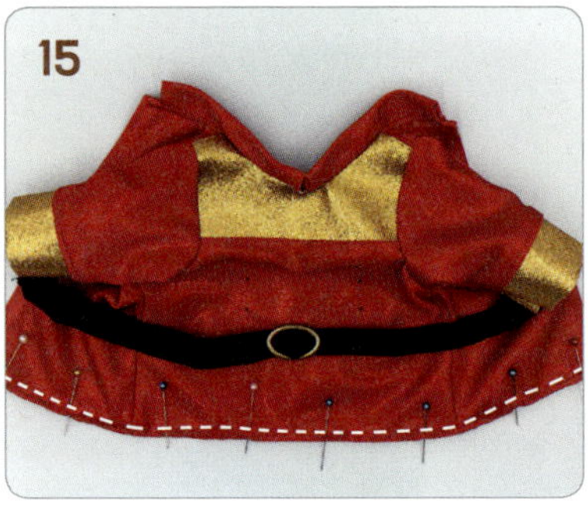

밑단은 전체를 두 번 말아 접어 시침핀으로 고정한 후 0.2cm 상침해요. 앞판 B에 단추를 달 위치를 표시해요.

16

앞판 B에 체인과 단추를 달아요.

17

36cm 흰 리본을 2줄 준비해요.

18

몸판에도 벨트 안쪽 위치 4곳에 스냅 단추를 달아요.

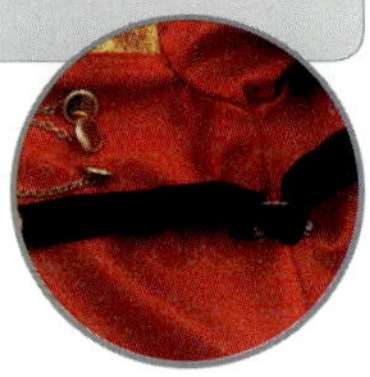

TIP 탈부착 가능해요.

몸판에 X자 멜빵을 연결한 모습이에요.

어깨 견장은 4장을 재단하고, 폴리 금사 11cm 2줄을 준비해요.

2장씩 안끼리 맞대고 박음질해요.

어깨 견장 3면에 폴리 금사를 둘러서 어깨선 중심을 잘 맞추고 시침핀으로 고정한 후 가장자리를 둘러서 0.5cm 너비로 박음질해요.

몸판에 어깨 견장을 달아준 모습이에요.

뒤 중심에 스냅 단추 4쌍을 맨 위에서부터 5cm 간격으로 달아요.

완성이에요.

Item 2

호두까기 병정 올인원 슈트

실물 크기 도안 p.214

원단 소매, 상의 앞판, 뒤판, 바지 앞판, 뒤판 : 폴리 93%, 스판 7% 혼방 직물 106×20cm

바지 띠, 목 시보리 : 글리터 펠트지 19×10cm

단추 스냅 단추 : 5mm 3쌍

상의 앞판 1장, 뒤판 2장을 재단해요.

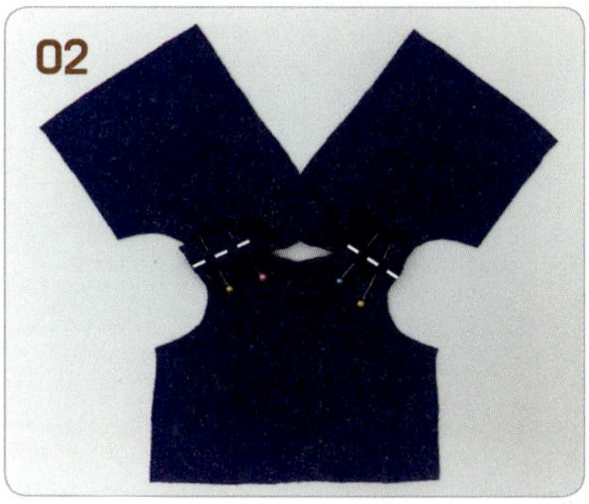

앞판과 뒤판을 겉끼리 맞대고 어깨를 0.5cm 너비로 박음질해요.

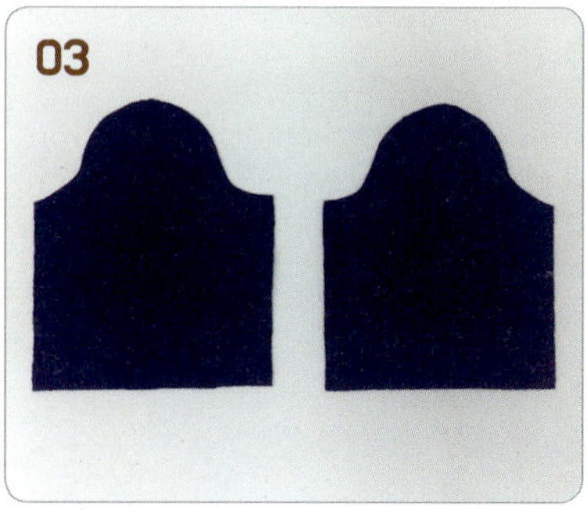

소매 2장을 재단해요.

어깨와 소매의 중심을 맞추고, 소매 앞과 앞판의 진동둘레, 소매 뒤와 뒤판의 진동둘레를 맞춰 시침핀으로 고정한 후 0.5cm 박음질하고, 소매 밑단을 안으로 0.5cm씩 두 번 말아 접어 시침핀으로 고정 후 0.2cm 너비 간격으로 커버 스티치해요.

몸판의 앞판과 뒤판을 시침핀으로 고정한 후 옆선을 0.5cm 너비로 박음질해요.

뒤 중심은 두 번 말아 접어 시침핀으로 고정한 후 커버 스티치해요.

TIP 뒤 중심에 스냅 단추를 달아요.

목 시보리를 1장 재단해요.

목 시보리는 양쪽 옆선을 0.5cm 접고 반을 접어요.

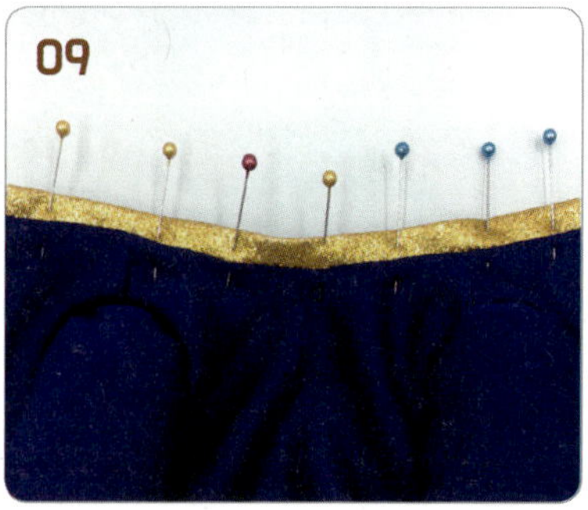

목 시보리와 상의를 겉끼리 맞대고 목둘레 위치에 맞춰 시침핀으로 고정한 후 0.5cm 너비로 박음질해요.

TIP 겉에서 상침해요.

바지는 앞판, 뒤판, 띠를 각각 2장씩 재단해요.

바지와 띠를 겉끼리 맞대고 0.8cm 너비로 박음질해요.

TIP 앞판–띠–뒤판 차례로 작업해요.

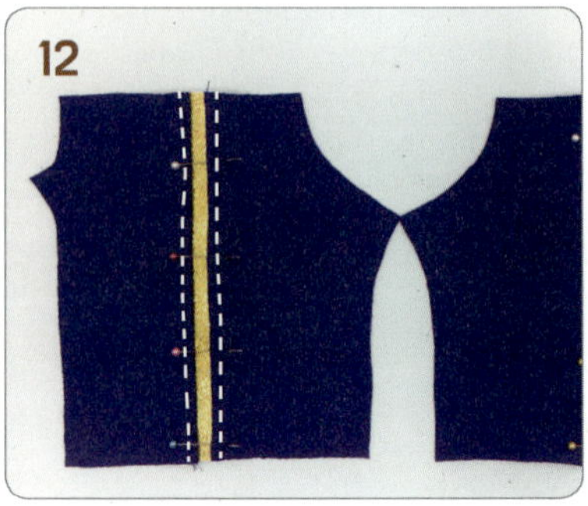

겉에서 띠 옆을 0.2cm 상침해요.

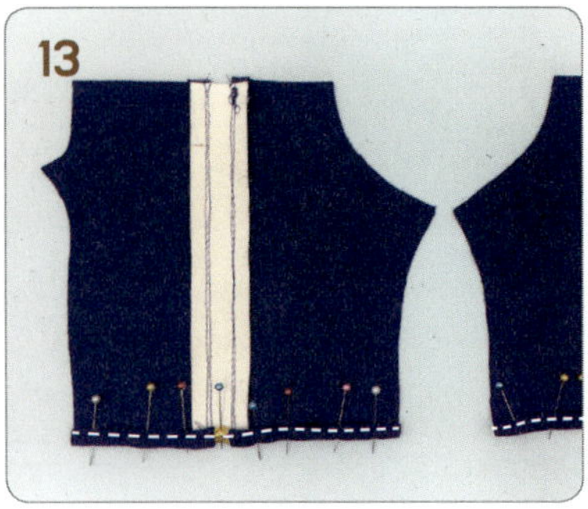

바지 밑단은 안으로 0.5cm씩 두 번 말아 접고, 0.2cm 간격으로 커버 스티치해요.

바지 2장을 겉끼리 맞대고 시침핀으로 고정한 후 밑위를 0.5cm 너비로 박음질해요.

띠가 양쪽으로 오도록 돌려놓고 가름솔 정리 후 밑아래 옆선을 시침핀으로 고정한 후 0.5cm 너비로 박음질해요.

바지를 겉으로 뒤집어서 앞판과 뒤판을 확인해요.

상의를 안으로 뒤집어서 바지 겉과 맞대고 시침핀으로 고정한 후 허리둘레를 0.5cm 너비로 박음질해요.

겉으로 뒤집으면 완성이에요.

Item 3

호두까기 병정 모자

실물 크기 도안 p.217

원단 탑, 옆면의 겉 : 벨벳 49×32cm / 탑, 옆면의 안, 챙 B : 공단 69×32cm
챙 띠, 챙 A : 양면 앞 폴리 65%, 레이온 35%, 뒤 폴리 100% 2mm 46×15cm

글리터 펠트 8×9cm

폴리 금사 42cm(반구)

두꺼운 종이 40×25cm(탑과 옆면의 각을 잡아줌)

기타 부자재 장식 단추 : 8mm 2개, 18mm 1개 / 고무줄 끈 : 29cm / 금속 체인 : 18cm

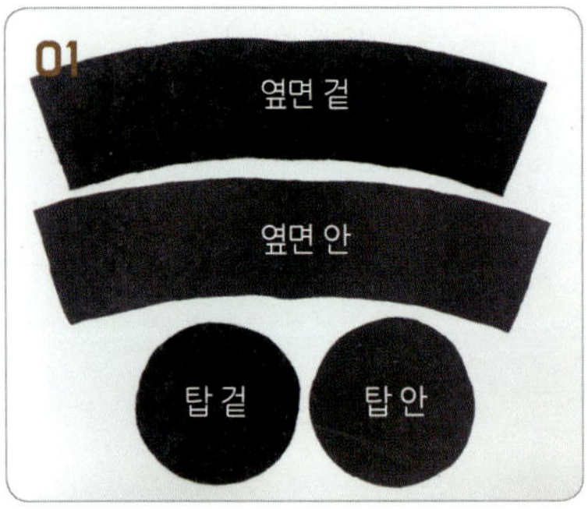

탑과 옆면은 겉 1장, 안 1장씩 재단해요.

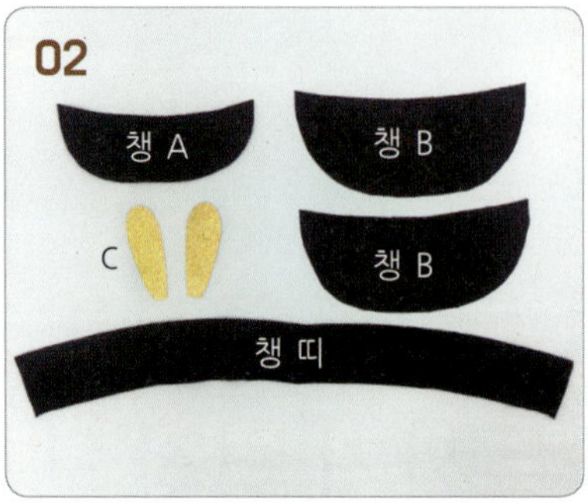

챙 A 1장, 챙 B 2장, C 2장, 챙 띠 1장을 재단해요.

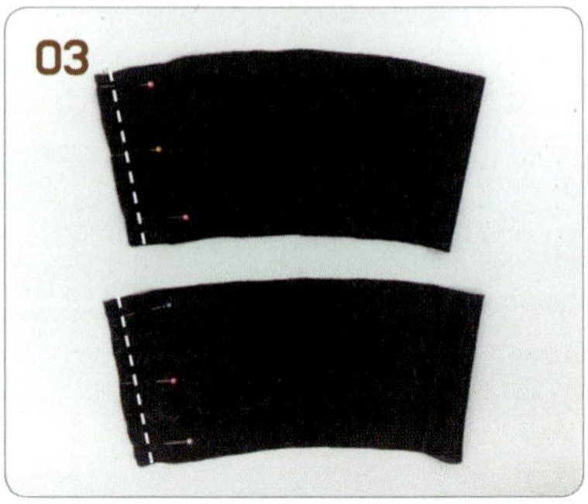

옆면 겉을 겉끼리 맞대고 시침핀으로 고정한 후 0.5cm 너비로 박음질해요.

TIP 안은 창구멍을 남기고 동일하게 작업해요.

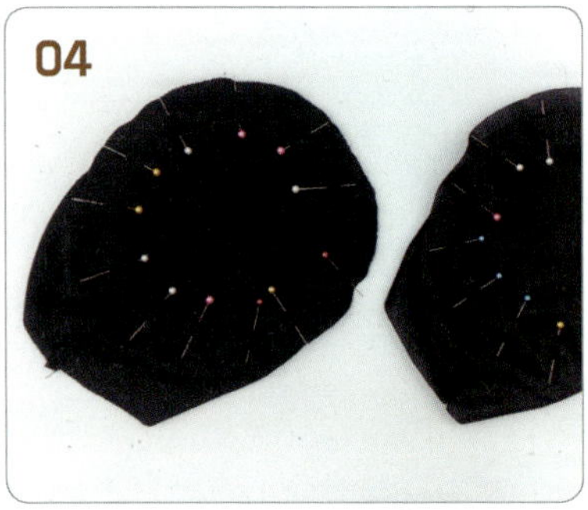

탑 겉과 옆면 겉을 겉끼리 맞대고, 앞 중심과 뒤 중심을 잘 맞춰 시침핀으로 고정한 후 0.5cm 너비로 박음질해요.

TIP 안도 동일하게 작업해요.

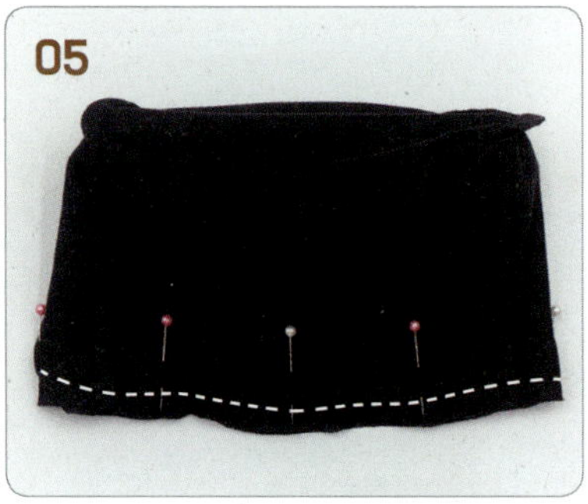

겉의 겉쪽과 안의 겉쪽을 겉끼리 맞대고 밑 둘레를 전체 0.5cm 너비로 박음질해요.

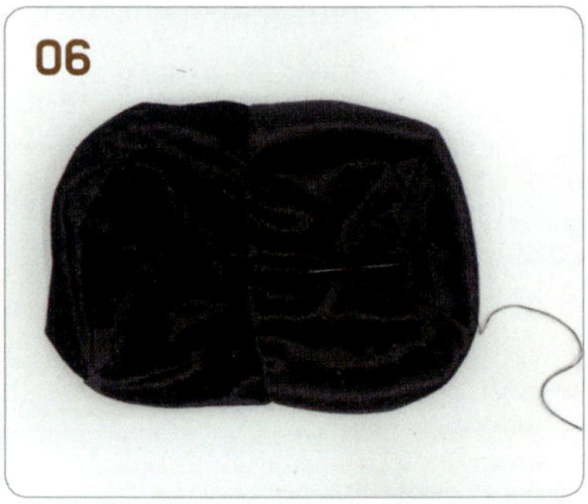

창구멍으로 뒤집고 공그르기로 마감해요.

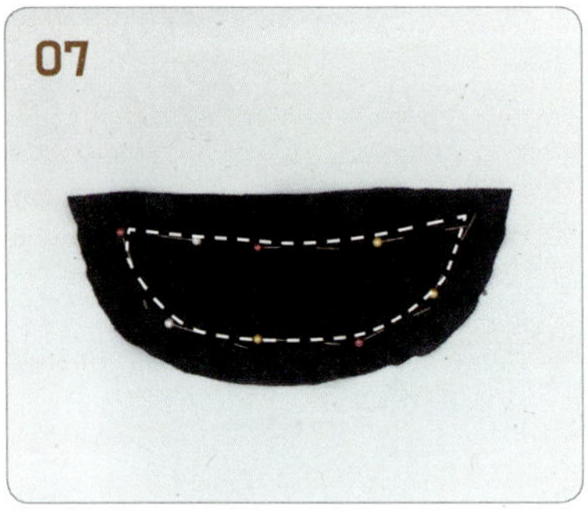

챙 B를 겉끼리 맞대고, 위에 챙 A를 올린 후 위 곡선 가장자리만 그대로 박음질해요.

TIP 시접을 반 남기고 커팅해요.

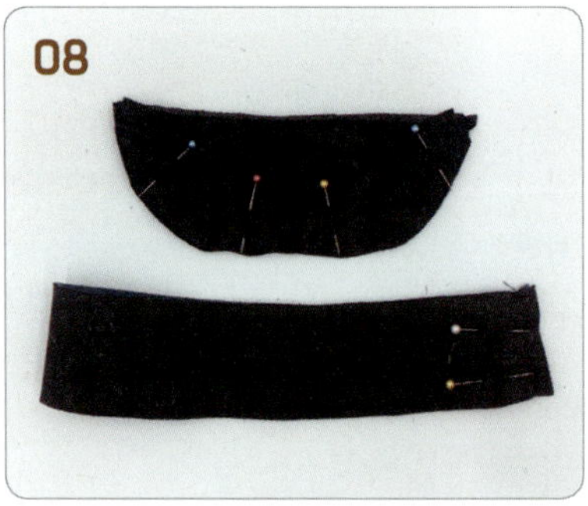

뒤집어서 챙 A를 끼워 넣어요. 챙 띠는 겉으로 맞대고 0.5cm 너비로 박음질해요.

챙 B를 챙 띠 시접 1cm와 맞대고 몸판 안으로 끼워 넣은 후 밑 둘레를 0.5cm 너비로 박음질해요.

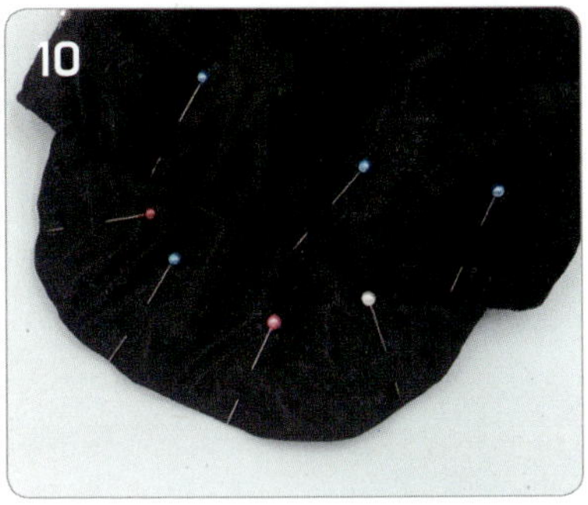

겉에서 전체 밑 둘레와 챙을 상침한 모습이에요.

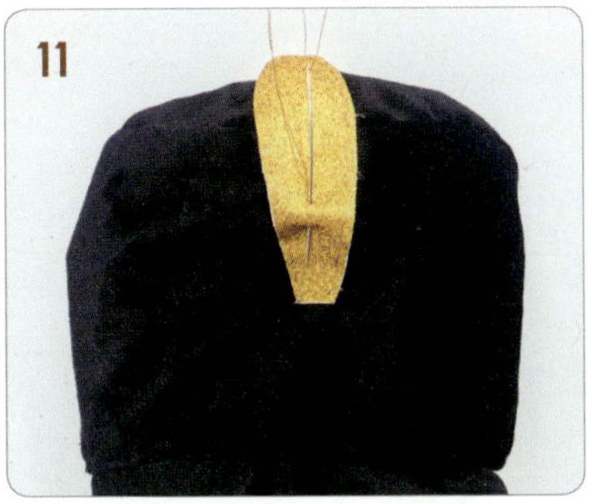

C 2장을 안끼리 맞대고 상침한 후, 옆면 중앙에 박음질하고 메인 단추를 달아줘요.

금사 띠를 43cm 준비해요.

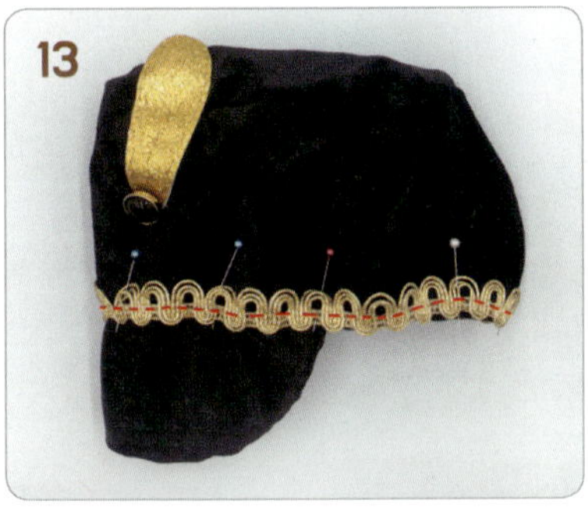

옆면 밑 둘레에 금사 띠를 대고 시침핀으로 고정한 후 0.5cm 너비로 박음질해요.

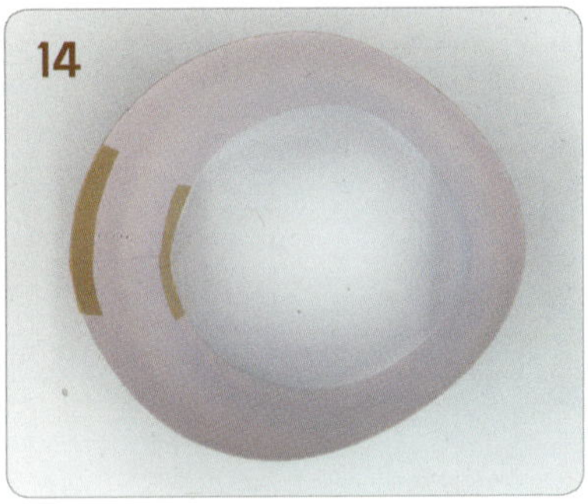

두꺼운 종이를 1장 재단해요.

TIP 옆선을 0.5cm 너비로 시접을 맞대고 테이프로 마감해요.

몸판 안에 끼워 넣어 모자의 각을 잡아요.

끈을 양쪽 옆면 안에 시접 1cm를 겹쳐서 지그재그 스티치로 고정해요.

금속 체인과 서브 단추를 옆에 달아요.

완성된 모습이에요.

Item Plus 1. 호두까기 병정의 다양한 신발 만들기

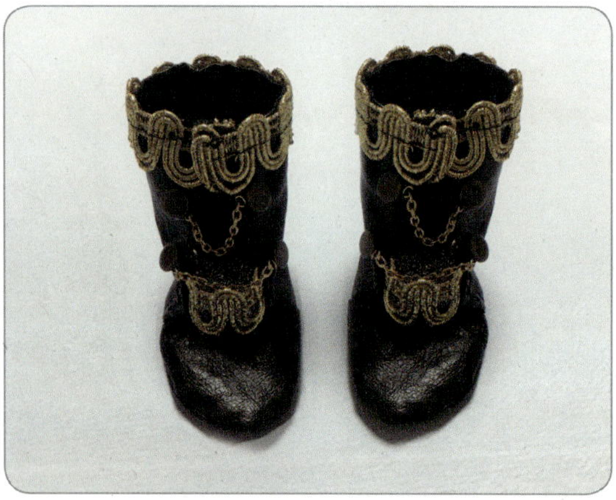

호두까기 병정의 신발은 기본적으로 바지 밑단 안쪽으로 신발이 가려져서 로빈 후드 부츠를 응용해 만들었어요. 기본 안은 로빈 후드 부츠를 그대로 만들면 돼요.
좀 더 멋진 장식이 있는 신발을 원한다면, 로빈 후드 부츠보다 시접을 0.5cm 크게 재단을 하고, 원단과 부자재는 병정 이미지에 맞게 바꿔서 만들어 봐요. 아이템 플러스처럼 장식을 해서 신발에 바지를 넣어도 좋아요.

재료 : 폴리우레탄 / 폴리 금사(반구) 15cm 2줄, 4cm 2줄 / 양면 징 8쌍 / 커팅 가능한 금속 체인 3cm 2줄 / 스냅 단추 5mm 2쌍
실물 크기 도안 : p.183

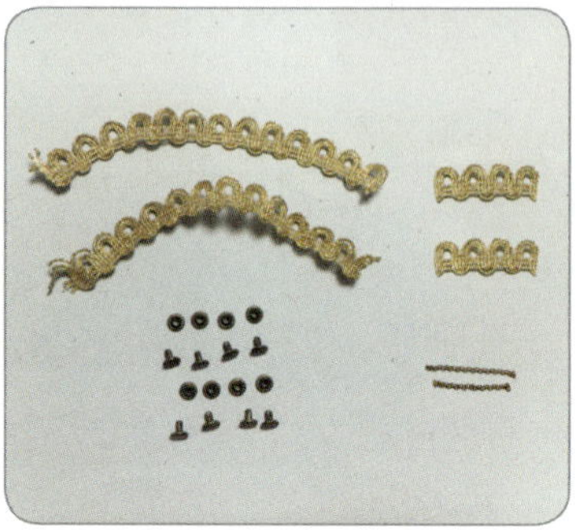

01

로빈 후드 따라 하기에서 바느질을 마치고, 부자재를 준비해요.

02

폴리 금사 15cm는 양 끝 1cm 안으로 접고 몸판 A의 위 가장자리를 한바퀴 둘러서 0.5cm 너비로 박음질해요.
4cm는 몸판 A 밑 둘레에 1cm 안으로 접고 0.5cm 너비로 박음질해요.

03

양면 징을 달고, 양면 징 바로 아랫부분에 바늘을 아래에서 위로 떠서 체인을 엮어 2~3회 고정시켜요. 반대쪽에서도 동일하게 작업해요.

04

몸판의 위 가장자리에 스냅 단추 1쌍을 달아요(신었을 때 모습이에요).

Item Plus 2.

호두까기 병정의 아이템 만들기

호두까기 병정의 아이템은 다양해요. 우리 책에서는 귀여운 칼을 만들어 보았어요.

글리터 펠트지(골드), 펠트(블랙), 디자이너스지(그레이)를 패치하고 시침핀으로 고정한 후, 0.5cm 너비로 패치한 면 위로 박음질해요.

실물 크기 도안 : p.213

Cosplay doll clothes

Santa Claus

빨간 옷의 산타클로스

산타클로스 카디건 + 산타클로스 올인원 슈트 +
산타클로스 모자 + 산타클로스 선물 자루

오호호호~~ happy holiday~~~!
크리스마스이브에 선물 자루를 메고
아이들을 만나러 가는 산타클로스!
설레는 마음으로 머리맡에 걸어둔 양말에
어떤 선물을 넣어주셨을까요?

Item 1

산타클로스 카디건

실물 크기 도안 p.221

원단	앞판, 뒤판, 소매 : 벨벳 폴리 90% 스판 10% 혼방 직물 65×25cm
	앞 중심 시보리, 소매 시보리, 밑단 시보리 : 폴라폴리스 62×14cm
	벨트 : 폴리우레탄 42×7cm
고리	길이 조절 고리 20mm 1개
단추	스냅 단추 : 5mm 3쌍

앞판은 2장, 뒤판은 1장을 재단해요.

앞판과 뒤판의 어깨를 겉끼리 맞대고 시침핀으로 고정한 후 0.5cm 너비로 박음질해요. 뒤집어서 겉에서 상침해요.

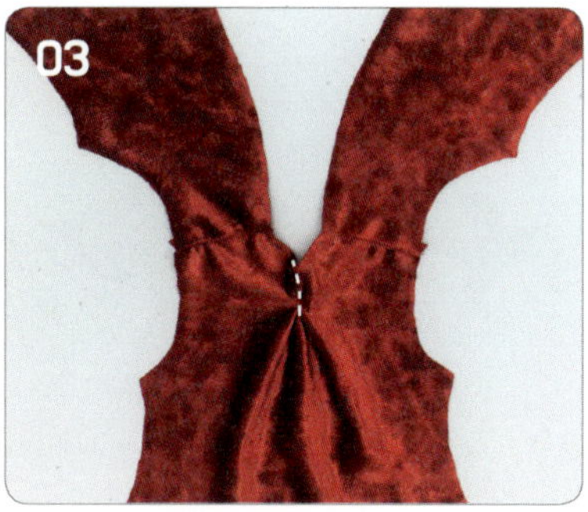

뒤판 뒤 중심 맞주름을 접어 시침핀으로 고정한 후 맨 위에서 아래 2.5cm 지점까지 감침질해요.

소매와 소매 시보리를 각각 2장 재단해요.

TIP 소매 끝에 주름을 표시하고 앞뒤 진동둘레를 표시해요.

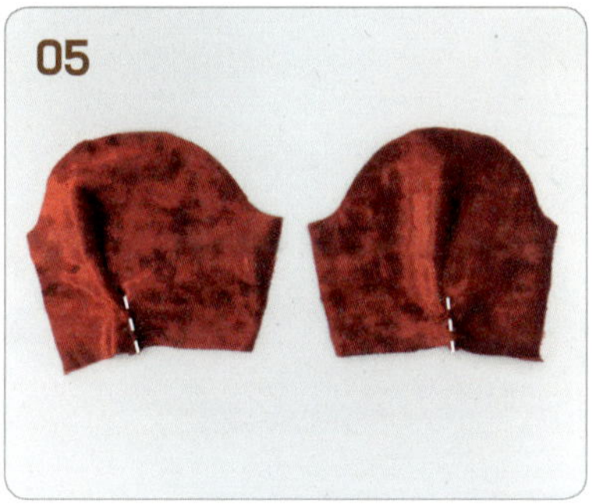

소매 끝 맞주름을 접어 맨 위에서 아래 2.5cm 지점까지 감침질해요.

소매 시보리는 반을 접어 소매 끝에 맞추고 시침핀으로 고정한 후 0.5cm 너비로 박음질해요.

TIP 벨벳 원단은 미끌거리고 폴라폴리스는 도톰해서 함께 바느질을 할 때는 시침핀으로 꼼꼼히 고정한 후 바느질해요.

뒤집어서 시접을 소매 쪽으로 넘기고 겉에서 0.2cm 너비로 상침해요.

어깨 중심과 소매 중심을 맞추고 소매 앞 진동둘레와 앞판의 진동둘레, 소매 뒤 진동둘레와 뒤판의 진동둘레를 잘 맞춰 시침핀으로 고정한 후 0.5cm 박음질해요.

앞판, 뒤판, 소매를 연결한 모습이에요.

소매와 옆선을 겉끼리 맞대고 시침핀으로 고정한 후 0.5cm 박음질해요.

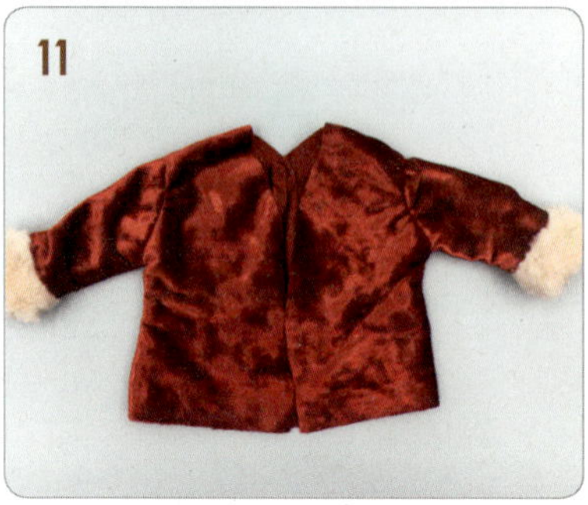

뒤집은 겉면의 모습이에요.

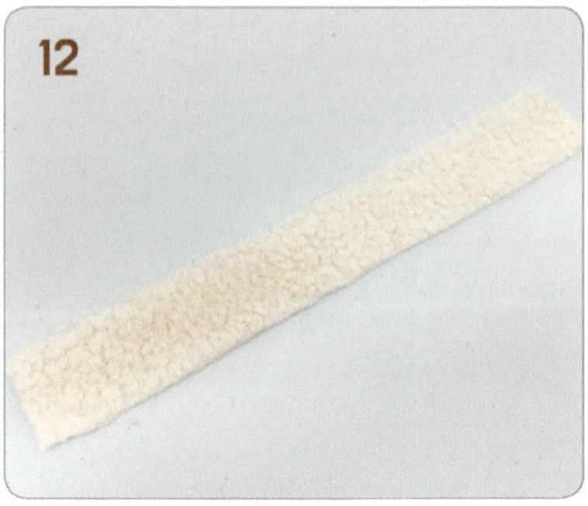

앞 중심 시보리 1장을 재단해요.

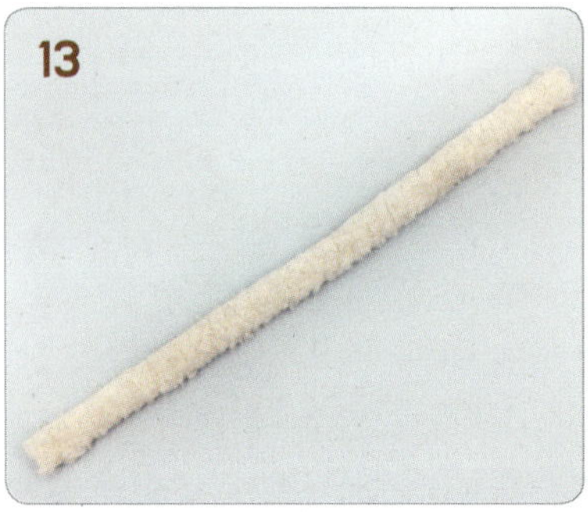

재단한 앞 중심 시보리는 양 끝 시접을 안쪽으로 0.5cm 접고 반을 접어요.

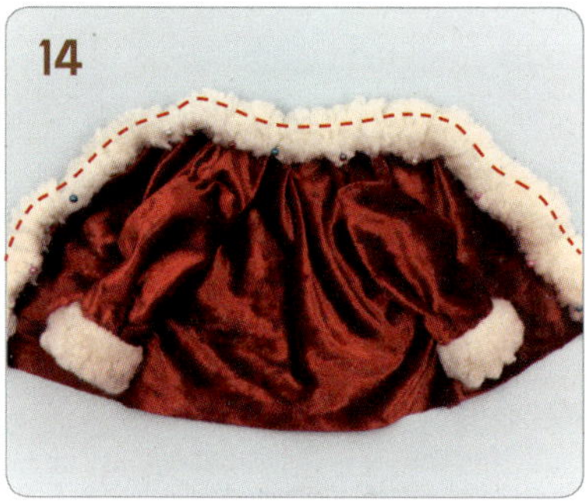

앞판 앞 중심의 겉에 앞 중심 시보리를 잘 맞춰 시침핀으로 고정한 후 0.5cm 너비로 박음질해요.

바느질한 시보리 시접을 안으로 보내고 겉에서 0.2cm 상침해요.

밑단 시보리를 1장 재단해요.

재단한 밑단 시보리는 양 끝 시접을 안쪽으로 0.5cm 접고 반을 접어요.

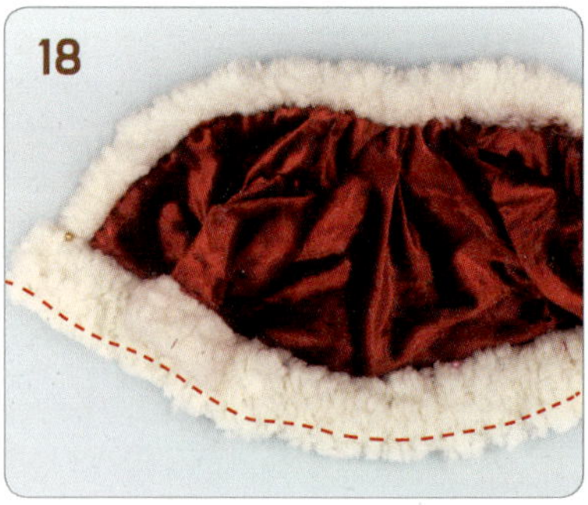

몸판 겉면과 밑단 시보리를 겉끼리 맞대고 시침핀으로 고정한 후 0.5cm 너비로 박음질해요.

19

뒤집어서 시접을 소매 쪽으로 넘기고 겉에서 0.2cm 너비로 상침해요.

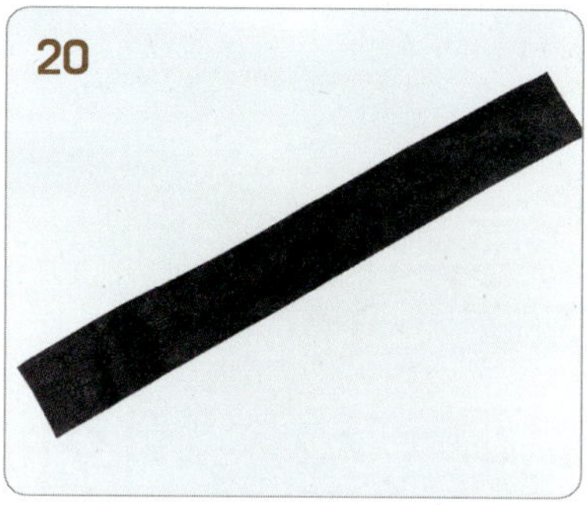

20

벨트 1장을 재단해요.

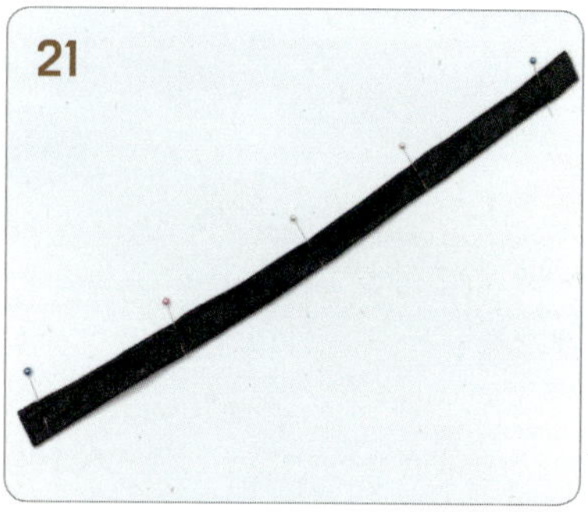

21

벨트는 4면을 0.5cm 안으로 접고 반을 접어 0.2cm 너비로 상침해요.

22

벨트에 사각 버클을 통과시켜서 벨트 끈 사이에 끼워 넣어요.

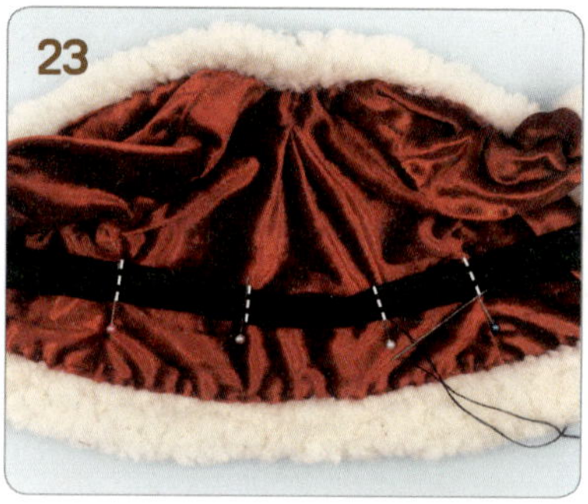

23

벨트를 뒤판 밑단 끝에서 5.5cm 지점에 맞춰 시침핀으로 고정한 후 시침핀 옆으로 4면을 홈질해서 고정해요.

24

앞 중심에 스냅 단추 3쌍을 맨 아래에서 5cm 위 지점부터 3cm 간격으로 달아요.

25

벨트를 채워 완성한 모습이에요.

Item 2

산타클로스 올인원 슈트

실물 크기 도안 p.224

원단	상의 앞판, 뒤판, 소매 : 나일론 80% 스판 20% 혼방 직물 38×27cm
	바지 : 벨벳 폴리 90% 스판 10% 혼방 직물 36×18cm
	목 시보리, 밑단 시보리 : 폴라폴리스 16×11cm
단추	스냅 단추 : 5mm 3쌍

앞판은 1장 재단하고, 뒤판은 2장 재단해요.

앞판 어깨와 뒤판 어깨의 겉끼리 맞대고 시침핀으로 고정한 후 0.5cm 너비로 박음질해요.

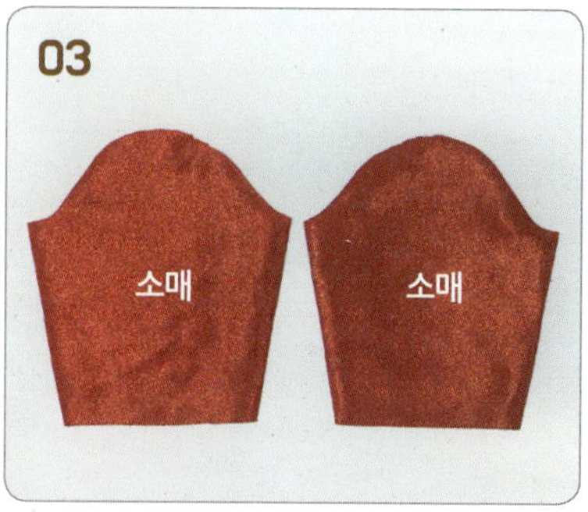

소매 2장을 재단해요.

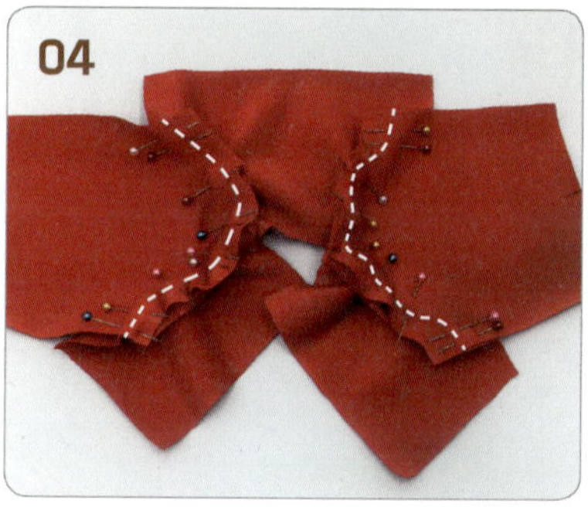

소매의 중심을 표시하고 소매의 앞뒤, 진동둘레와 몸판의 앞판 뒤판을 겉끼리 맞대 시침핀으로 고정한 후 0.5cm 너비로 박음질해요.

TIP 소매의 앞뒤 진동둘레를 확인해요.

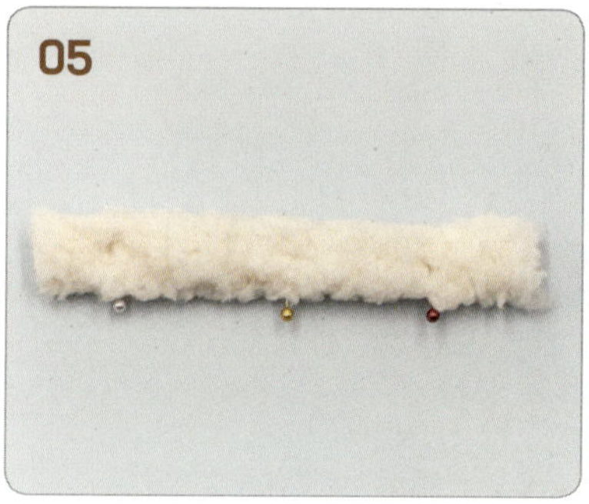

목 시보리를 1장 재단한 후, 옆선을 0.5cm 접고 반으로 접어요.

몸판 목둘레 중심을 표시하고, 목 시보리를 뒤중심 시작점부터 대고 시침핀으로 고정한 후 0.5cm 너비로 박음질해요.

시보리의 시접을 안쪽으로 보내고 겉에서 0.2cm 너비로 상침해요.

몸판의 앞판, 뒤판을 겉끼리 맞대고 시침핀으로 고정한 후 옆선을 0.5cm 너비로 박음질해요.

소매 밑단은 안으로 0.5cm 접고 0.2cm 상침해요.

10

뒤 중심의 시접을 두 번 말아 접고 0.2cm 상침한 후, 스냅 단추 3쌍을 맨 위에서부터 3cm 간격으로 달아요.

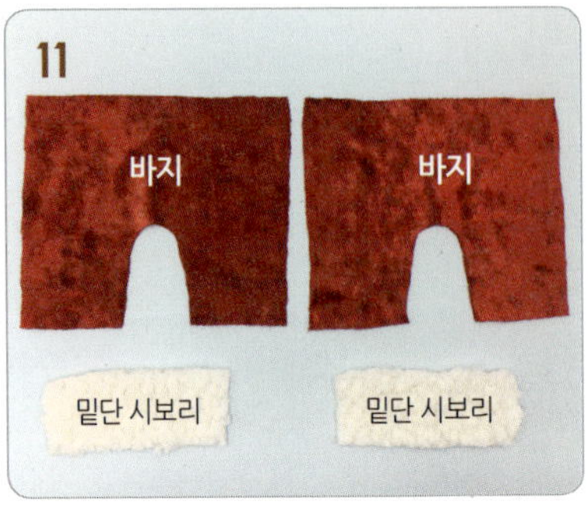

11

바지 2장, 바지 밑단 시보리 2장을 재단해요.

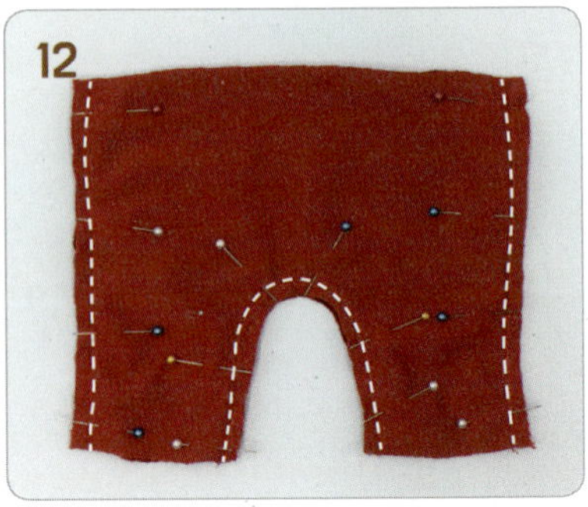

12

바지 2장은 겉끼리 맞대고 시침핀으로 고정한 후 옆선과 밑아래 가장자리를 0.5cm 너비로 박음질하고 겉으로 뒤집어요.

13

밑단 시보리는 반(위에서 아래로)을 접고, 옆선으로 또 한 번 반을 접은 후(둥근 모양), 옆선을 0.5cm 너비로 박음질하고 겉으로 뒤집어요.

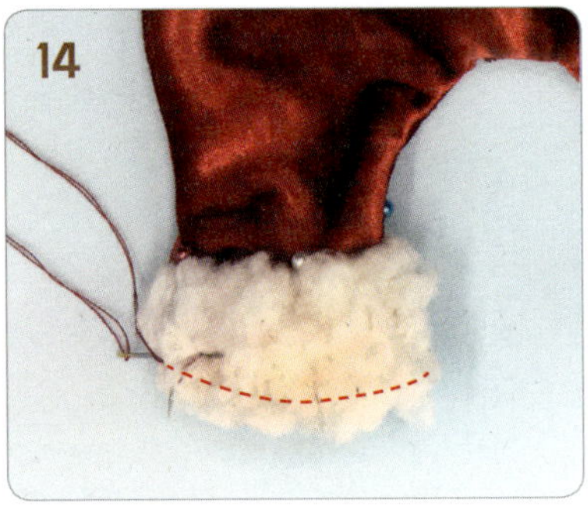

14

밑단 시보리를 바지 밑단에 끼워 넣고 시침핀으로 고정한 후 0.5cm 너비로 박음질해요.

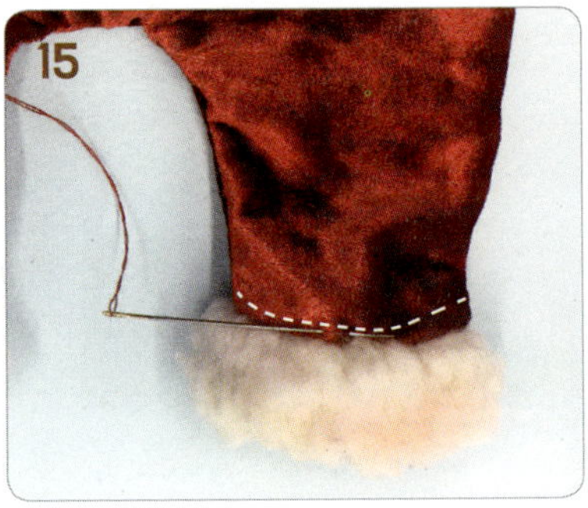

15

시접을 바지 쪽으로 넘기고 뒤집어서 겉에서 상침해요.

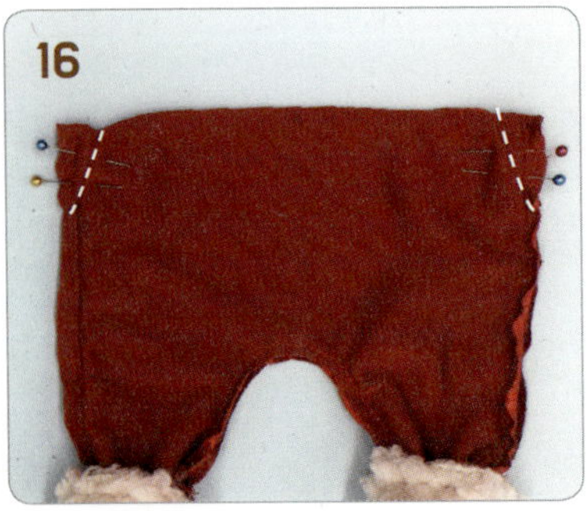

16

바지의 앞판 뒤판이 만나는 절개선 부분의 다트를 박음질해요.

17

바느질한 상의와 바지를 겉끼리 맞대고 중심을 잘 맞춰 시침핀으로 고정한 후 0.5cm 너비로 박음질해요.

TIP 앞뒤가 바뀌지 않도록 확인해요.

18

상의를 뒤집어서 정리해주면 완성이에요.

Item 3

산타클로스 모자

실물 크기 도안 p.220

원단	탑 겉 : 벨벳 폴리 90% 스판 10% 혼방 직물 45×26cm
	탑 안 : 면 60수 45×26cm
	옆면 : 폴라폴리스 45×18cm
접착 심지	45×26cm
폼폼	지름 12cm 1개

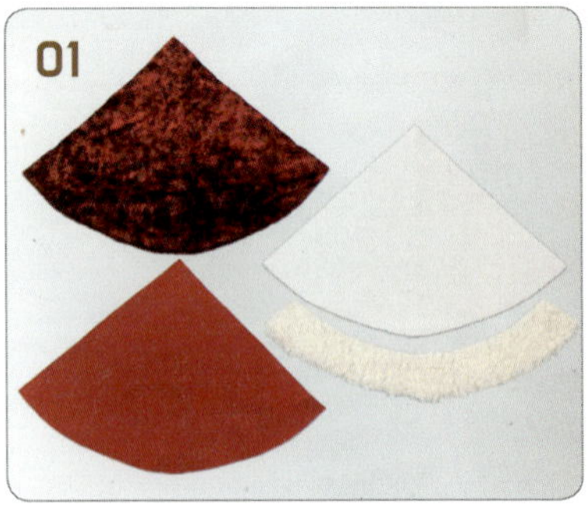

탑 겉 1장, 안 1장, 접착 심지 1장, 옆면 1장을 재단해요.

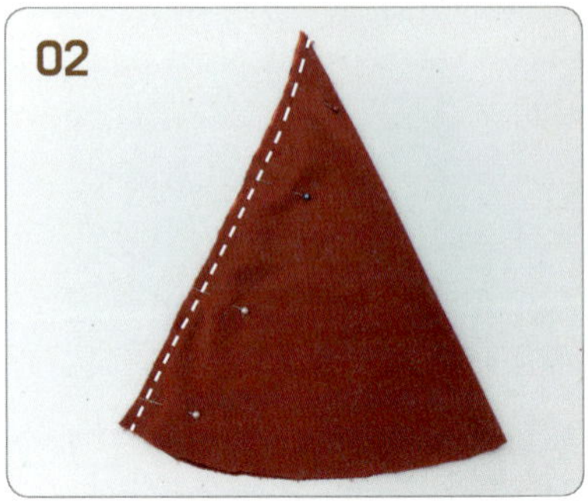

재단한 탑을 겉으로 맞대고 시침핀으로 고정한 후 창구멍 6cm를 제외한 옆선을 0.5cm 너비로 박음질해요.

TIP 안은 창구멍 없이 겉과 동일하게 작업해요.

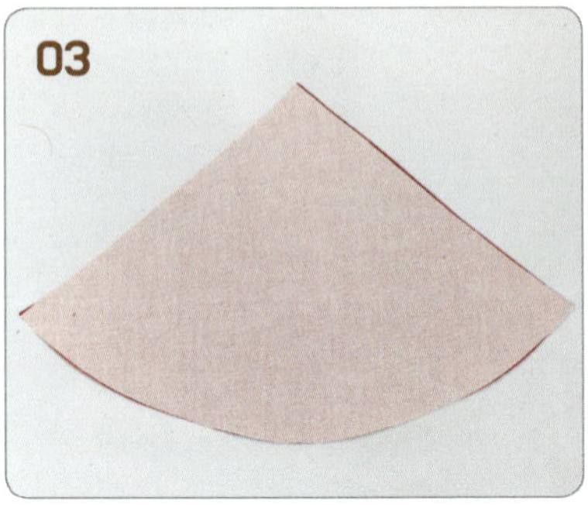

안에 접착 심지를 붙여요.

TIP 다리미로 문지르지 않고 꾹 눌러서 작업해요.

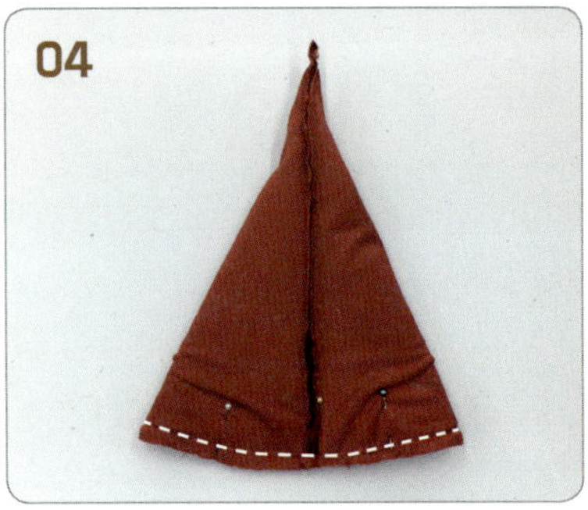

겉과 안을 겉끼리 맞대고 둘레를 0.5cm 너비로 박음질해요.

창구멍으로 뒤집고 공그르기해요.

TIP 겉에서 0.2cm 상침해요.

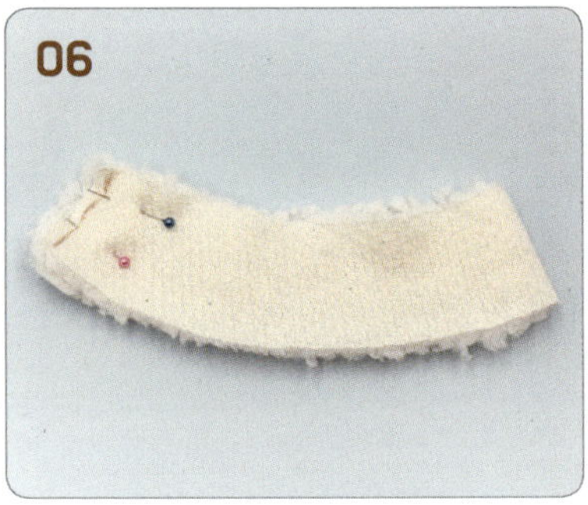

옆면은 겉으로 맞대고 옆선을 0.5cm 너비로 박음질해요.

반으로 접어서 탑의 뒤 중심과 옆면의 가름솔을 맞춰 탑의 밑단에 겹쳐 놓고 시침핀으로 고정한 후 0.5cm 너비로 박음질해요.

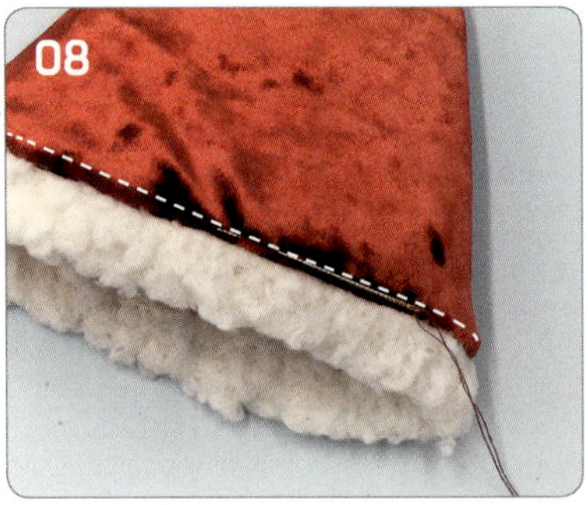

뒤집어서 겉에서 0.2cm 너비로 상침해요.

탑 끝에 폼폼을 달아 고정해주면 완성이에요.

Item 4

산타클로스 선물 자루

실물 크기 도안 p.227

원단	겉 A, B : 벨벳 폴리 90% 스판 10% 혼방 직물 17×42cm
	안 : 면 60수 17×37cm
	C : 폴라폴리스 17×12cm
벨벳 리본 끈	60cm 1줄
폼폼	지름 7cm 2개

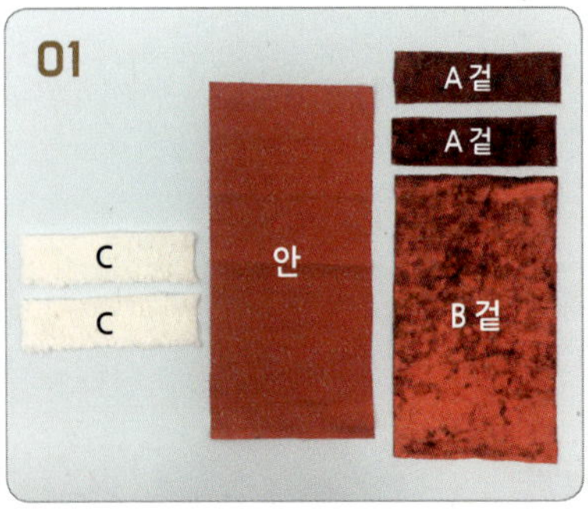

A 겉 2장, B 겉 1장, 안 1장, C 2장을 재단해요.

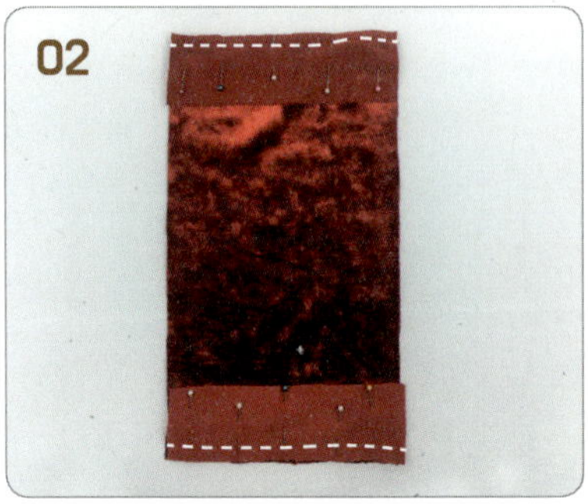

A 겉 2장을 B 겉의 양쪽에 겉끼리 맞대고 시침핀으로 고정한 후, A–B–A 차례로 0.5cm 너비로 박음질해요.

TIP 벨벳 원단은 두께감이 있고 미끄러워서 시침핀으로 촘촘하고 꼼꼼하게 고정하고 작업해요.

02번을 겉끼리 맞대고 반을 접어 B의 옆선을 0.5cm 너비로 박음질해요.

C 2장은 반을 접어 양쪽 A와 겉끼리 맞대고 0.5cm 박음질해요. 시접을 A로 보내고 겉에서 상침해요.

끈 구멍을 1.5cm 제외한 C부터 A의 옆선을 0.5cm 너비로 박음질해요.

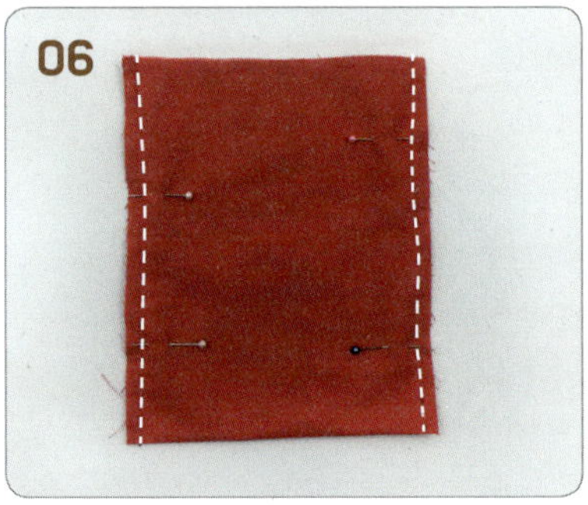

안은 겉쪽으로 맞대고 반을 접어 옆선을 0.5cm 너비로 박음질해요.

겉과 안은 안끼리 맞대고 윗면 시접을 잘 맞춰 시침핀으로 고정한 후 0.5cm 박음질해요.

겉에서 상침을 하고, 1.5cm 밑으로 둘레를 박음질해요. 끈 구멍을 만들고 리본을 준비해요.

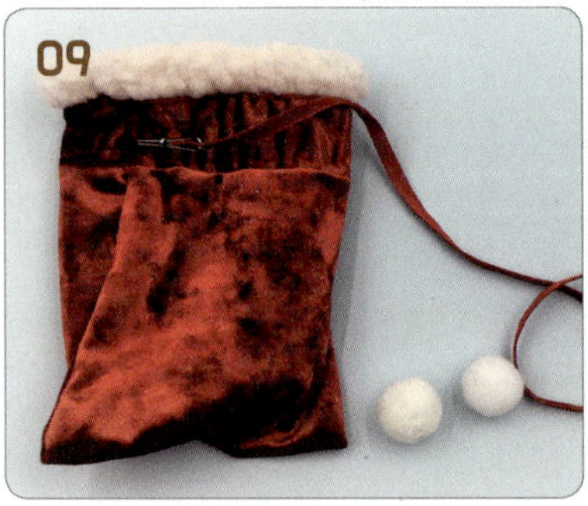

끈 끼우개로 준비한 리본을 통과시켜 넣고 리본 양 끝에 폼폼을 매듭지어 주면 완성이에요.

TIP 산타클로스 할아버지가 주실 선물을 생각하며 신문지나 방울솜 등을 넣어 모양을 잡아줘요.

Item Plus.

산타클로스의 다양한 신발 만들기

산타클로스의 신발은 박쥐 올인원 슈트 신발과 빨간 망토 장화를 활용해서 두 버전으로 만들어도 좋아요. 실물 크기 도안은 그대로 사용하고 원단과 부자재를 바꿔서 만들어요.

빨간 망토 장화 따라 하기의 원단 :
겉-에나멜 주름 or 폴리우레탄 /
안-폴라폴리스 or 왕덤블
실물 크기 도안 : p.192

박쥐 올인원 슈트 신발 따라 하기의 원단 :
왕덤블 / 도트 테이프 방울 13cm 2줄
실물 크기 도안 : p.229

Cosplay doll clothes

Bat

하늘을 나는 박쥐

박쥐 올인원 슈트 + 박쥐 가면과 모자

까만 박쥐 옷에 금색으로
포인트를 주었어요!
이제, 황금 가면을 쓰고 핼러윈 파티에 가볼까요?
멋진 코스프레로 파티의 주인공이 되었어요!

Item 1

박쥐 올인원 슈트

실물 크기 도안 p.229

원단	몸판, 목 바이어스, 바지, 신발 몸판 A, 안창 : 스판 골지 90×32cm
	망토 날개 겉 : 망사 36×46cm
	망토 날개 안 : 에나멜 주름 36×46cm
	신발 몸판 B : 글리터 펠트 20×10cm
기타 부자재	장식 단추 : 8mm 2개 / 스냅 단추 : 5mm 6쌍 / 탄력 밴드 : 20mm짜리 5cm 2줄

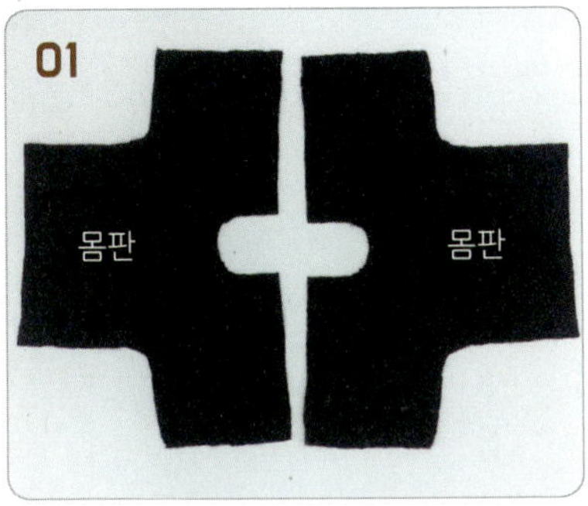

몸판을 2장 재단해요.

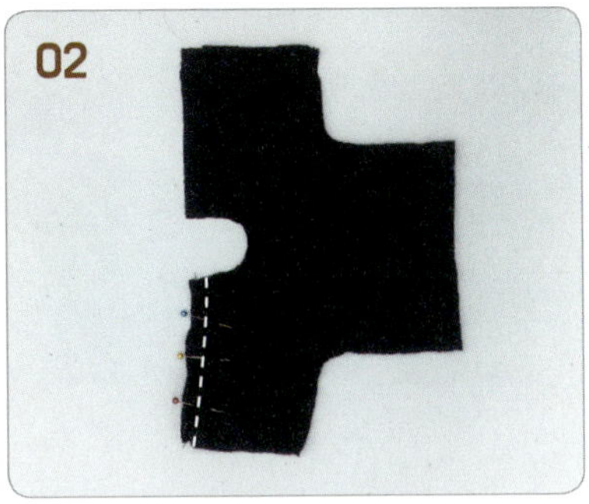

몸판의 겉끼리 맞대고 시침핀으로 고정한 후 앞은 0.5cm 너비로 박음질해요.

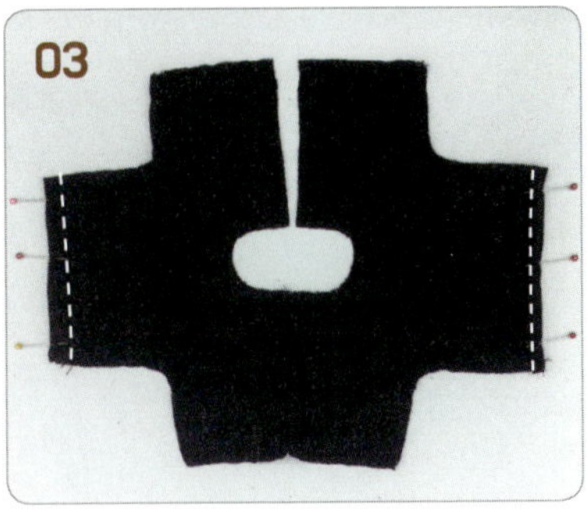

소매 밑단은 안으로 0.5cm 접고 시침핀으로 고정한 후 0.2cm 상침해요.

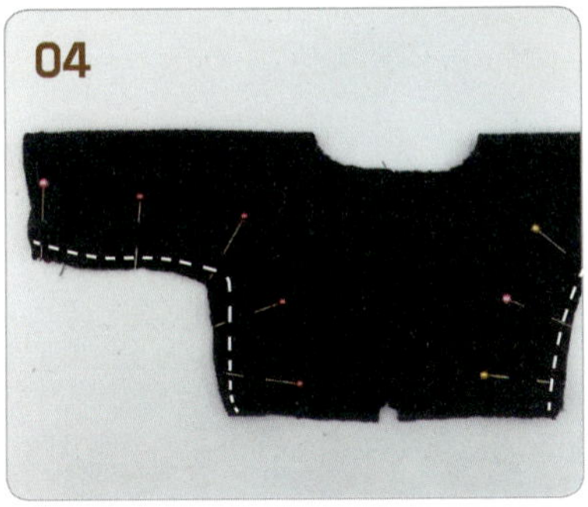

뒤를 앞쪽으로 뒤집어 겉으로 맞대고 시침핀으로 고정한 다음, 소매 옆선을 0.5cm 너비로 박음질해요.

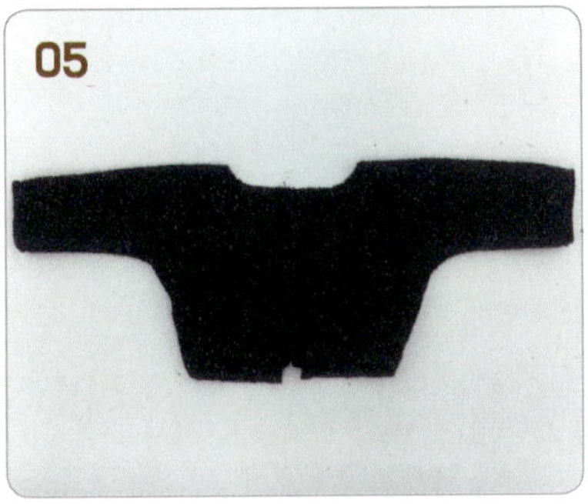

몸판을 박음질한 후 겉으로 뒤집은 뒷모습이에요.

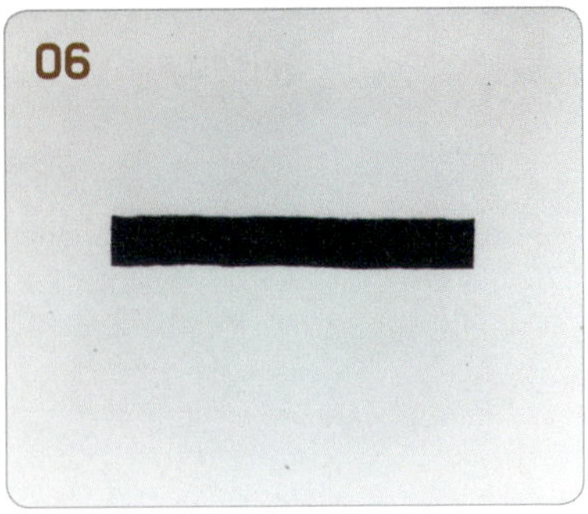

목 바이어스 1장을 재단해요.

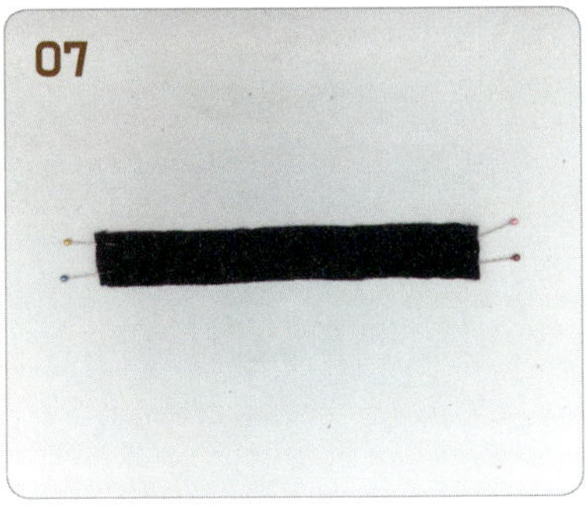

양쪽 옆선은 0.5cm 안으로 접고, 위아래를 1cm씩 접고 반을 접어요.

몸판과 목 바이어스를 겉끼리 맞대고 시침핀으로 고정한 후 0.5cm 너비로 박음질해요.

시접을 바이어스 쪽으로 보내고 바이어스를 0.5cm 두 번 말아 접어 시침핀을 고정한 후 상침해요.

10

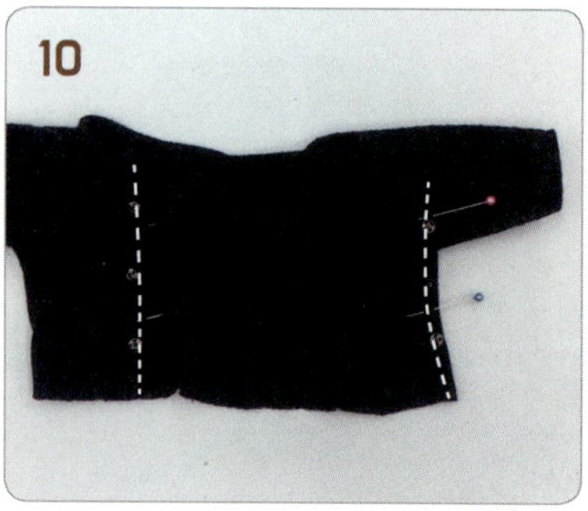

뒤 중심을 0.5cm 두 번 말아 접어 시침핀으로 고정한 후 목 시보리의 시접을 공그르기로 마무리해요. 뒤 중심 맨 위에서 1cm 아래 지점부터 3cm 간격으로 스냅 단추 3쌍을 달아요.

11

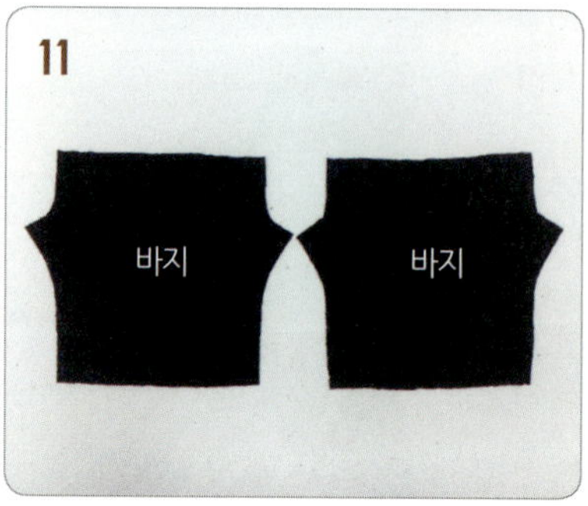

바지 2장을 재단해요.

12

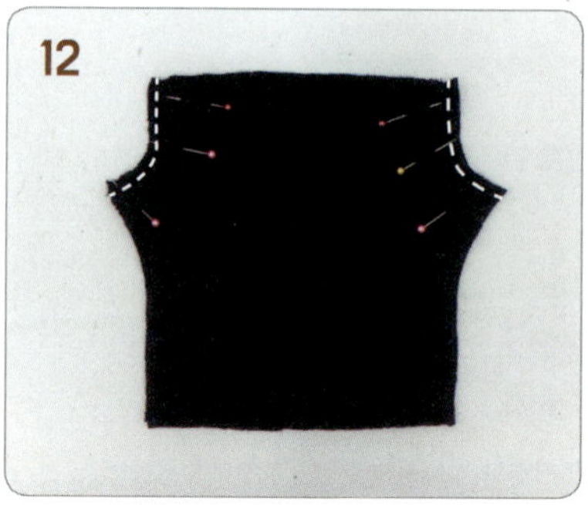

바지의 겉끼리 맞대고 시침핀으로 고정한 후 밑위를 0.5cm 너비로 박음질해요.

13

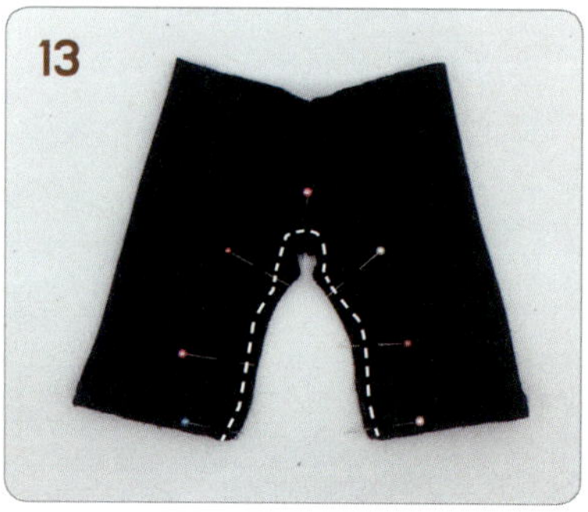

옆으로 돌리고 가름솔을 잘 정리해서 시침핀으로 고정한 후 밑아래 옆선을 0.5cm 너비로 박음질해요.

14

몸판과 바지를 겉끼리 맞대고 중심을 맞춰 시침핀으로 고정한 후 0.5cm 너비로 박음질하고, 몸판으로 뒤집어요.

15

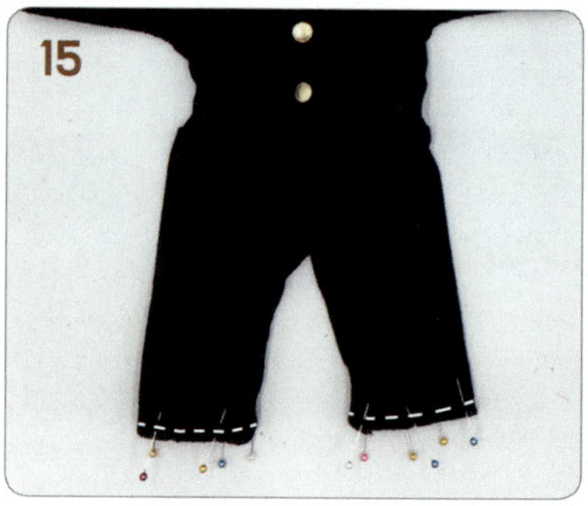

바지 밑단은 0.5cm 접고 시침핀으로 고정한 후 0.2cm 상침해요.

16

몸판과 바지를 연결한 앞모습이에요.

17

몸판 앞 맨 위에서 2cm 아래 지점부터 3cm 간격으로 장식 단추 2쌍을 달면 올인원 슈트 완성이에요.

18

신발 몸판 A는 4장, 안창은 2장, 신발 몸판 B는 4장을 재단해요.

19

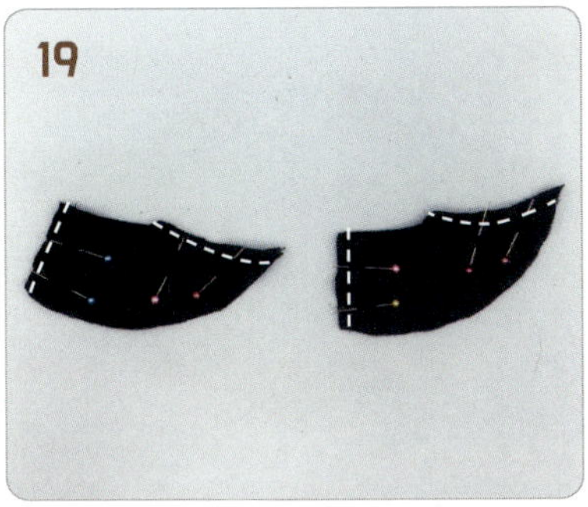

신발 몸판 A는 2장씩 겉끼리 맞대고 시침핀으로 고정 후 2면을 0.5cm 너비로 박음질해요.

20

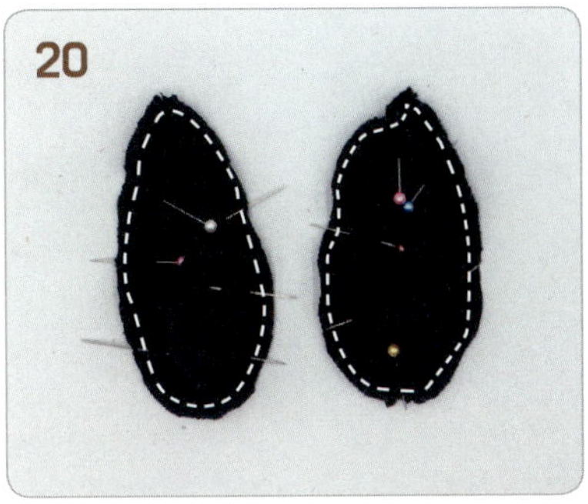

신발 몸판 A와 안창을 겉끼리 맞대고 앞뒤 중심을 잘 맞춰 시침핀으로 고정한 후 0.5cm 너비로 박음질해요.

TIP 앞코의 시접을 커팅해요.

21

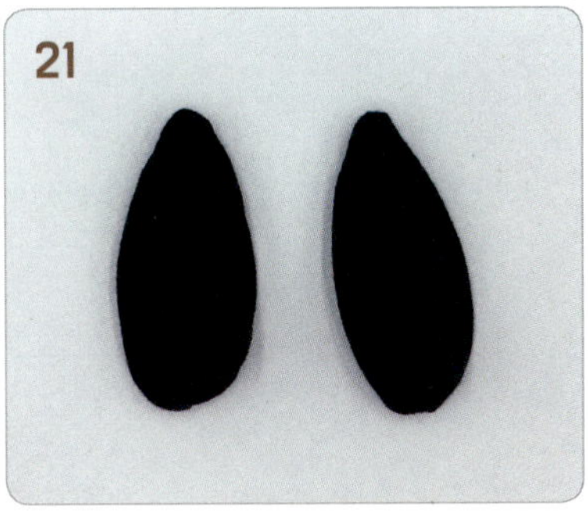

뒤집은 앞모습으로 앞코의 시접을 정리해요.

22

위 둘레를 안쪽으로 0.5cm 접고 상침해요.

23

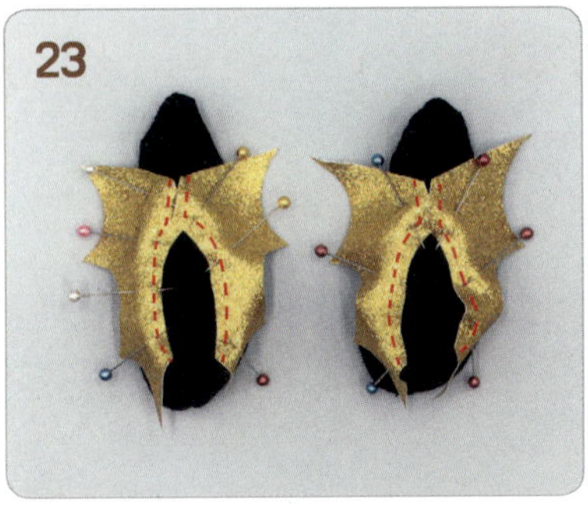

신발 몸판 B는 바느질한 22번의 앞 중심을 기준으로 잘 맞춰 위 둘레에 대고 시침핀으로 고정한 후 0.2cm 상침해요.

24

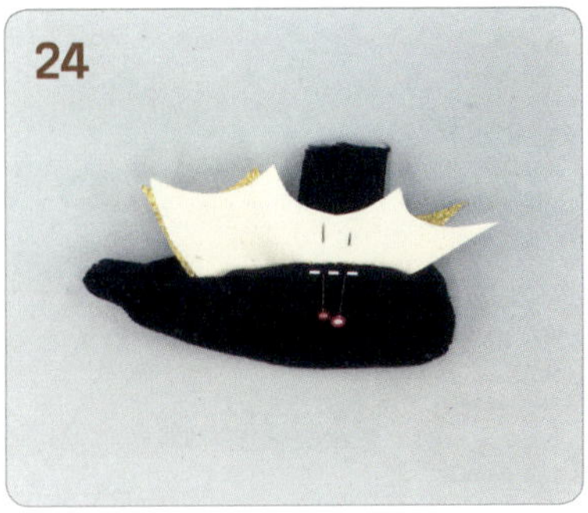

탄력 고무줄을 위 둘레 안쪽으로 1cm 겹쳐 놓고, 몸판 B 안에서 상침해 정리하면 신발 완성이에요.

25

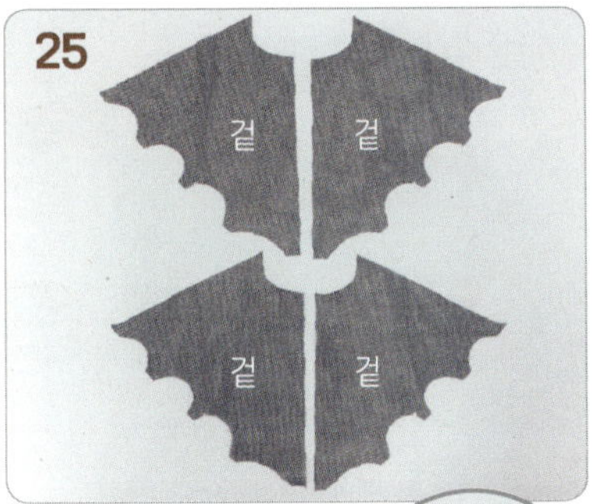

망토 날개는 겉, 안을 각각 4장씩 재단해요.

26

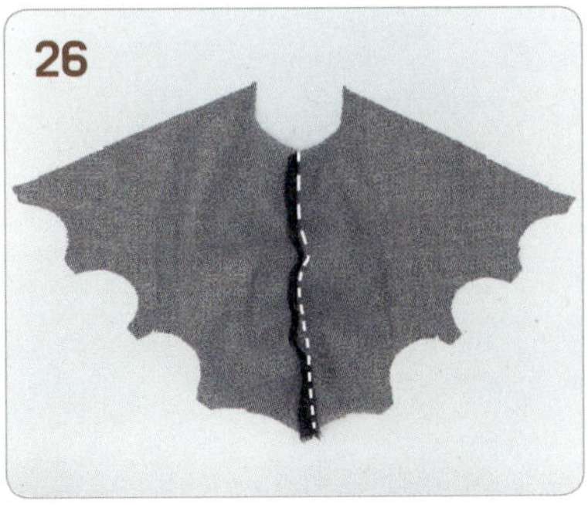

겉 2장은 겉끼리 맞대고 시침핀으로 고정한 후 0.5cm 너비로 박음질해요. 겉모습이에요.

27

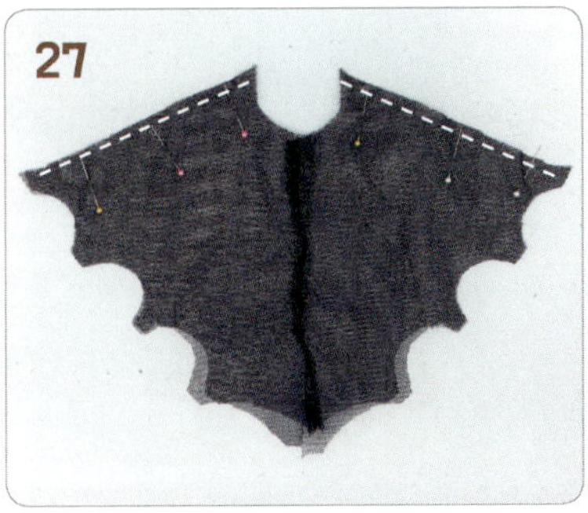

26번에 나머지 겉 2장을 겉끼리 맞대고 어깨를 0.5cm 박음질해요.

겉 4장을 연결한 모습이에요.

안 2장은 겉끼리 맞대고 시침핀으로 고정한 후 0.5cm 너비로 박음질하고 뒤집으면 안쪽의 모습이에요.

29번에 나머지 안 2장을 겉끼리 맞대고 어깨를 0.5cm 박음질해요.

안 4장을 연결한 모습이에요.

겉과 안을 안끼리 맞대고 중심을 맞춰 시침핀으로 고정한 후 전체 둘레를 0.5cm 너비로 박음질해요.

TIP 날개 끝의 시접선을 살려서 바느질해요.

중심과 목둘레를 안으로 0.5cm 접고 0.2cm 상침해요.

박음질하고 앞으로 정리한 모습이에요.

중심에 스냅 단추 3쌍을 맨 위에서 1.5cm 아래 지점부터 5cm 간격으로 달아 망토를 완성해요.

올인원 슈트, 신발, 망토까지 모두 완성된 모습이에요.

Item 2

박쥐 가면과 모자

실물 크기 도안 p.232

원단	몸판, 띠, 귀 : 스판 골지 52×27cm
	몸판 안 : 노방(블랙) 44×19cm
	눈동자 : 화이트 펠트 2×1cm, 블랙 펠트 3×3cm
	가면, 눈 : 글리터 펠트지 24×8cm
기타 부자재	장식 단추 : 10mm 2개 / 고무줄 : 5mm짜리 25cm / 방울솜: 한 줌

박쥐 모자 몸판 겉, 안은 2장씩 재단하고, 띠 1장, 귀 4장, 눈 2장, 가면을 재단해요.

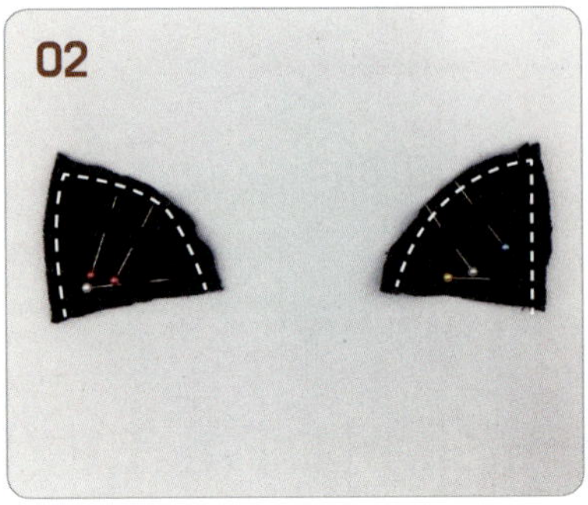

귀는 2장씩 겉끼리 맞대고 곡선 가장자리를 0.5cm 너비로 박음질해요.

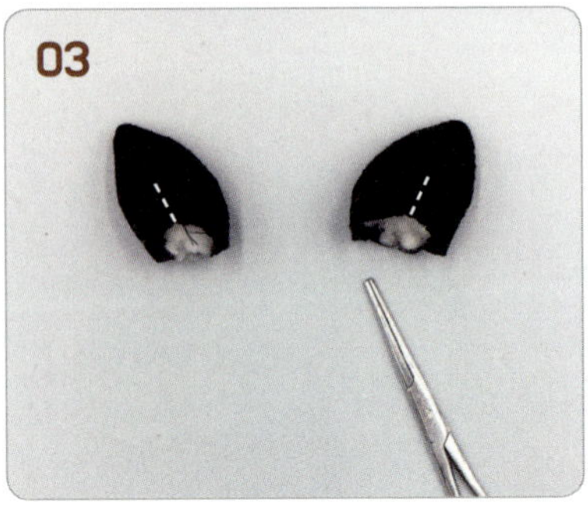

다트선을 박음질하고, 겸자로 방울솜을 넣어 입체감을 표현해요.

TIP 밑 둘레를 시침질로 고정하면 다음 바느질할 때 편리해요.

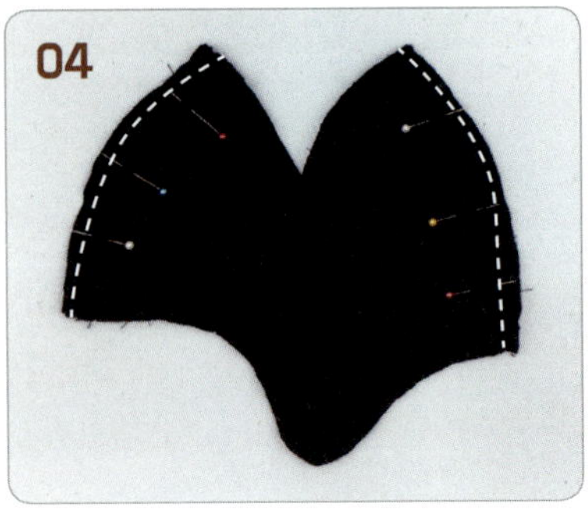

몸판 겉 2장을 겉끼리 맞대고 앞뒤 중심 둘레를 0.5cm 너비로 박음질해요.

TIP 몸판의 앞 중심을 기준으로 놓고 귀의 위치를 표시해요.

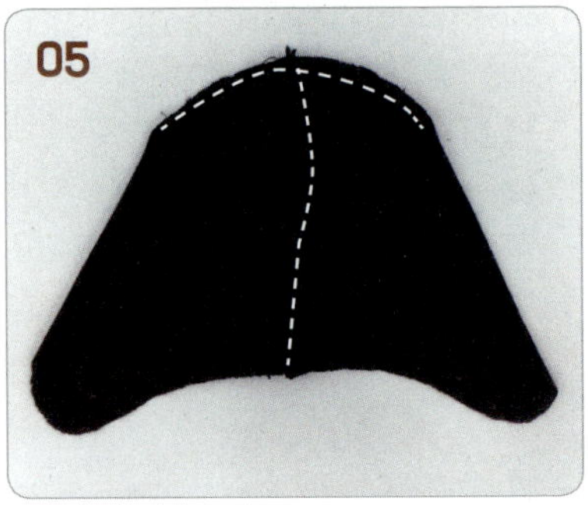

몸판 겉 2장 사이로 바느질해 놓은 03번의 귀의 밑 둘레를 체크해 놓은 곳에 잘 맞춰 끼워 넣고 0.5cm 너비로 박음질해요.

TIP 몸판 안도 창구멍 6cm를 제외한 04~05번 과정을 동일하게 작업해요.

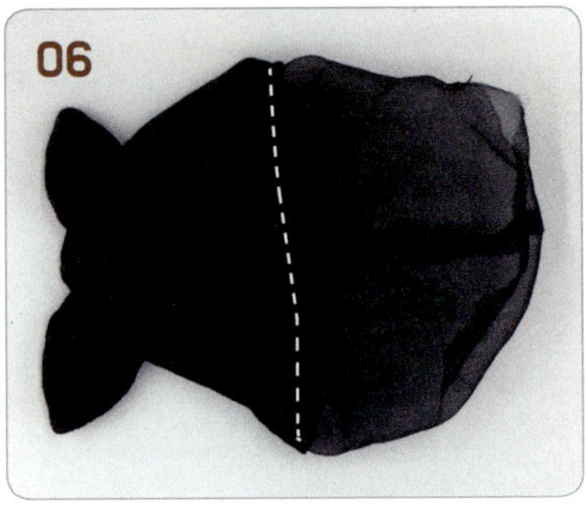

겉과 안을 겉끼리 맞대고 0.5cm 너비로 박음질해요. 안의 창구멍으로 뒤집고 공그르기로 마감한 후 겉에서 상침해요.

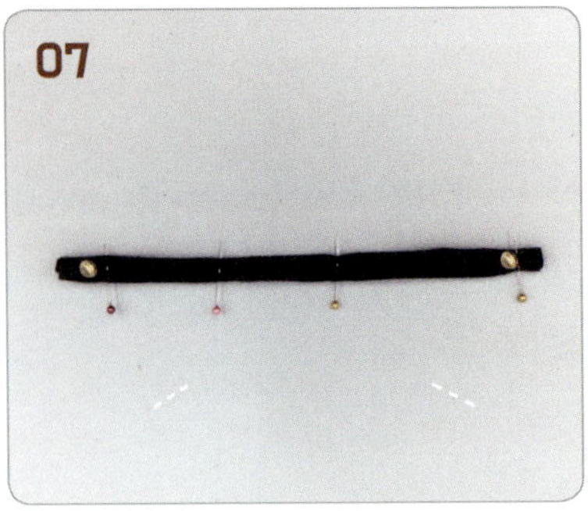

탈부착할 때는 옆선을 0.5cm, 위아래를 1cm씩 안으로 접고 반을 접어 3면을 0.2cm 상침해요. 옆선에서 1cm 떨어진 곳에 준비한 장식 단추 2개를 달고 몸판에 단춧구멍 자리를 표시해요.

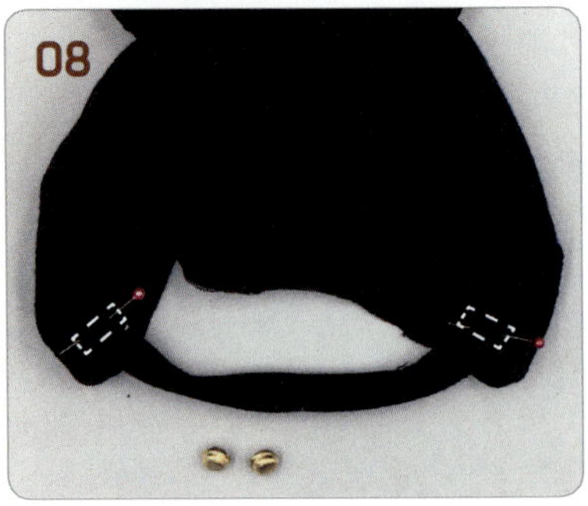

몸판 양쪽 하단에 표시해 놓은 단춧구멍 자리 밖으로 사방 0.3cm 상침하고 단춧구멍을 쪽집게로 커팅해요.

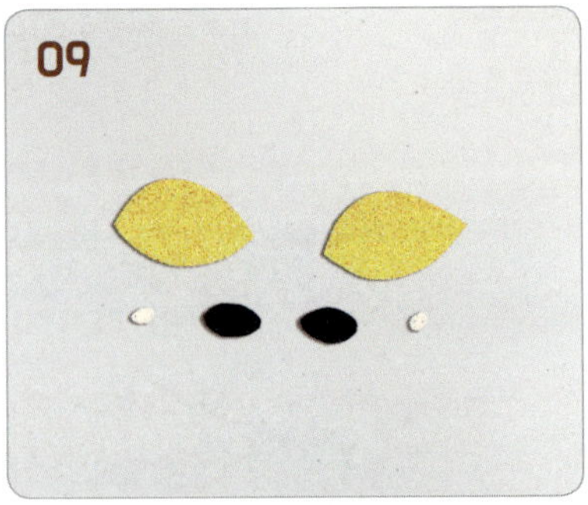

눈은 글리터 펠트지로 재단하고, 그 위로 검은 동자, 흰 동자 순서대로 올려놓고 시침핀으로 고정한 후 눈, 검은 동자, 흰 동자를 한꺼번에 제자리 스티치해서 고정해요.

몸판에 눈을 박음질해 모자를 완성해요.

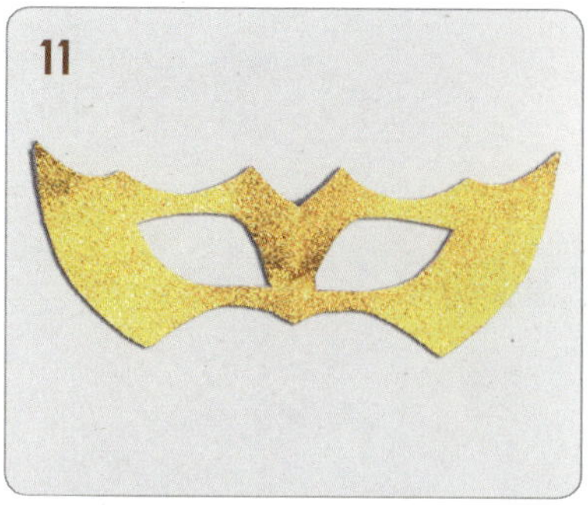

가면을 재단해요.

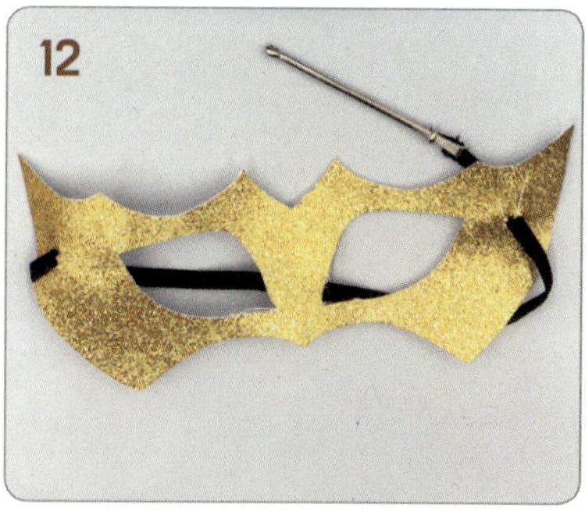

가면 양옆을 송곳으로 구멍을 내어 준비한 고무줄을 통과시켜 1cm씩 겹쳐 놓고 지그재그 스티치로 고정하면 가면도 완성이에요.

완성된 모자와 가면의 모습이에요.

Item Plus!

블랙 펠트지를 사용해서 시크한 가면을 만들 수도 있어요.

Cosplay doll clothes

Dinosaur

귀여운 공룡 친구로 변신

공룡 후드 점퍼 + 공룡 바디 슈트

크왕!
우리 집에 무시무시한 공룡이 나타났어요!
뾰족한 이빨로 활짝 웃으며 다가오면
어느새 귀엽고 다정한 친구가 돼요.
친구들과 함께 신나는 공룡놀이를 해볼까요?

Item 1

공룡 후드 점퍼

실물 크기 도안 p.234

원단	앞판 A 겉, 뒤판 겉, 소매 겉, 목 시보리, 소매 시보리, 후드 겉 : 양면 기모 112×24cm
	앞판 A 안, 뒤판 안, 후드 안, 띠, 지퍼 마감 A, B : 면 60수 105×24cm
	몸판 뿔, 앞판 B, 후드 뿔, 발톱 : 오렌지 펠트 65×11cm
	눈, 이빨 : 화이트 펠트 18×10cm
	눈동자 : 그린 펠트 5×4.5cm
기타 부자재	스냅 단추 : 5mm 6쌍 / 지퍼(지퍼참, 커팅 가능한 지퍼 레일) : 10cm

앞판 A 겉과 안, 소매의 겉과 안 각각 2장씩, 뒤판 겉, 안 2장씩, 소매는 겉 2장, 안 2장을 재단하고, 앞판 B와 몸판 뿔은 각각 1장씩 재단해요.

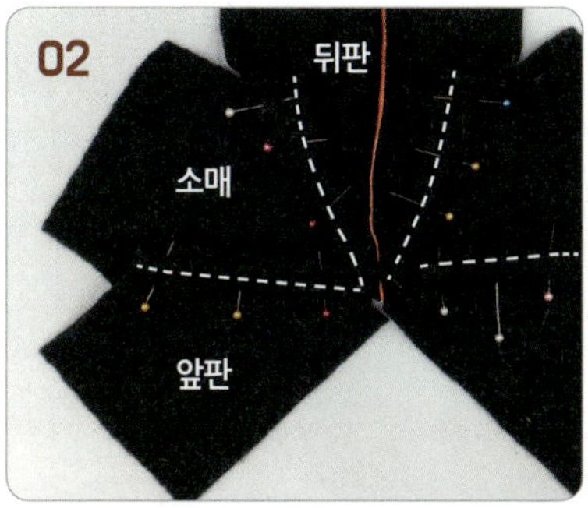

앞판, 소매, 뒤판을 겉끼리 맞대고 시침핀으로 고정한 후, 0.5cm 너비로 박음질해서 연결하고 소매 연결 시 앞뒤를 꼭 확인해요.

TIP 재단한 뿔을 뒤판 2장 사이에 끼워 넣고 박음질해요.

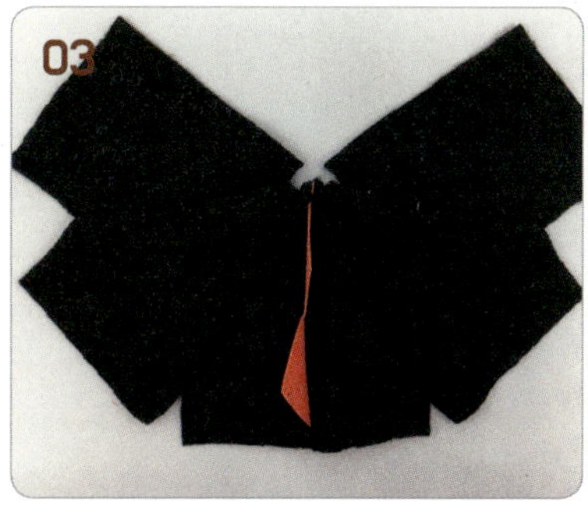

앞판, 소매, 뒤판, 몸판 뿔을 연결한 겉모습이에요.

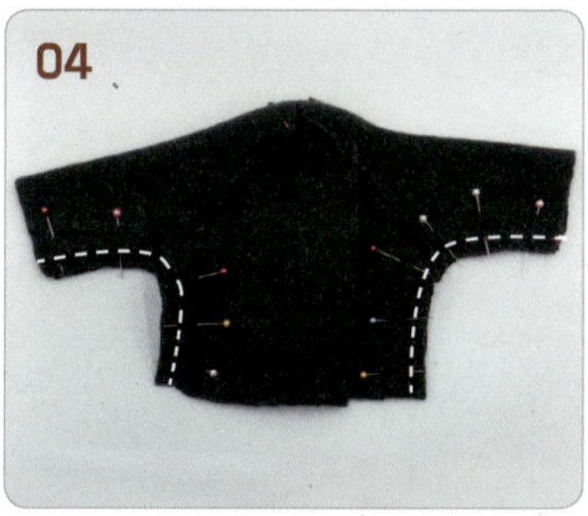

앞판, 뒤판을 겉끼리 맞대고 가름솔과 중심을 잘 맞춰 시침핀으로 고정한 후 옆선을 0.5cm 너비로 박음질해요.

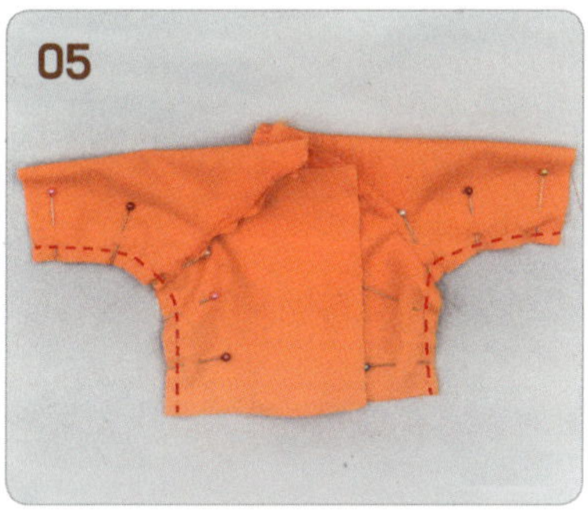

02~04번 과정을 동일하게 바느질한 안의 모습이에요. 단, 안은 몸판 뿔을 연결하지 않아요.

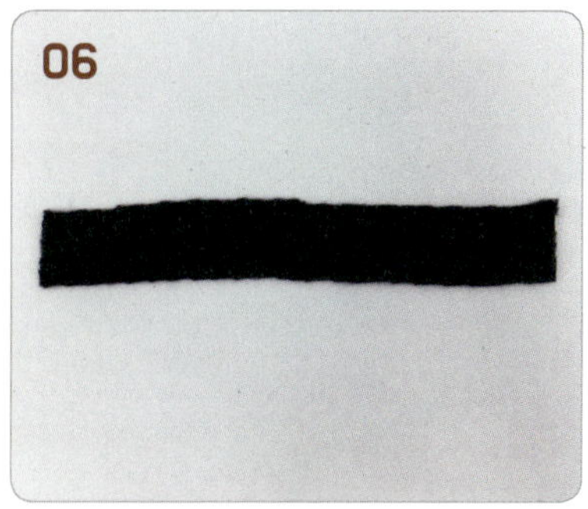

목 시보리 1장을 재단해요.

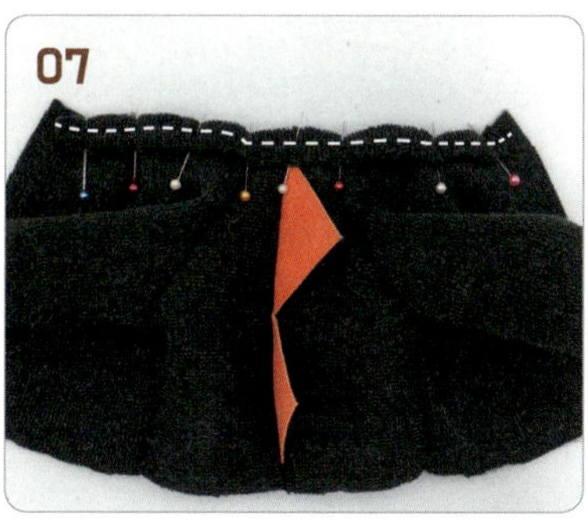

목 시보리의 양 끝 시접 0.5cm를 접고, 반을 접어 몸판 목둘레의 겉 위에 시침핀으로 고정한 후 목둘레의 양쪽 앞 중심 1cm를 제외한 나머지를 0.5cm 너비로 박음질해요.

목 시보리 시접을 몸판 쪽으로 보내고 겉에서 0.2cm 상침해요.

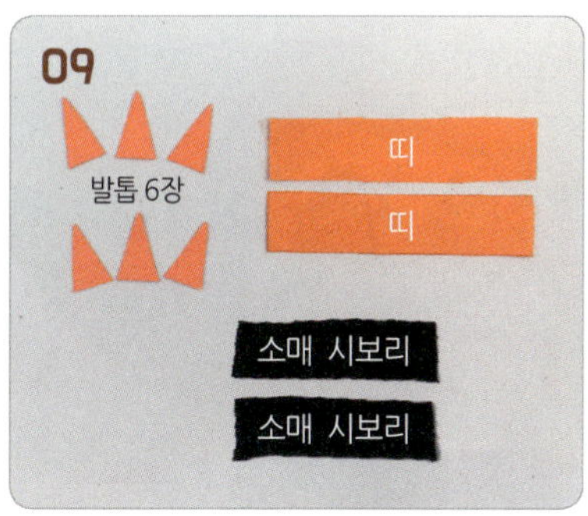

발톱 조각 6장, 띠 2장, 소매 시보리는 2장을 재단해요.

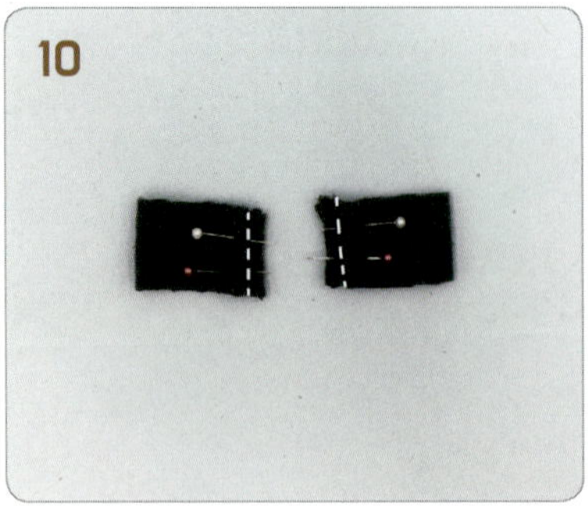

소매 시보리는 겉으로 맞대고 옆선을 0.5cm 너비로 박음질해요.

소매 겉과 소매 시보리를 겉끼리 맞대고 시침핀으로 고정한 후 0.5cm 너비로 박음질해요.

TIP 다른 한쪽도 동일하게 작업해요.

앞판 A의 겉과 안 전체를 겉끼리 맞대고, 앞판 A 안을 A 겉의 안쪽으로 0.5cm 접어요. 몸판 B는 몸판 A 겉과 안 사이에 0.5cm 시접을 끼워 넣은 후 앞판 중심부터 밑단까지 시침핀으로 고정한 다음, 0.5cm 너비로 박음질해요.

겉에서 전체 앞 중심과 밑단을 상침해요.

TIP 앞판 B를 몸판 쪽으로 뒤집고 시침핀으로 고정한 후 곡선을 상침해요

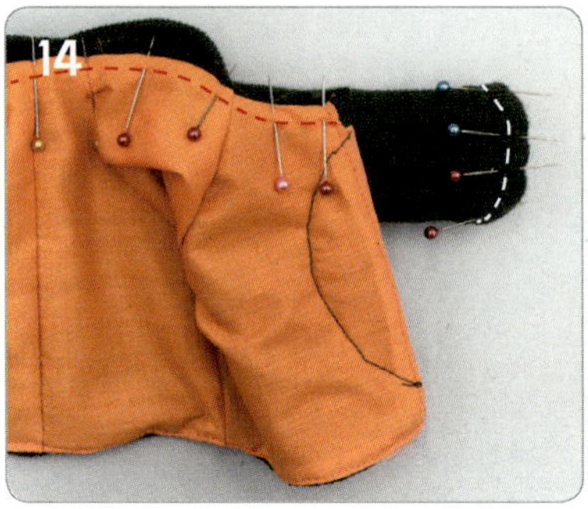

안 몸판 목둘레는 0.5cm 시접을 안으로 접고 겉 몸판의 중심에 맞춰 시침핀으로 고정한 후 0.2cm 상침해요. 그리고 소매 밑단을 안으로 0.5cm 접어 상침하고 소매 겉과 공그르기로 연결해요.

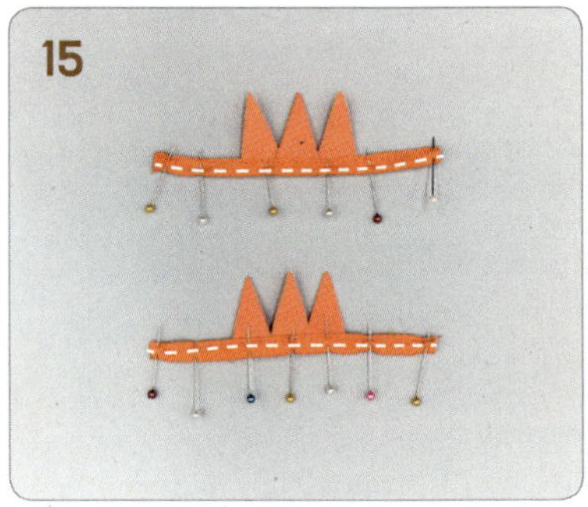

띠는 양쪽 0.5cm씩 접고 반을 접어 중심을 체크해요. 그리고 바느질한 발톱을 띠 중심에 맞춰 끼워 넣고 시침핀으로 고정한 후 0.5cm 너비로 상침해요.

띠의 양 끝 1cm를 겹쳐서 시침질로 고정해요. 소매 밑단 안과 바느질한 15번의 겉을 맞대고 시침핀으로 고정한 후, 겉에서 0.2cm 상침해요.

후드 뿔은 2장을 재단하고 시접을 박음질해서 뿔 1장으로 연결해 놓아요.

후드는 겉과 안을 각각 2장씩, 이빨 조각은 4장을 재단해요.

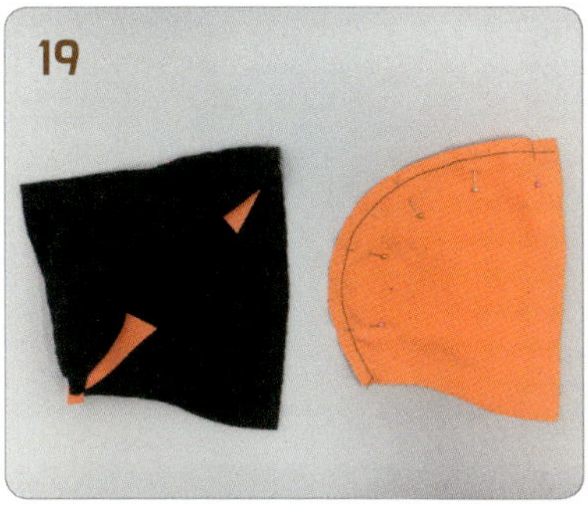

겉 2장을 겉끼리 맞대 놓고, 곡선 가장자리 사이에 후드 뿔을 끼워 넣어요. 시침핀으로 고정한 후, 곡선 가장자리를 1cm 너비로 박음질해요(안은 후드 뿔을 제외하고 동일하게 작업해요).

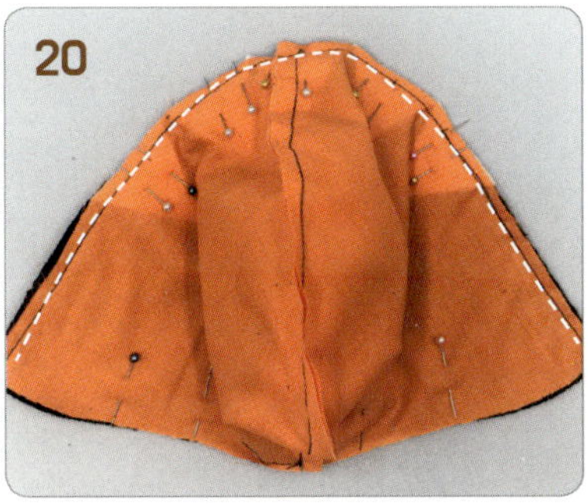

겉과 안을 겉끼리 맞대고 이빨 조각의 밑면을 후드 입구 가장자리에 중심을 맞춰 겉과 안 사이에 끼워 넣어줘요. 후드 입구를 0.5cm 너비로 박음질하고 뒤집은 모습이에요.

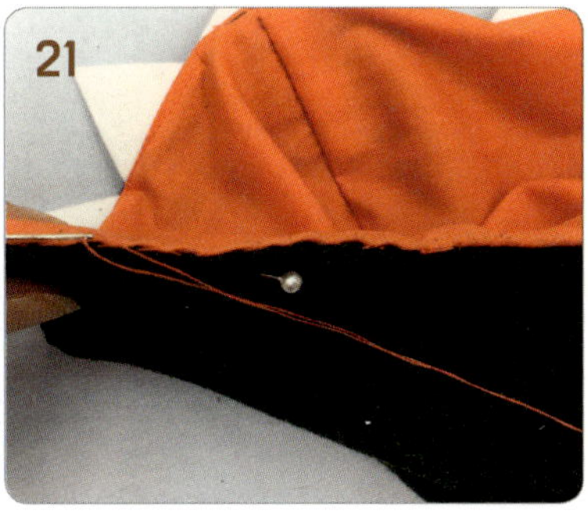

아래 가장자리를 창구멍 6cm를 제외하고 0.5cm 너비로 박음질한 후 창구멍으로 공그르기해서 마감해요. 그리고 겉에서 후드 전체 둘레를 0.2cm 상침해요.

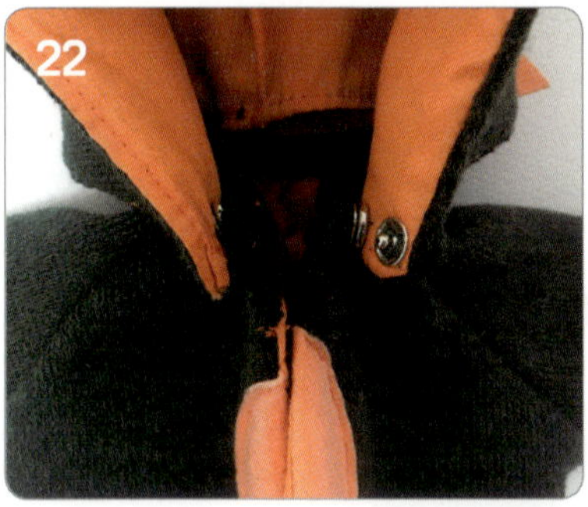

후드의 양 끝에 스냅 단추 1쌍을 달고, 후드와 몸판의 목 시보리에 몸판과 연결해 줄 스냅 단추는 5쌍을 양 끝에서 5cm 간격으로 달아요.

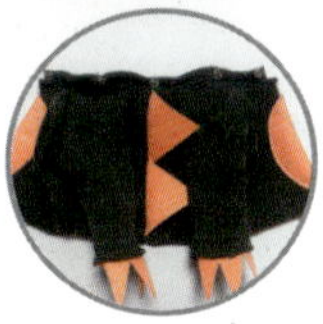

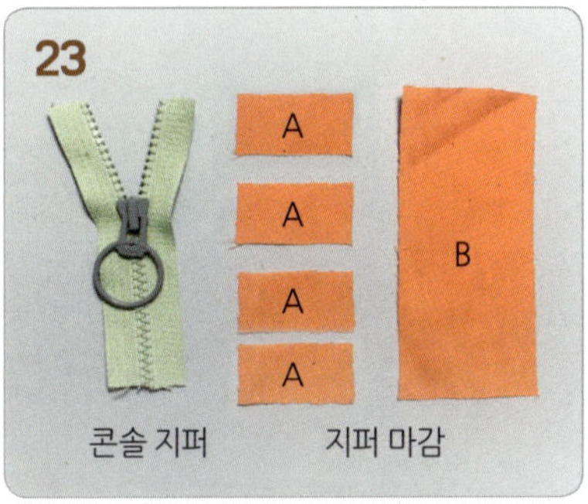

지퍼 1개를 준비해요. 지퍼 마감 A 4장, B 1장을 재단해요.

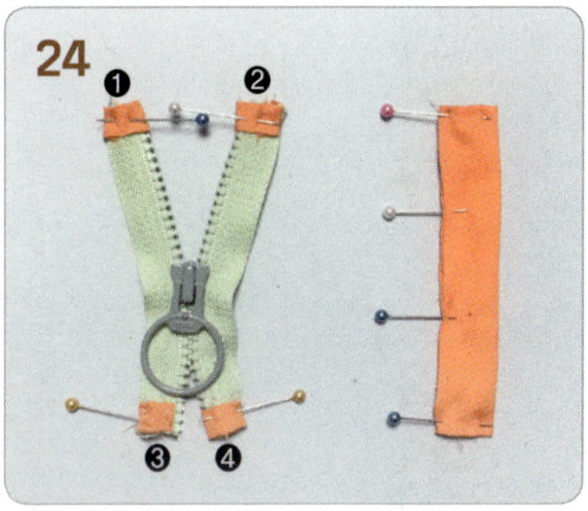

지퍼 레일에 지퍼참을 위아래로 움직여 끼워 넣어요. 지퍼 마감 A는 시접선을 따라 접고 지퍼 레일 ❶❷❹에 지퍼알을 포함해서 끼워 넣고 커버 스티치로 고정해요. B는 시접선을 따라 접고 3면을 상침해요.

지퍼 레일 ❸은 지퍼 마감 A를 반대 방향으로 지퍼 레일 시접까지만 끼워 넣고 커버 스티치해요. 맨 아래에서 지퍼알 3개를 니퍼로 뜯어서 빼내요. 이 작업을 해야 지퍼를 열고 닫을 수 있어요. 지저분한 시접은 열을 가해서 정리해요.

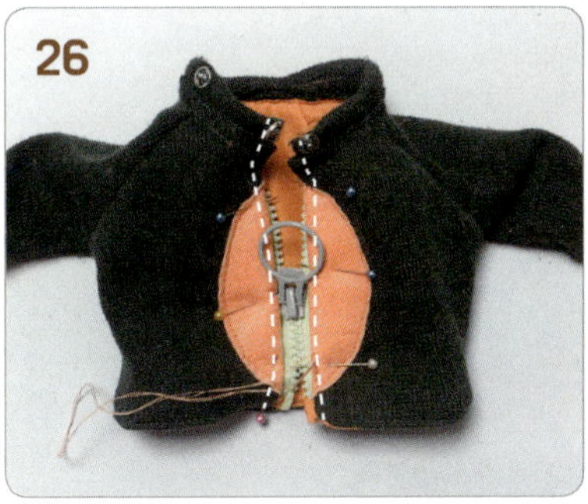

B 위에 A 겉이 보이도록 놓고 시침핀으로 고정한 후 0.5cm 너비로 박음질한 다음, 앞판 앞 중심 뒤에 지퍼가 겉이 보이도록 맞대 놓고 0.3cm 너비로 상침해요.

TIP 지퍼와 앞판이 맞물릴 수가 있으므로 0.3cm 정도의 간격을 두고 바느질해요.

양쪽 눈을 달아주면 완성이에요.

TIP 공룡 후드 점퍼는 점퍼와 후드가 따로 되어 있어서 별도로 활용해도 좋아요.

Item 2

공룡 바디 슈트

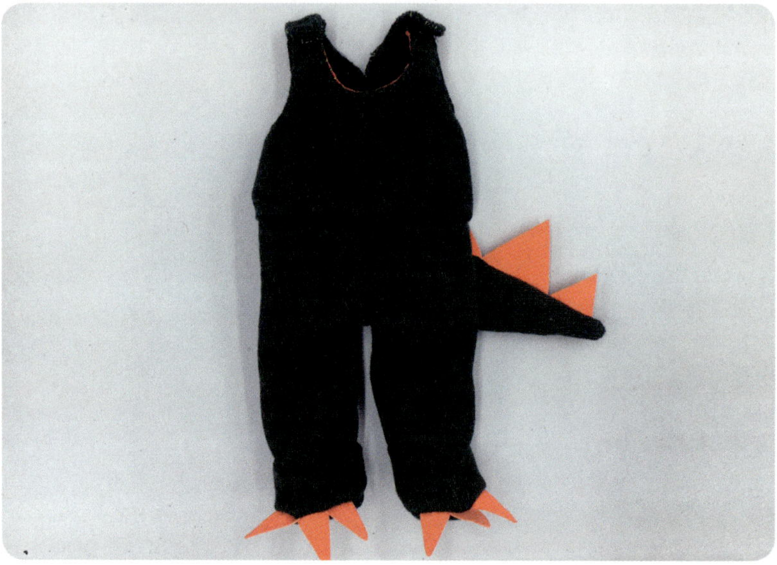

실물 크기 도안 p.238

원단 상의 앞판 겉, 상의 뒤판, 바지 앞판, 바지 뒤판, 꼬리, 뒷발 A, 뒷발 B : 양면 기모 82×34cm

상의 앞판 안 : 폴리스판 19×20cm

꼬리 뿔, 발톱 : 오렌지 펠트 12×36cm

기타 부자재 방울솜 : 한 줌

상의는 앞판 겉 1장, 안 1장, 뒤판 4장을 재단하고, 바지는 앞판 2장, 뒤판 2장을 재단해요.

앞판의 안과 뒤판의 겉끼리 맞댄 다음 옆선과 밑단을 제외하고 0.5cm 너비로 박음질해요.

TIP 곡선은 시접을 0.3cm 남기고 가위집을 내어 겉으로 뒤집어요.

뒤판은 2장씩 겉끼리 맞대고 옆선과 밑단을 제외한 나머지를 시침핀으로 고정한 후, 0.5cm 너비로 박음질해서 겉으로 뒤집어요.

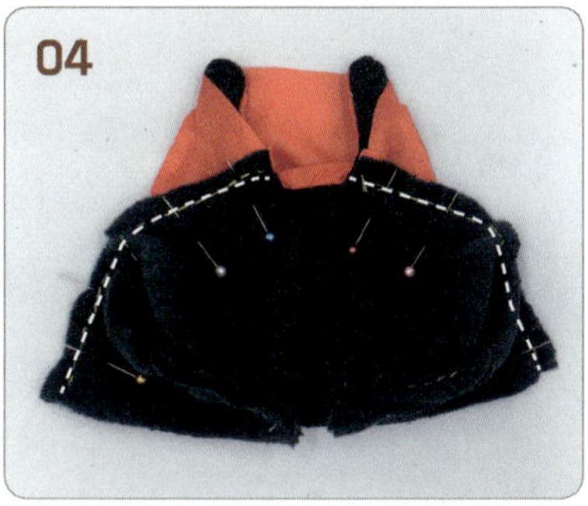

앞판과 뒤판의 옆선을 겉끼리 맞대고 시침핀으로 고정한 후 0.5cm 너비로 박음질해요.

앞판과 뒤판을 연결한 모습이에요. 전체 둘레를 겉에서 상침하고 앞판 어깨와 양쪽 뒤 중심에 스냅 단추를 달아요.

뿔은 1장, 꼬리는 2장을 재단해요.

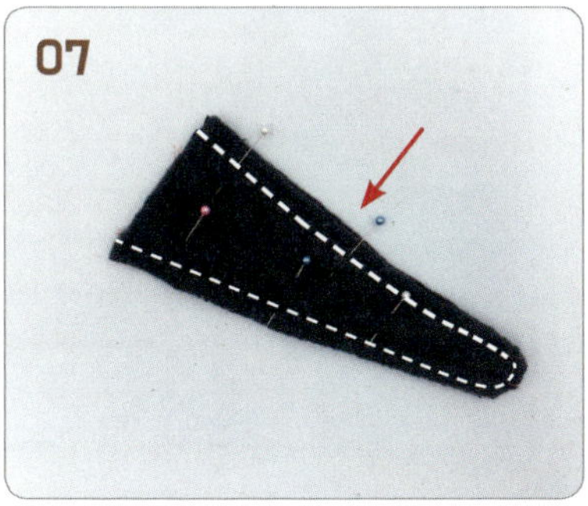

꼬리를 겉끼리 맞댄 사이에 뿔을 위 가장자리 방향에 맞춰 끼워 넣은 후 시침핀으로 고정하고 뿔을 끼워 넣은 곳을 1cm로 박음질해요. 그리고 나머지 2면은 0.5cm 너비로 박음질해요.

TIP 뿔을 꼬리 안에 쏙 넣어 박음질하고, 꼬리 끝은 시접을 반만 남기고 커팅해요.

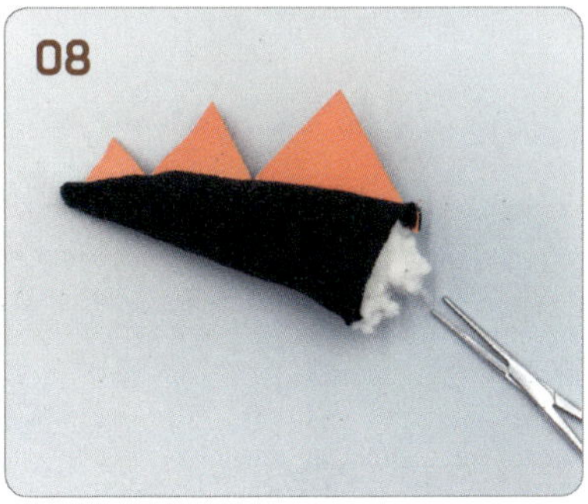

뒤집어서 바느질이 안 된 쪽으로 방울솜을 넣어 입체감을 표현하고 시침질로 고정해요.

바지는 앞판과 뒤판을 겉끼리 맞대고, 시침핀으로 고정한 후 옆선을 0.5cm 너비로 박음질해요.

10

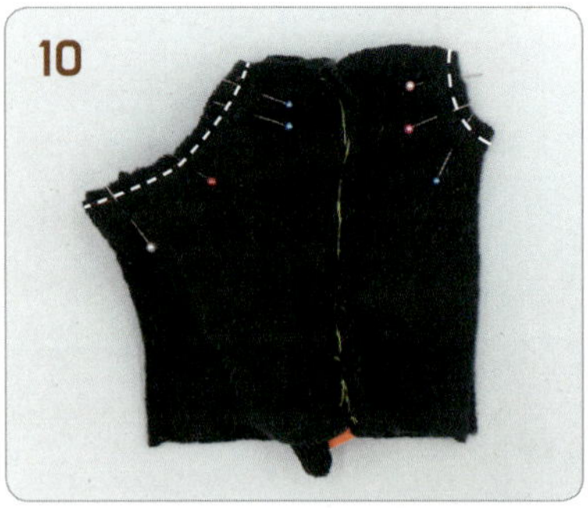

2장을 겉끼리 맞대고 시침핀으로 고정한 후 바느질한 꼬리를 양쪽 뒤판 2장 사이에 끼워 넣어 밑위를 0.5cm 너비로 박음질해요.

11

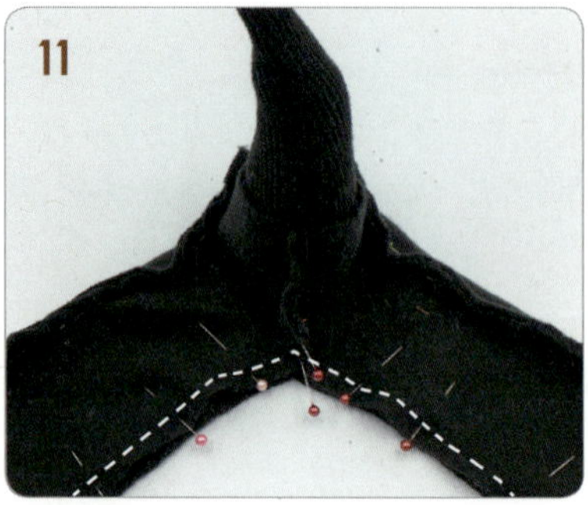

안으로 뒤집고 밑아래 옆선을 시침핀으로 고정한 후 0.5cm 너비로 박음질해요.

12

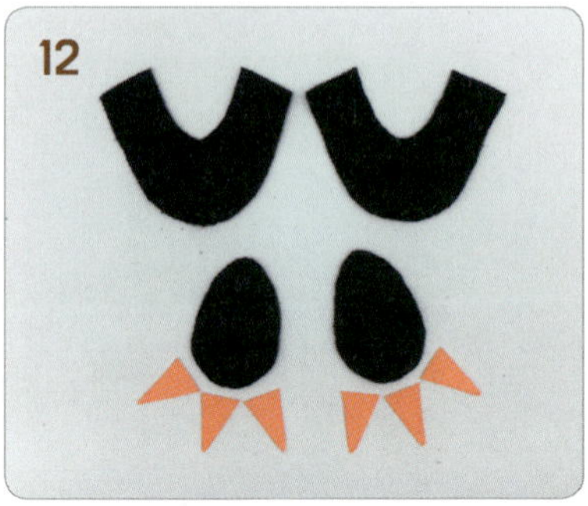

뒷발 A 2장, B 2장, 발톱 조각 6개를 재단해요.

TIP 발톱은 3개씩 0.5cm 겹쳐서 시침질로 고정시켜 놓아요.

13

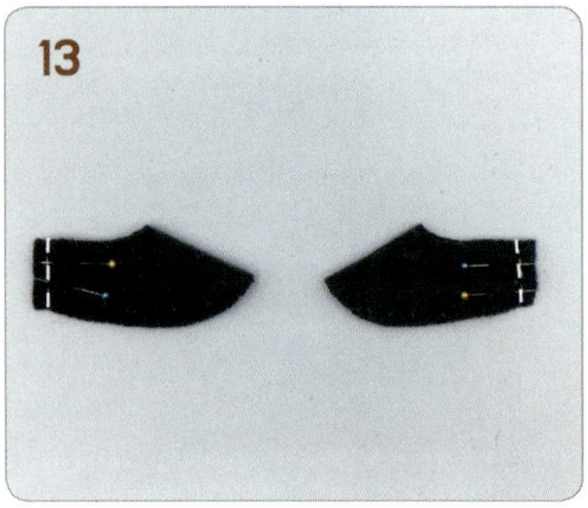

뒷발 A는 겉끼리 맞대고 0.5cm 너비로 박음질해요.

14

뒷발 A, B를 겉끼리 맞대고 앞코 사이에 발톱 조각을 우측 사진과 같은 방향으로 끼워 넣은 후, 0.5cm 너비로 박음질해요.

15

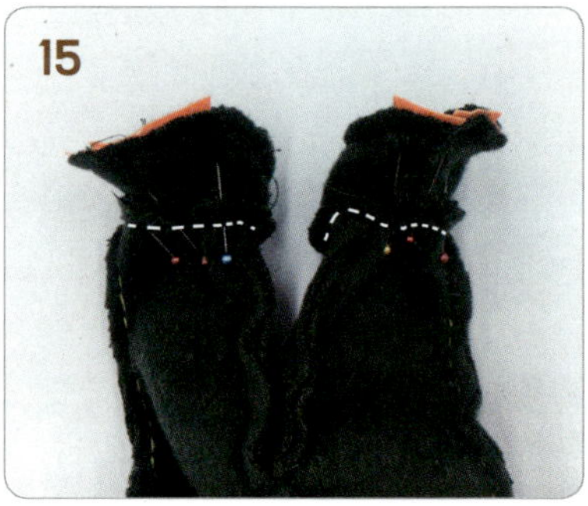

바느질한 뒷발과 바지를 겉끼리 맞대고 앞뒤를 확인하여 중심을 맞춰 시침핀으로 고정한 후 0.5cm 너비로 박음질해요.

16

상의와 바지를 겉끼리 맞대고 시침핀으로 고정한 후 0.5cm 너비로 박음질해요.

17

겉으로 뒤집고 뒤 중심에 스냅 단추 3쌍을 맨 위에서 1cm 아래 지점부터 3.5cm 간격으로 달아요.

18

완성이에요.

Cosplay doll clothes

Fairy

숲 속의 깜찍한 요정

요정 원피스 + 요정 날개
+ 요정 슈즈

여러 겹의 꽃잎들이 겹쳐 있는 것 같은
몽환적이고 사랑스러운 원피스를 입고
금방이라도 날아오를 것 같은 나비 날개를 달면
사랑스러운 요정으로 변신한답니다!

Item 1

요정 원피스

실물 크기 도안 p.242

원단 몸판 A, B의 겉, 안, 어깨 프릴, 몸판 바이어스, 치마 B-1, 치마 B-2 : 공단(연핑크) 175×20cm
치마 A-1, 치마 A-2, 치마 A-3 : 망사 70×20cm
치마 C-1, 치마 C-2, 치마 C-3 : 노방(핑크) 70×20cm
치마 D : 노방(화이트) 100×17cm

기타 부자재 장식 단추 : 20mm 1개 / 스냅 단추 : 5mm 4쌍 / 미니 리본 장식 : 1개(몸판 A 장식) /
레이스 띠 : 10mm 짜리 13cm 2줄(몸판 A 목둘레 장식) /
레이스 띠 : 20mm 짜리 45cm 1줄 (헤어밴드)

몸판 A는 겉과 안을 각각 4장씩 재단해요. 타이트한 핏이어서 몸판 A와 B의 겉과 안을 동일한 공단으로 활용했어요.

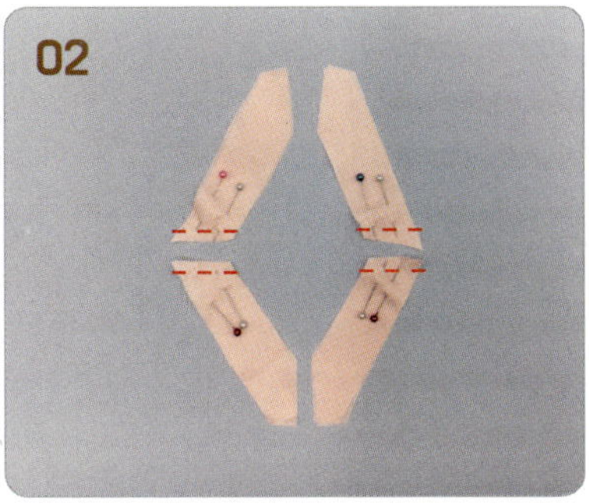

몸판 A는 겉과 안을 2장씩 겉끼리 맞대고 시침핀으로 고정한 후 어깨를 0.5cm 너비로 박음질해요.

몸판 A의 겉과 안의 앞모습이에요.

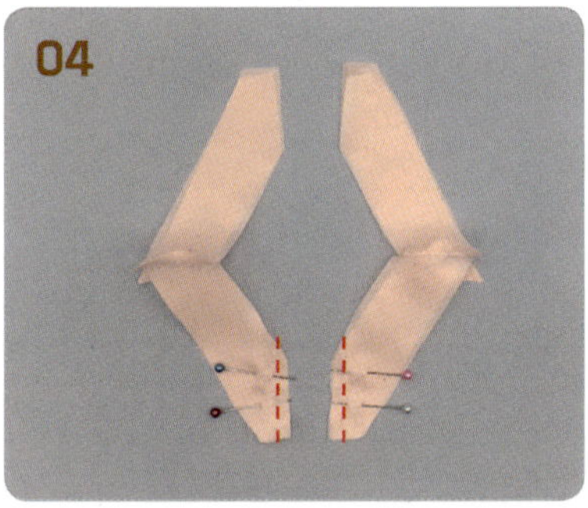

연결한 겉 2장을 겉끼리 맞대고 앞 중심을 시침핀으로 고정한 후 0.5cm 너비로 박음질해요. 안도 동일한 방법으로 작업해요.

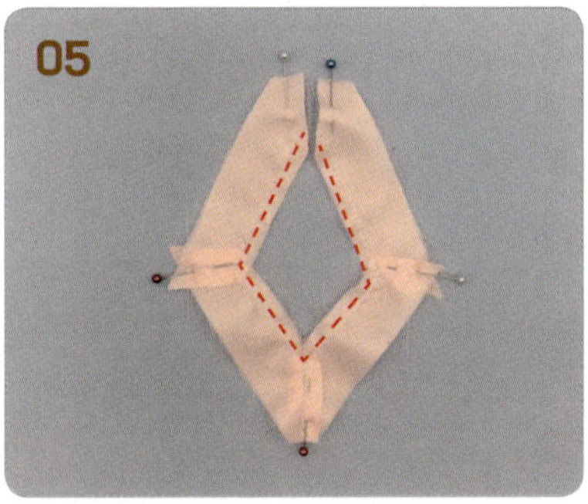

겉과 안을 겉끼리 맞대고 3면의 가름솔을 정리하여 시침핀으로 고정한 후 목둘레를 0.5cm 너비로 박음질해요.

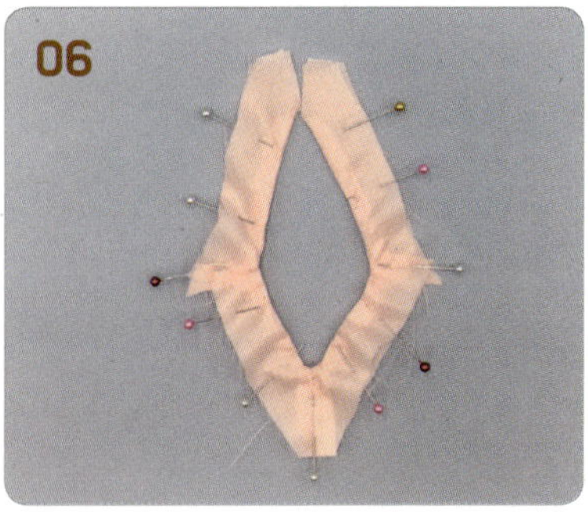

뒤집어서 가름솔을 정리한 앞모습이에요.

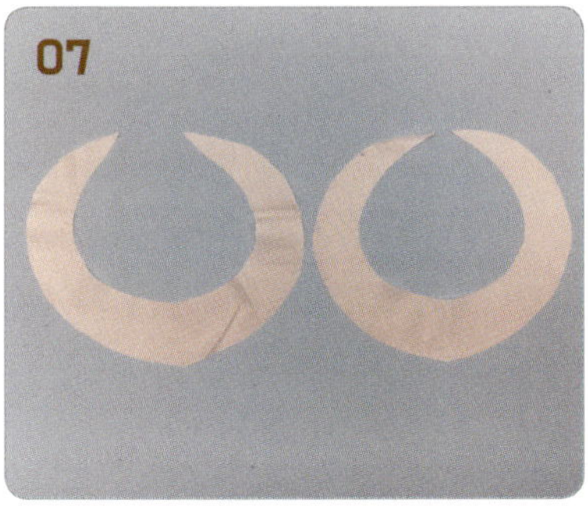

어깨 프릴은 2장을 재단해요.

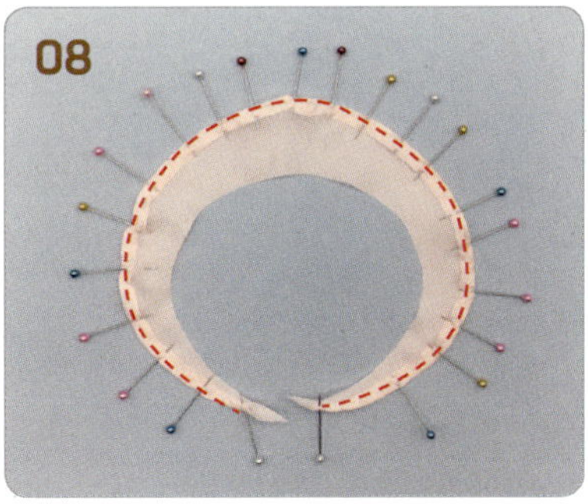

바깥 가장자리를 안쪽 면으로 0.5cm 접고 시침핀으로 고정한 후 0.2cm 너비로 상침해요.

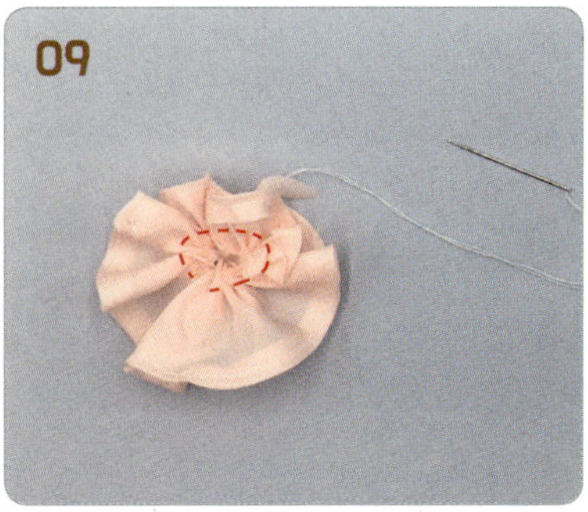

어깨 프릴의 바느질하지 않은 안쪽 가장자리를 몸판 A의 1/2 목둘레에 맞춰 홈질로 주름을 잡아요.

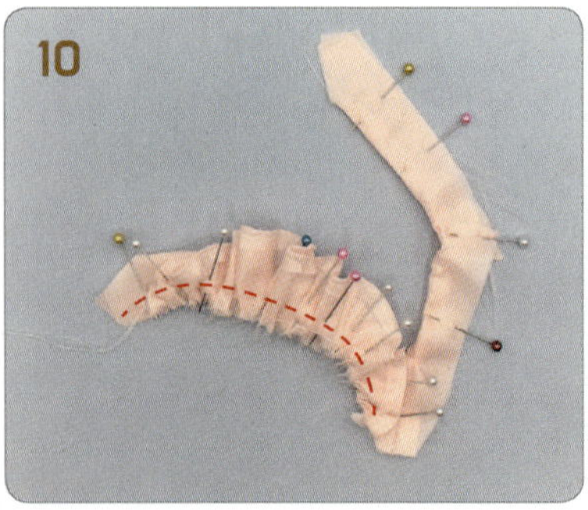

어깨 프릴의 겉과 몸판 A의 겉끼리 맞대고 시침핀으로 고정한 후 0.5cm 너비로 박음질해요. 다른 한쪽도 08~10번의 과정을 동일하게 작업해요.

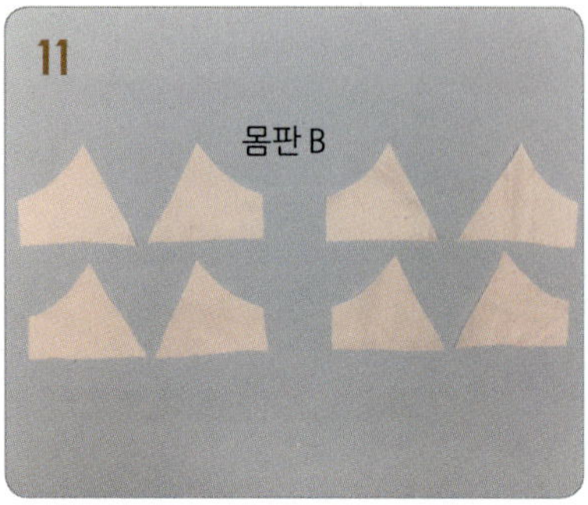

몸판 B는 겉과 안을 각각 4장씩 재단해요.

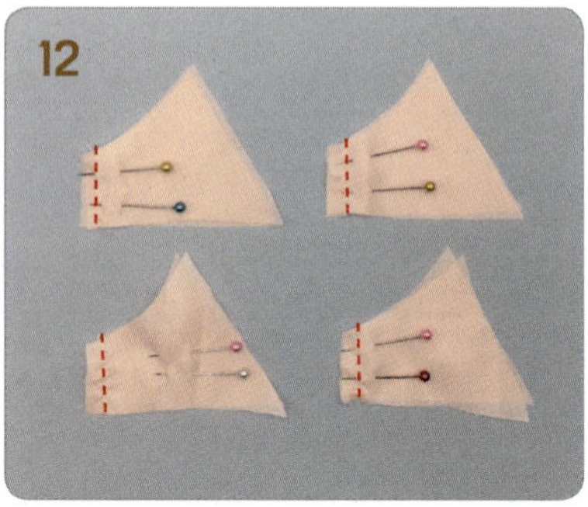

몸판 B는 겉을 2장씩 겉끼리 맞대고 옆선을 시침핀으로 고정한 후 0.5cm 너비로 박음질해요. 안도 동일하게 작업해요.

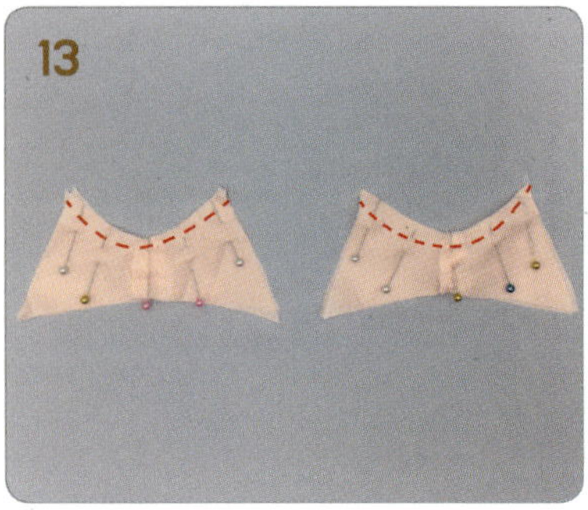

겉과 안을 겉끼리 맞대고 가름솔을 정리하여 시침핀으로 고정한 후 소매 진동둘레를 0.5cm 너비로 박음질해요. 뒤집어서 가름솔을 정리하고 시침핀으로 고정해 놓아요.

몸판 바이어스를 2장 재단해요.

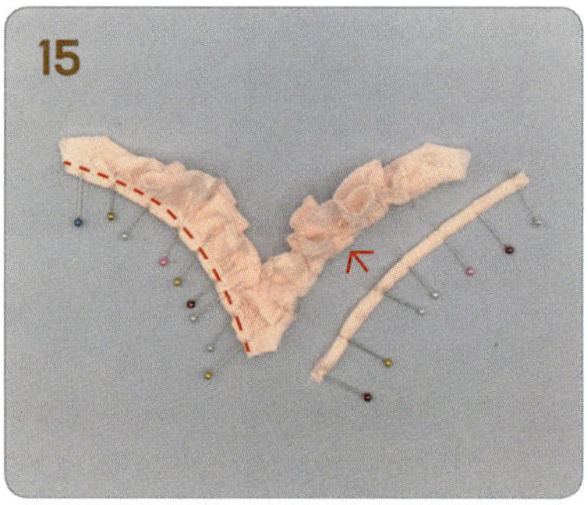

위아래를 0.5cm 안으로 접고 진동둘레의 가장자리에 끼워 넣어 시침핀으로 고정한 후 0.3cm 상침해요.

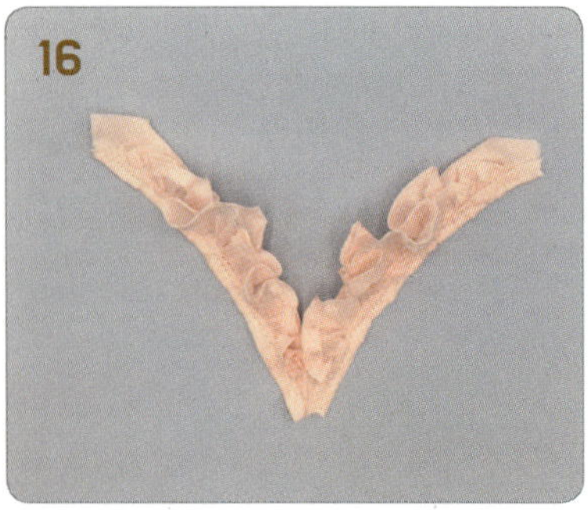

몸판 A와 어깨 프릴을 바이어스로 마감한 모습이에요.

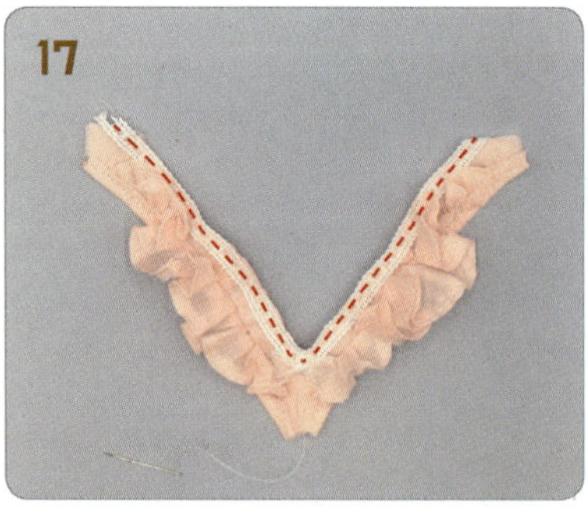

몸판 A의 안쪽 가장자리 위에 레이스 띠를 대고 박음질로 고정한 후 앞 중심에 미니 리본을 달아줘요.

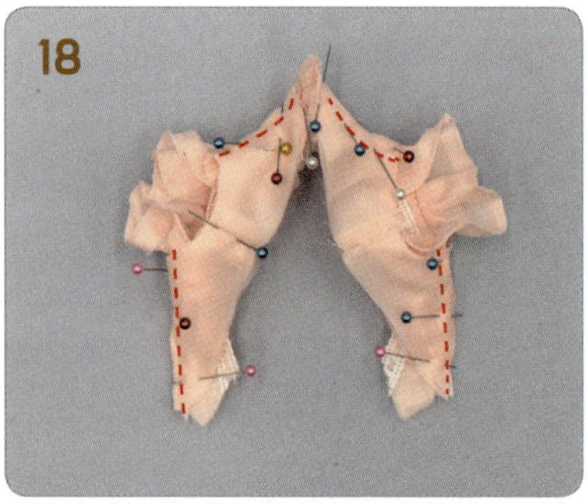

몸판 B의 겉과 프릴의 안을 맞대고 시침핀으로 고정한 후 0.5cm 너비로 박음질하고, 겉에서 상침해요.

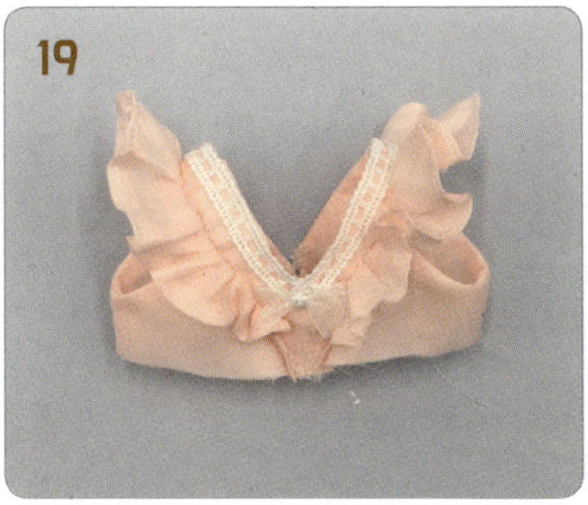

몸판 A, B를 연결한 모습이에요.

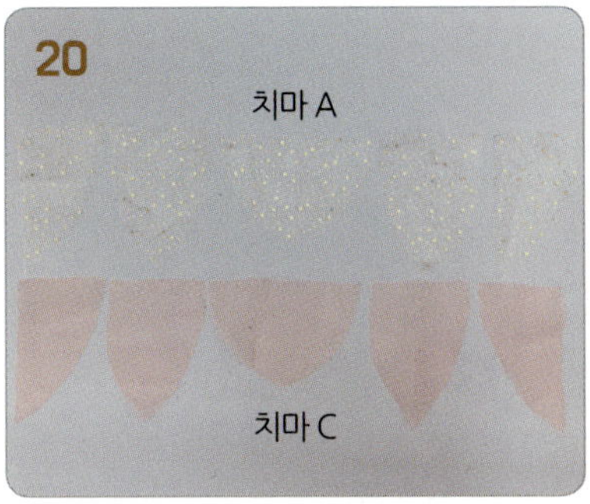

치마 A, C-1, A, C-2 는 각각 2장씩 재단하고, A, C-3은 1장을 재단해요.

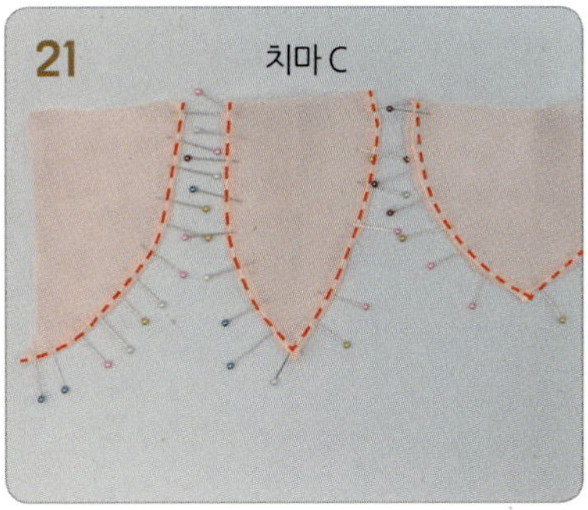

치마 C는 곡선 가장자리를 안쪽 면으로 0.5cm 접고 시침핀으로 고정한 후 0.2cm 너비로 상침해요(다른 면들도 동일해요).

TIP 상침한 후 끝에 남는 시접은 깔끔하게 커팅해서 마무리해요.

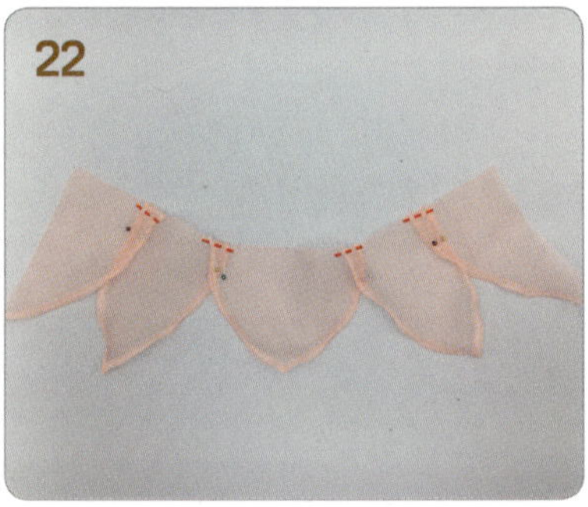

치마 C는 2cm씩 겹쳐서 나열하고 시침핀으로 고정한 후 연결한 4곳을 0.3cm 너비 박음질로 고정해요. 치마 A는 3.5cm씩 겹쳐서 박음질해요.

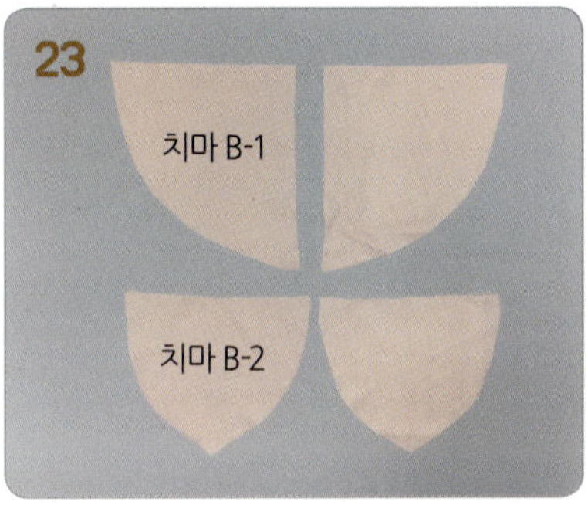

치마 B-1, B-2를 각각 2장씩 재단해요.

곡선 가장자리를 안쪽 면으로 0.5cm 접고 시침핀으로 고정한 후 0.2cm 너비로 상침해요.

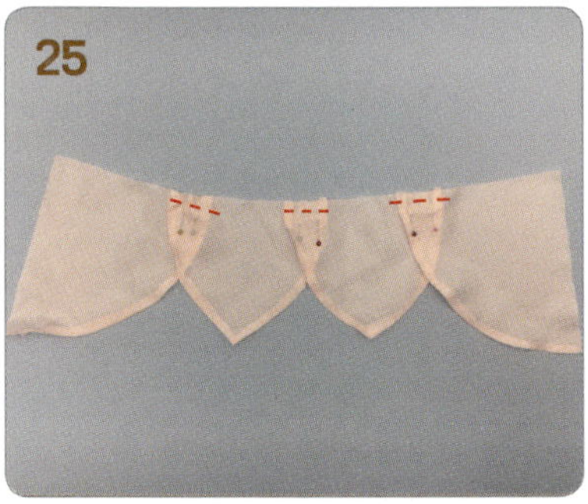

치마 B-1, B-2를 3.5cm씩 겹쳐서 나열하고 시침핀으로 고정한 후 0.5cm 너비로 박음질해요.

치마 D는 2장 재단해요. 2장을 겉끼리 맞대고 옆선을 0.5cm 너비로 박음질해서 연결해요.

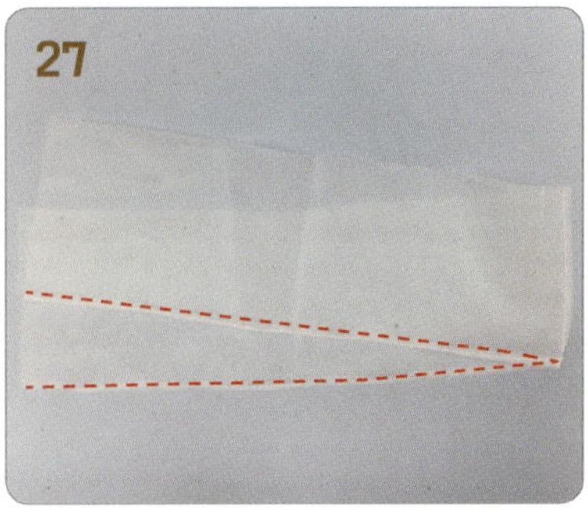

밑단을 안쪽 면으로 0.5cm 접고 시침핀으로 고정한 후 0.2cm 너비로 상침해요.

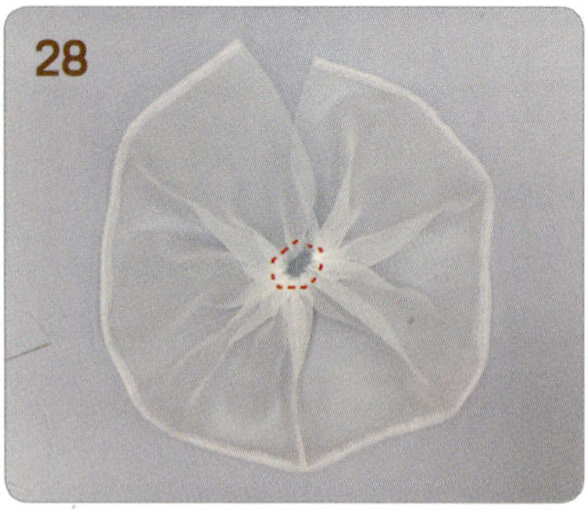

위 가장자리를 홈질해서 주름을 잡아요.

TIP 주름 길이는 치마 A, B, C의 둘레에 맞춰요.

치마는 겉면이 위로 보이게 D, C, B, A 순서대로 포개서 시침핀으로 고정한 후 시침질로 고정해요. 홈질로 주름을 잡아요.

TIP 주름 길이는 몸판 A, B의 둘레에 맞춰요.

뒷모습이에요.

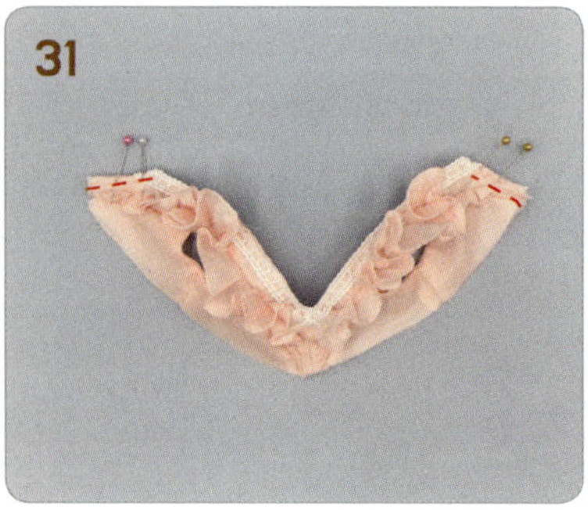

뒤 중심을 0.5cm 접어 시침핀으로 고정한 후 0.2cm 상침해요.

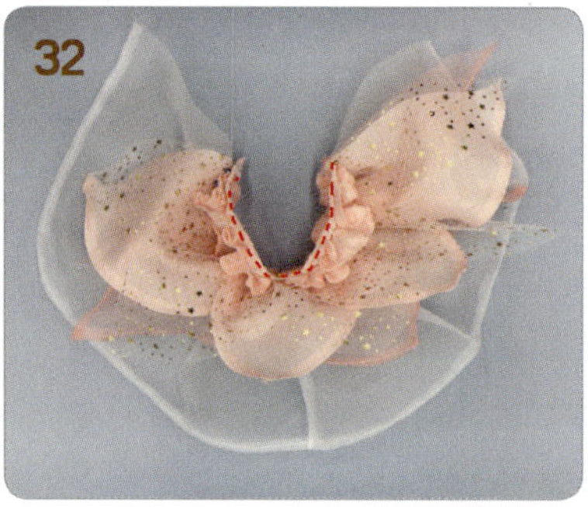

몸판과 치마를 겉끼리 맞대고 시침핀으로 고정한 후 치마 양쪽 시접 0.5cm를 제외하고 1cm 너비로 박음질해서 연결해요.

TIP 시접을 치마 쪽으로 보내고 겉에서 상침해요.

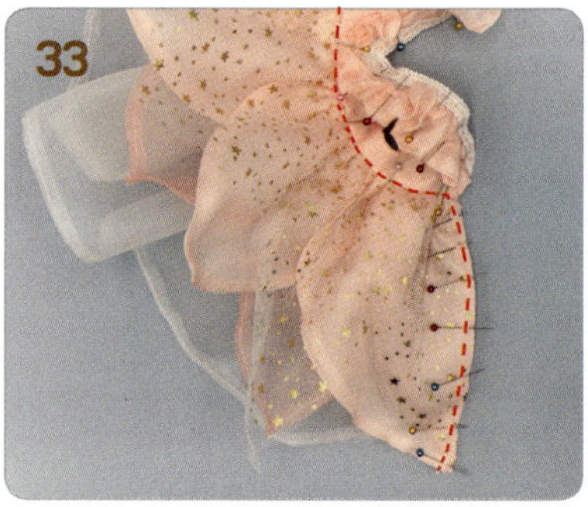

치마 A, B, C, D를 잘 정리해서 중심의 시접을 안으로 0.5cm 접고, 몸판 뒤 중심부터 치마 뒤 중심까지 시침핀으로 고정한 후에 0.2cm 상침해요.

몸판 뒤 중심에 스냅 단추 4쌍을 맨 위에서 2cm 아래 지점부터 4cm 간격으로 달아요.

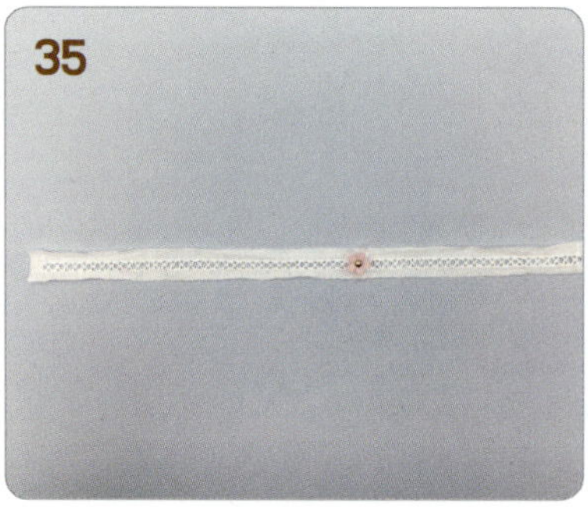

45cm 레이스 띠를 준비해 25cm 지점에 플라워 장식 단추를 달아 헤어밴드를 만들어요.

완성된 모습이에요.

Item 2

요정 날개

실물 크기 도안 p.246

원단	요정 날개 A : 글리터 펠트 화이트 20×22cm 요정 날개 B : 노방 화이트 20×25cm 요정 날개 C : 망사 16×13cm 요정 날개 C : 노방 핑크 16×13cm 요정 날개 C : 글리터 접착 펠트 핑크 C 16×13cm
기타 부자재	새틴 리본 끈 : 5mm짜리 15cm 2줄 / 엠보 유리 시트지 : 20×22cm(요정 날개 A) / 스냅 단추 : 5mm 2쌍

How to Make

A 1장을 재단해요.

A 밑에 엠보 유리 시트지를 붙이고 커팅해요.

TIP 붙이기 전에 A 밑 표면을 깨끗하게 해요.

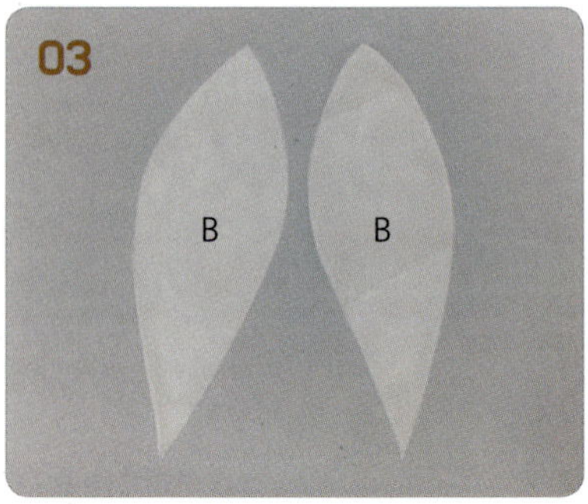

B는 2장을 재단해요.

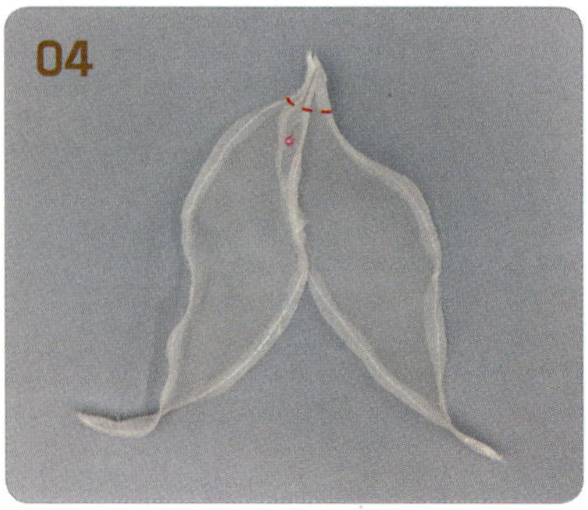

곡선 시접을 요정 원피스의 치마처럼 안으로 0.5cm 접어 상침하고 겹쳐 놓고 박음질해요.

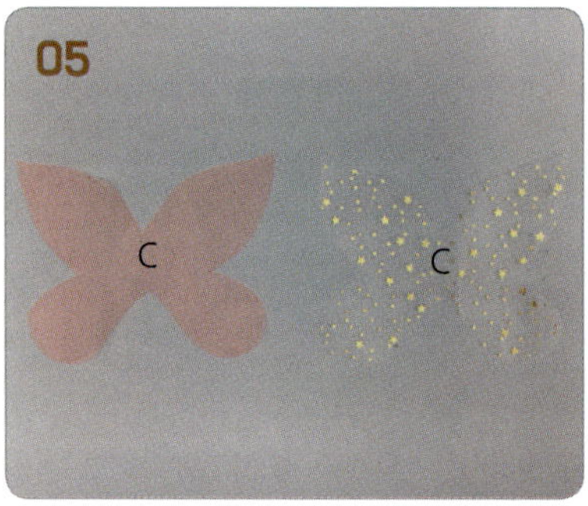

C는 A 앞면에 붙일 망사 1장, 노방 1장을 재단해요. A 뒷면에 붙일 접착 글리터 펠트 1장을 재단해요.

앞면에 붙일 C 2장은 밑에 노방, 위에 망사를 보이도록 대 놓고 시침핀으로 고정한 후 곡선을 따라 0.5cm 너비로 박음질해요.

A-B-C 순서대로 모두 겉이 보이도록 패치해서 A의 접는 선을 한 번 박음질하고, B의 사방 대각선을 박음질해서 고정해요.

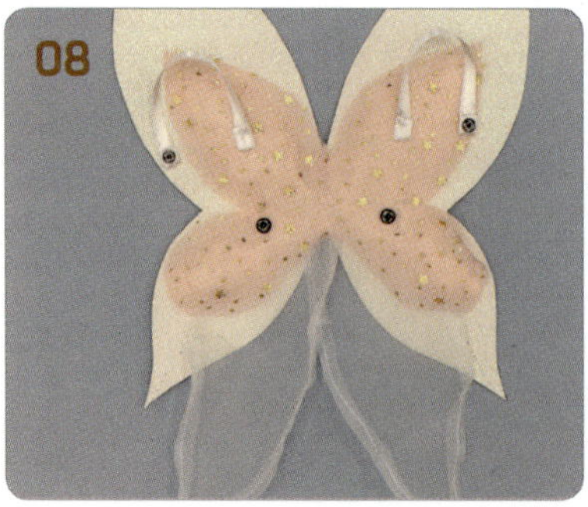

A에 끈 위치를 표시해요. 준비한 새틴 리본을 양 끝 시접 1cm 너비로 두 번 접고 스냅 단추 2쌍을 달아요. A의 끈 위치에 박음질해서 고정해요.

A 뒷면에 재단해 놓은 글리터 펠트지 C 1장을 붙이면 완성이에요.

Item 3

요정 슈즈

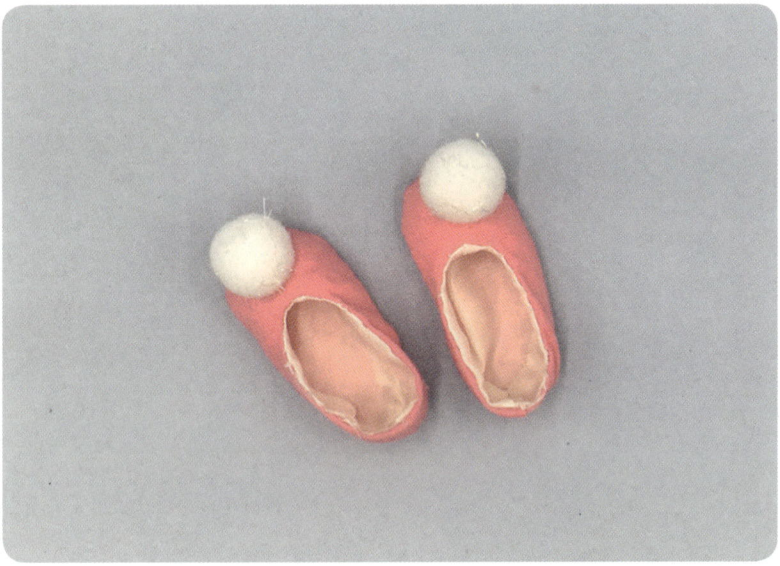

실물 크기 도안 p.248

원단 몸판 (왼) (오) 겉, 안창 (왼) (오) 겉 : 면 60수 28×10cm
몸판 (왼) (오) 안, 안창 (왼) (오) 안 : 공단 28×10cm

기타 부자재 화이트펄 폼폼 : 6cm 2개

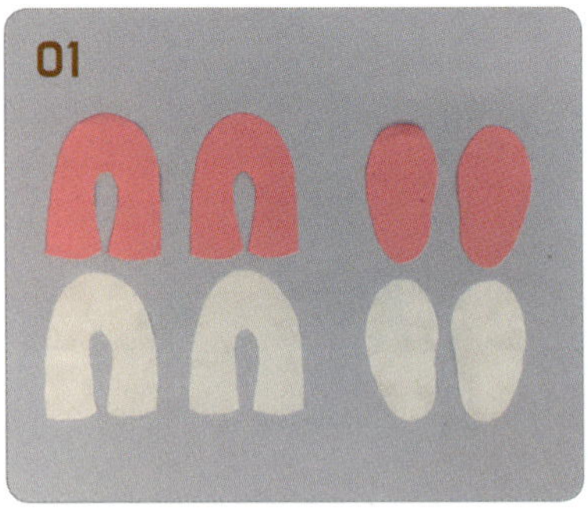

몸판 (왼) (오) 겉, 안 1장씩 재단하고 안창 (왼) (오) 겉, 안 1장씩 재단해요.

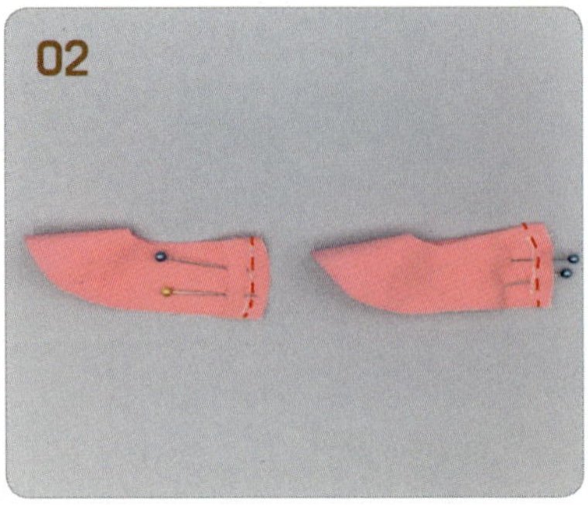

몸판의 겉끼리 겉으로 맞대고 뒤축을 0.5cm 너비로 박음질해요.

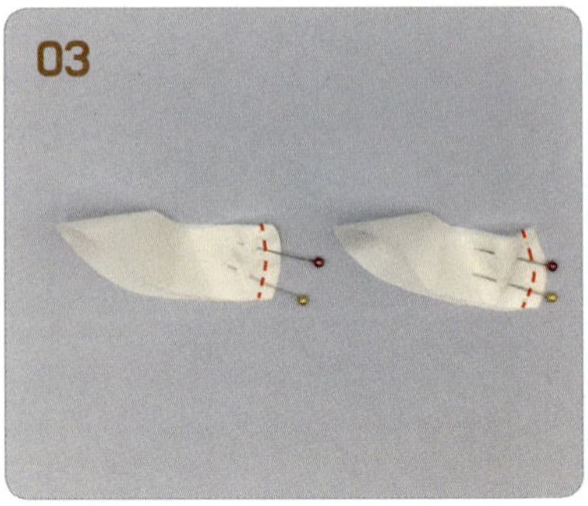

안도 02번과 동일하게 작업해요.

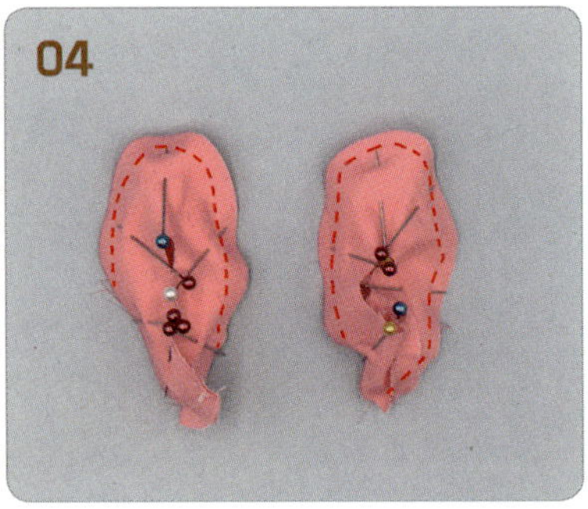

몸판과 안창의 겉을 겉끼리 맞대고 중심을 잘 맞춰 시침핀으로 고정한 후 0.5cm 너비로 박음질해요.

TIP 곡선 바느질 시, 가위집을 내어 주어요.

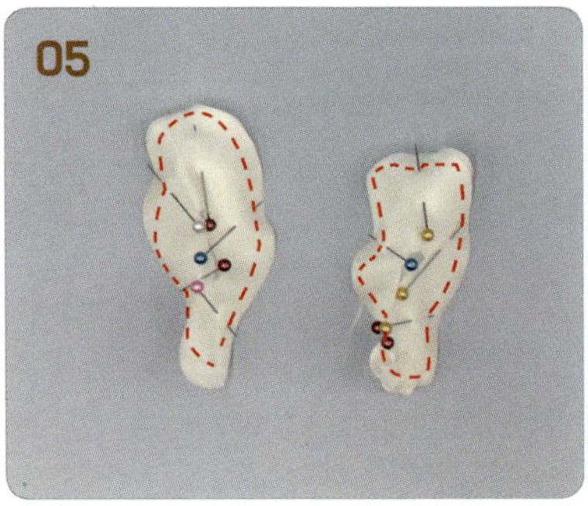

안에도 04번과 동일하게 작업해요.

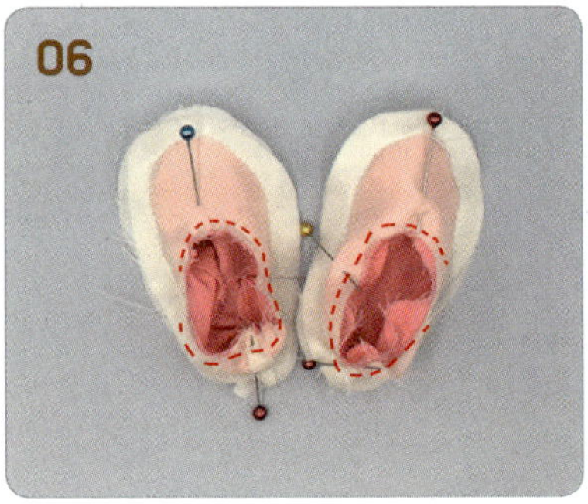

몸판 겉과 안을 겉끼리 맞대고 시침핀으로 고정한 후 창구멍을 남기고 위 둘레를 0.5cm 박음질해요.

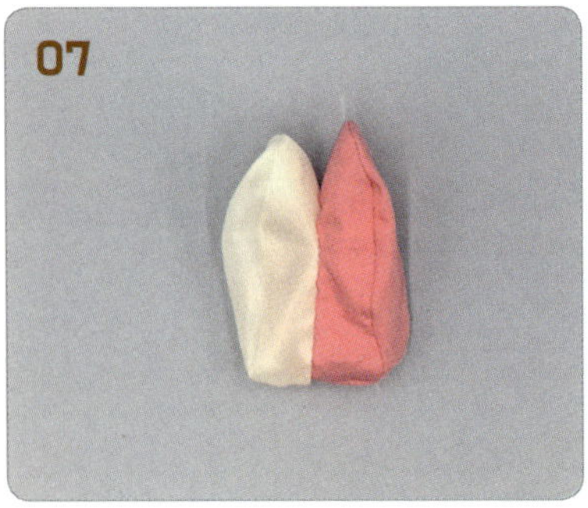

창구멍으로 뒤집고 공그르기로 마무리해요.

TIP 안을 겉쪽의 안으로 집어넣고 시접 정리를 해요.

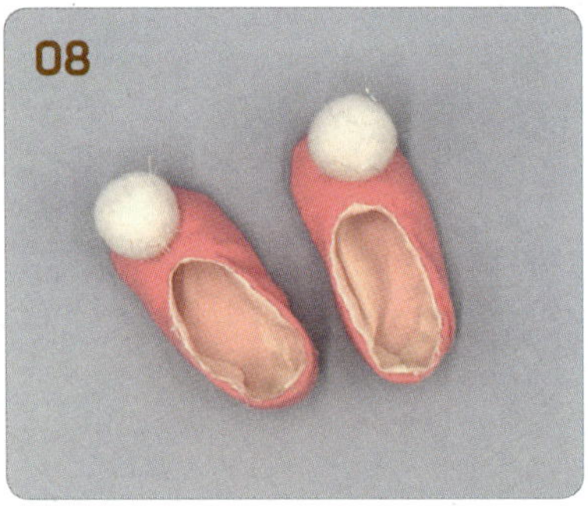

앞코에 폼폼을 달아주면 완성이에요.

Pattern

도면

일러두기

* 도면에는 이 책에 실린 모든 작품의 실물 크기 도안을 제공합니다.
* 100% 그대로 복사해서 오려서 쓰거나, 패턴지에 실물 크기 도안을 본떠서 작업할 수 있습니다.
* 본을 뜬 패턴 아래에 원단을 깔아 놓고 시침핀을 고정한 후에 재단하면 됩니다.
* ——— 실선은 재단선, —·—·— 파선은 접는 선, ----- 점선은 완성선입니다.
* 재단한 후 바느질하기 전, 시접에 따라 완성선, 중심, 앞뒤 등을 패브릭용 수성 사인펜으로 체크한 후 작업하세요.
* ⟩골선 표시가 되어 있는 패턴은 좌우대칭이 되도록 원단을 안끼리 맞닿게 접어 놓고, 그 위에 본을 뜬 패턴지의 골선을 잘 맞춰서 시침핀으로 고정한 후 재단하면 됩니다.
* 골선 없이 원단 소요량이 2장 체크되어 있는 패턴은 다음과 같이 2가지 방법으로 재단할 수 있으며, 작업자가 선택해서 작업하시면 됩니다.
  ① 원단을 안끼리 맞닿게 접어 놓고, 그 위에 패턴지를 대고 재단합니다(가능한 것보다 원단의 로스 양이 많을 수 있습니다).
  ② 원단을 겉이 보이도록 놓고, 그 위에 패턴지를 앞면으로 대놓고 1장을 재단하고, 뒷면으로 대놓고 1장을 재단합니다(최대한 로스 없이 가능하여 재단할 수 있지만 시간이 소요될 수 있습니다).
* 저자가 도면에 기재한 시보리는 자체 시보리 원단을 사용한 것이 아니고 밑단, 끝단 등을 시보리로 기재하고 작업했으니 참고 바랍니다.

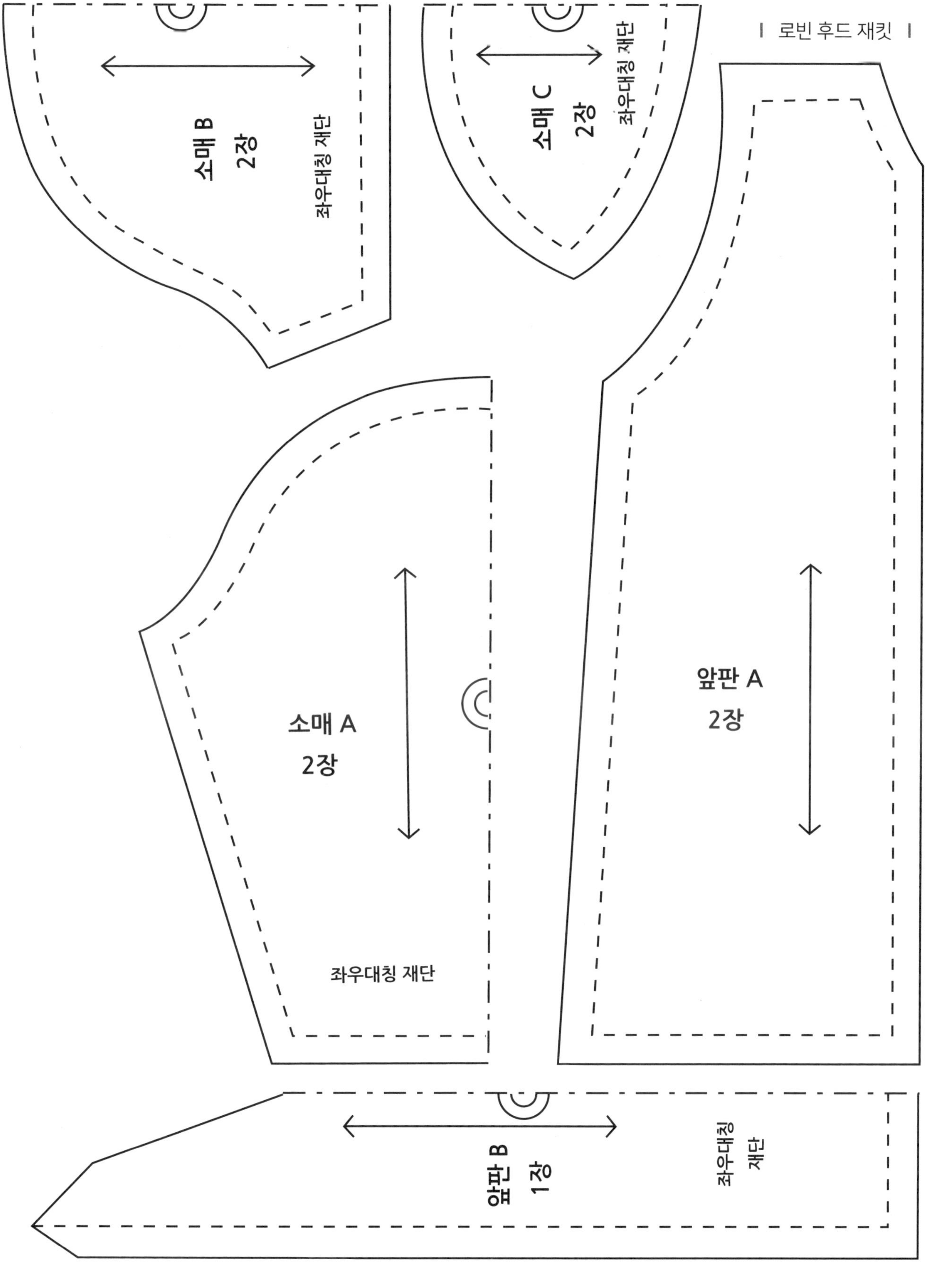
소매 B
2장
좌우대칭 재단
소매 C
2장
좌우대칭 재단
앞판 A
2장
소매 A
2장
좌우대칭 재단
앞판 B
1장
좌우대칭
재단

tip

뒤판(윈)을 2장으로 만들면, 옷의 품이 넓어져서 넉넉한 재킷을 만들 수 있어요.

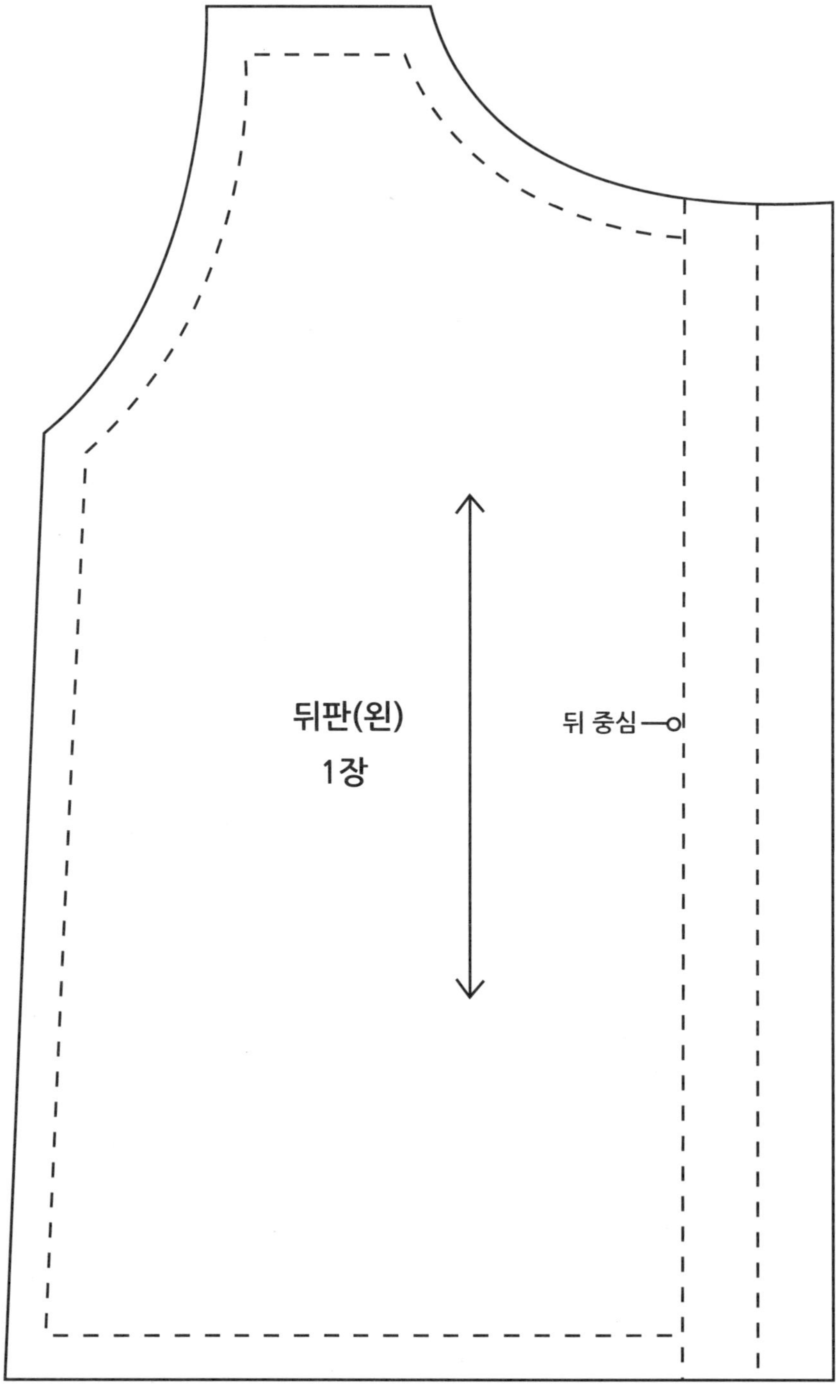

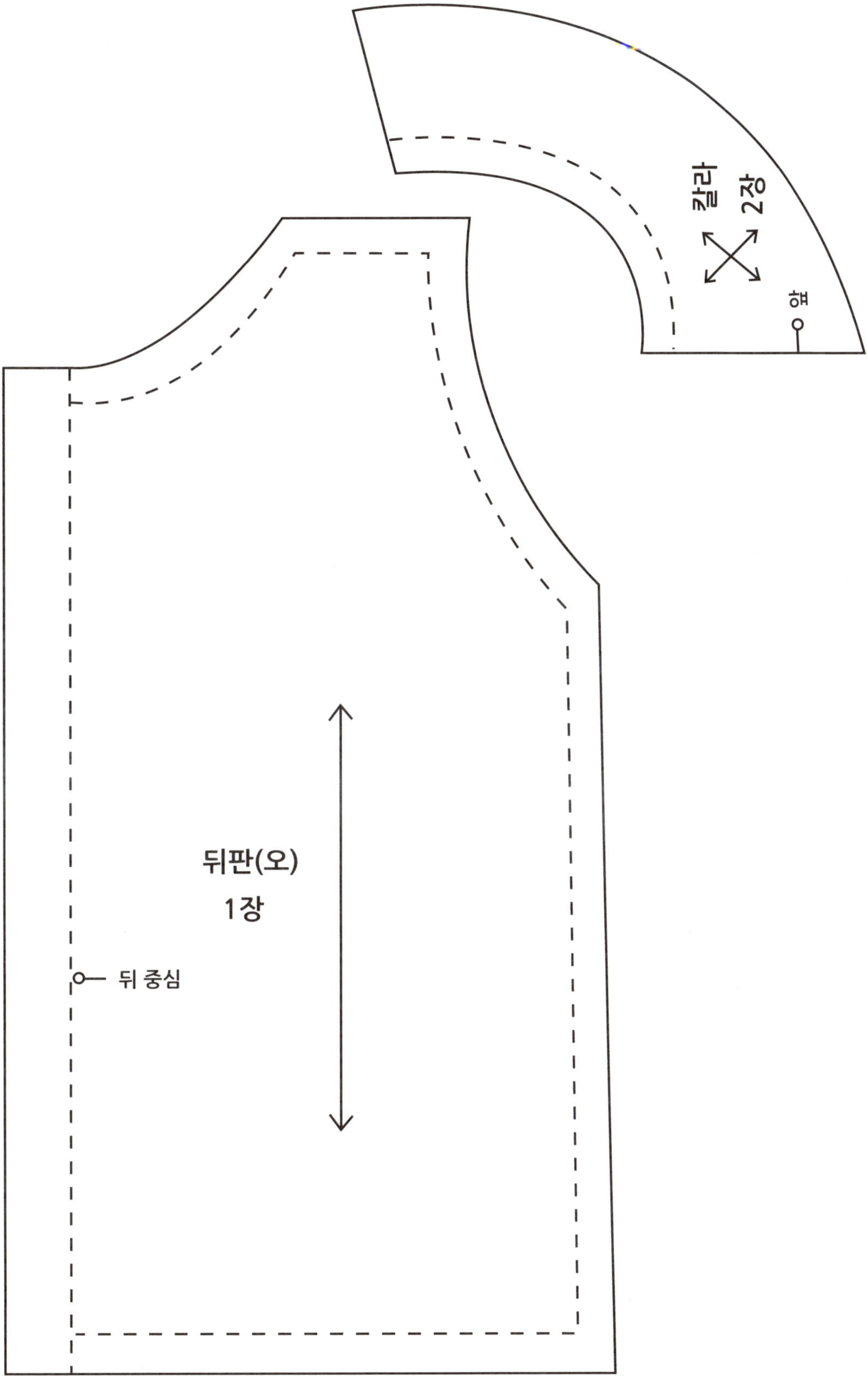
칼라 2장
앞
뒤판(오)
1장
뒤 중심

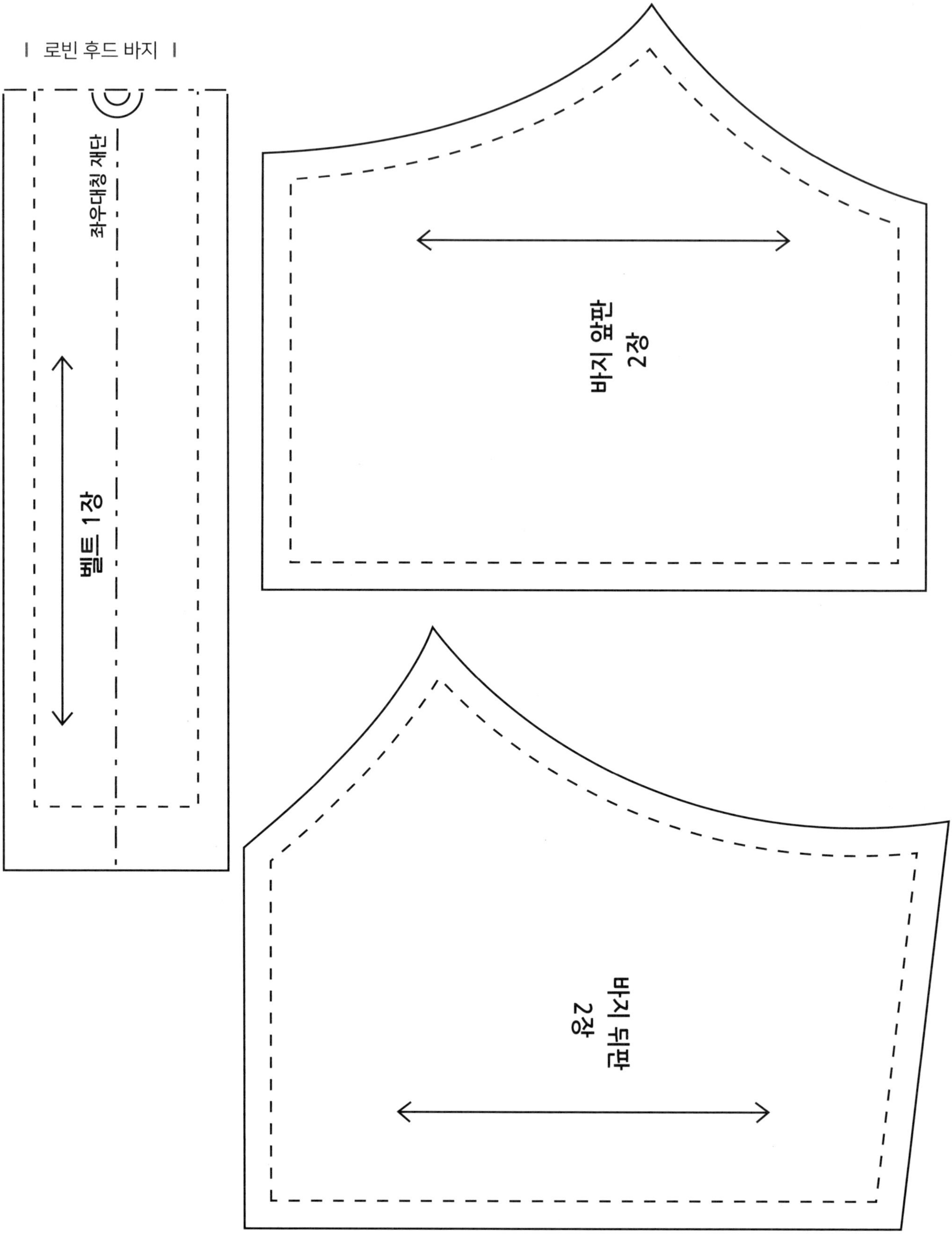
좌우대칭 재단
벨트 1장
바지 앞판
2장
바지 뒤판
2장

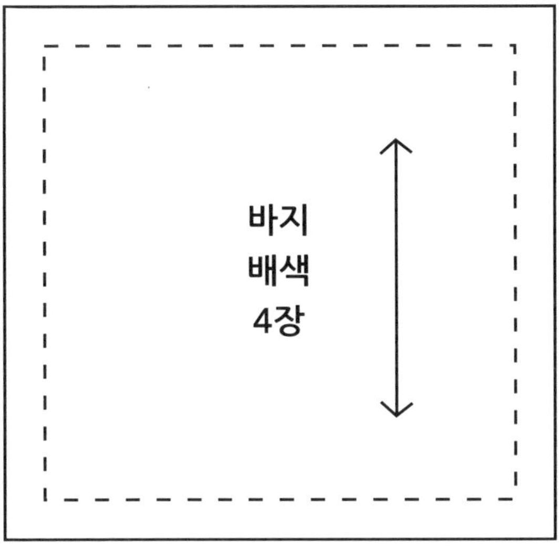

ㅣ 로빈 후드 판초 ㅣ

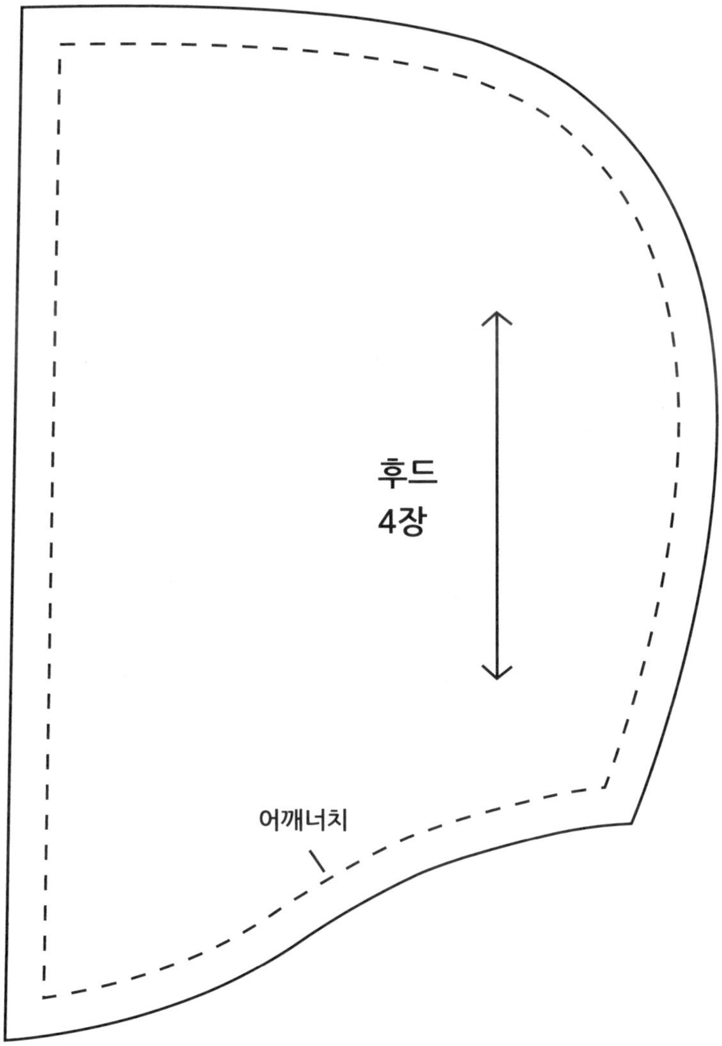

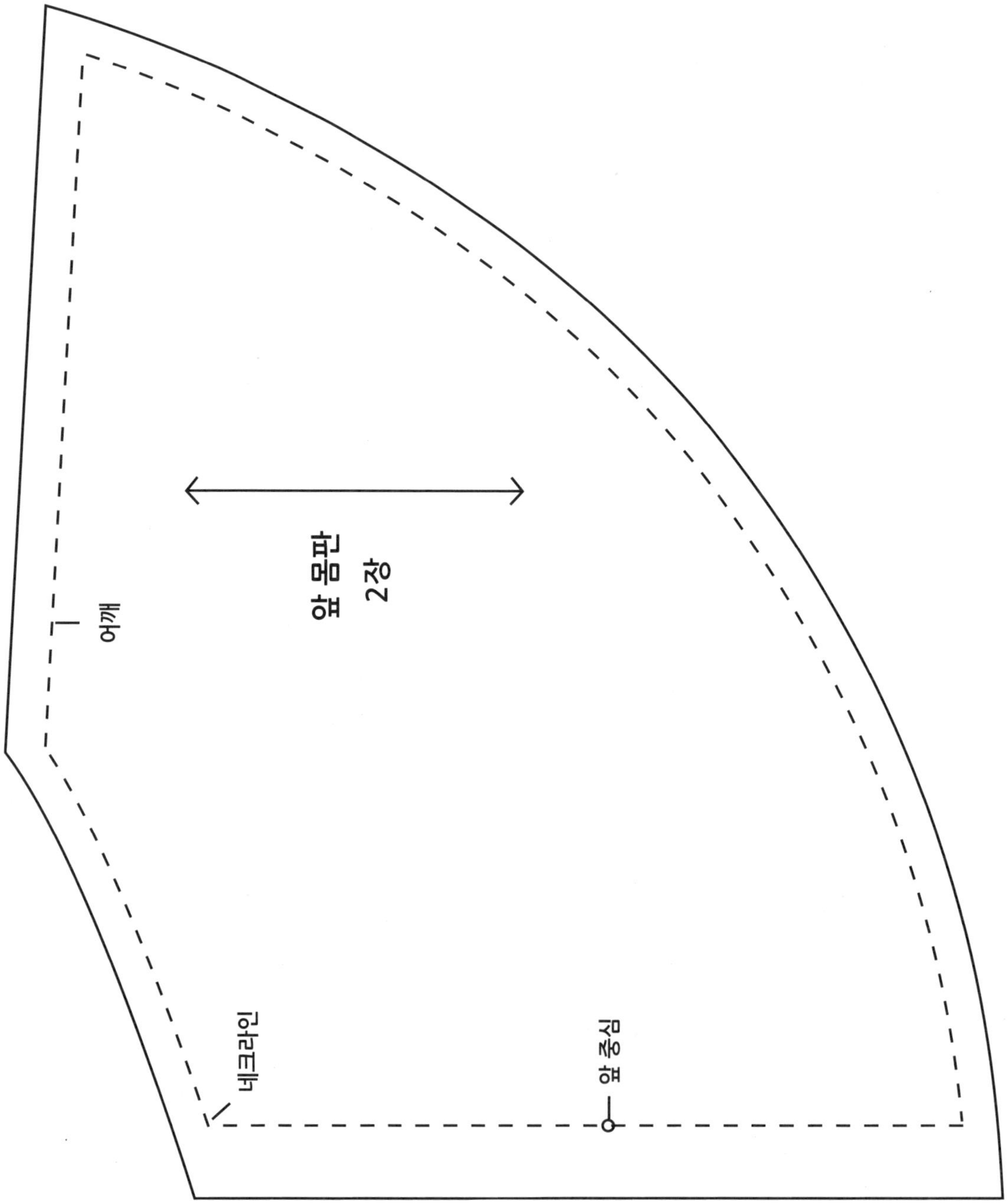
앞 몸판
2장
어깨
네크라인
앞 중심

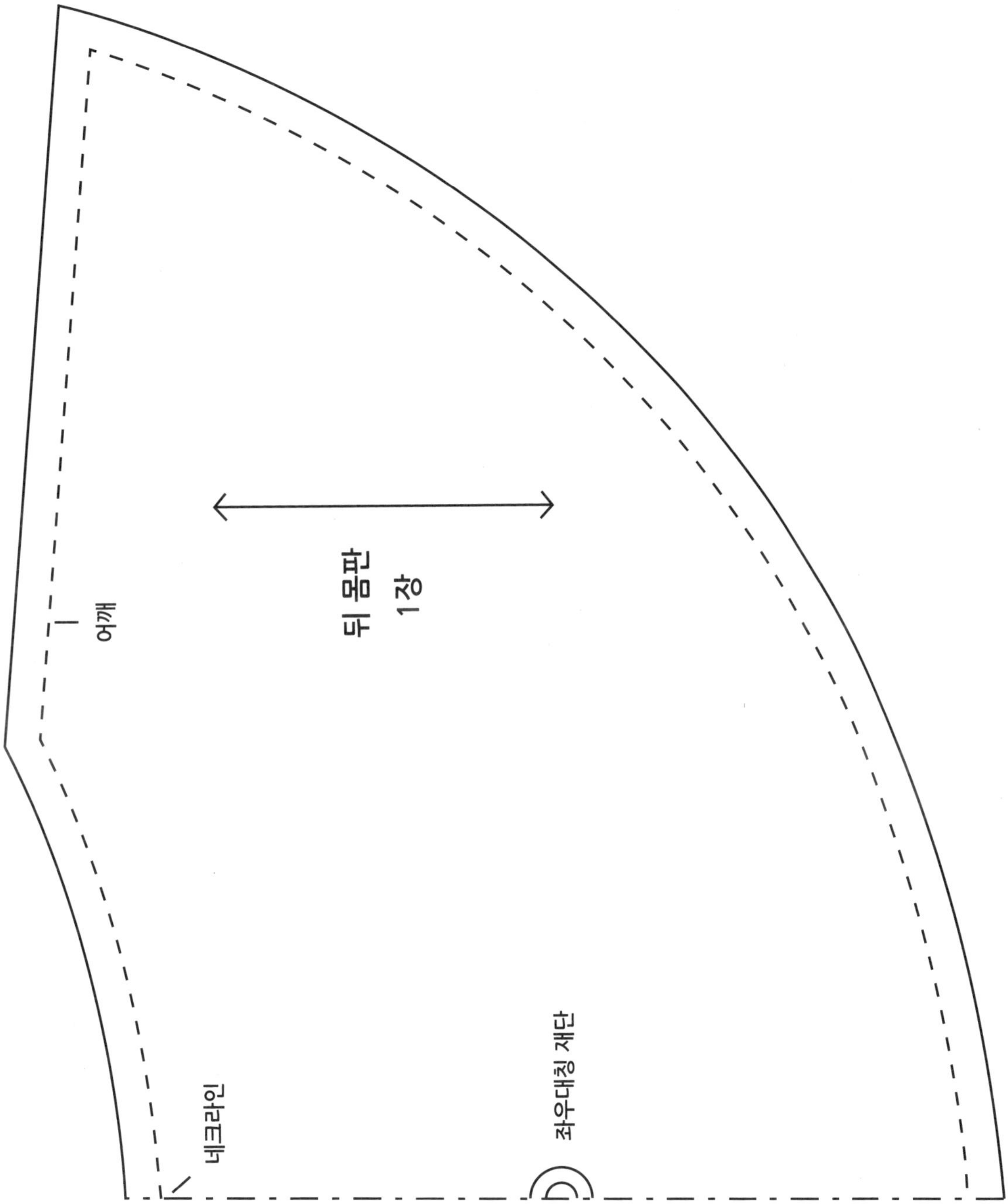
뒤 몸판
1장
어깨
네크라인
좌우대칭 재단

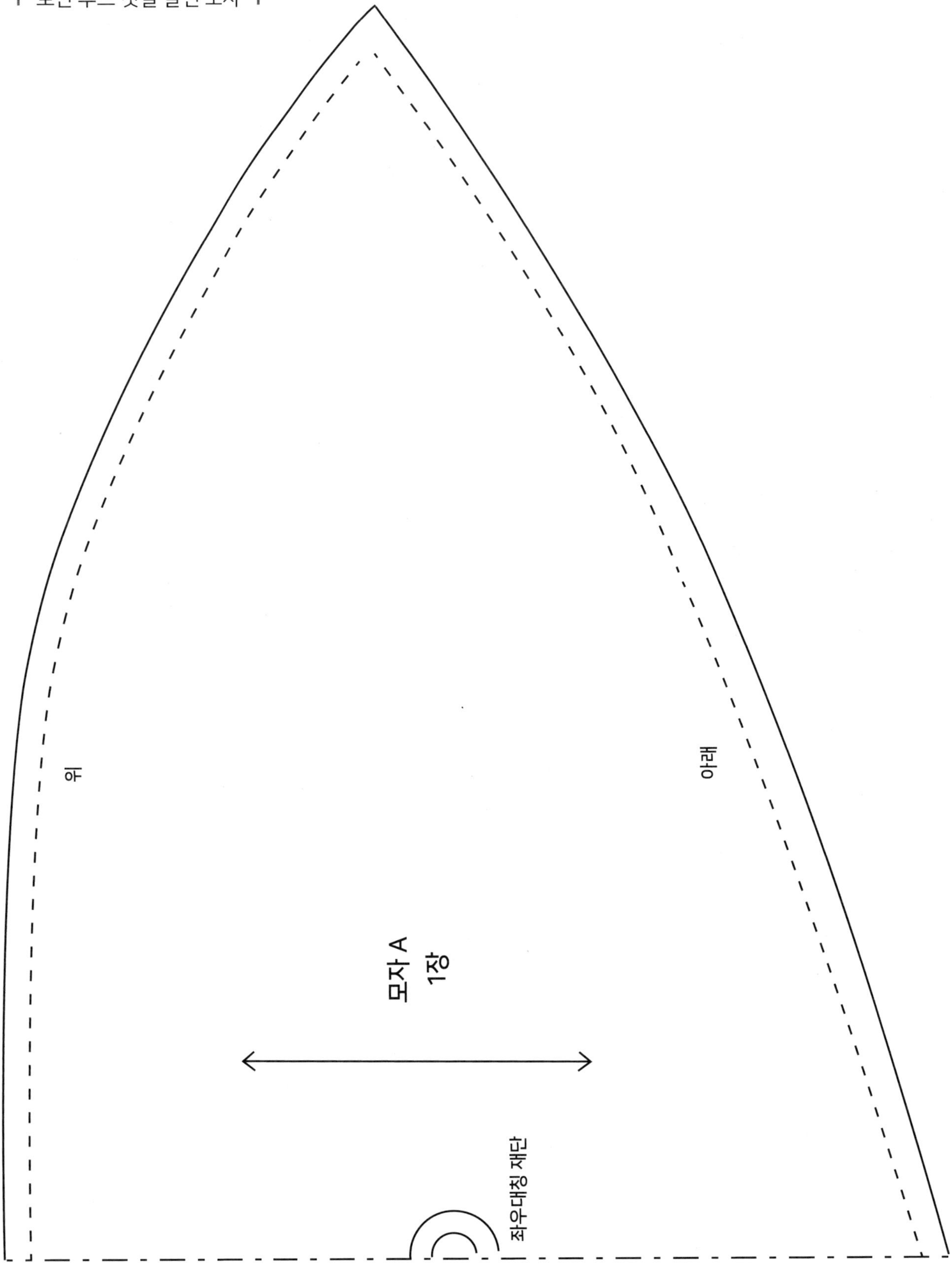
위
아래
모자 A
1장
좌우대칭 재단

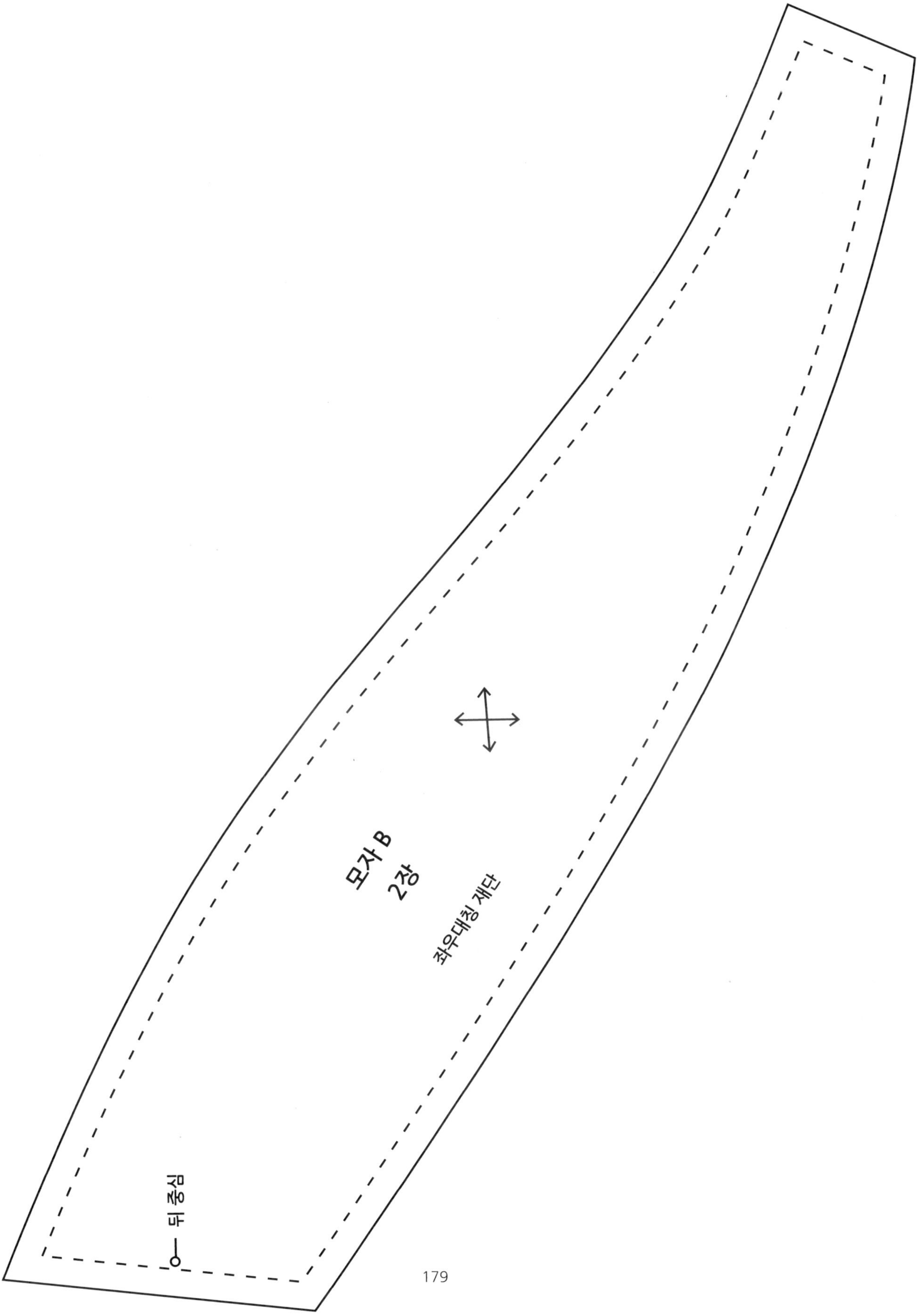
모자 B
2장
좌우대칭 재단
뒤 중심

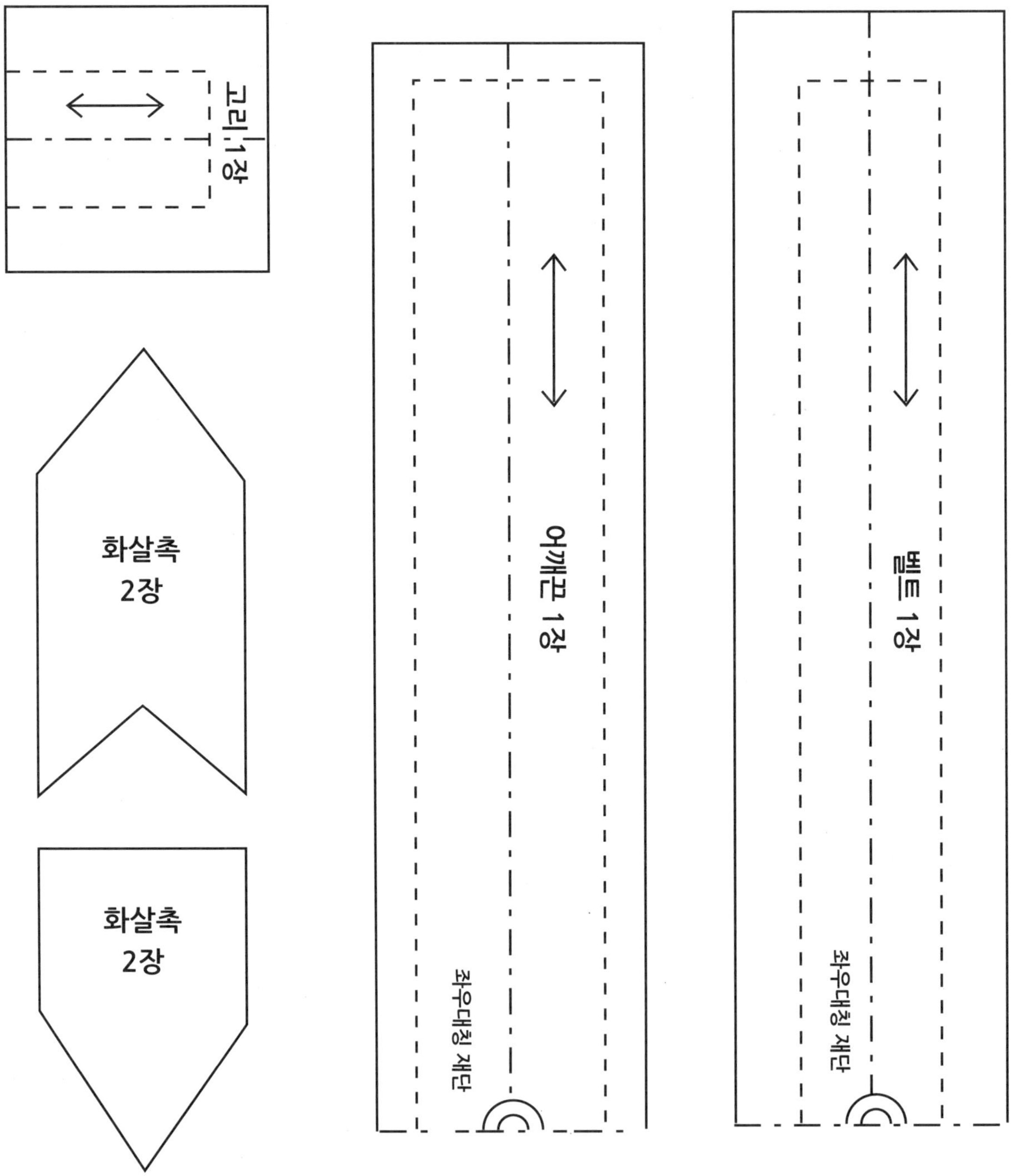
고리 1장
화살촉
2장
화살촉
2장
어깨끈 1장
좌우대칭 재단
벨트 1장
좌우대칭 재단

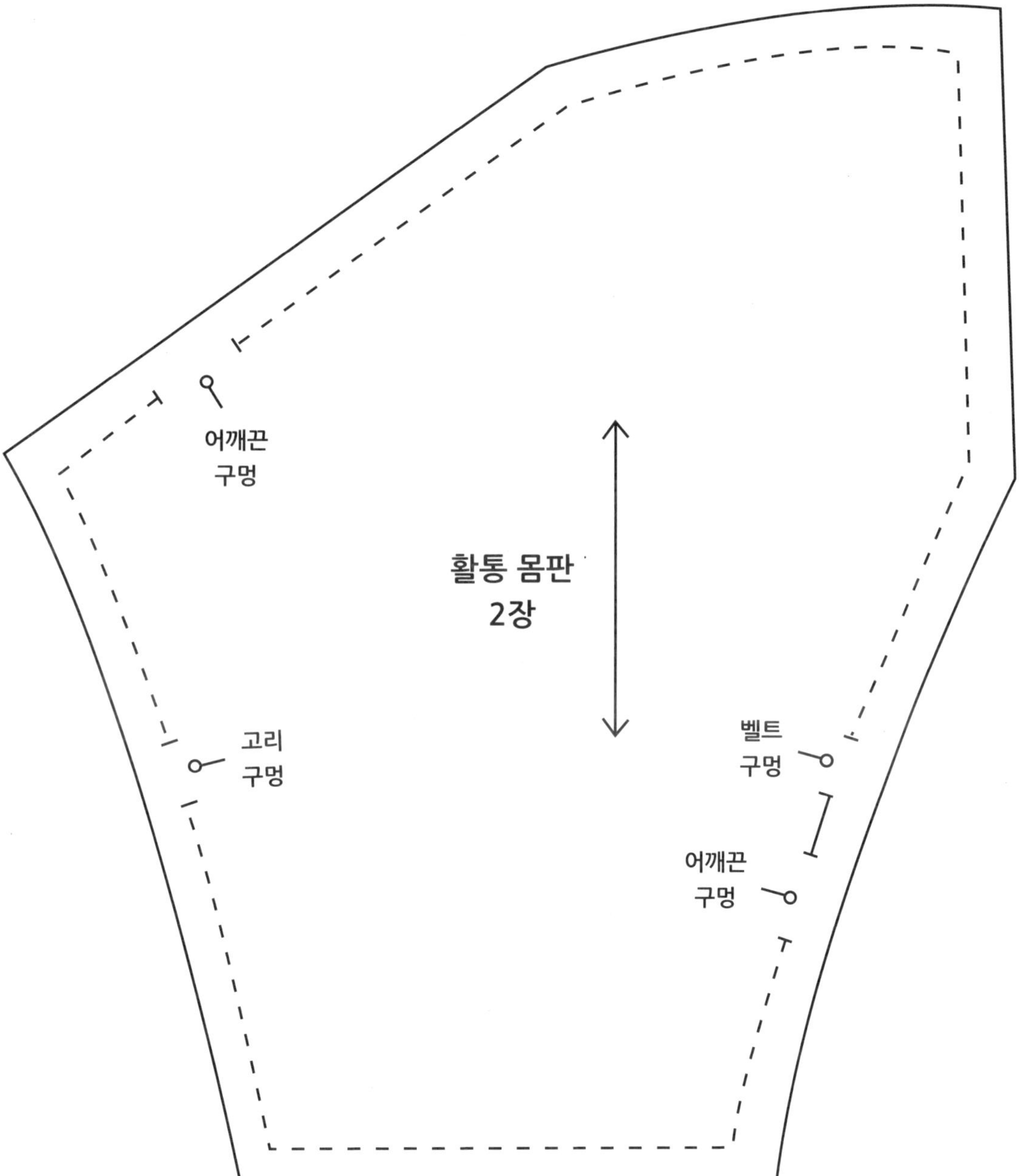
어깨끈
구멍
활통 몸판
2장
고리
구멍
벨트
구멍
어깨끈
구멍

❙ 로빈 후드 활과 화살대, 활통 ❙

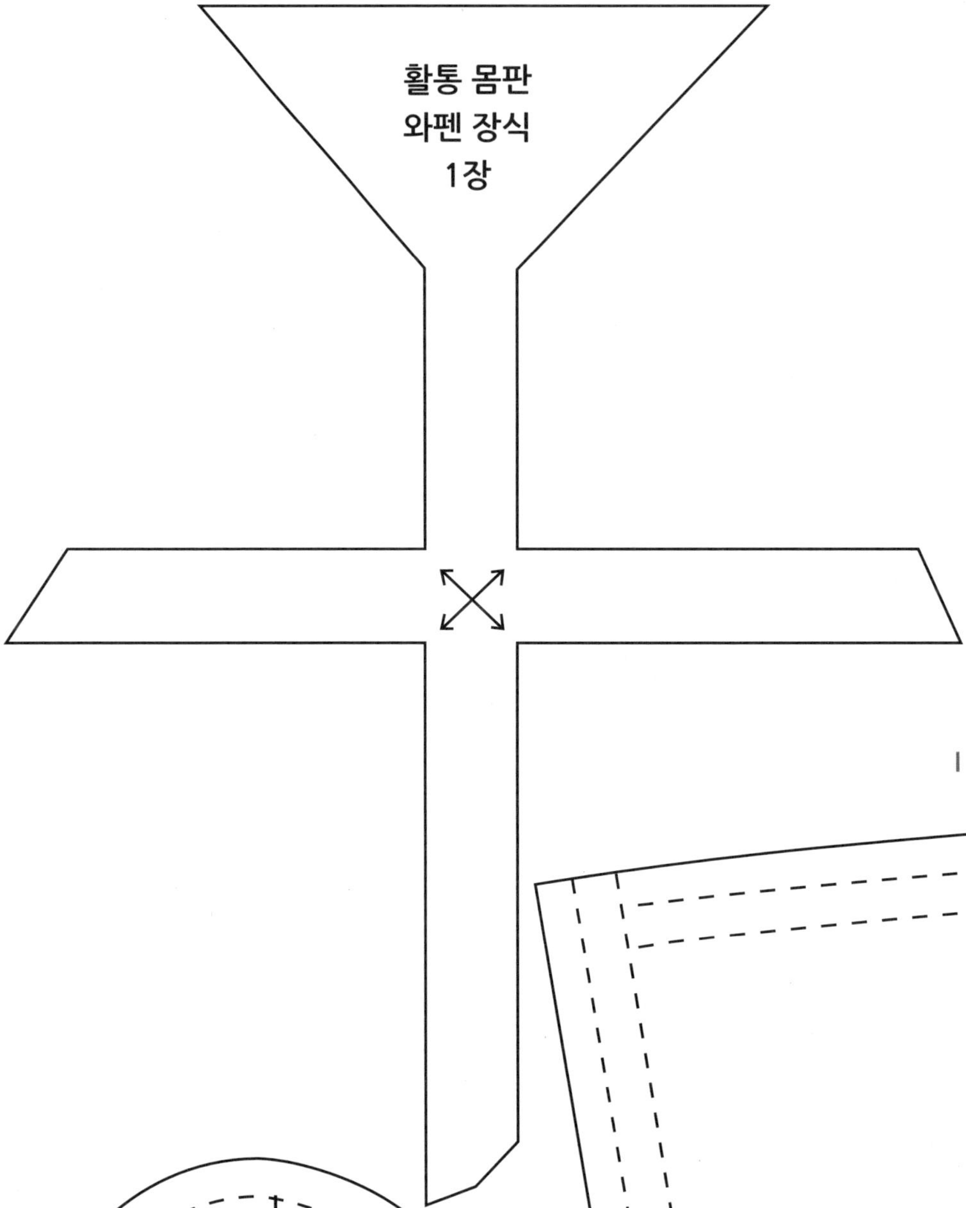

❙ 로빈 후드 부츠 ❙

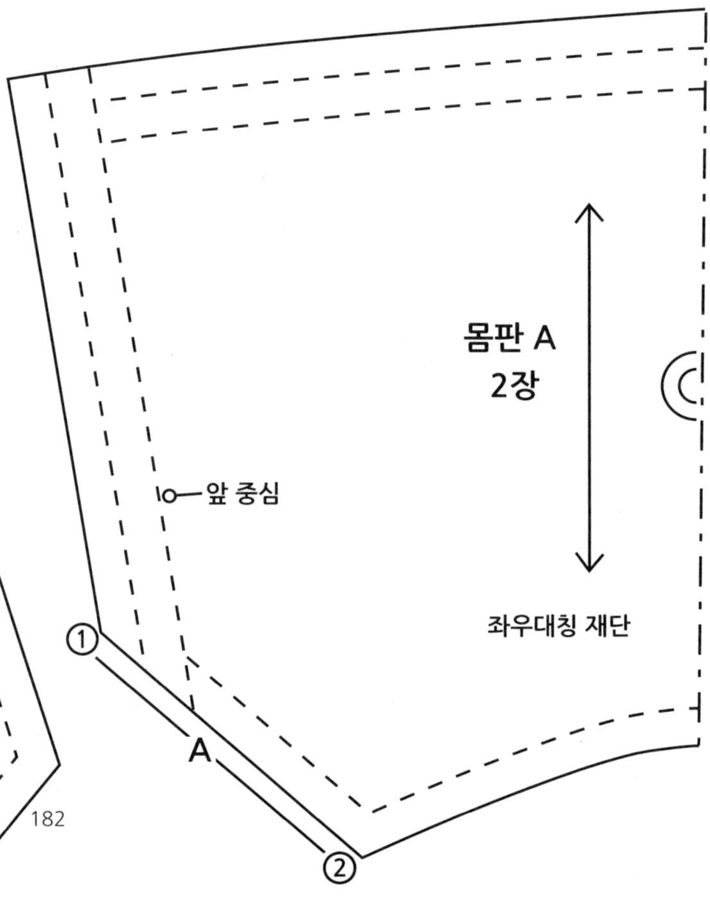

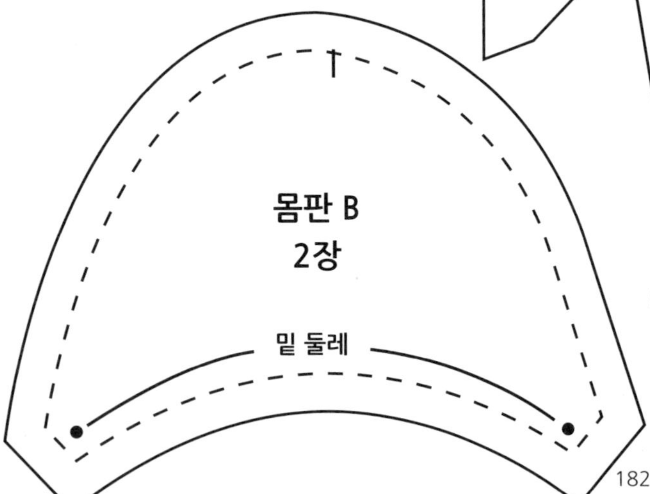

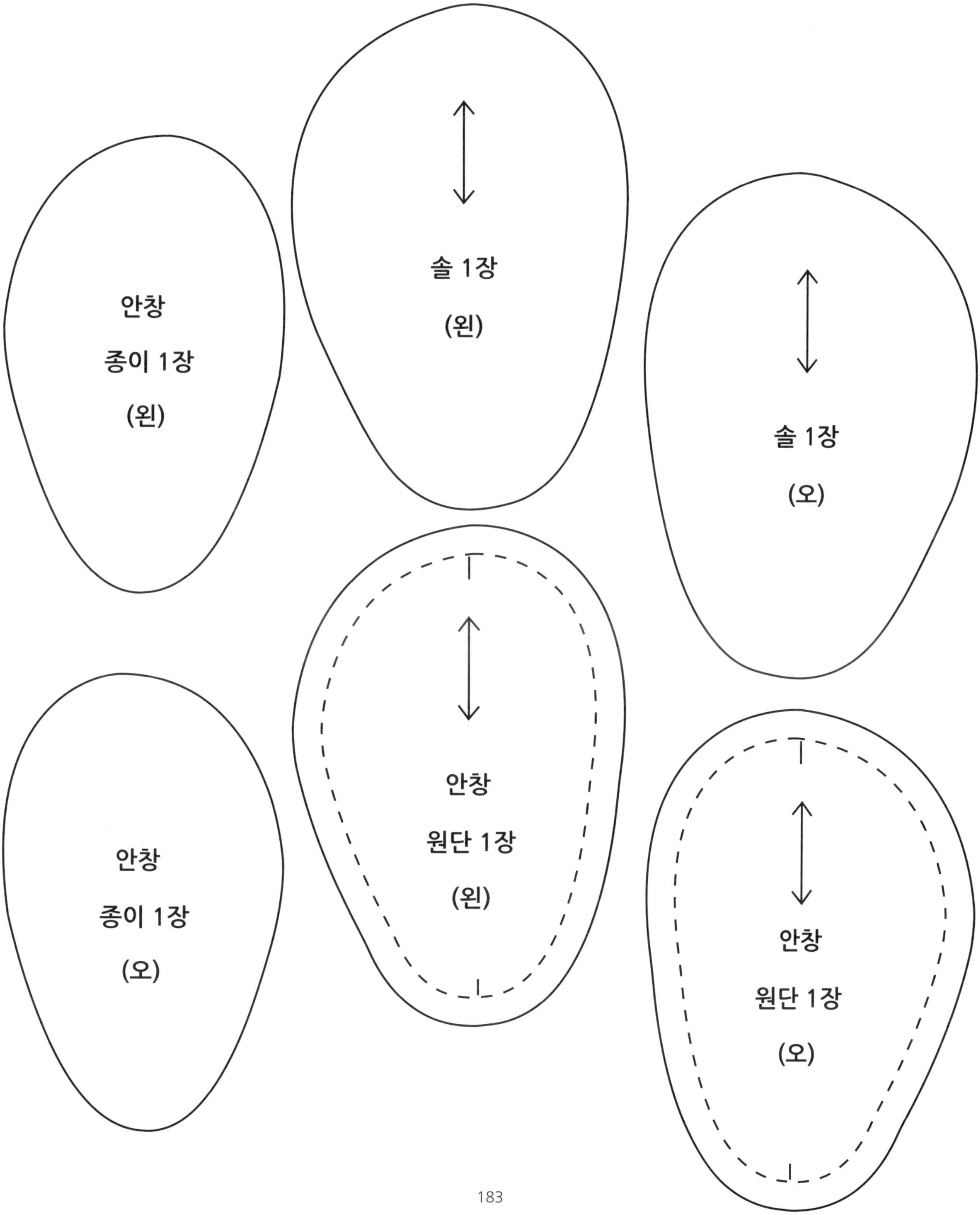
솔 1장
(왼)
안창
종이 1장
(왼)
솔 1장
(오)
안창
원단 1장
(왼)
안창
종이 1장
(오)
안창
원단 1장
(오)

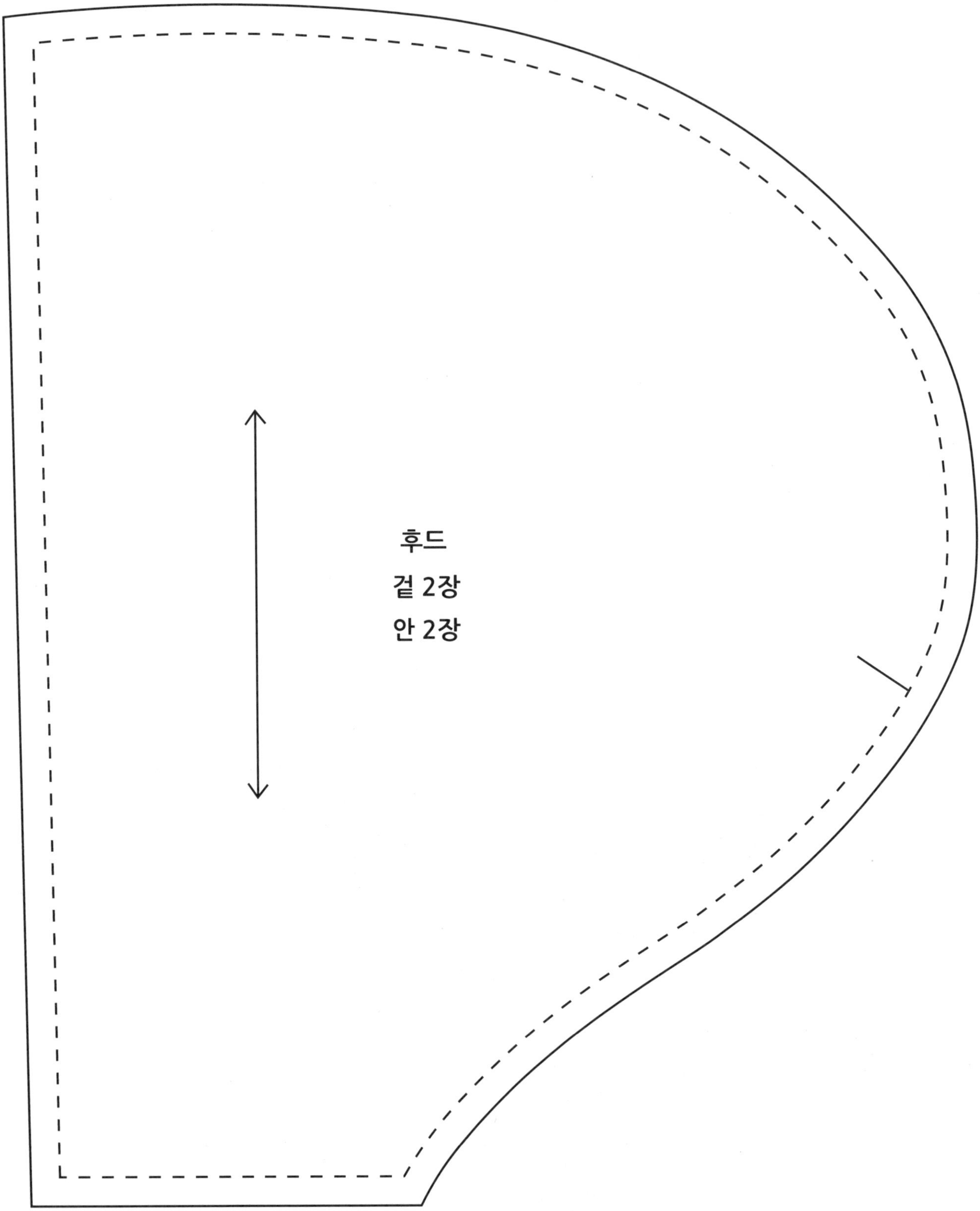
후드
겉 2장
안 2장

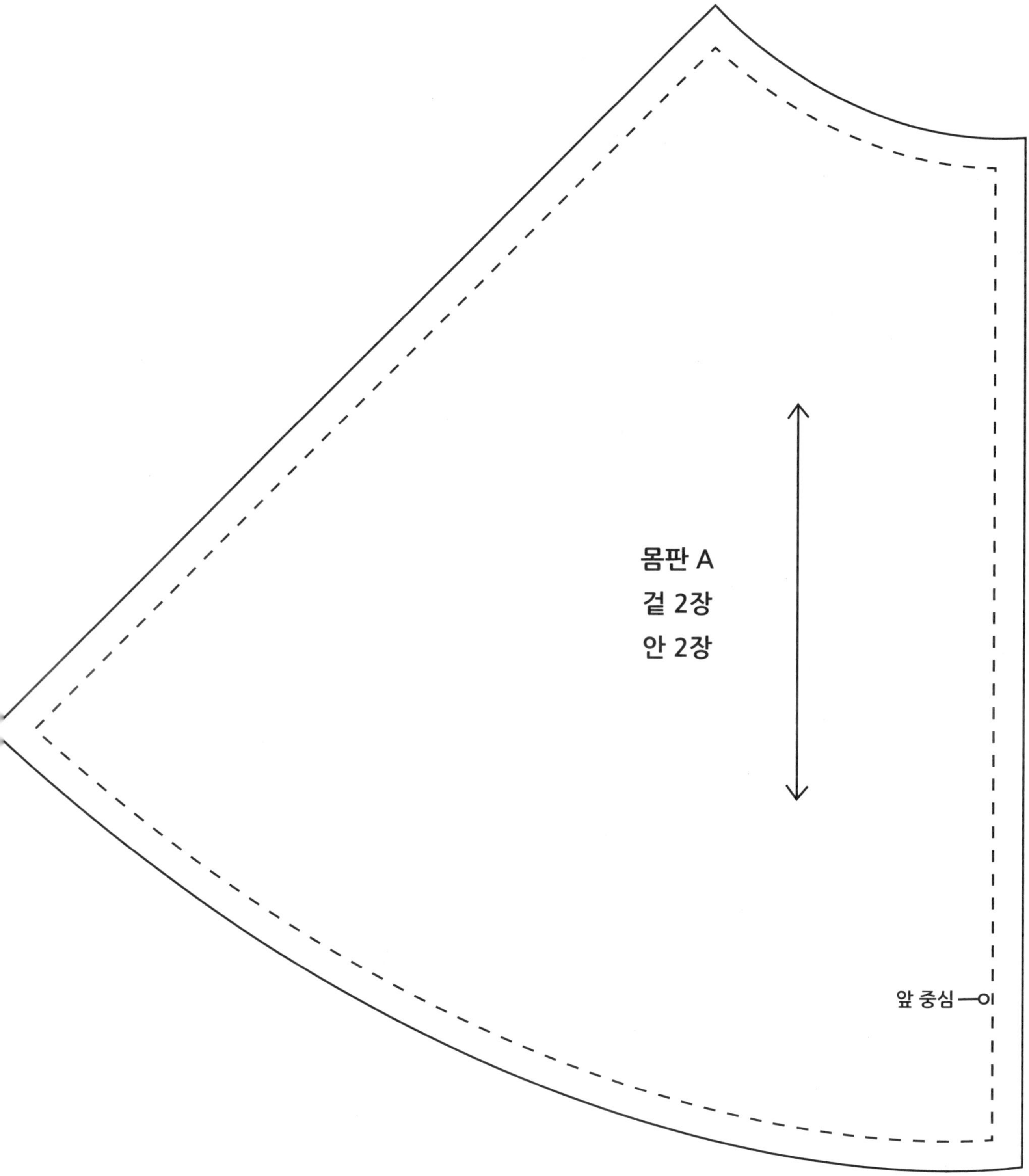
몸판 A
겉 2장
안 2장
앞 중심

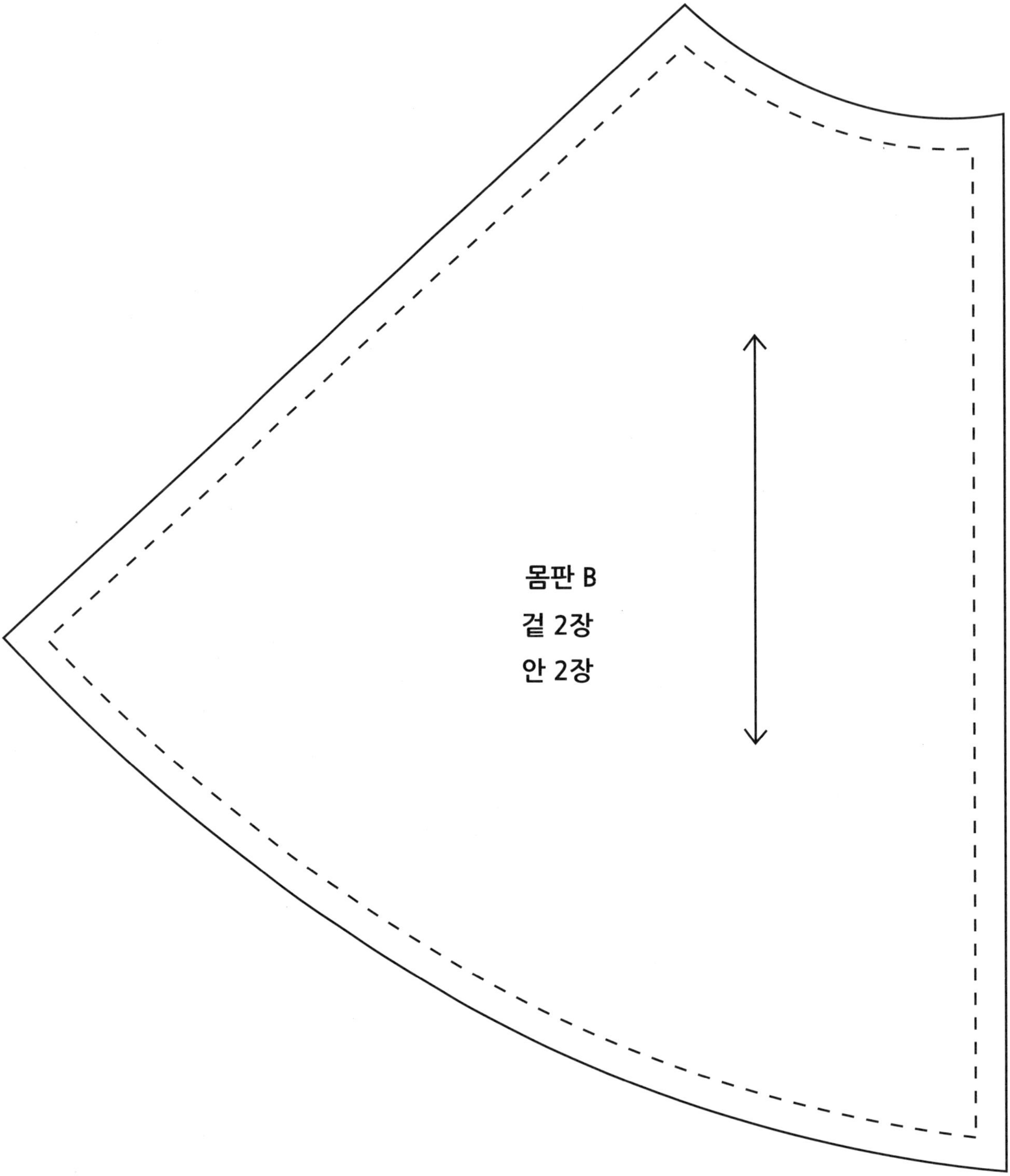
몸판 B
겉 2장
안 2장

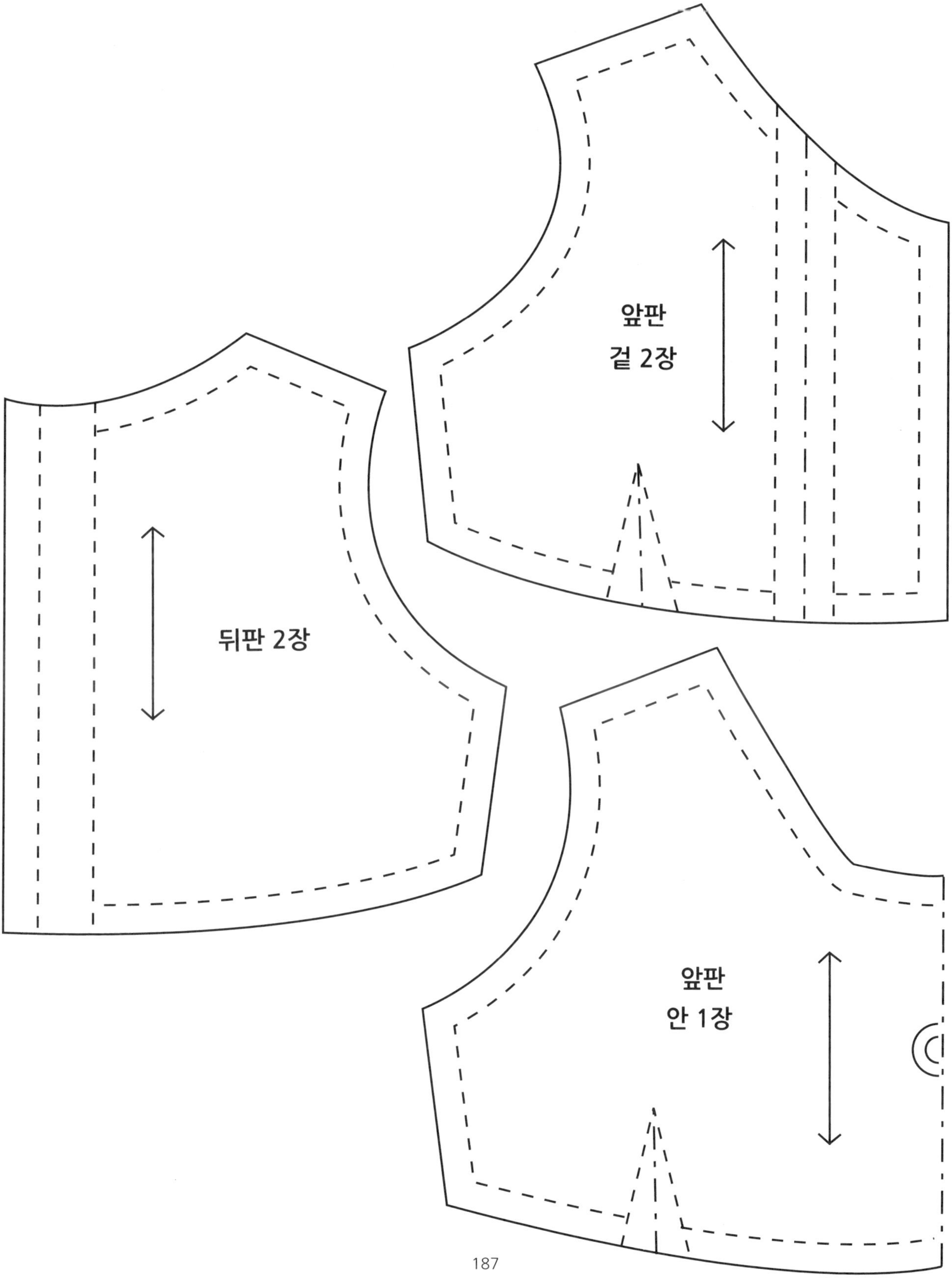
앞판
겉 2장
뒤판 2장
앞판
안 1장

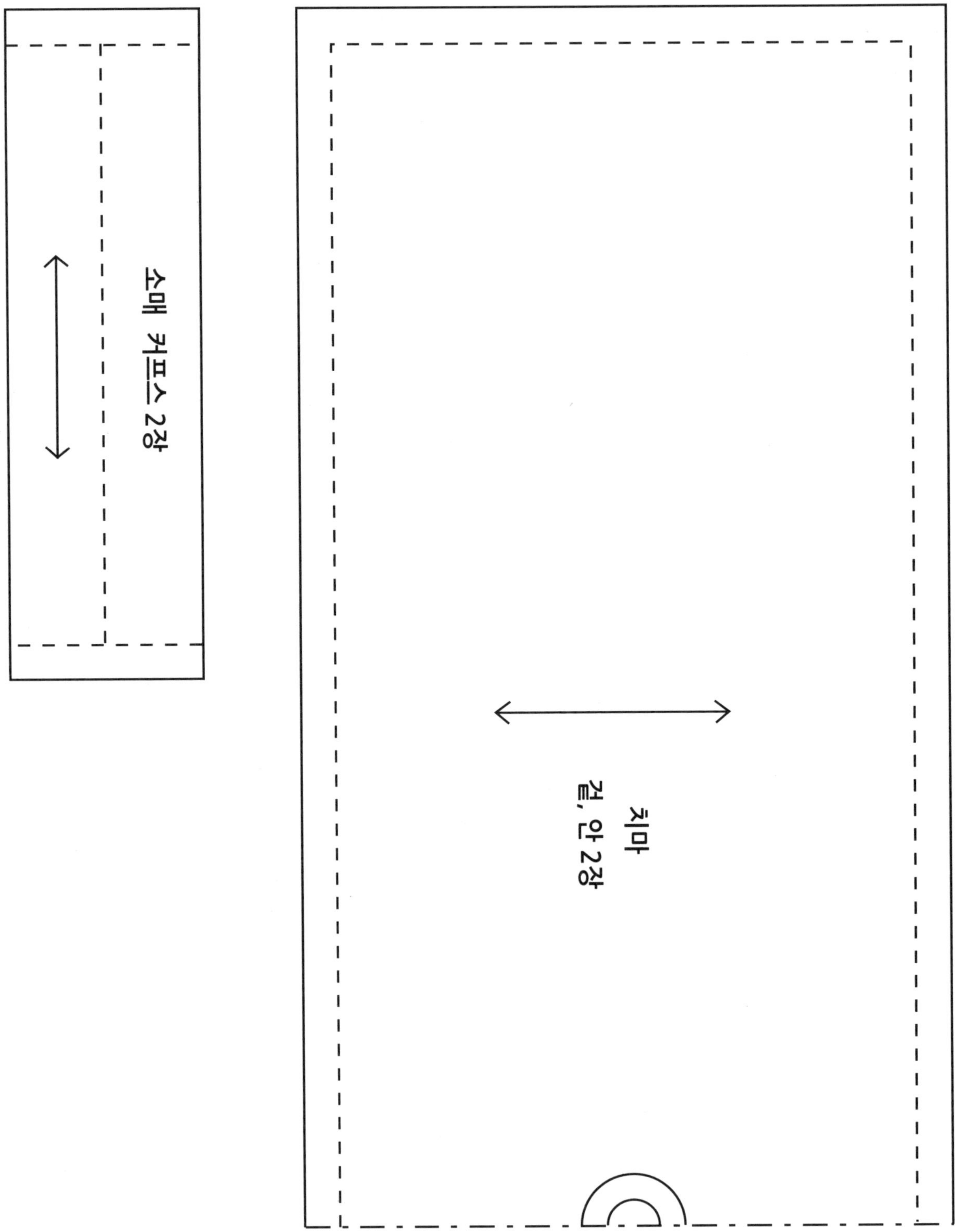
소매 커프스 2장
치마
겉, 안 2장

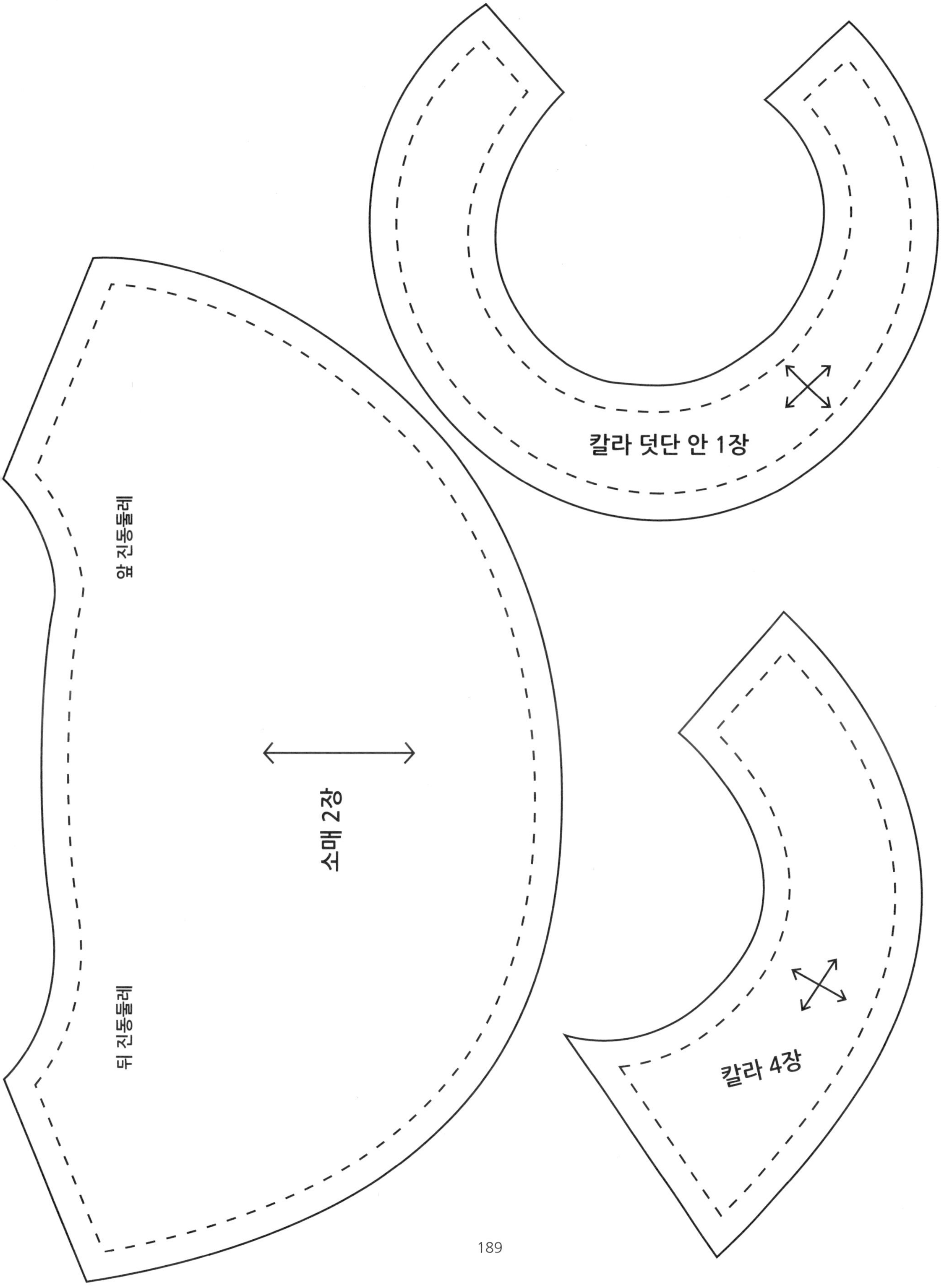
칼라 덧단 안 1장
앞 진동둘레
소매 2장
뒤 진동둘레
칼라 4장

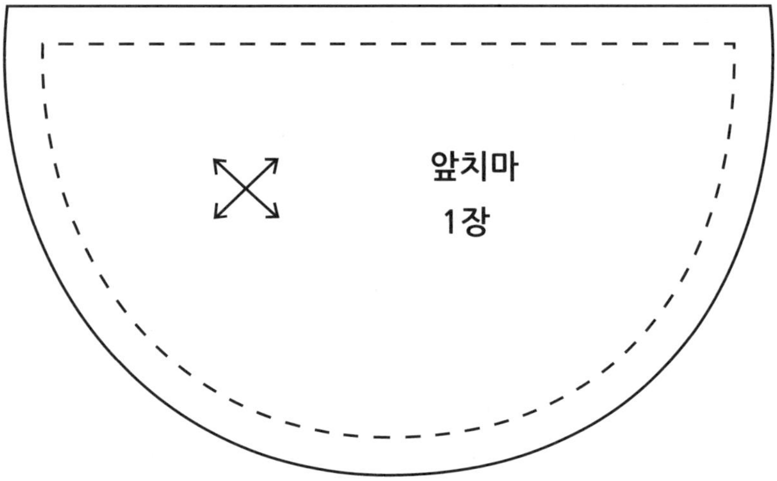
앞치마
1장

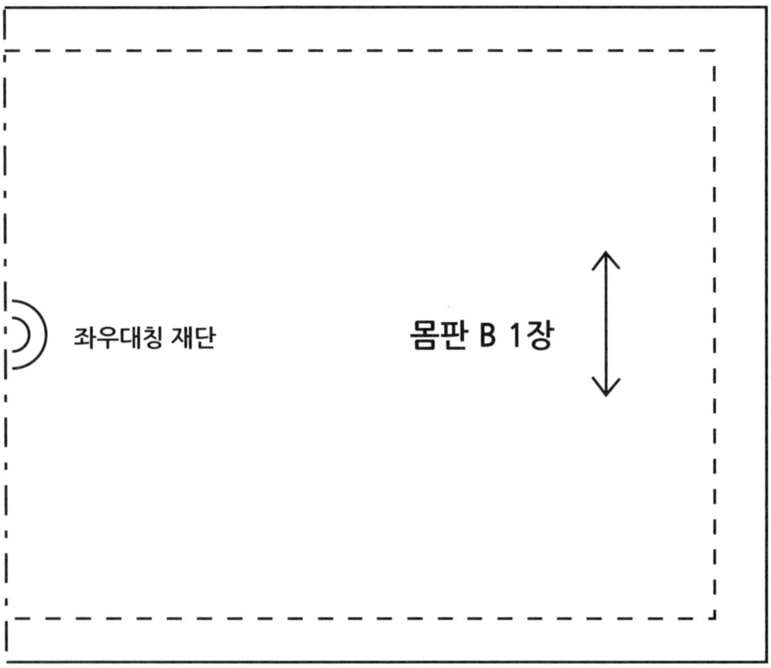
좌우대칭 재단
몸판 B 1장

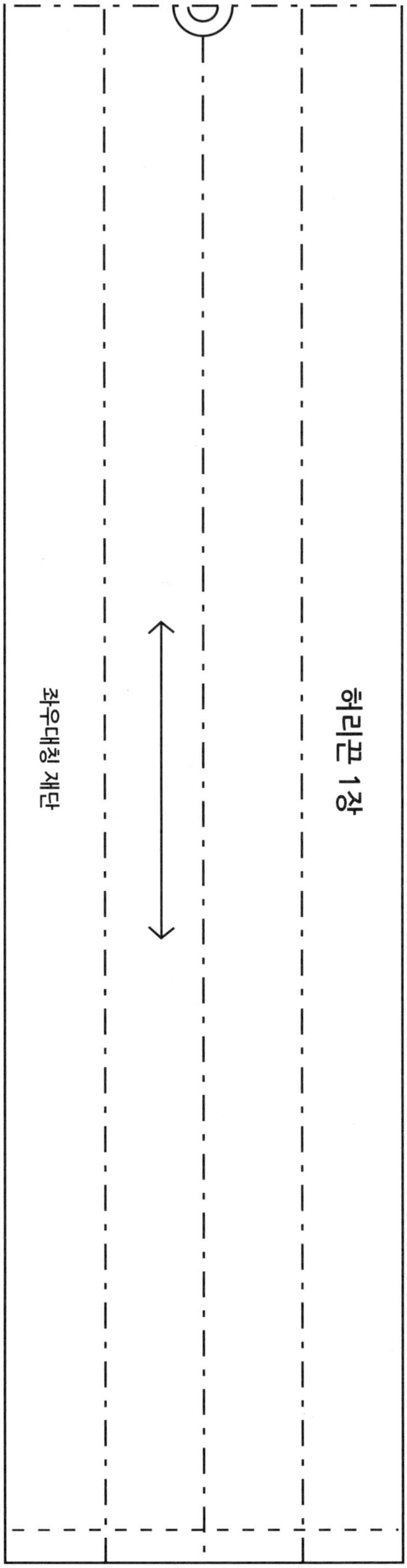
좌우대칭 재단
허리끈 1장

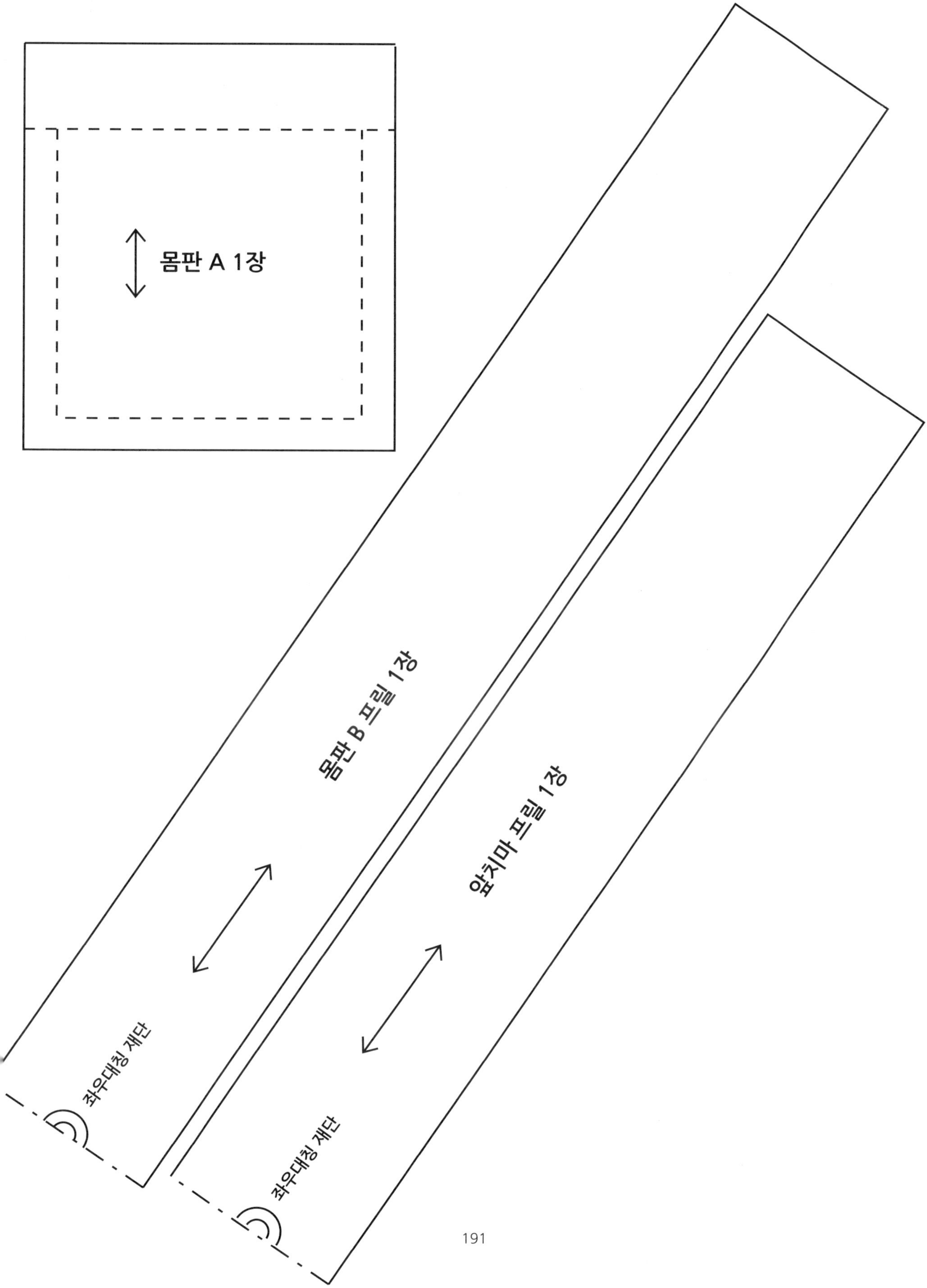
몸판 A 1장
몸판 B 프릴 1장
좌우대칭 재단
앞치마 프릴 1장
좌우대칭 재단

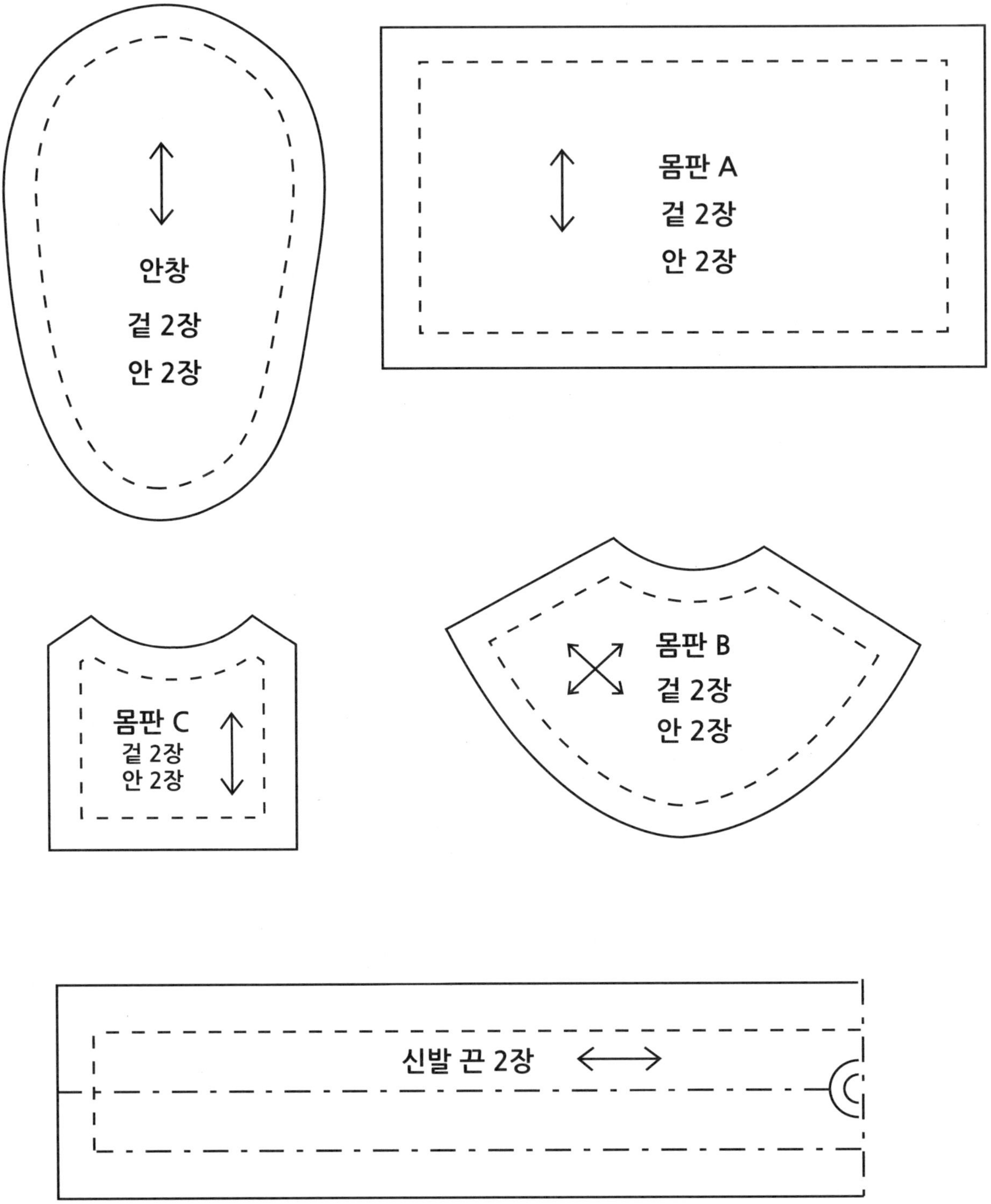
안창
겉 2장
안 2장
몸판 A
겉 2장
안 2장
몸판 C
겉 2장
안 2장
몸판 B
겉 2장
안 2장
신발 끈 2장

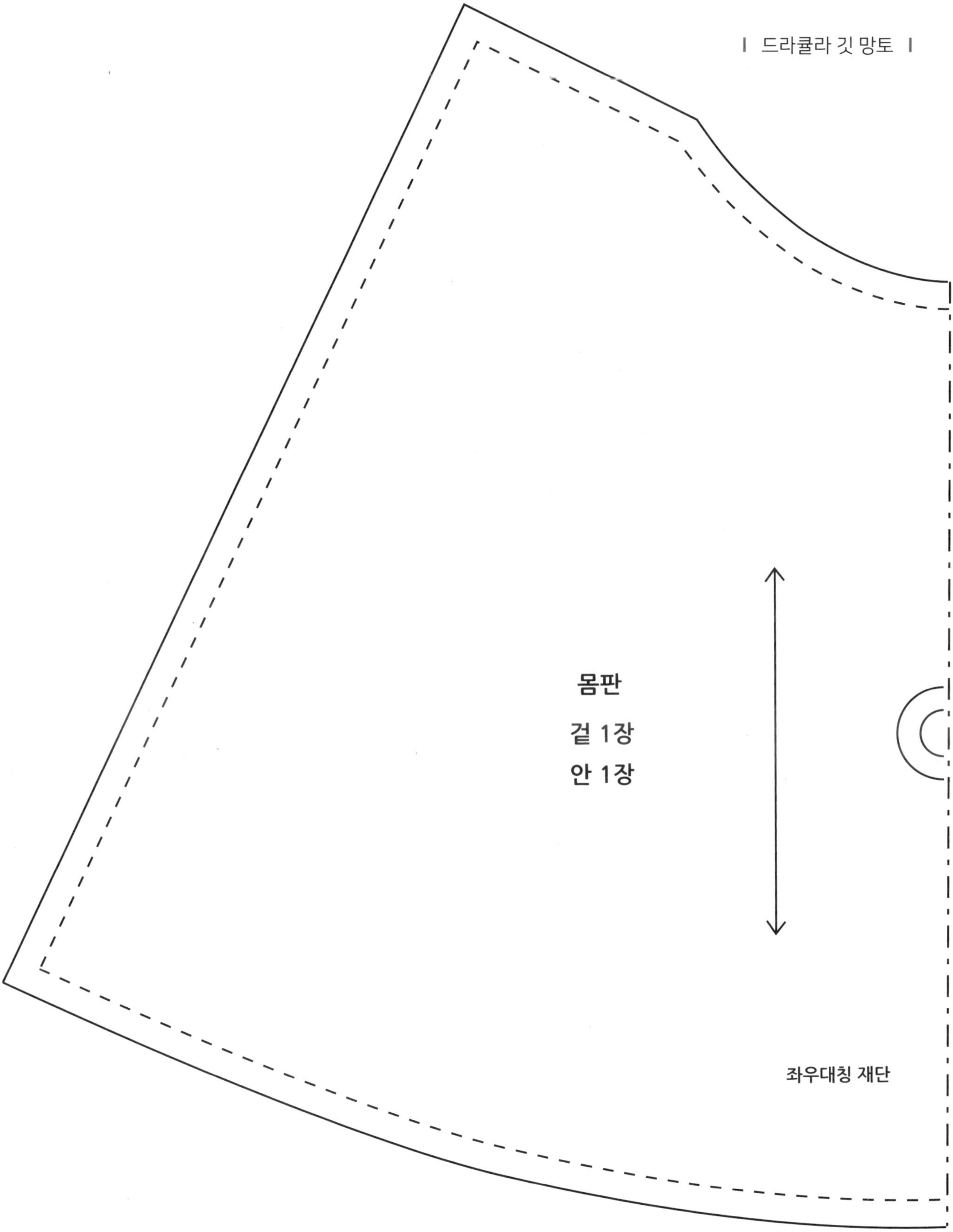
몸판
겉 1장
안 1장
좌우대칭 재단

ㅣ 드라큘라 깃 망토 ㅣ

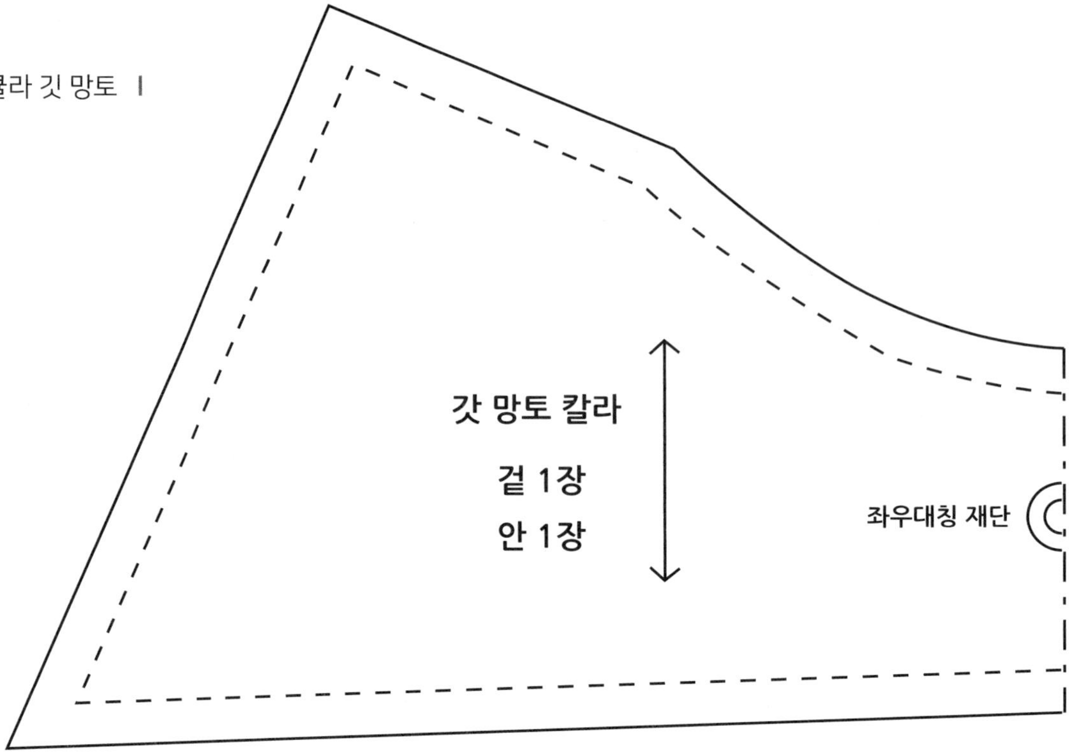

ㅣ 드라큘라 가죽 바지 ㅣ

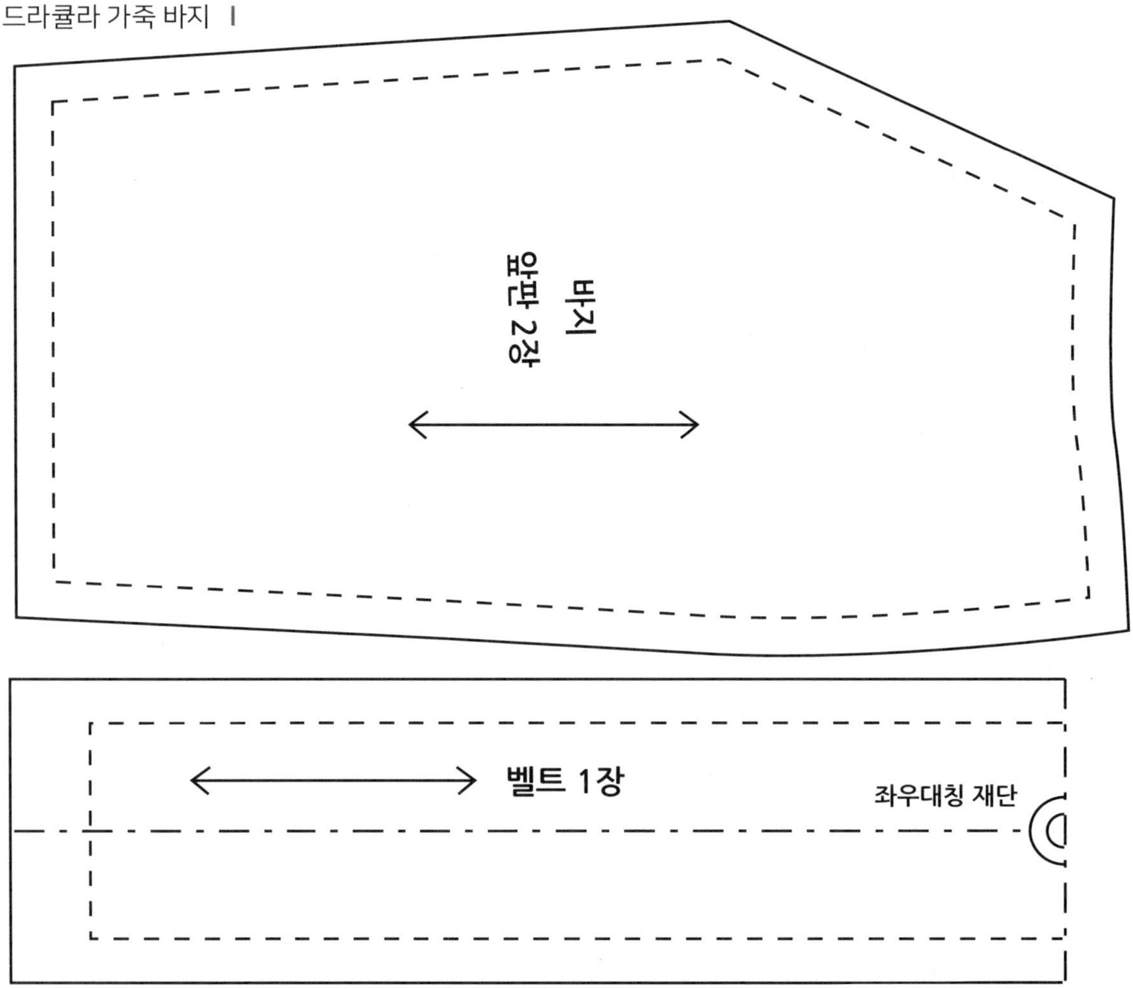

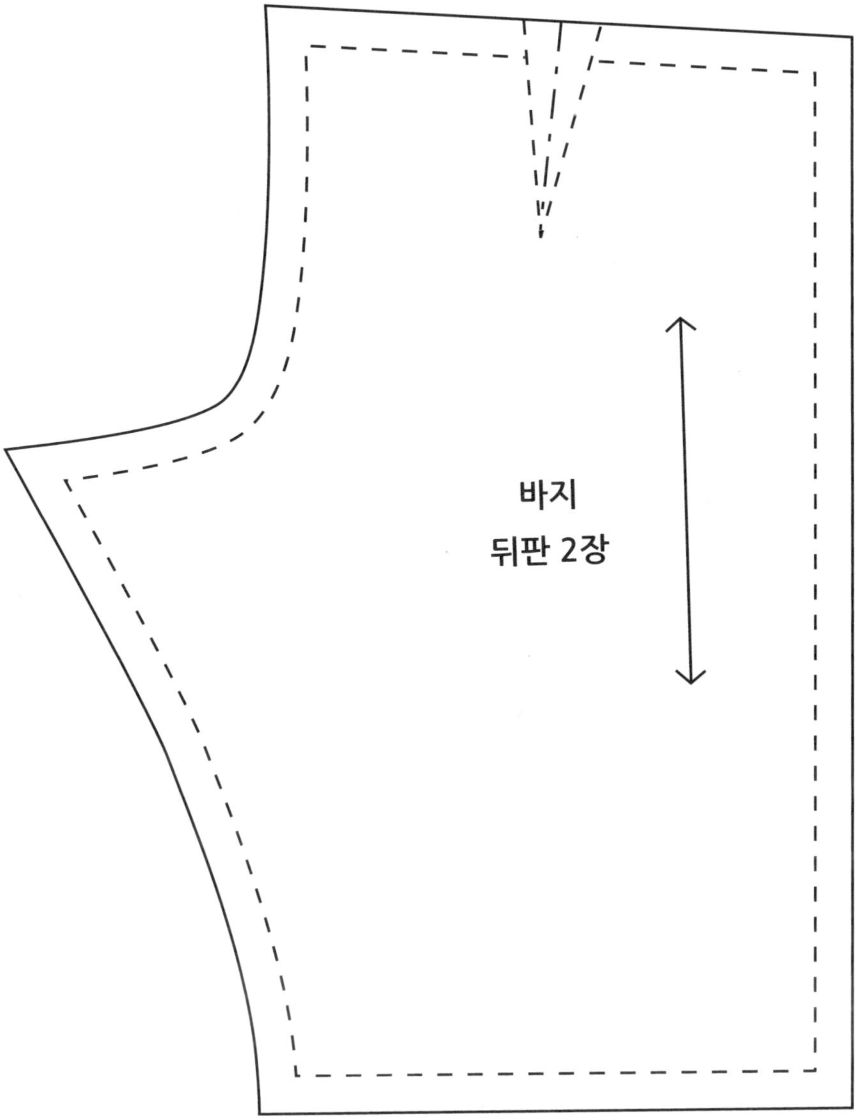
바지
뒤판 2장

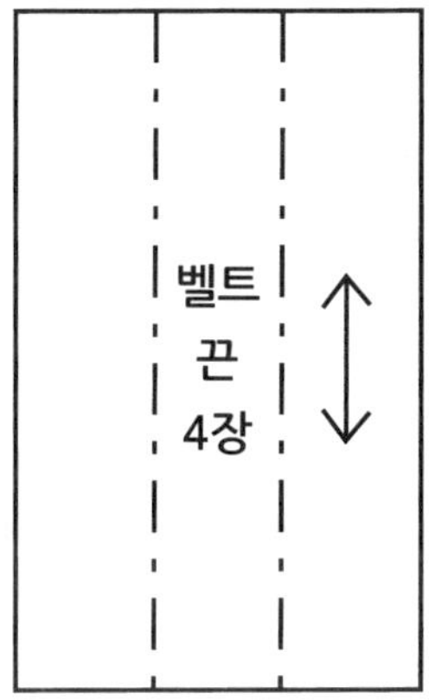
벨트
끈
4장

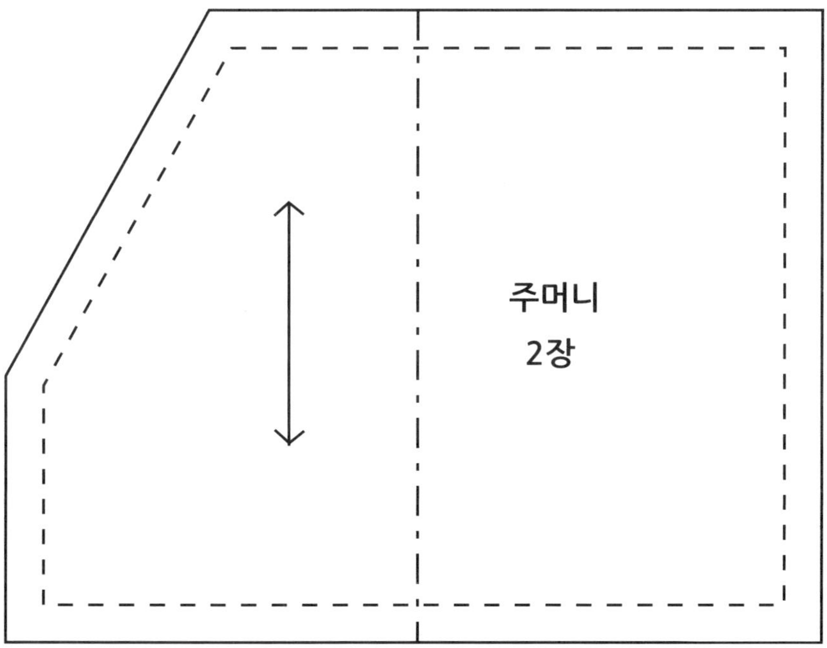
주머니
2장

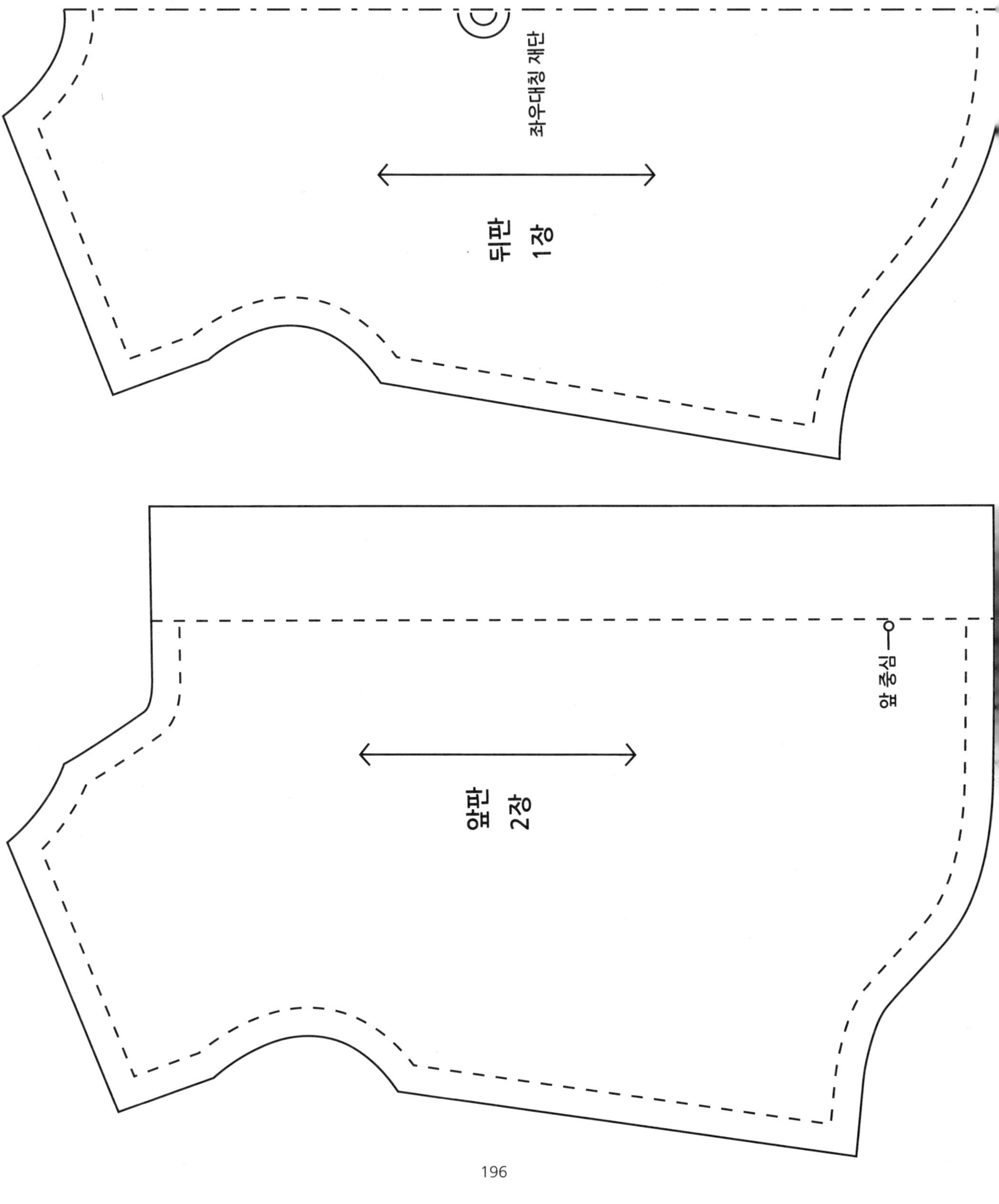
좌우대칭 재단
뒤판 1장
앞 중심
앞판 2장

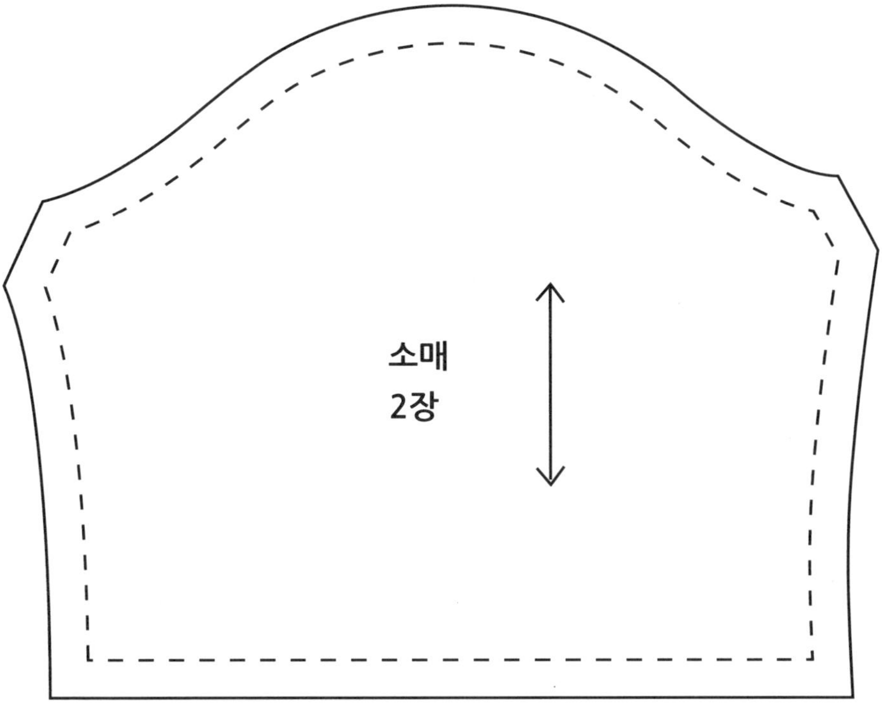
소매
2장

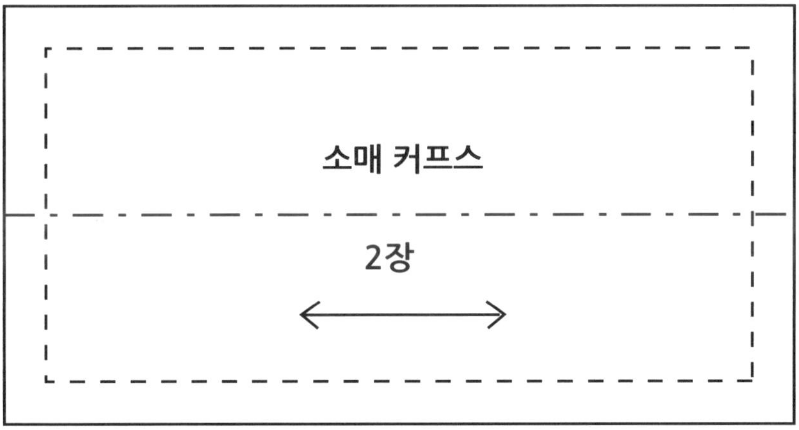
소매 커프스
2장

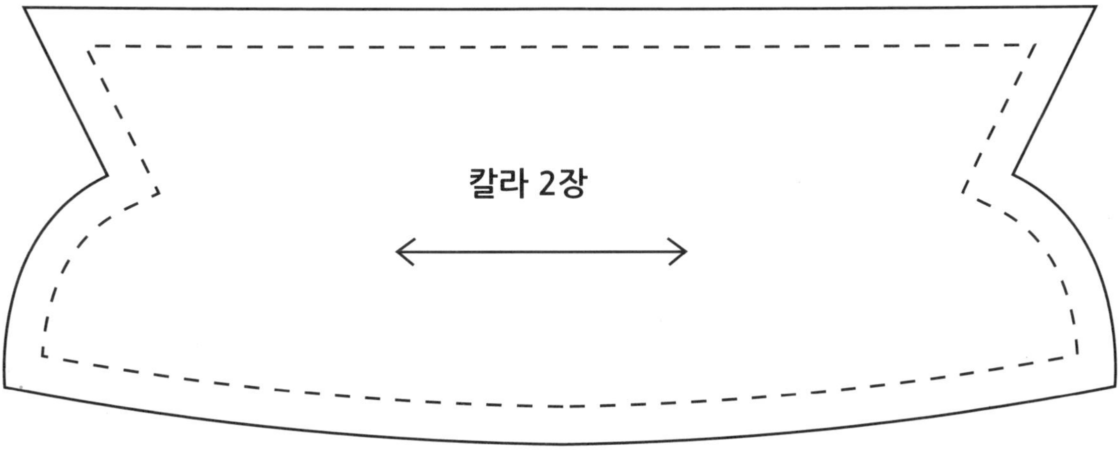
칼라 2장

| 드라큘라 셔츠 |

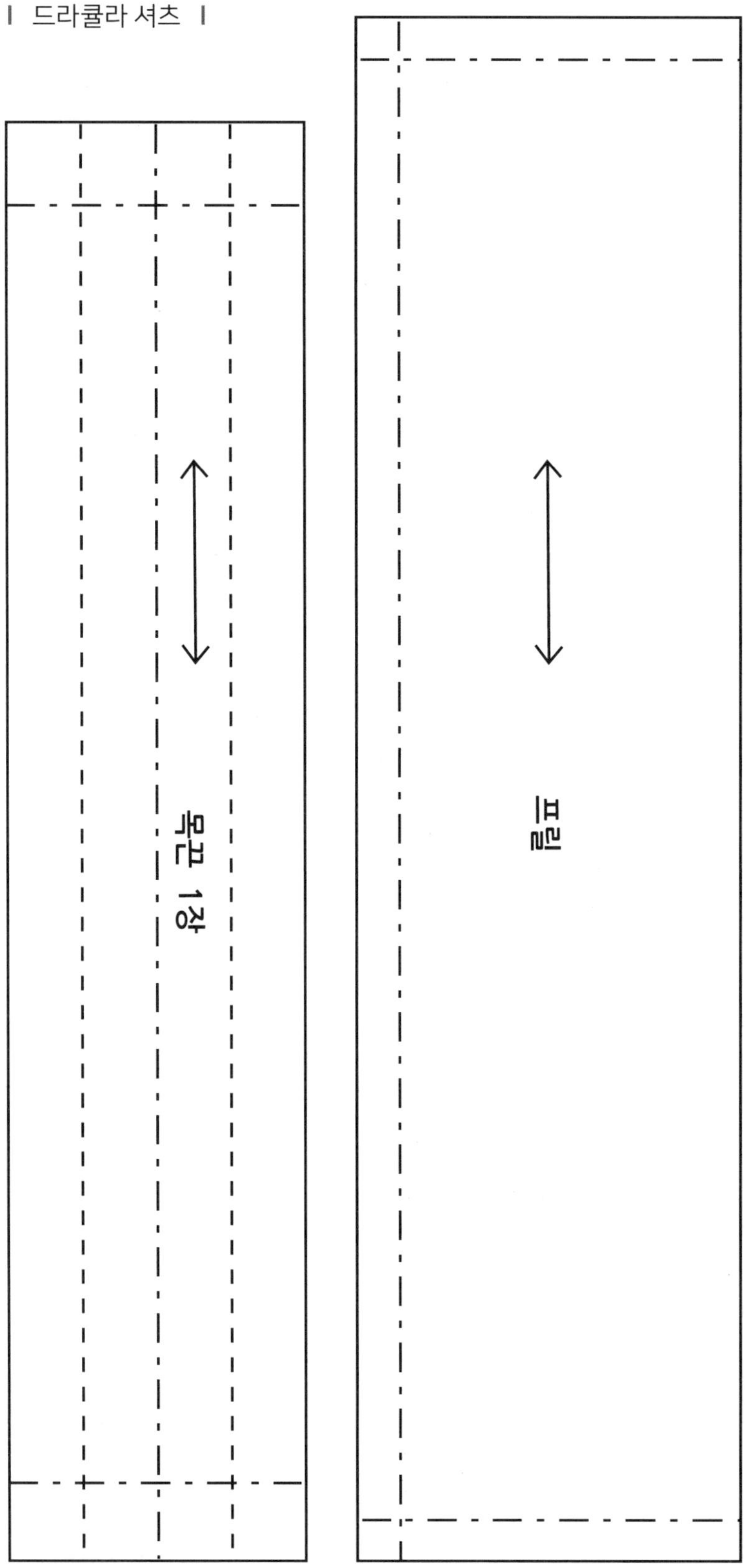

| 드라큘라 구두 |

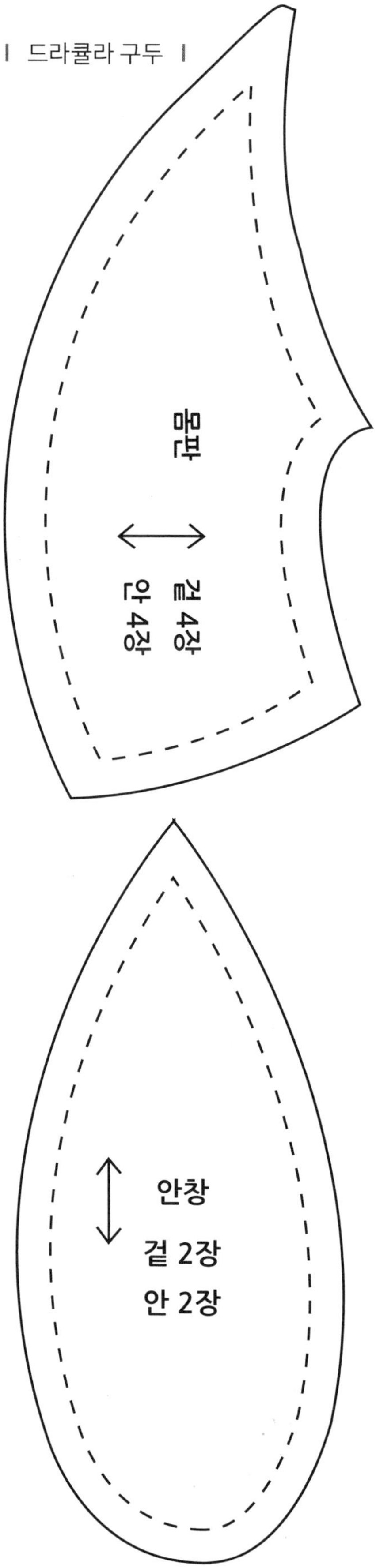

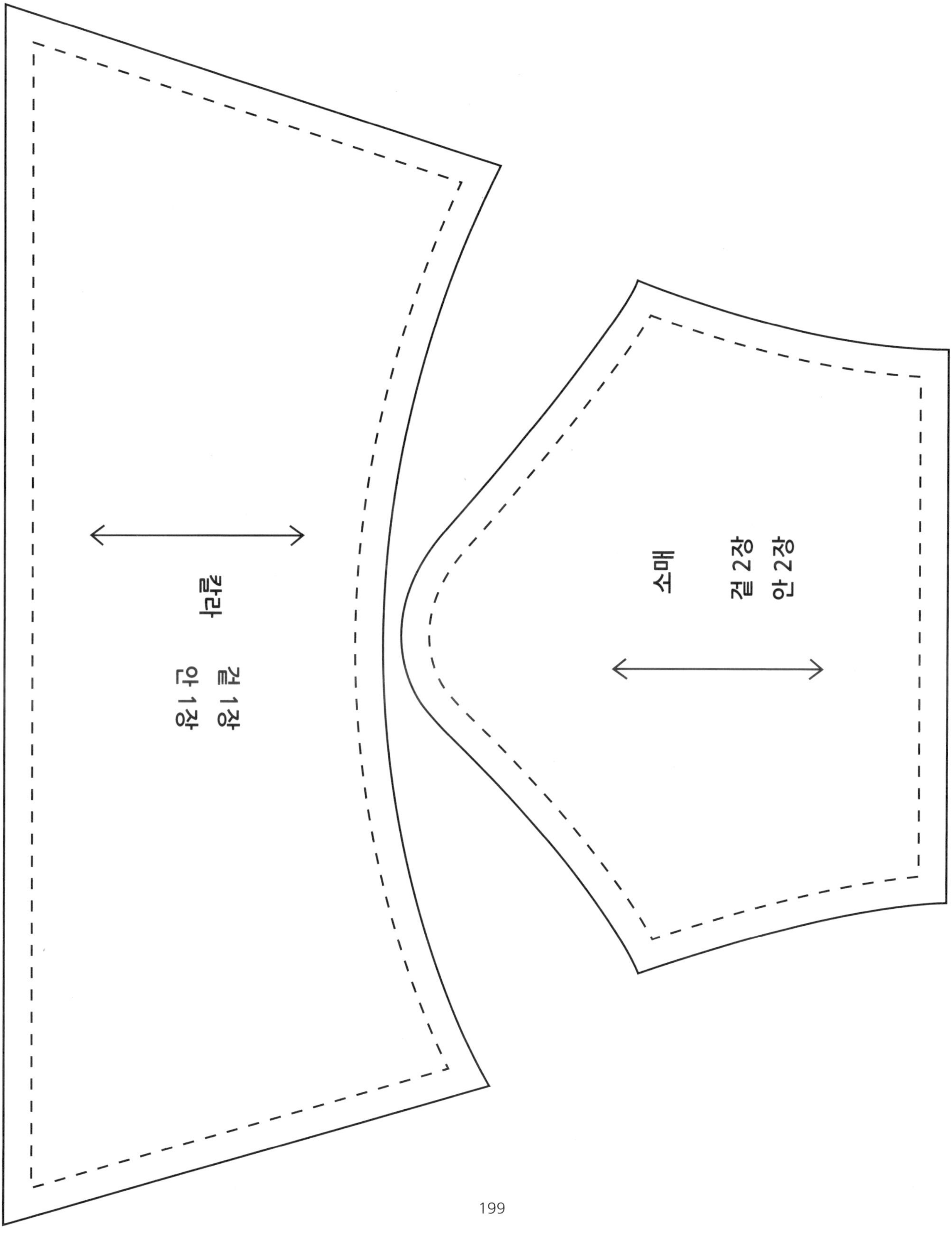
칼라
겉 1장
안 1장
소매
겉 2장
안 2장

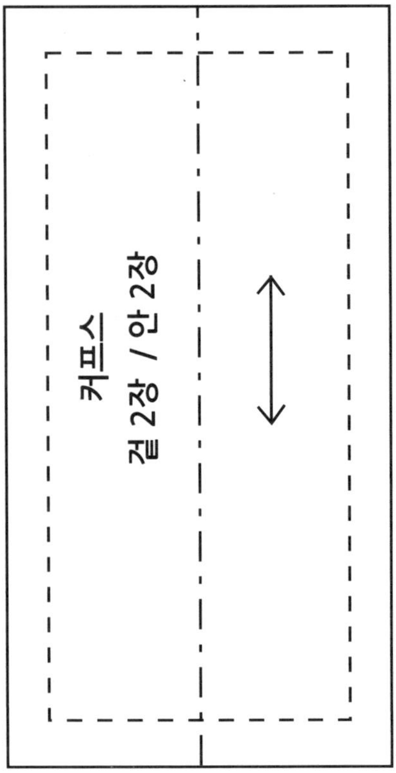
커프스
겉 2장 / 안 2장

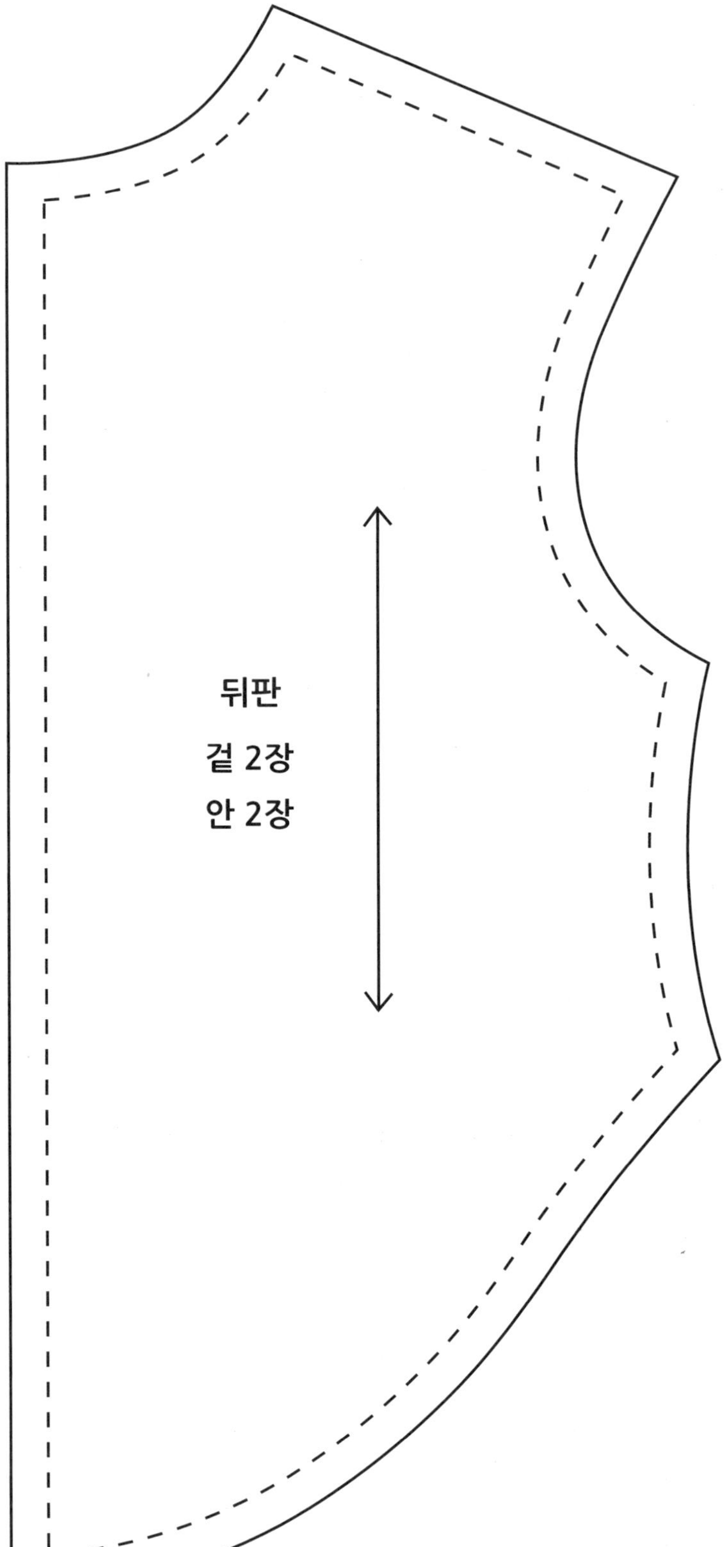
뒤판
겉 2장
안 2장

❙ 드라큘라 칼라 재킷 ❙

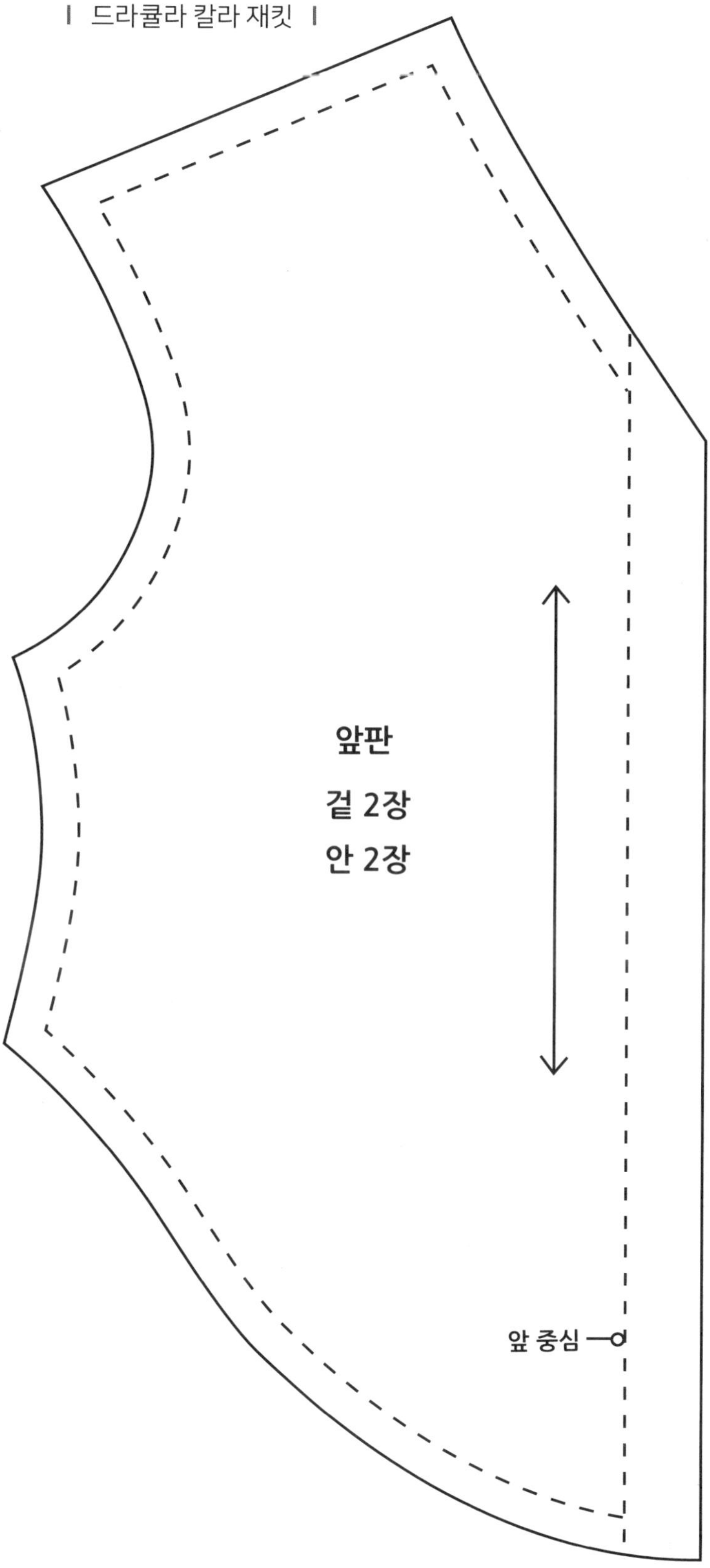

❙ 마녀 원피스 ❙

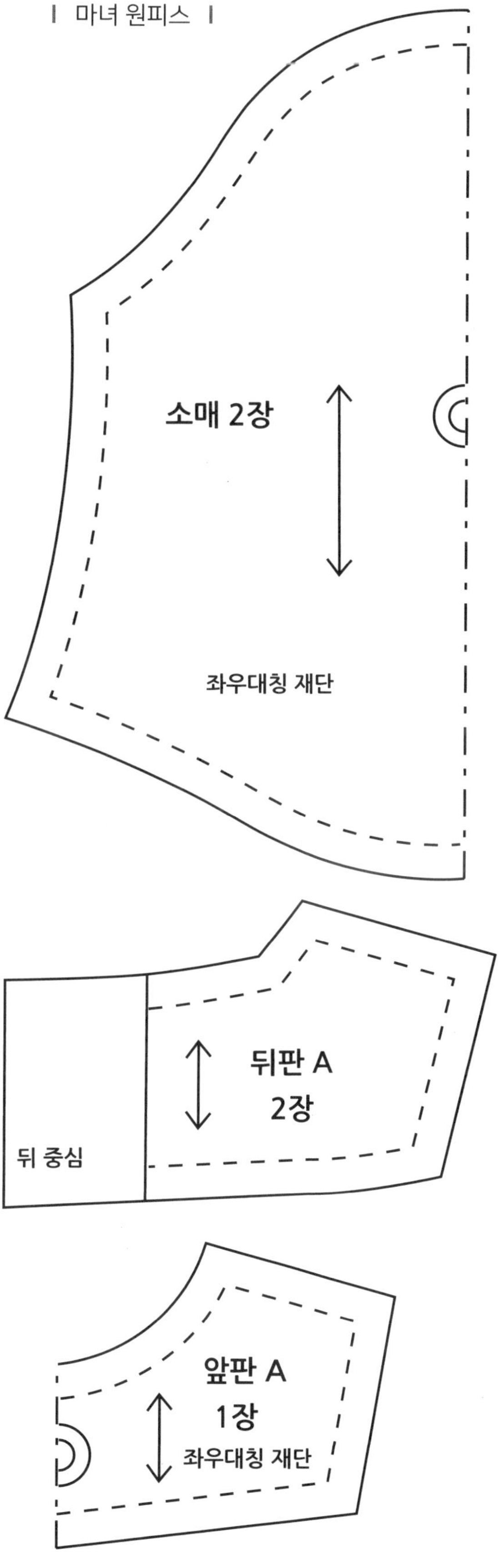

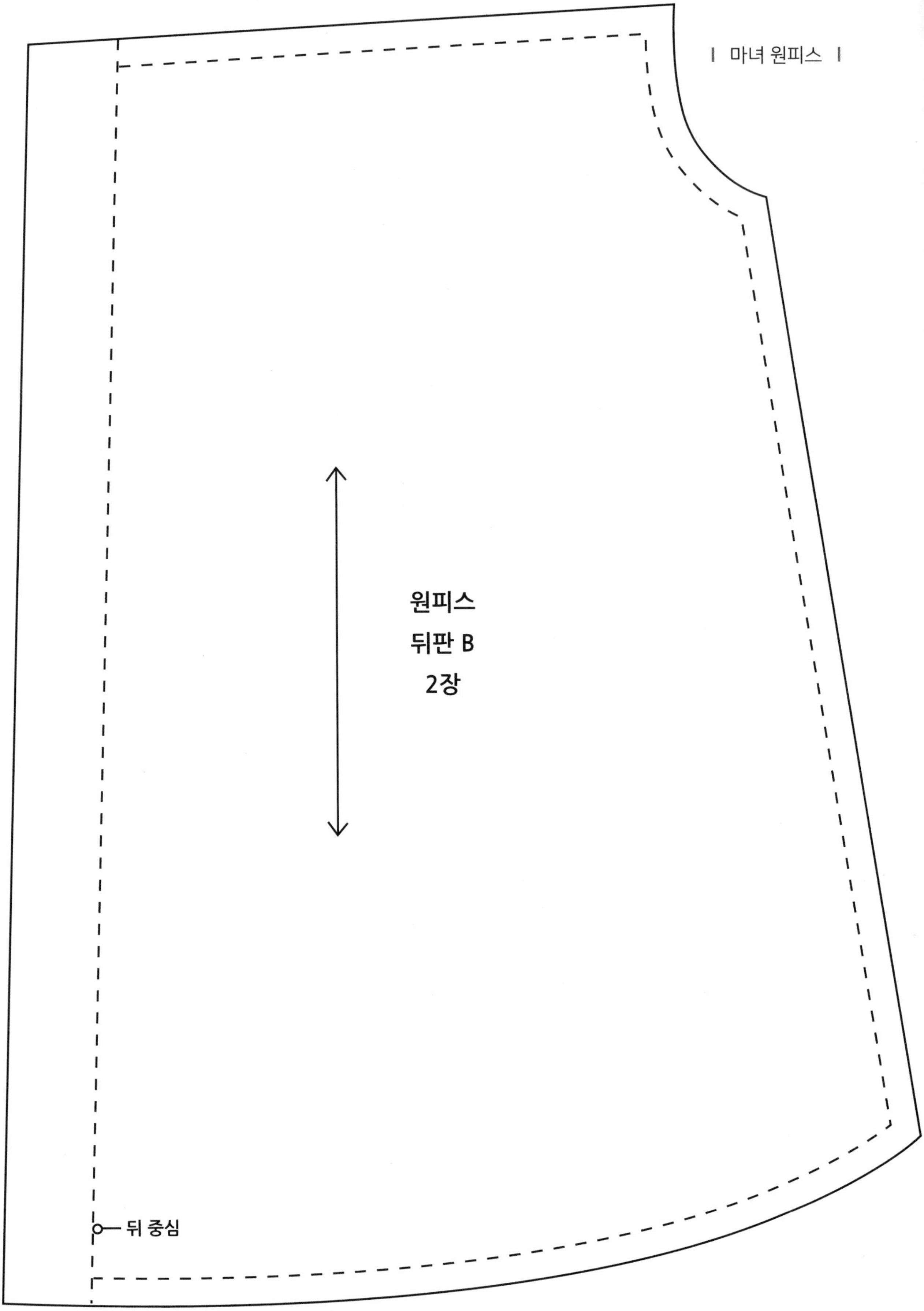
원피스
뒤판 B
2장
뒤 중심

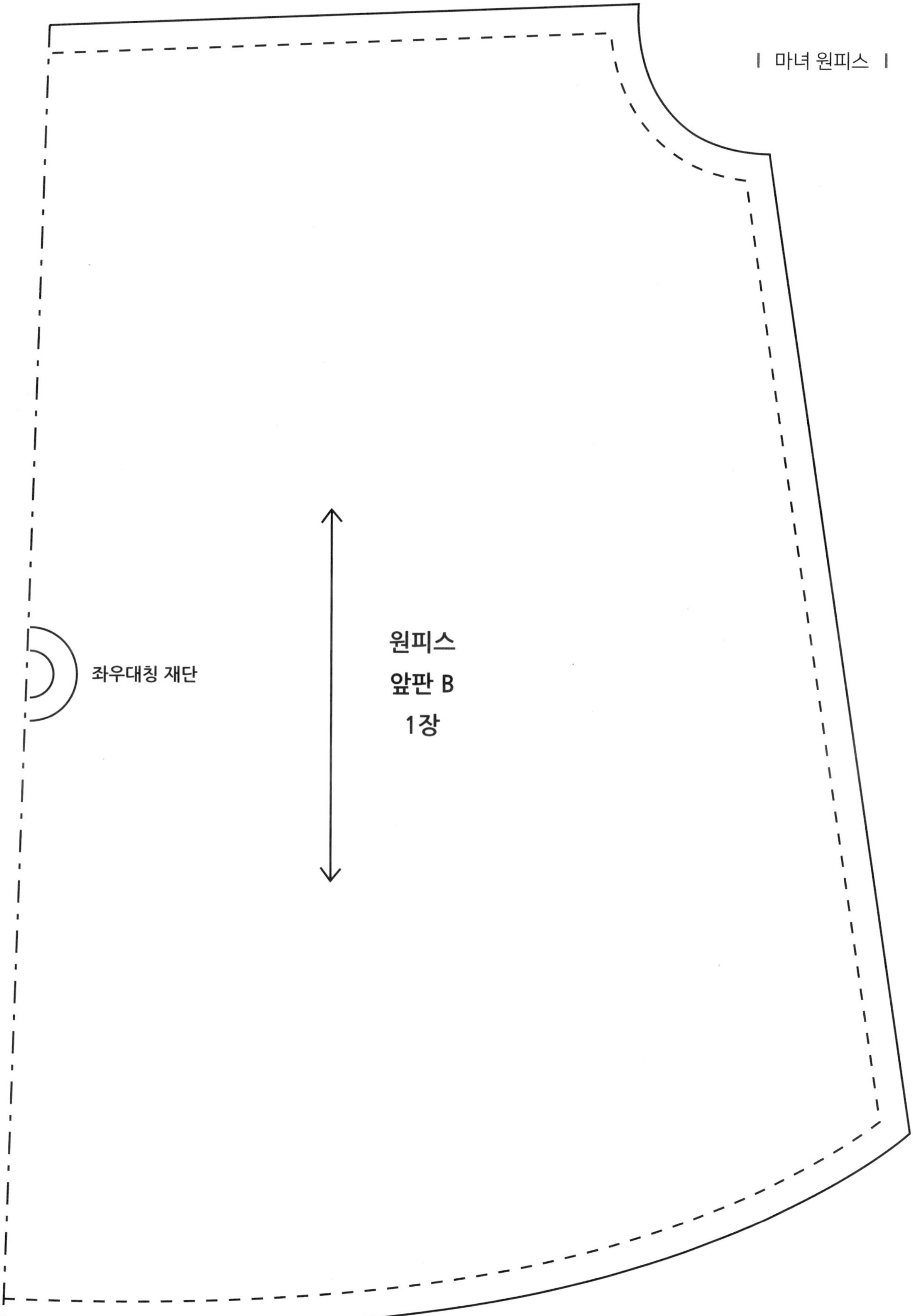
좌우대칭 재단
원피스
앞판 B
1장

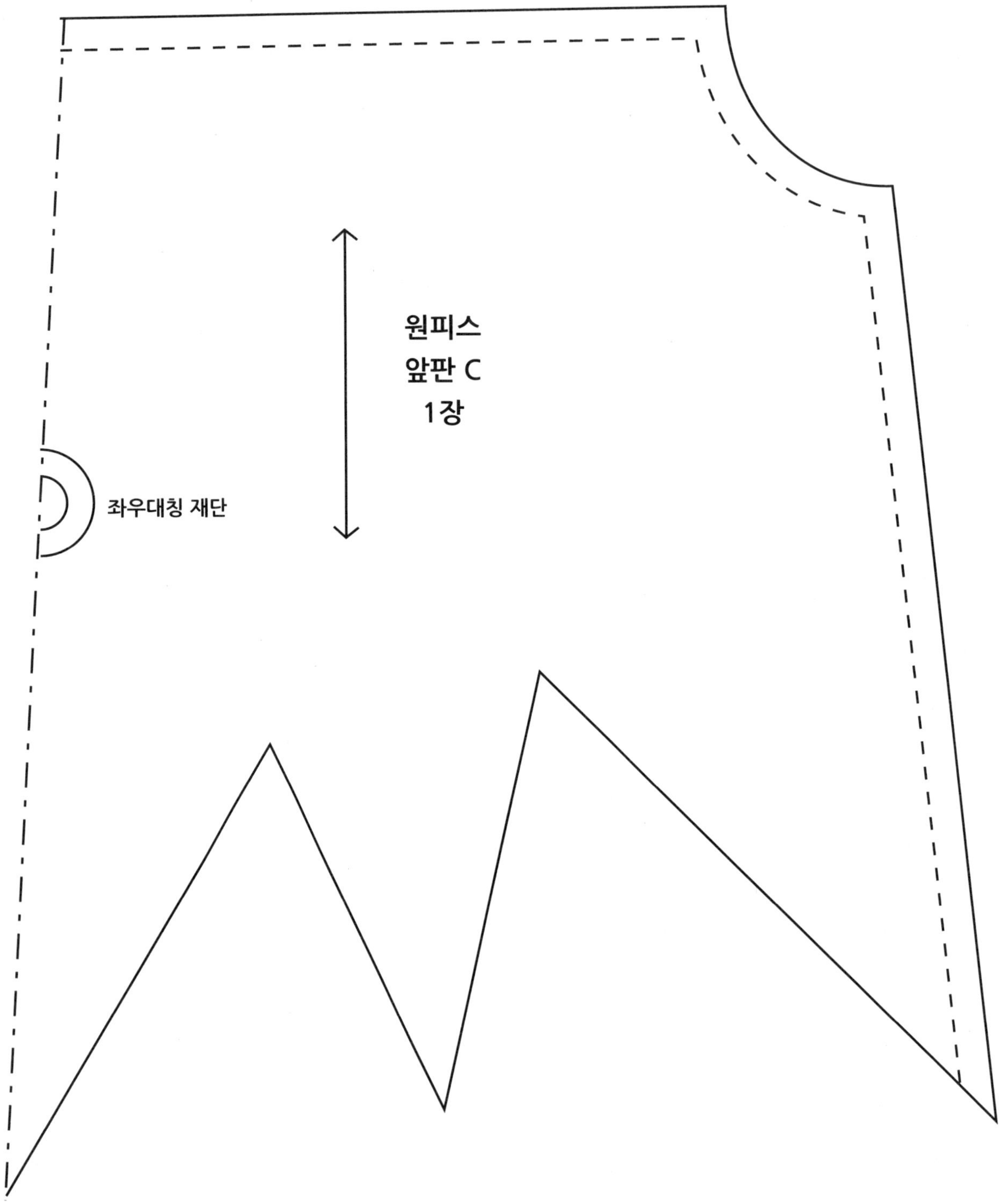
원피스
앞판 C
1장
좌우대칭 재단

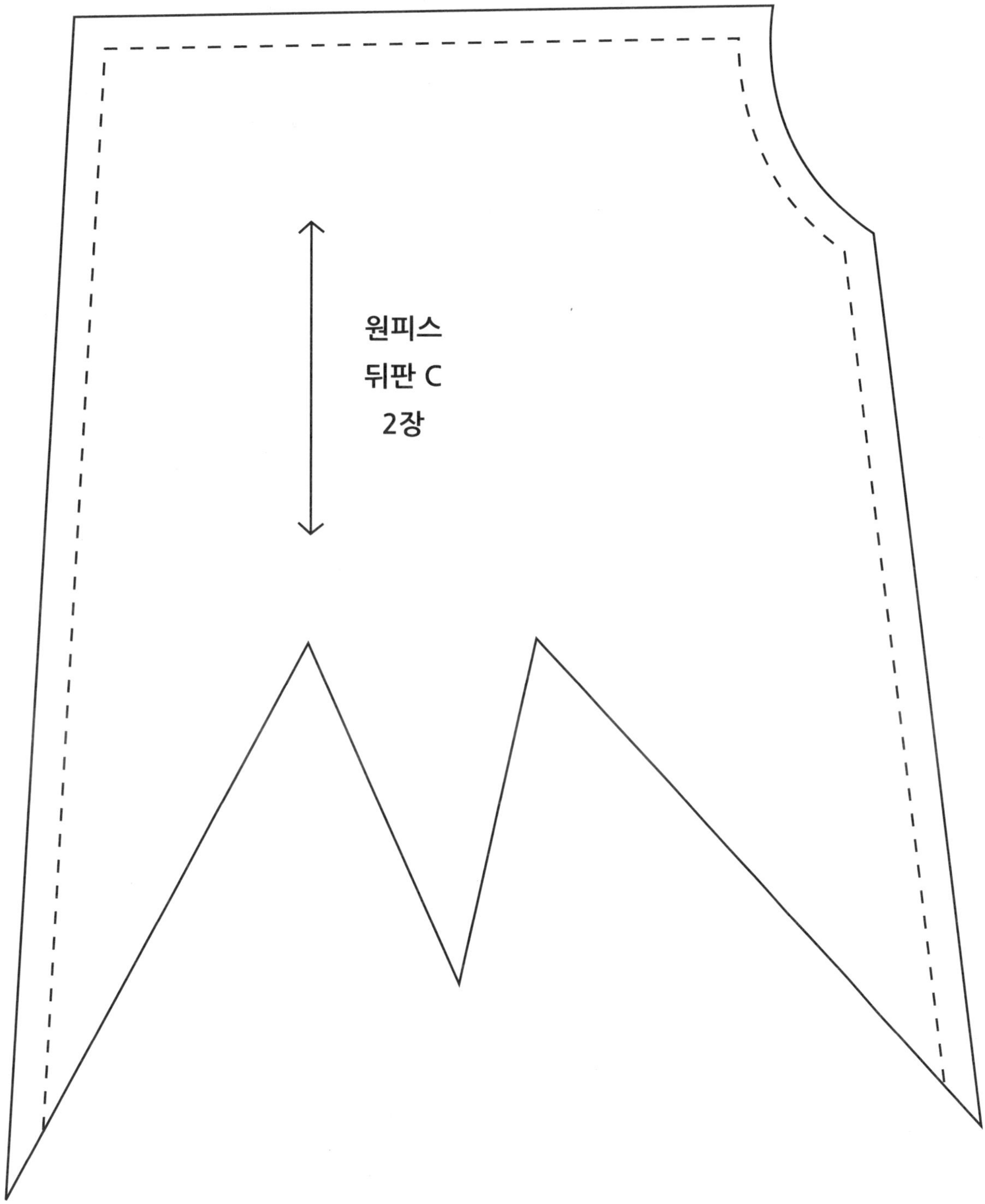
원피스
뒤판 C
2장

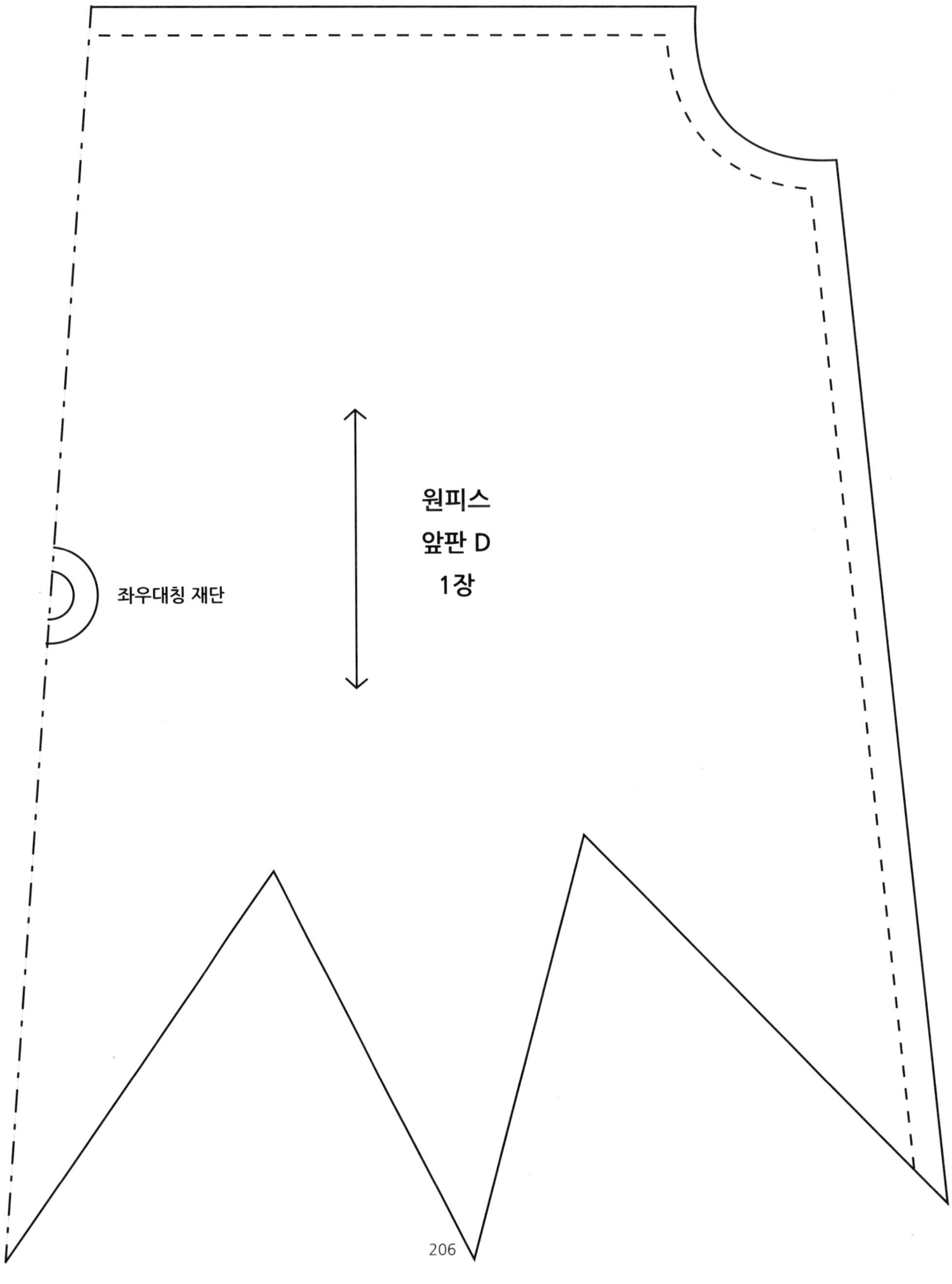
좌우대칭 재단
원피스
앞판 D
1장

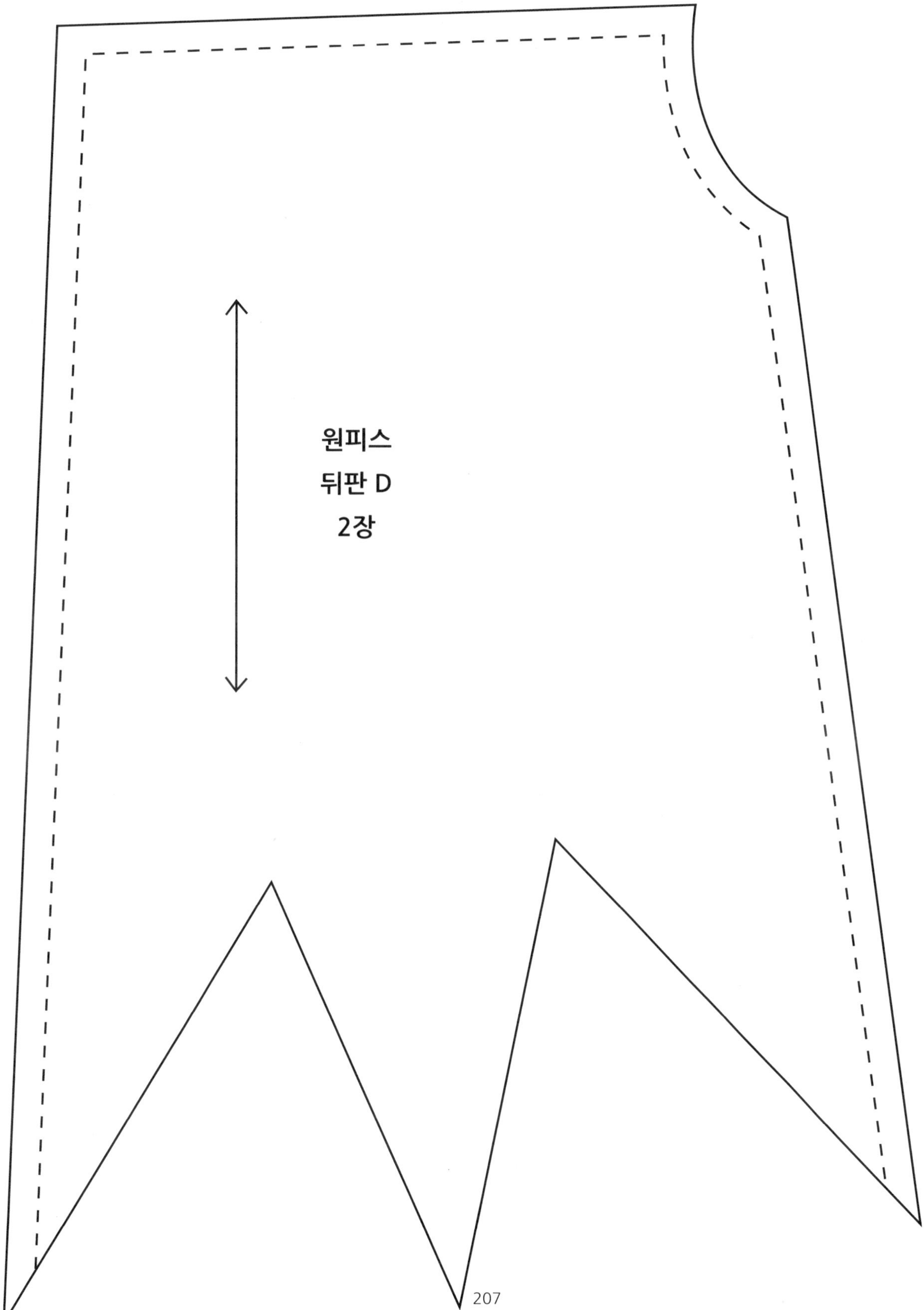
원피스
뒤판 D
2장

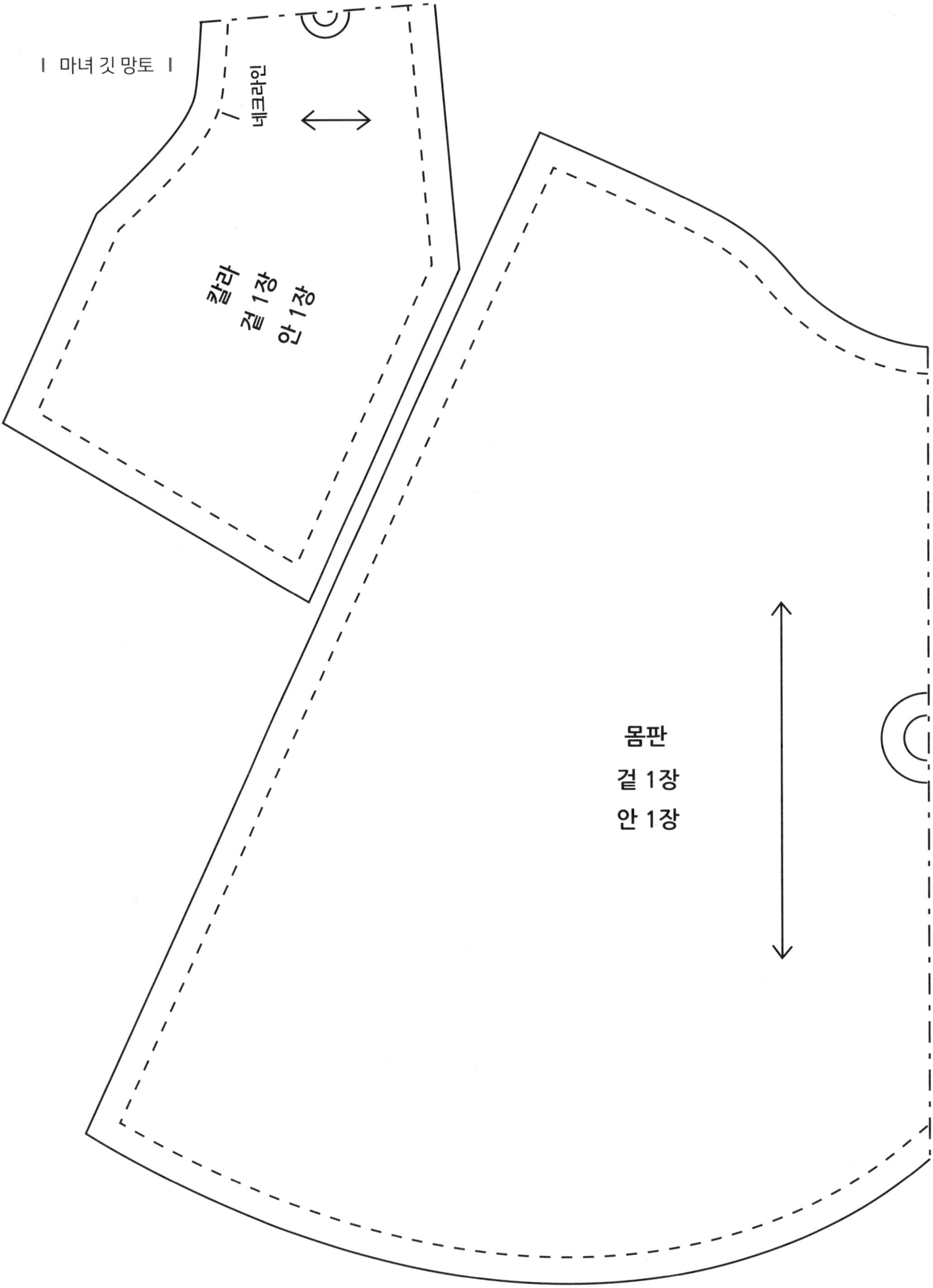
네크라인
칼라
겉 1장
안 1장
몸판
겉 1장
안 1장

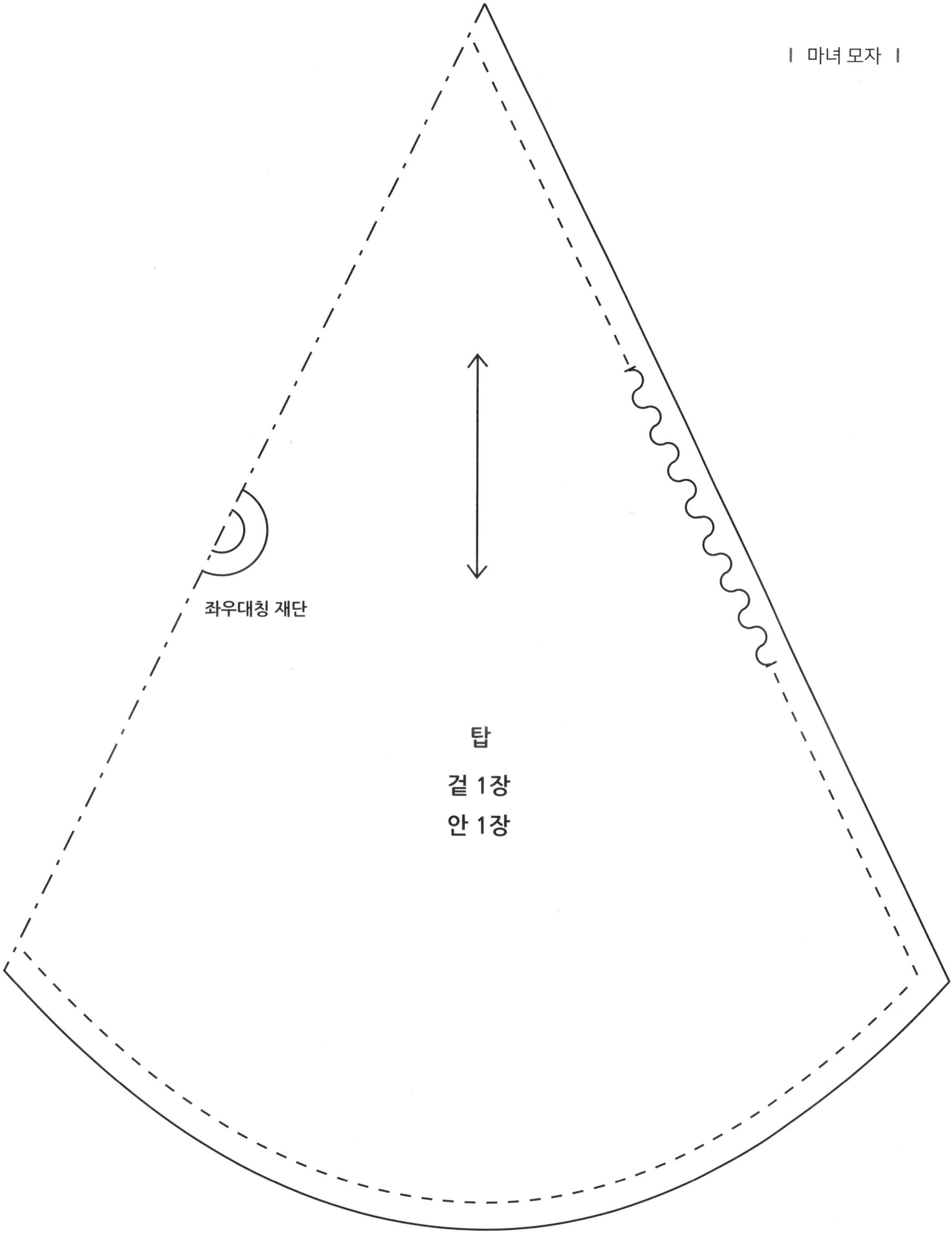
좌우대칭 재단
탑
겉 1장
안 1장

| 마녀 리본 끈 부츠 |

| 마녀 모자 |

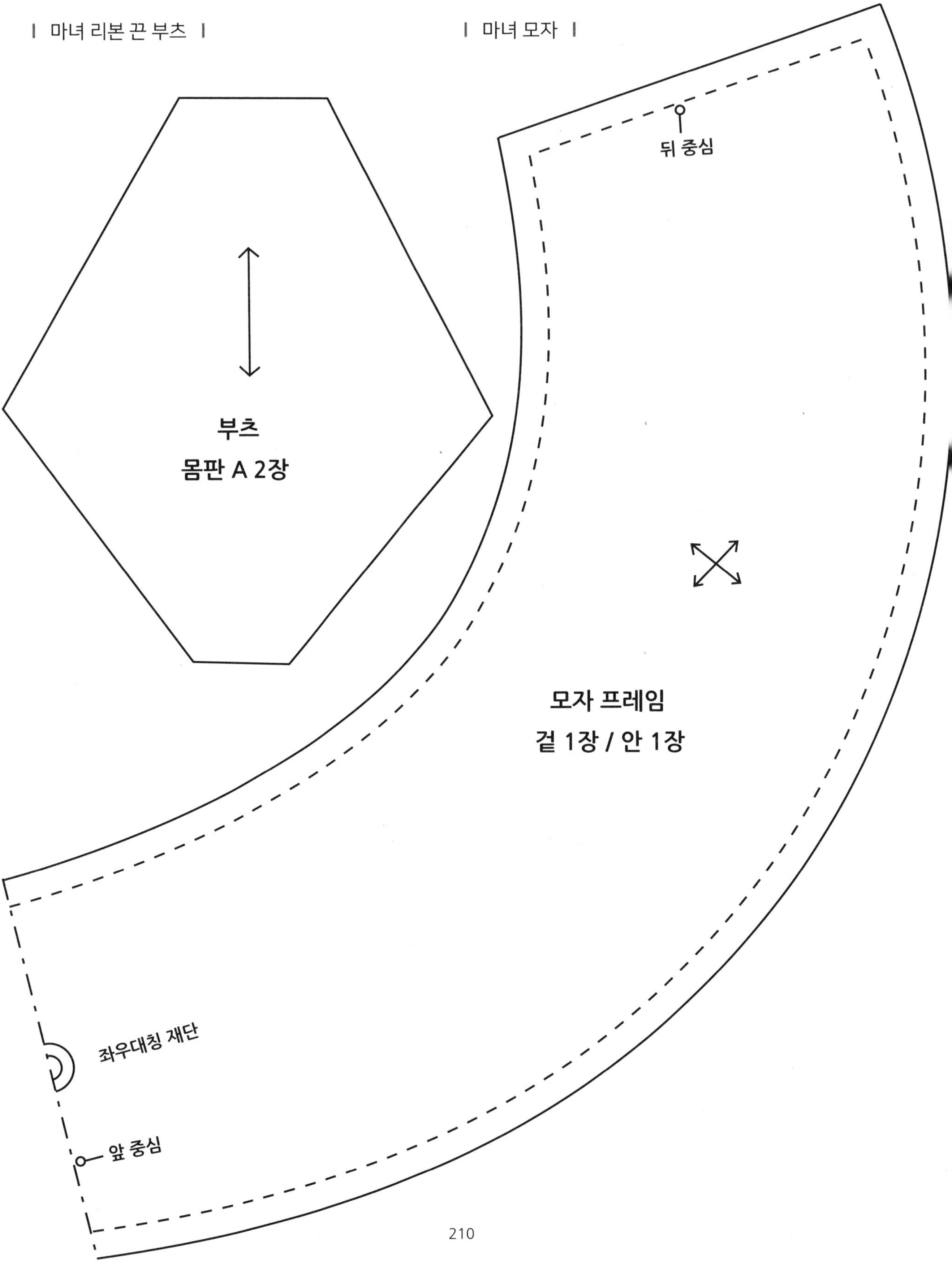

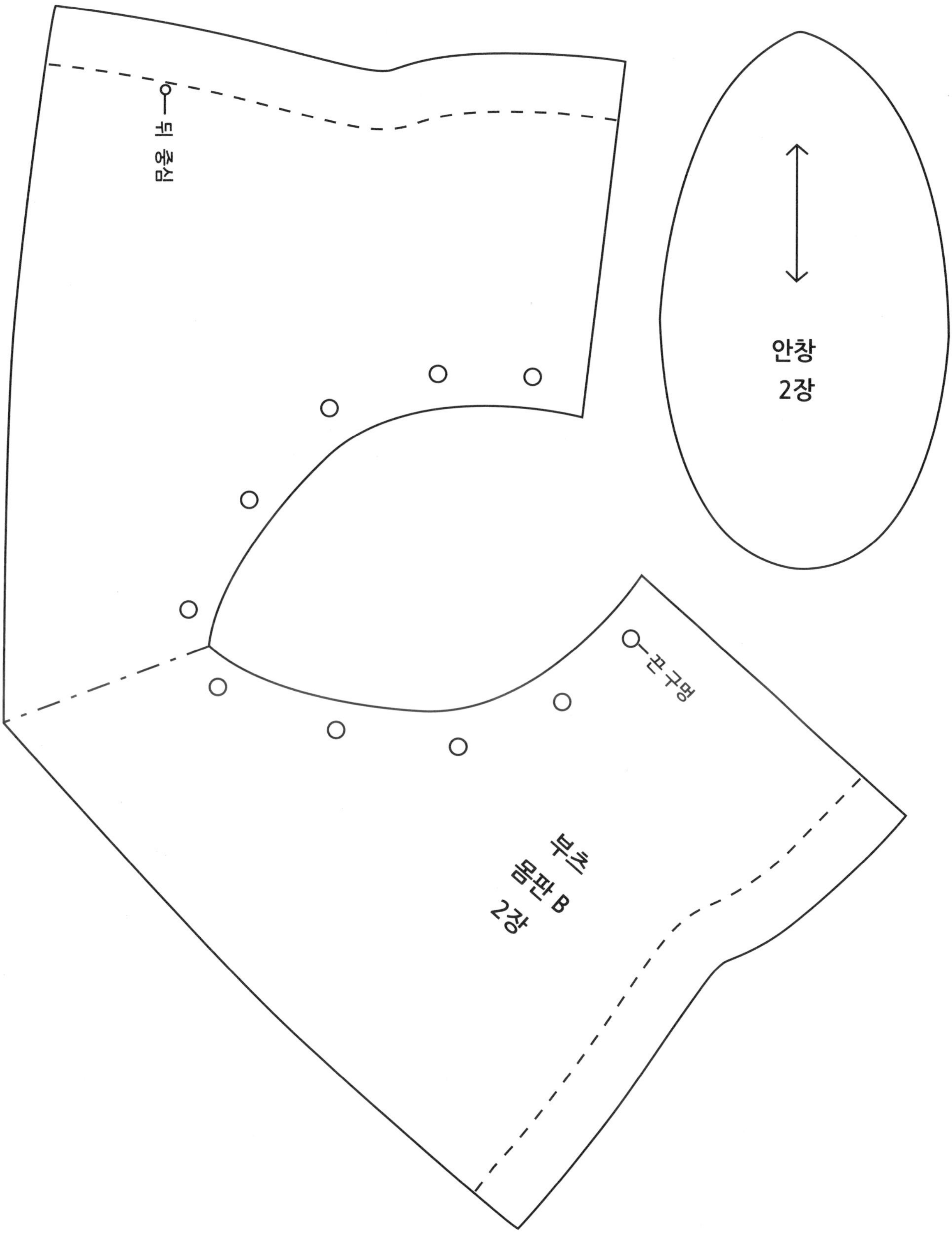
뒤 중심
끈 구멍
부츠
몸판 B
2장
안창
2장

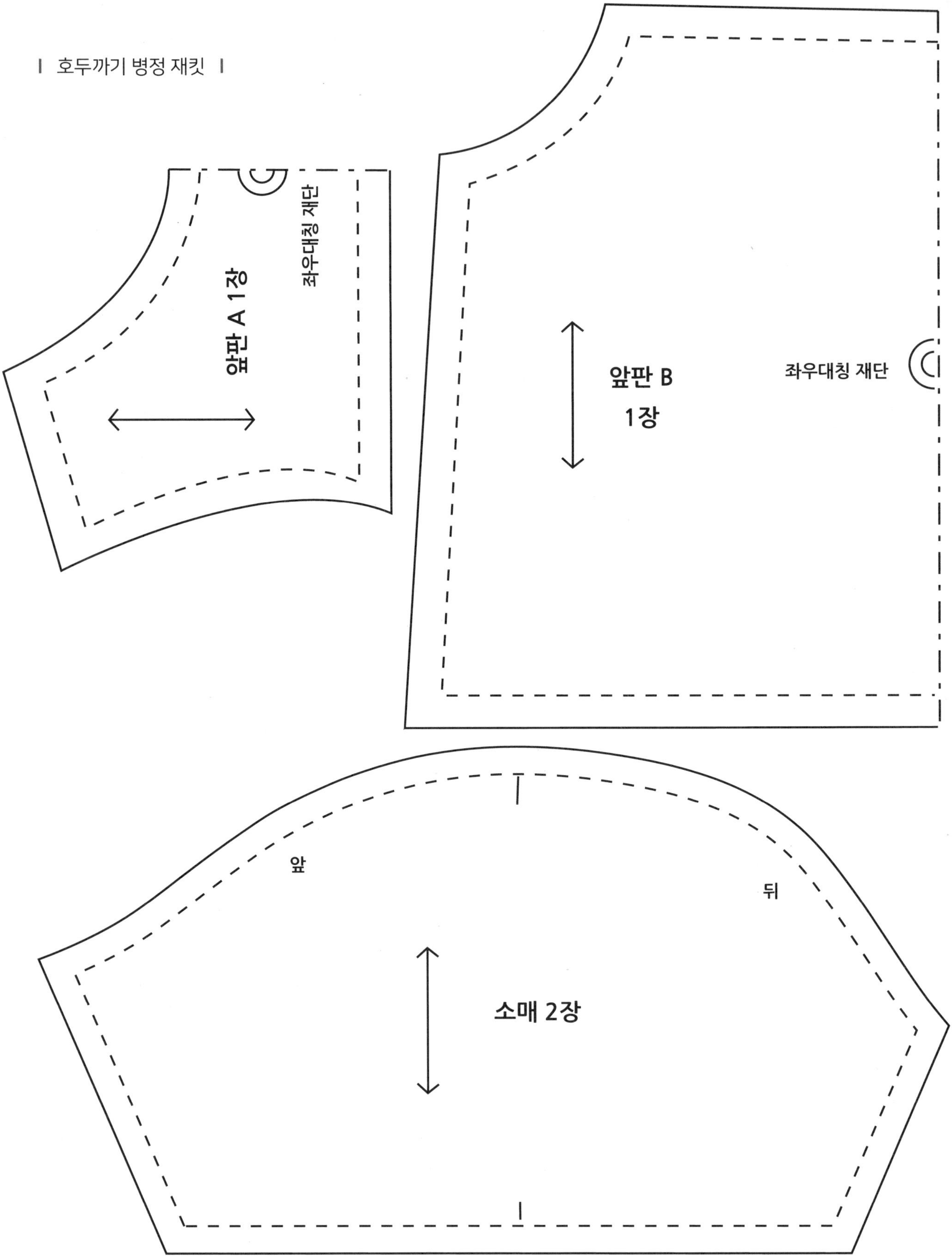
앞판 A 1장
좌우대칭 재단
앞판 B
1장
좌우대칭 재단
앞
뒤
소매 2장

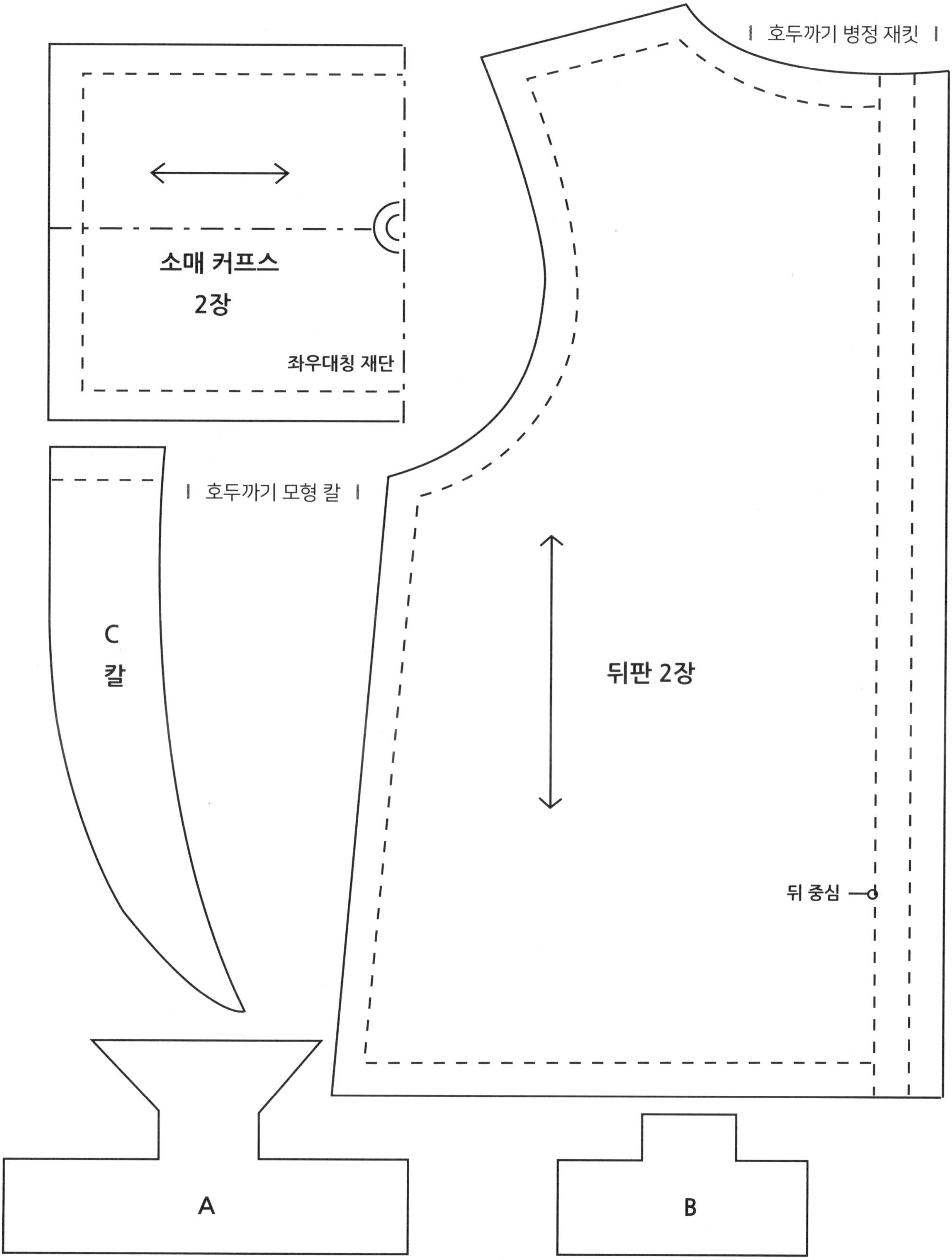

| 호두까기 병정 재킷 |
소매 커프스
2장
좌우대칭 재단
| 호두까기 모형 칼 |
C
칼
뒤판 2장
뒤 중심
A
B

호두까기 병정 재킷

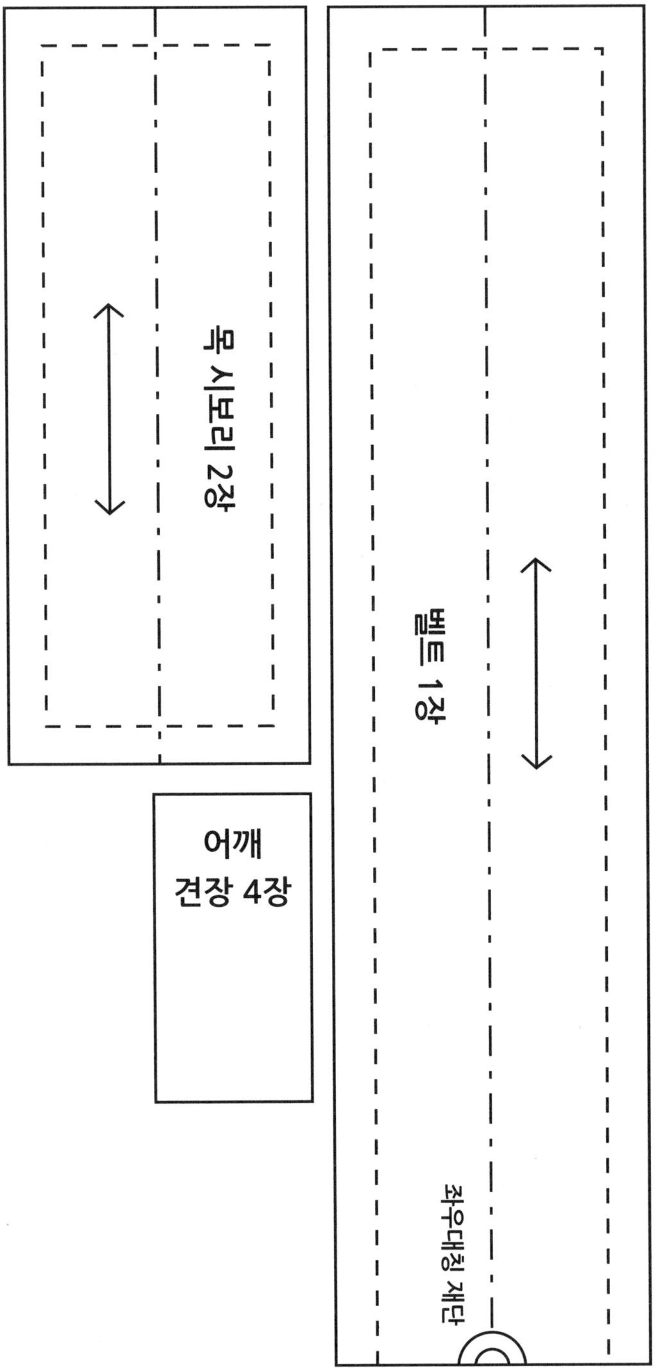

호두까기 병정 올인원 슈트

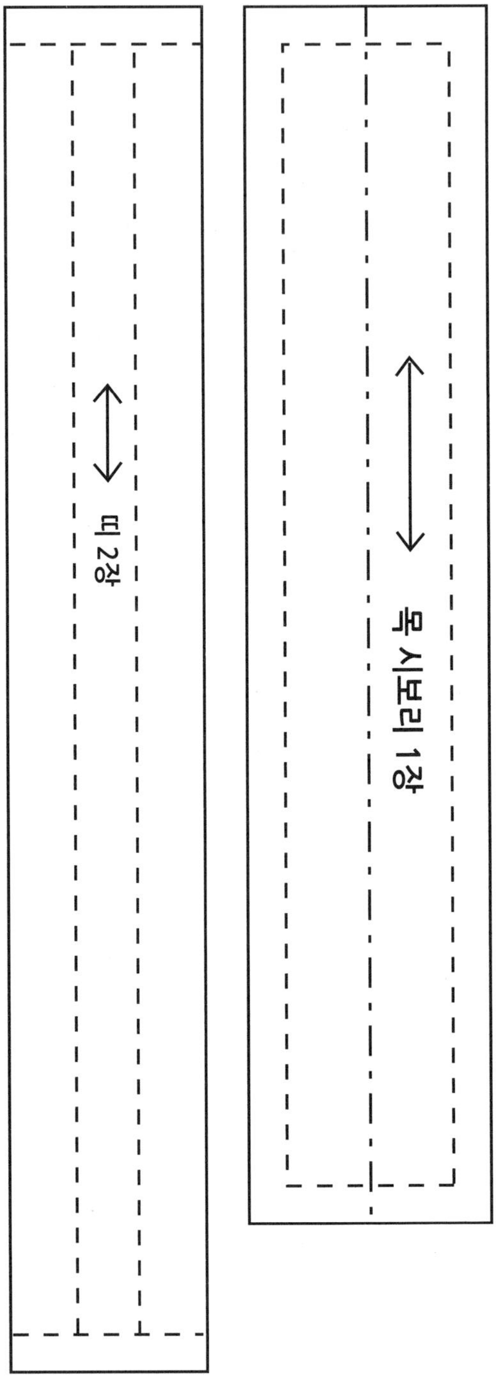

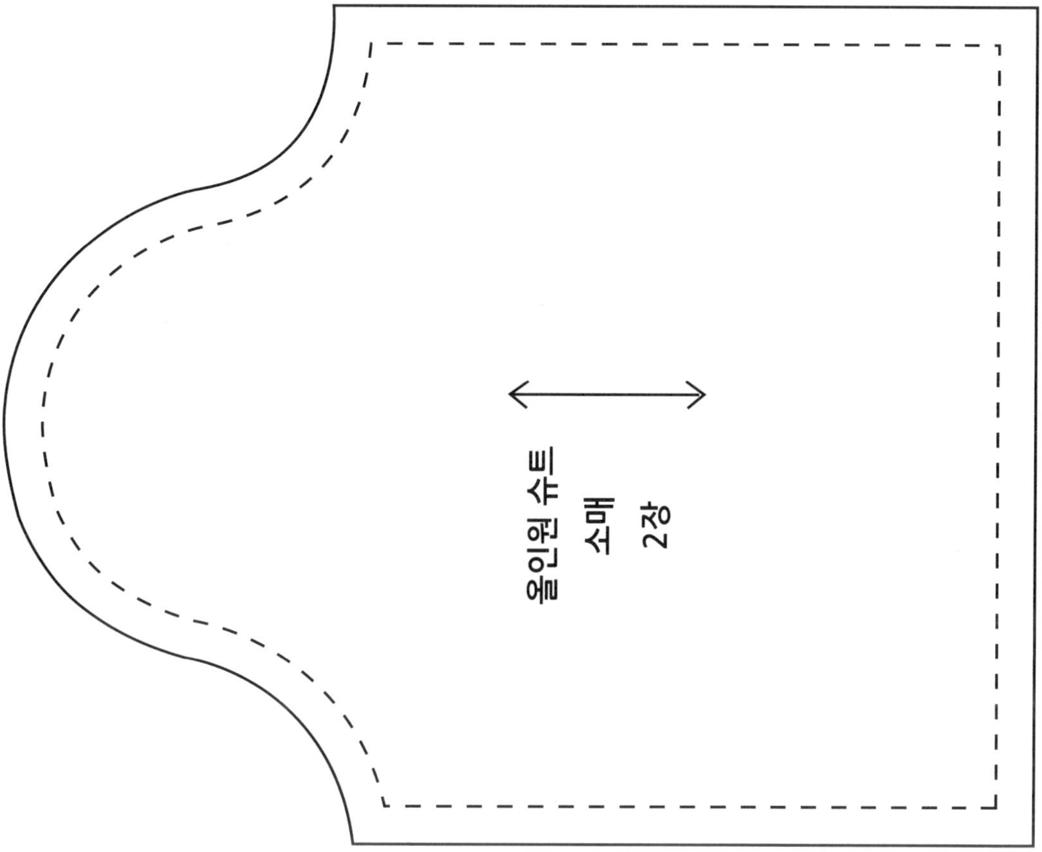
올인원 슈트
소매
2장

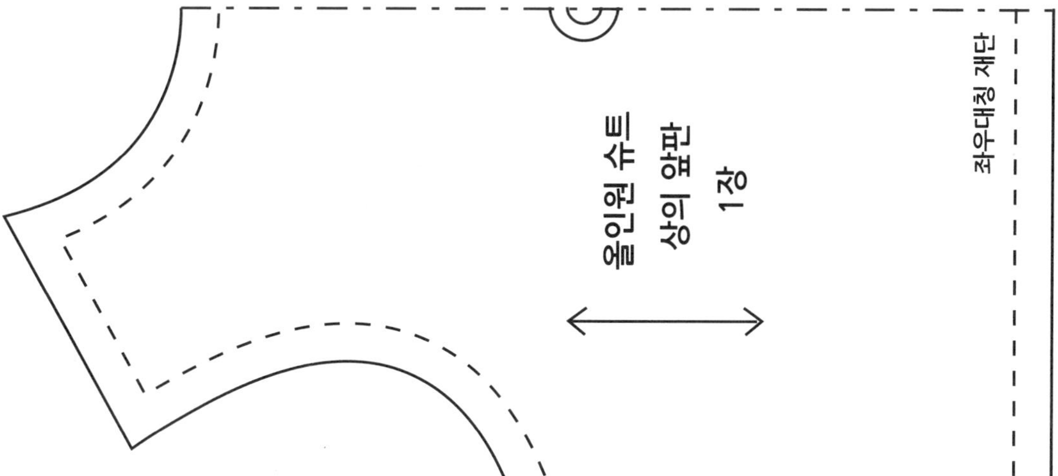
올인원 슈트
상의 앞판
1장
좌우대칭 재단

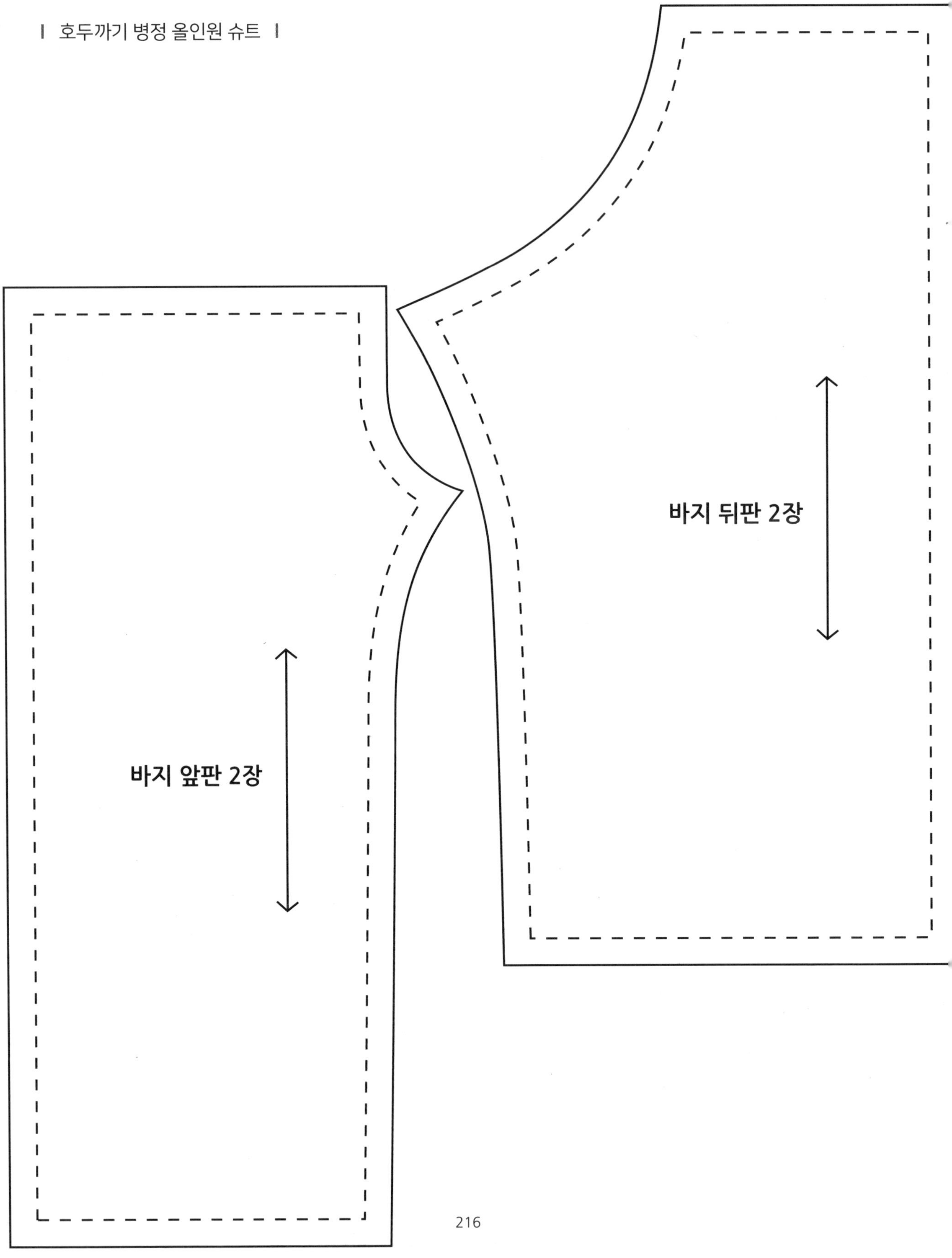
바지 앞판 2장
바지 뒤판 2장

❙ 호두까기 병정 올인원 슈트 ❙

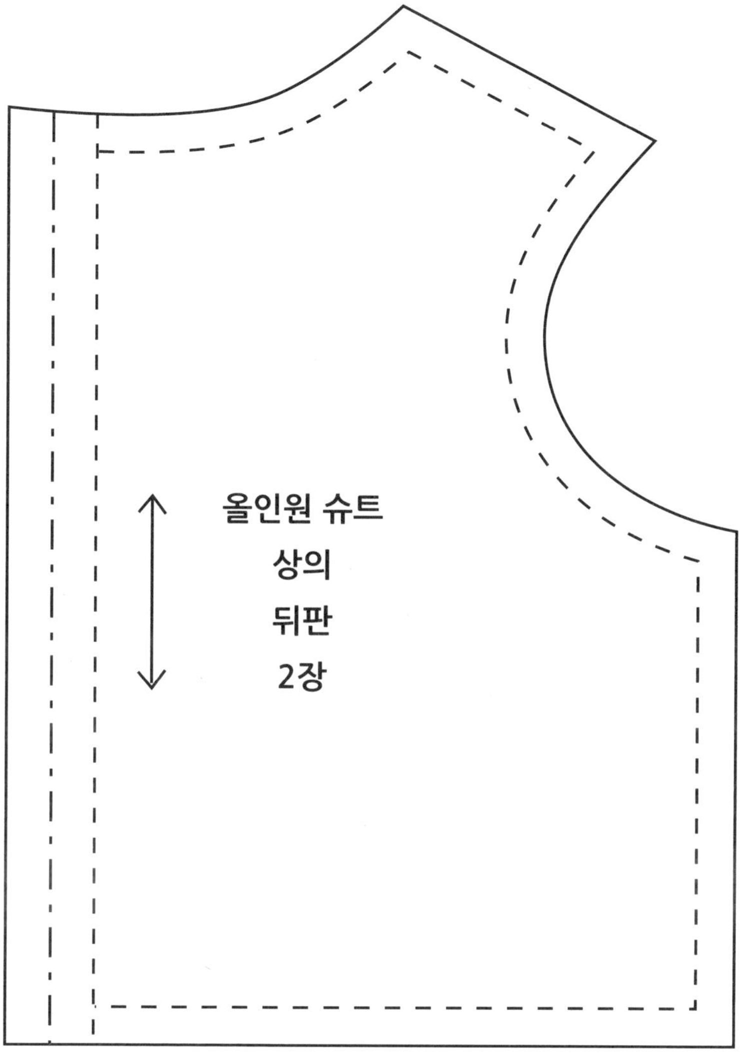

❙ 호두까기 병정 모자 ❙

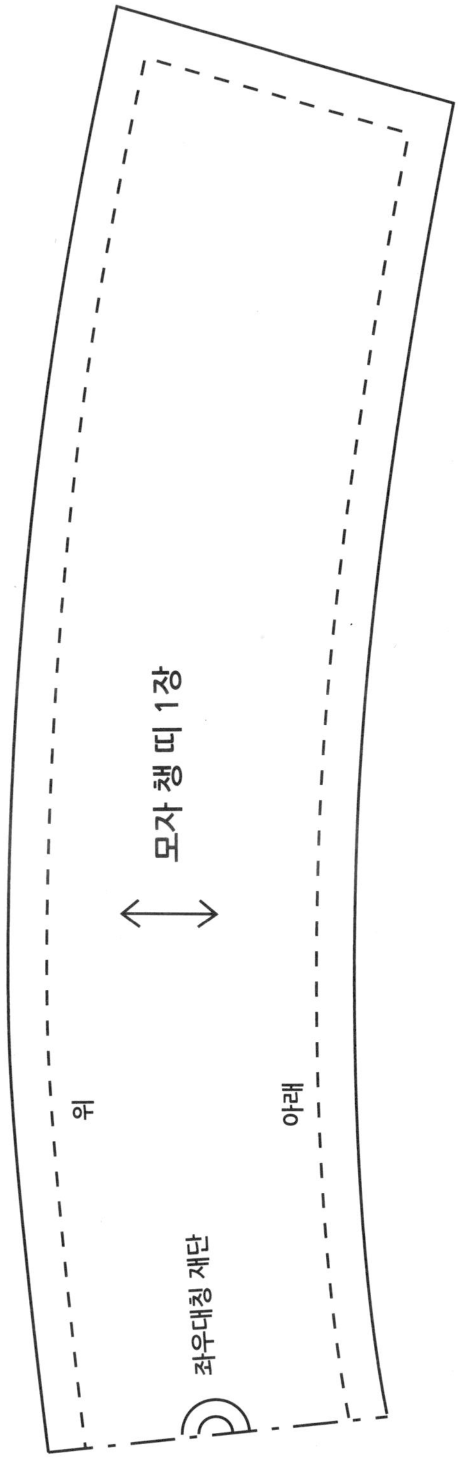

❙ 호두까기 병정 모자 ❙

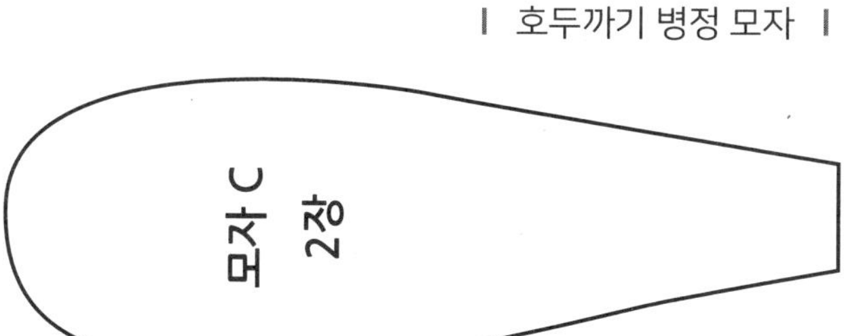

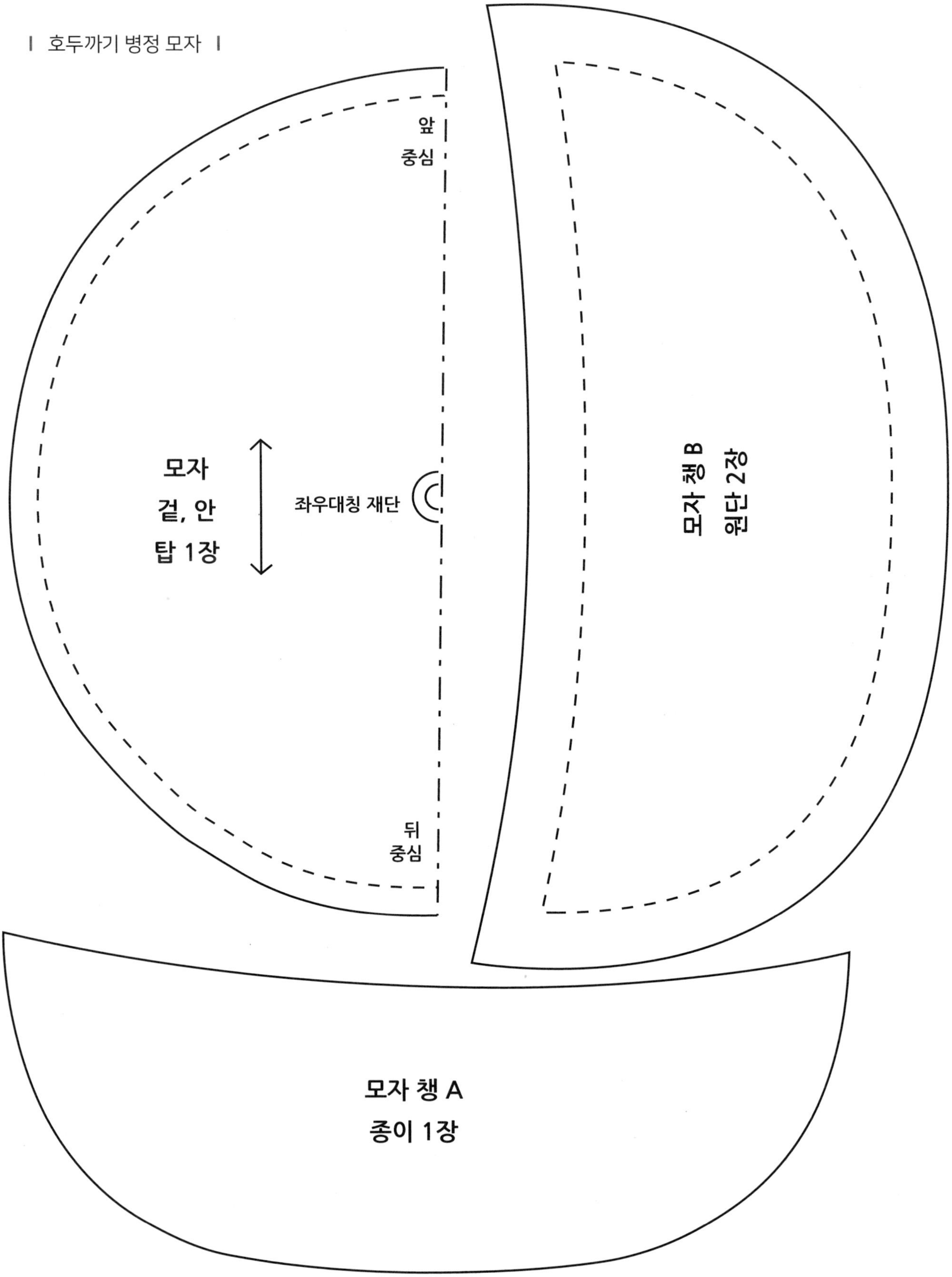
앞
중심
모자
겉, 안
탑 1장
좌우대칭 재단
뒤
중심
모자 챙 B
원단 2장
모자 챙 A
종이 1장

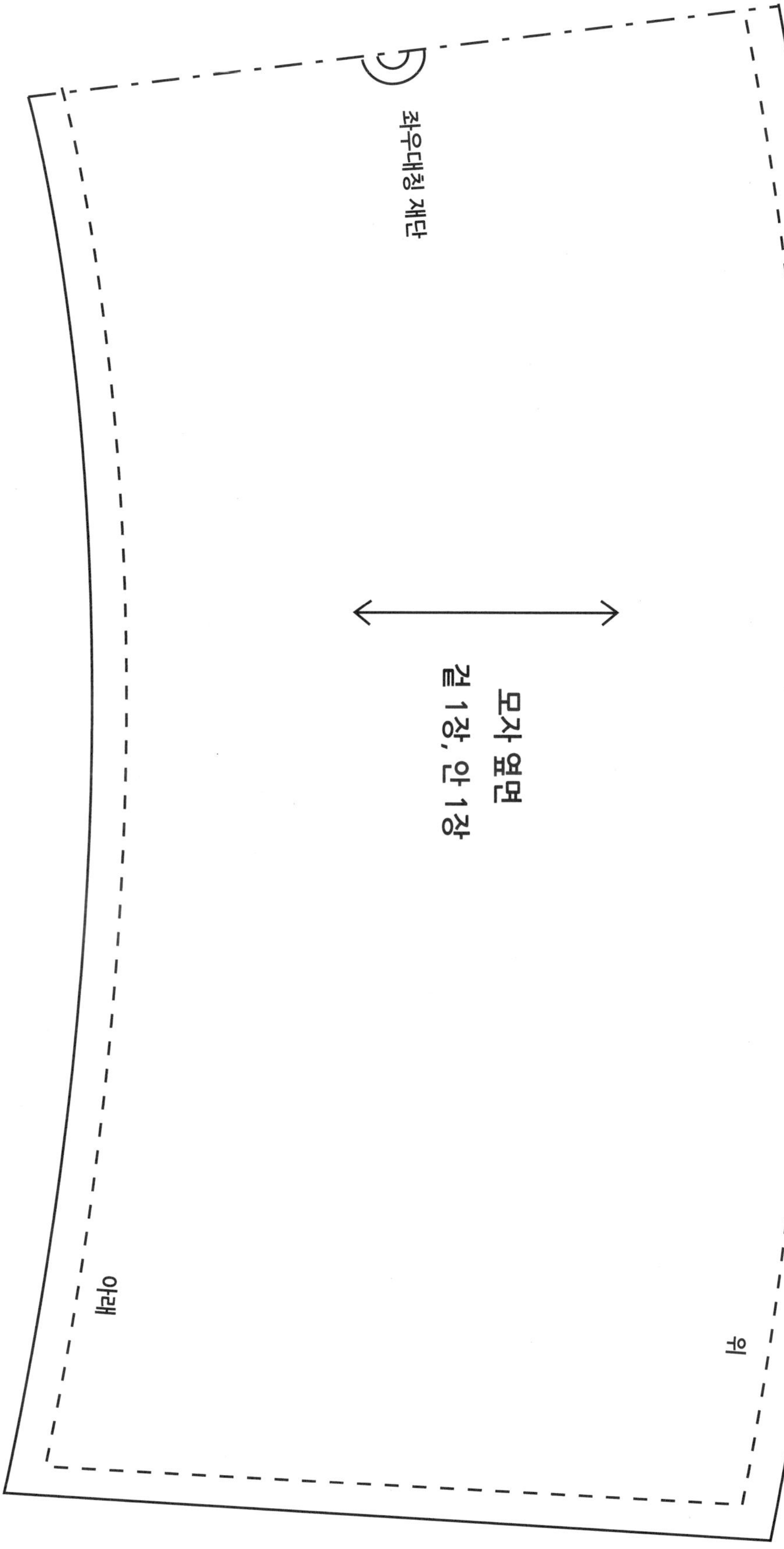
좌우대칭 재단
모자 옆면
겉 1장, 안 1장
아래
위

tip. 싼타클로스 모자 본을 뜨는 방법이에요.

❶ 옆의 실물 도안 2장을 패턴지에 본을 떠서 재단해요.

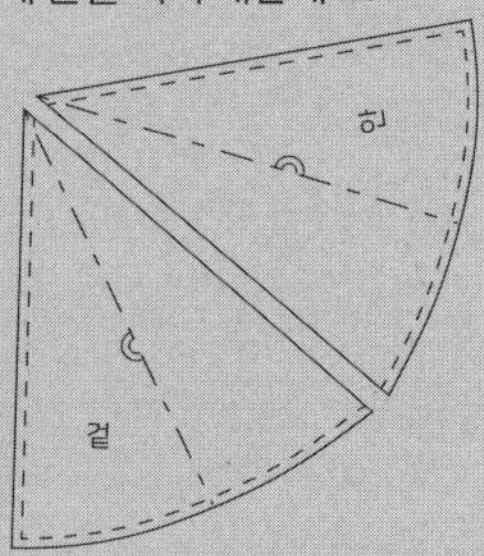

이 모습을 확인해요.

❷ 가운데 시접 없는 재단선을 확인하고 2장을 맞대요.

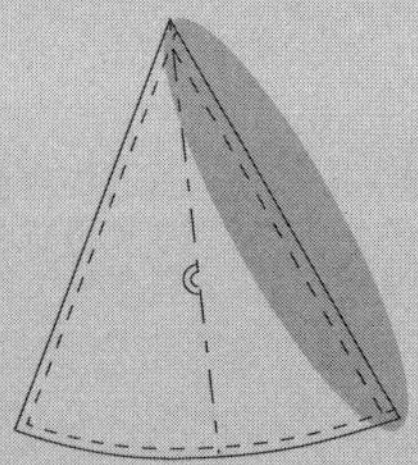

시접이 없는 쪽에 0.5cm 너비로 완성선을 체크하고 시침핀으로 고정한 후 완성선을 따라 박음질해요.

❸ 시접 정리를 하고 겉으로 펼치면 실물 도안 2장을 연결한 모습이에요.

❹ 이제 원단을 준비하고 p.134 how to make 01번 작업을 해요.

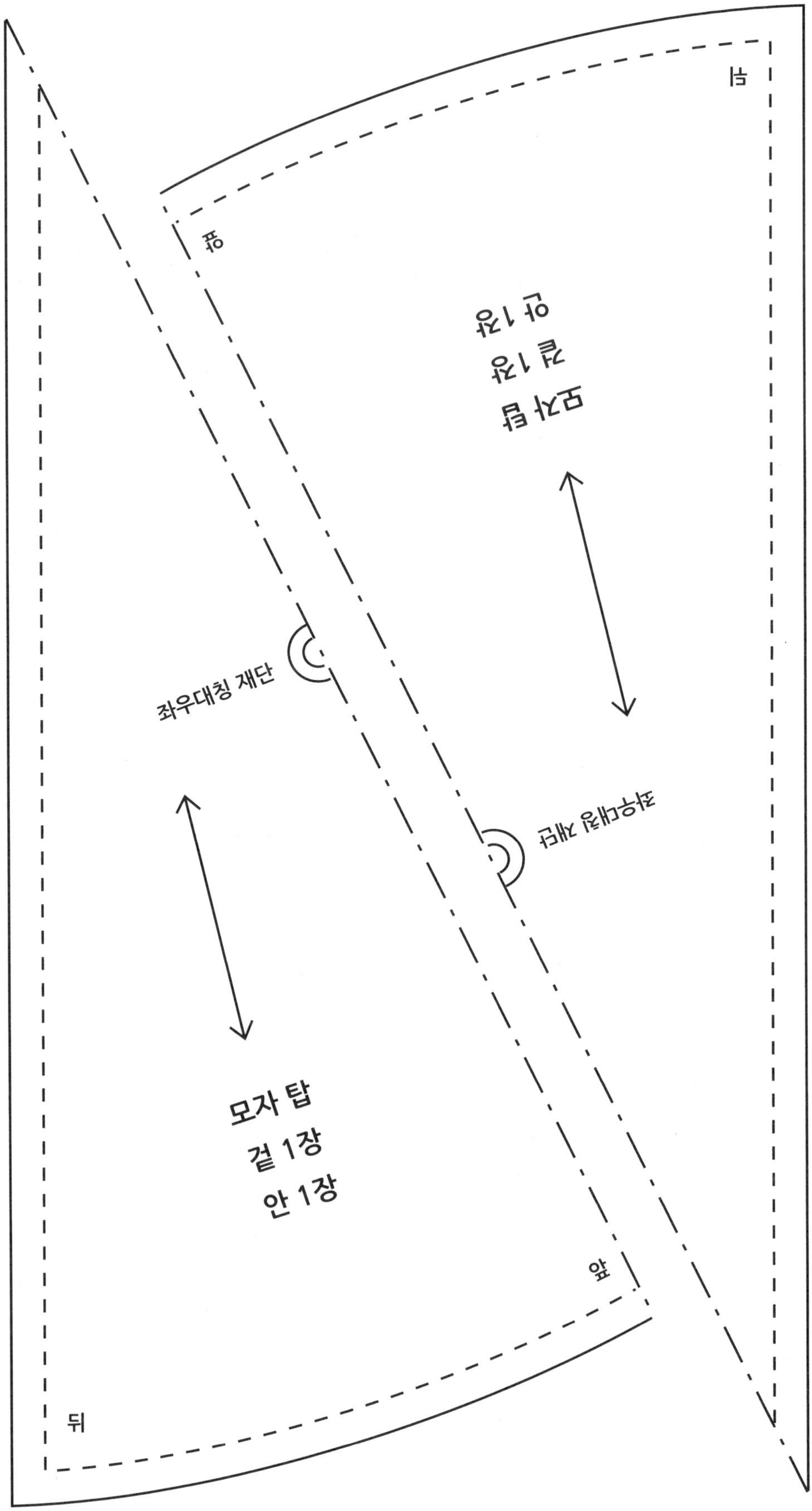

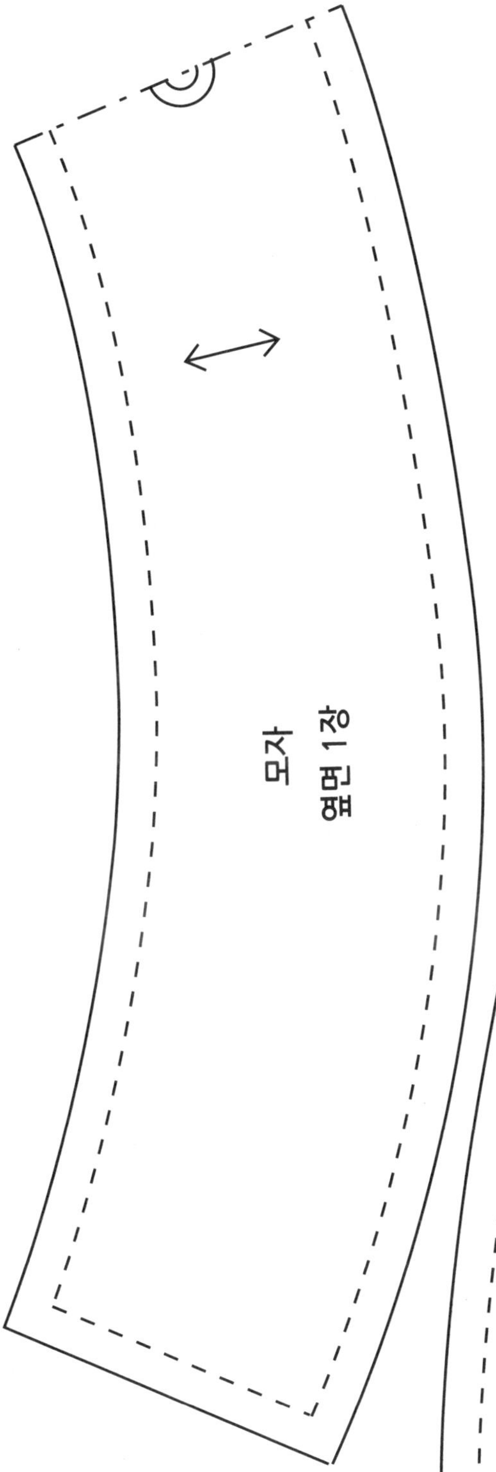
모자
옆면 1장

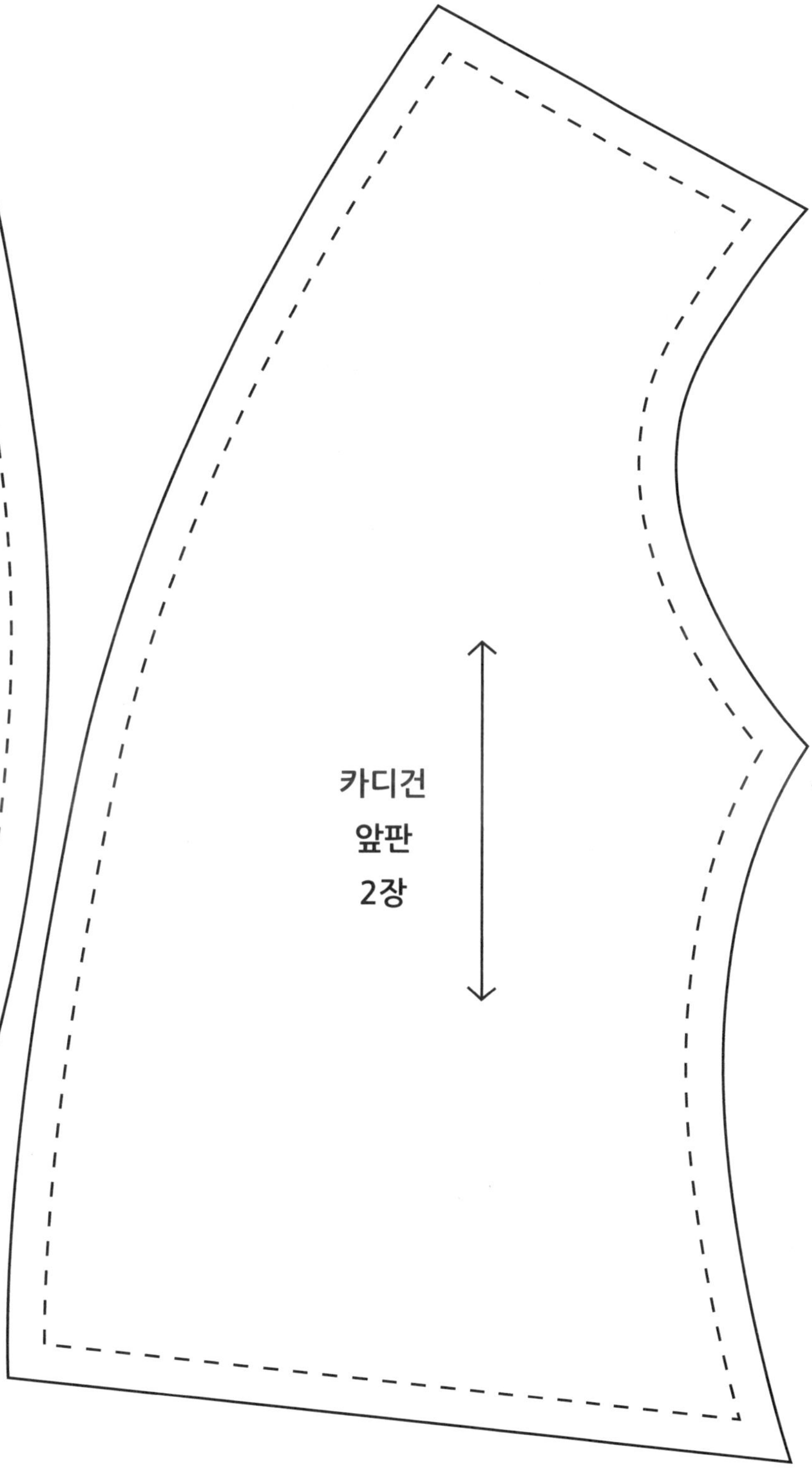
카디건
앞판
2장

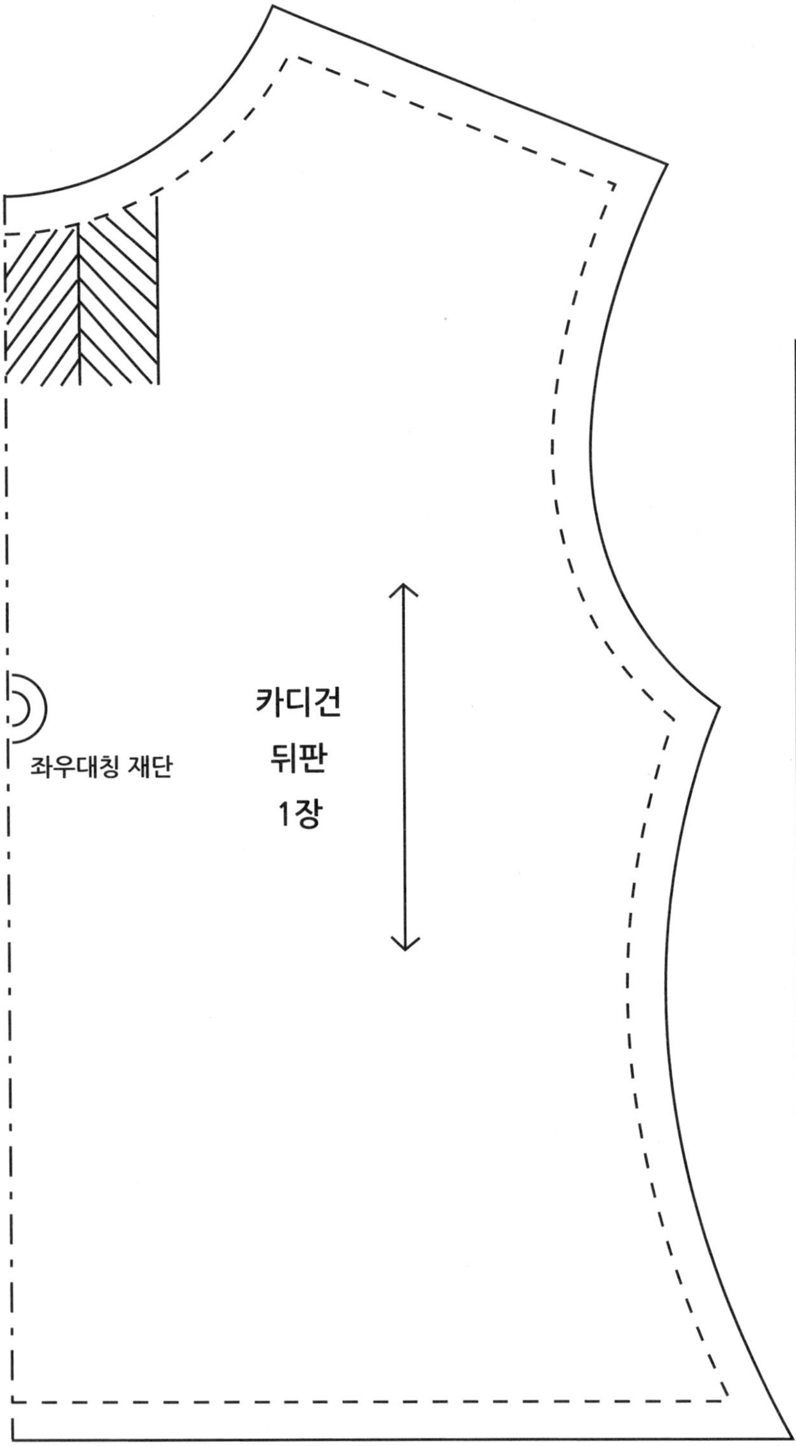
좌우대칭 재단
카디건
뒤판
1장

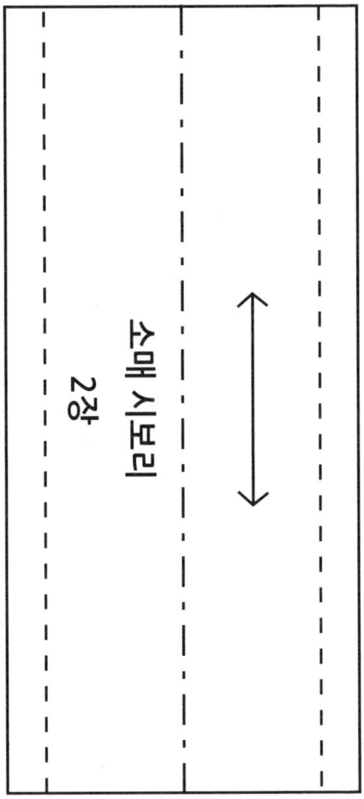
소매 시보리
2장

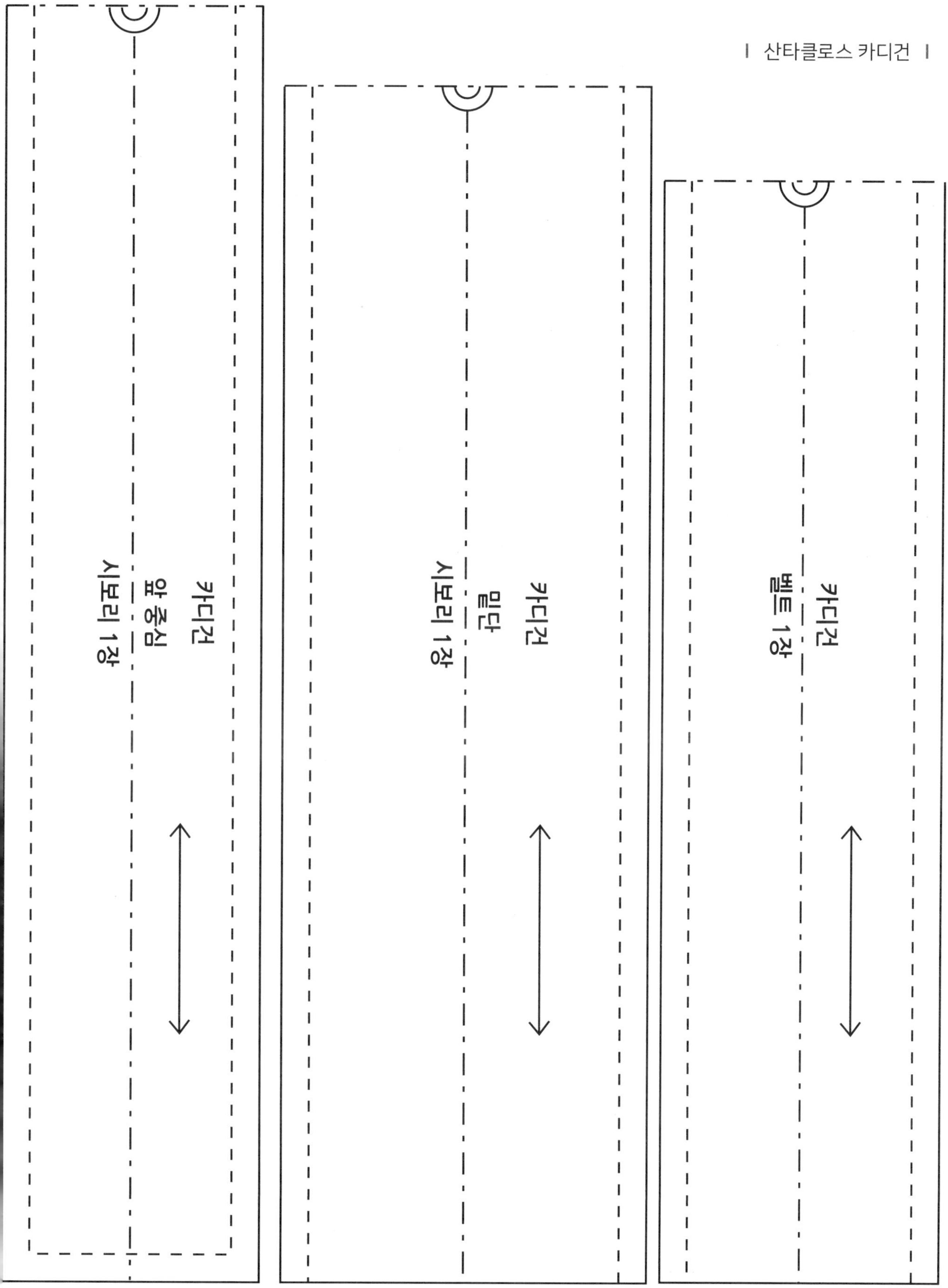
카디건
앞 중심
시보리 1장
카디건
밑단
시보리 1장
카디건
벨트 1장

| 산타클로스 카디건 |

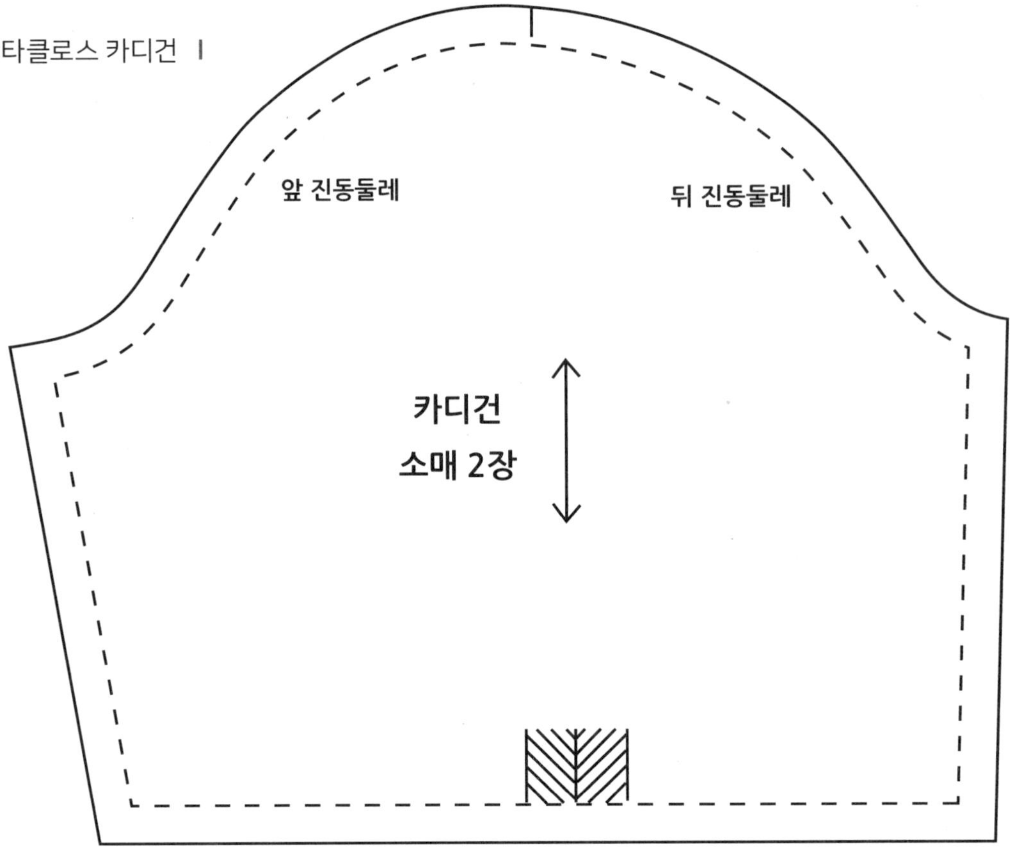

| 산타클로스 올인원 슈트 |

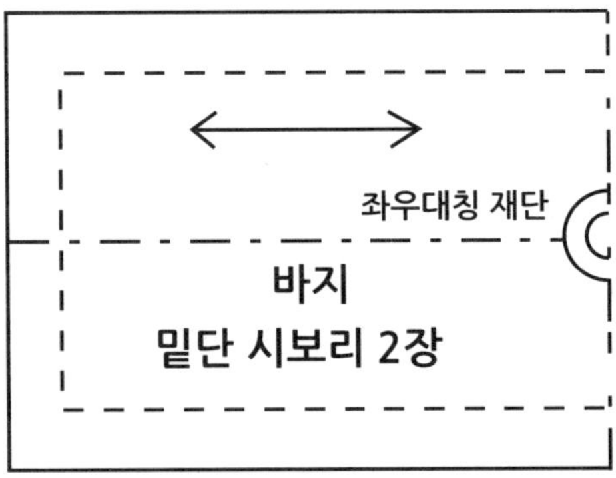

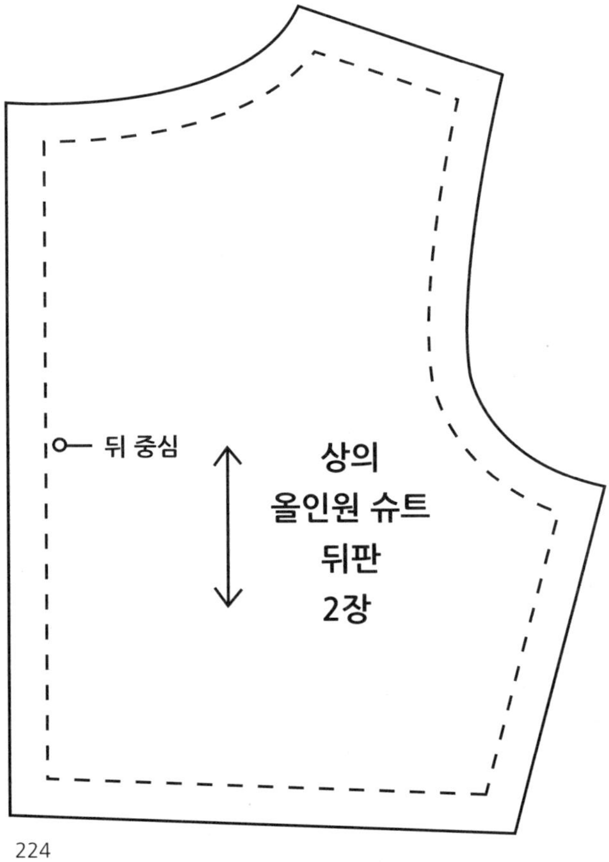

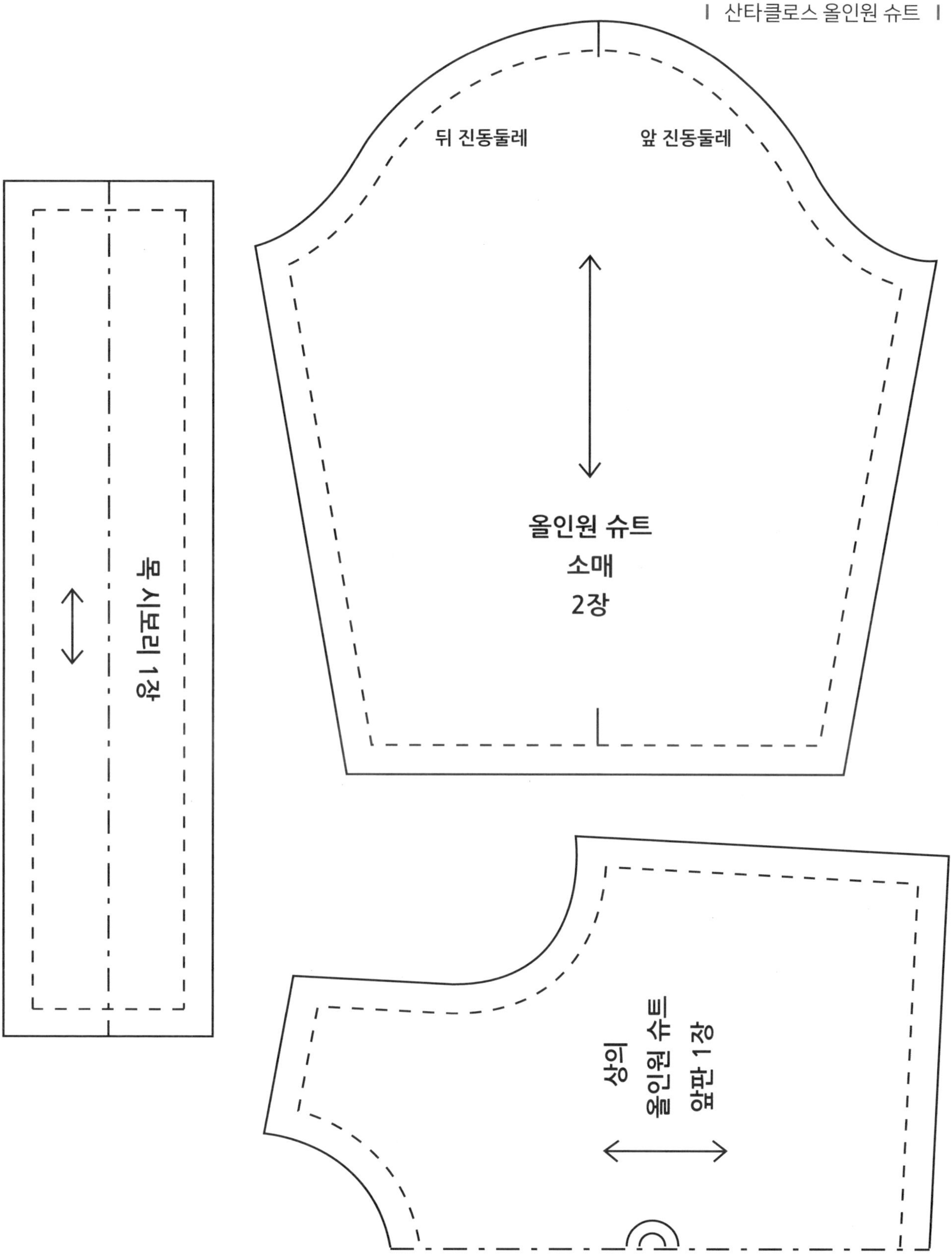
뒤 진동둘레
앞 진동둘레
올인원 슈트
소매
2장
목 시보리 1장
상의
올인원 슈트
앞판 1장

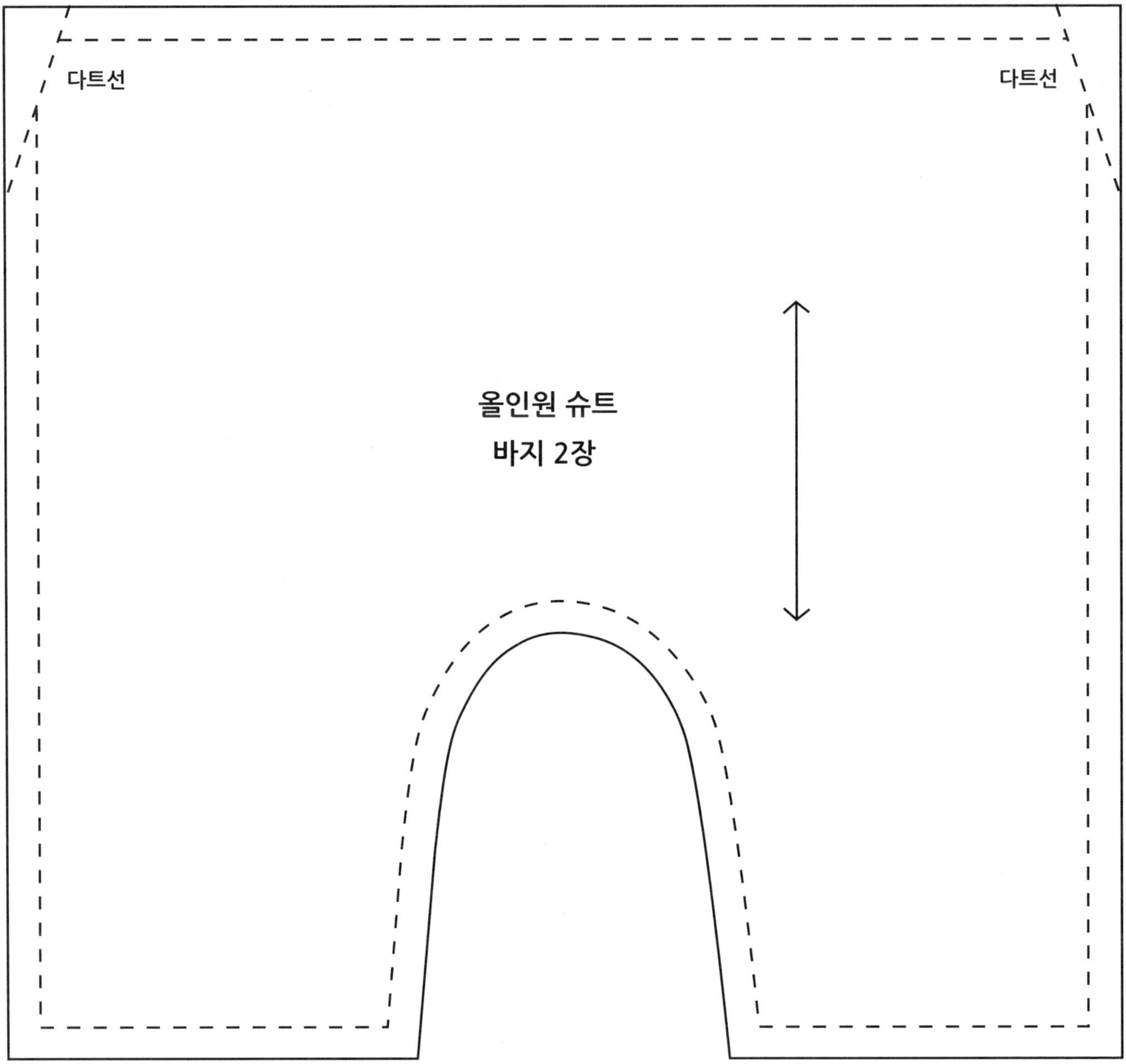
다트선
다트선
올인원 슈트
바지 2장

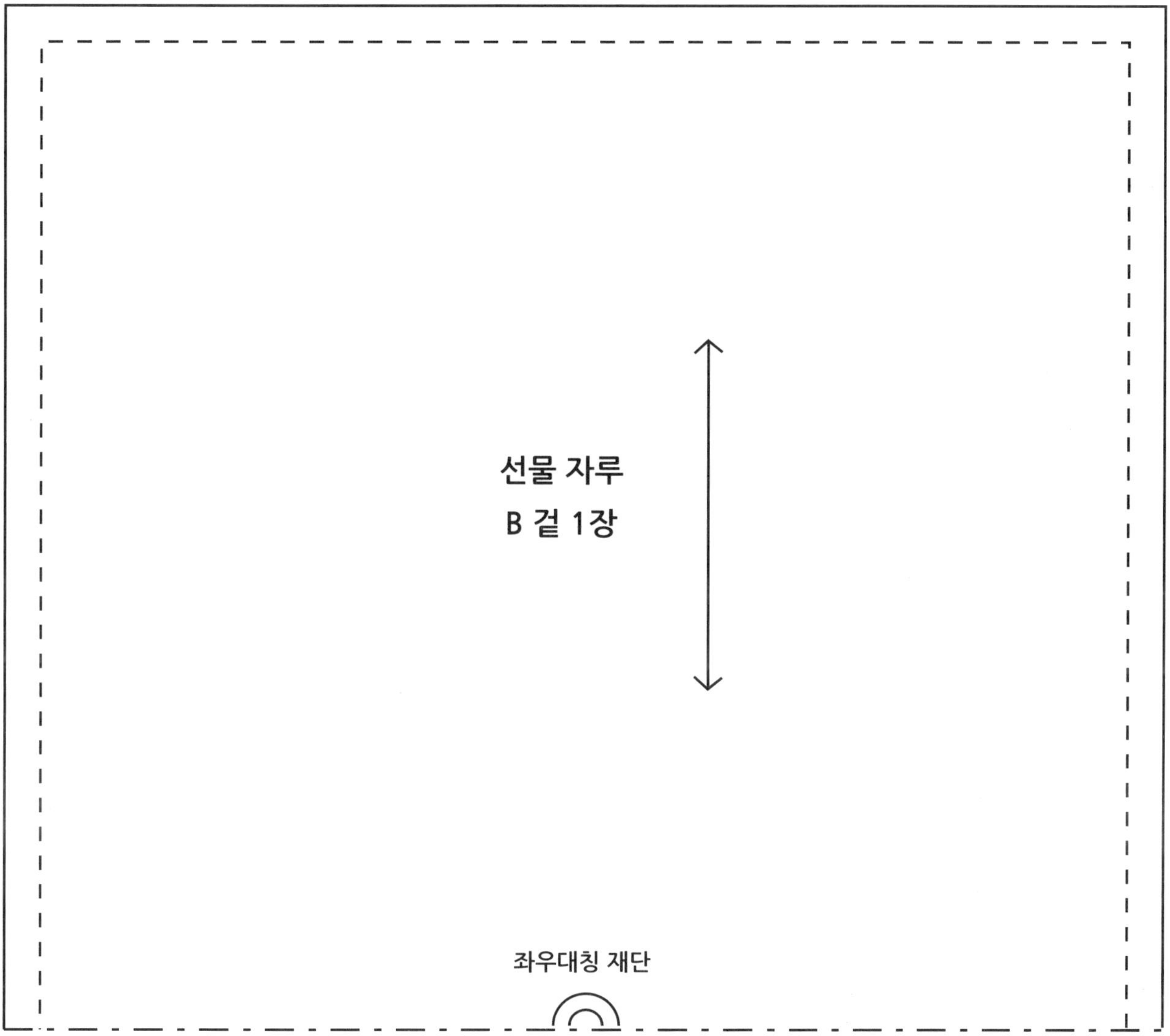
선물 자루
B 겉 1장
좌우대칭 재단

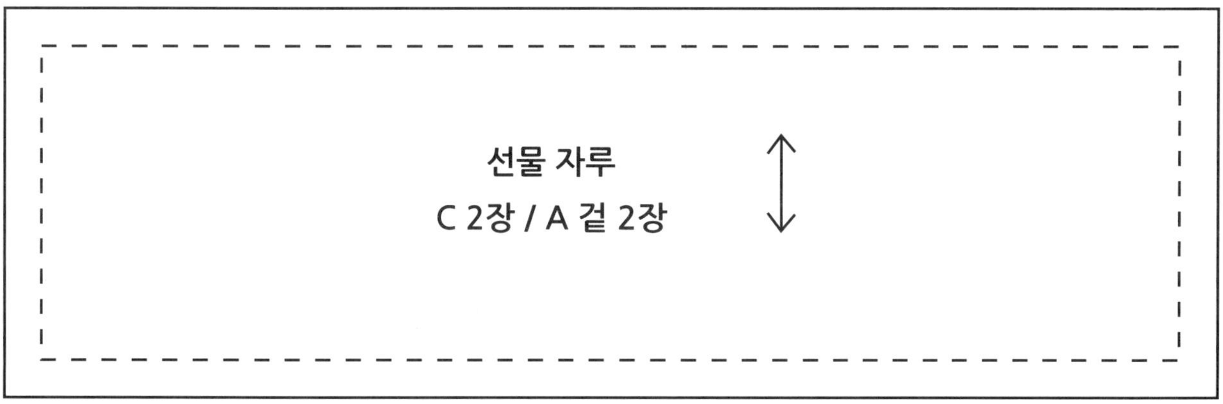
선물 자루
C 2장 / A 겉 2장

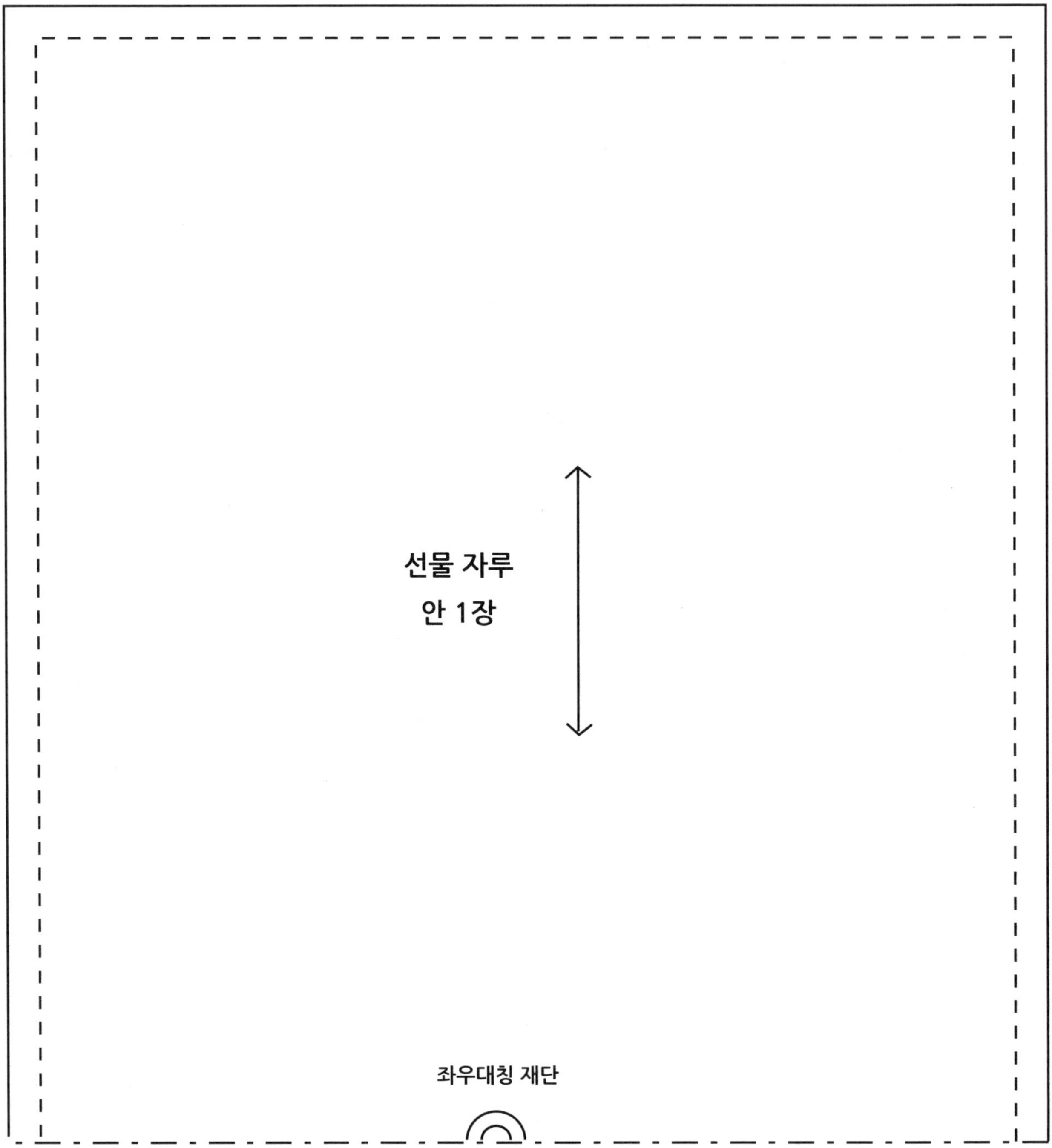
선물 자루
안 1장
좌우대칭 재단

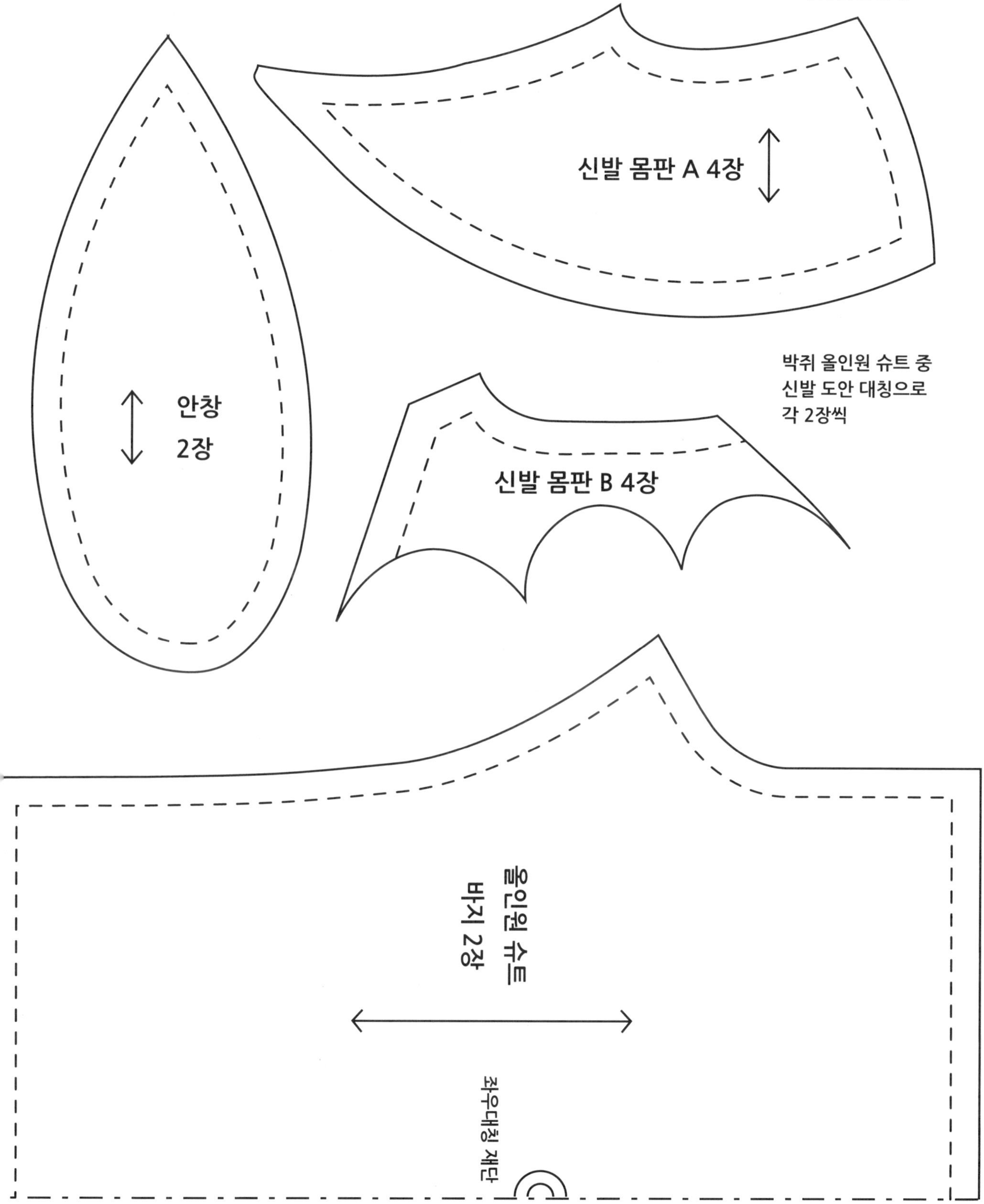
안창
2장
신발 몸판 A 4장
박쥐 올인원 슈트 중
신발 도안 대칭으로
각 2장씩
신발 몸판 B 4장
올인원 슈트
바지 2장
좌우대칭 재단

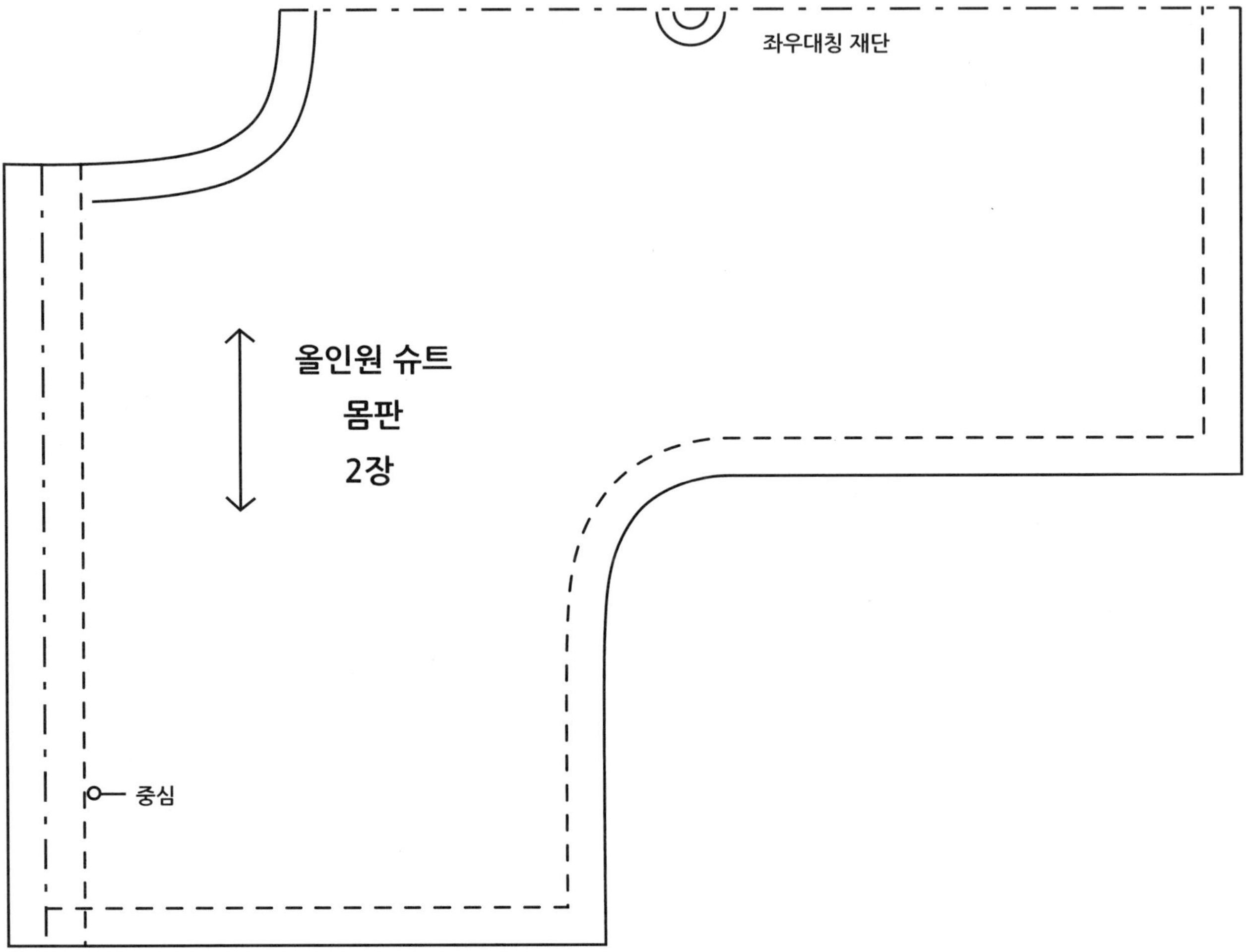
좌우대칭 재단
올인원 슈트
몸판
2장
중심

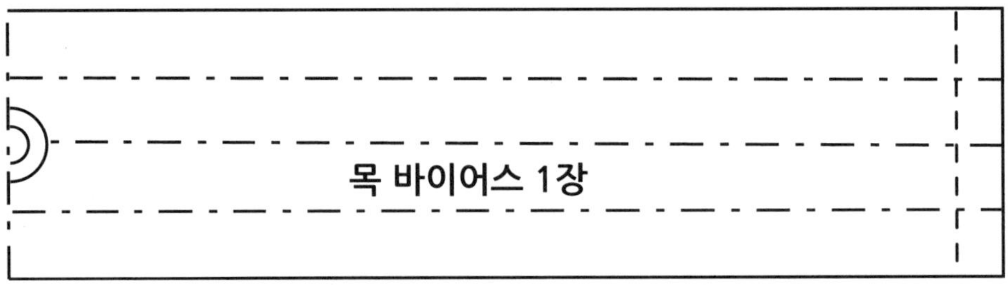
목 바이어스 1장

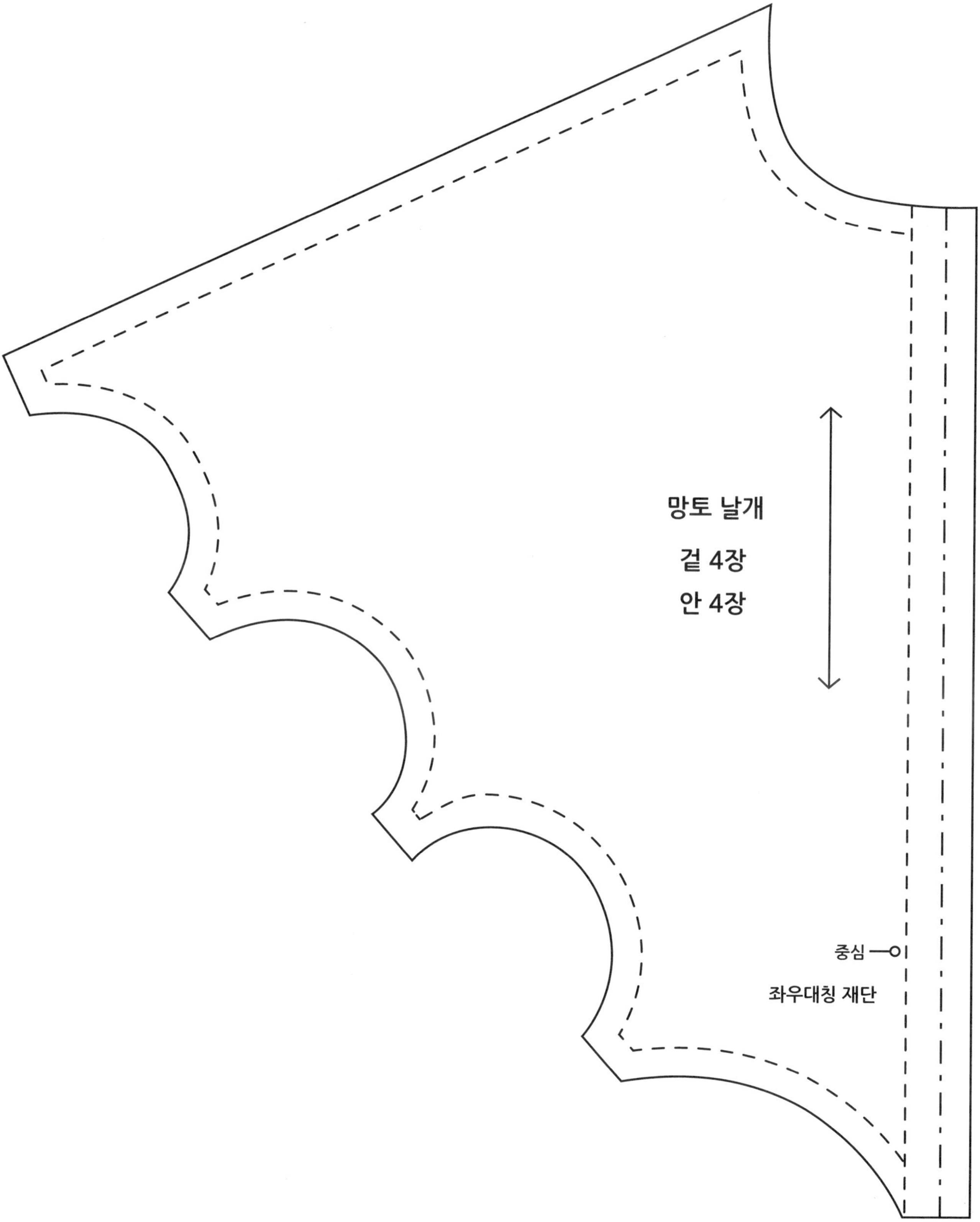
망토 날개
겉 4장
안 4장
중심
좌우대칭 재단

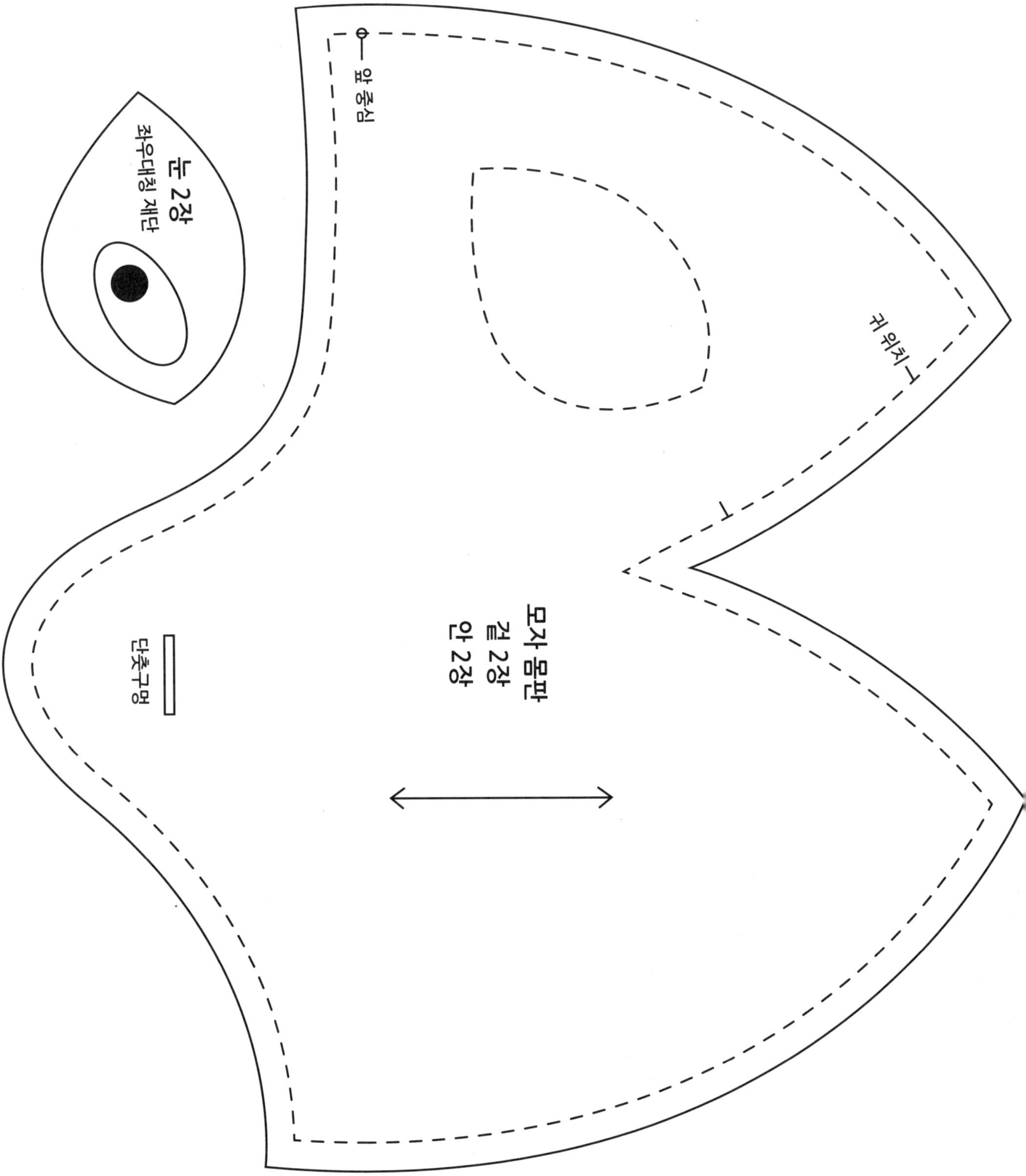
앞 중심
눈 2장
좌우대칭 재단
귀 위치
모자 몸판
겉 2장
안 2장
단춧구멍

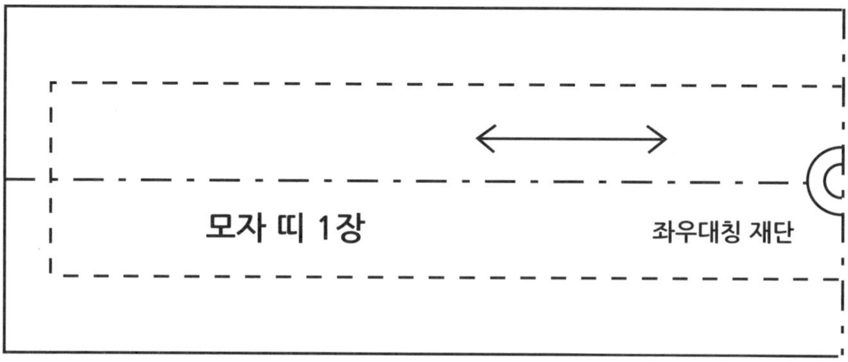
모자 띠 1장
좌우대칭 재단

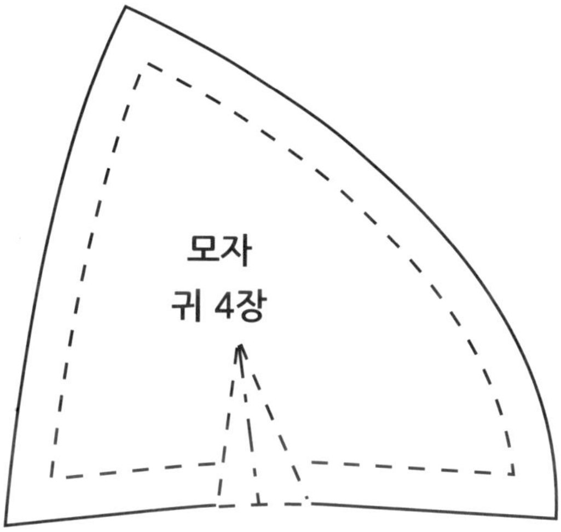
모자
귀 4장

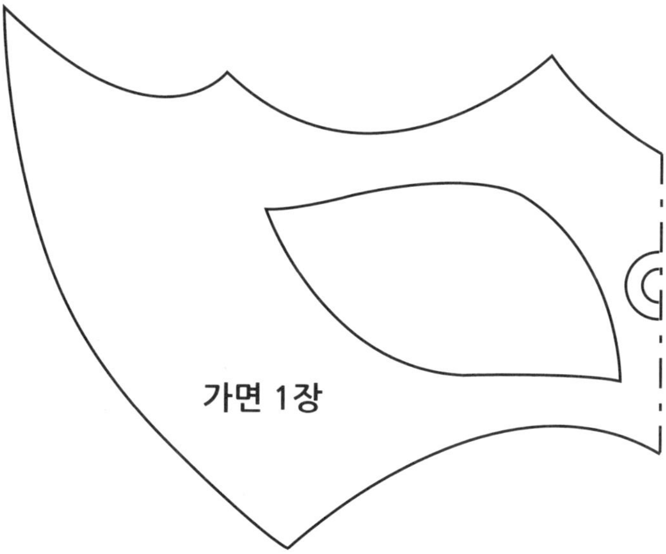
가면 1장

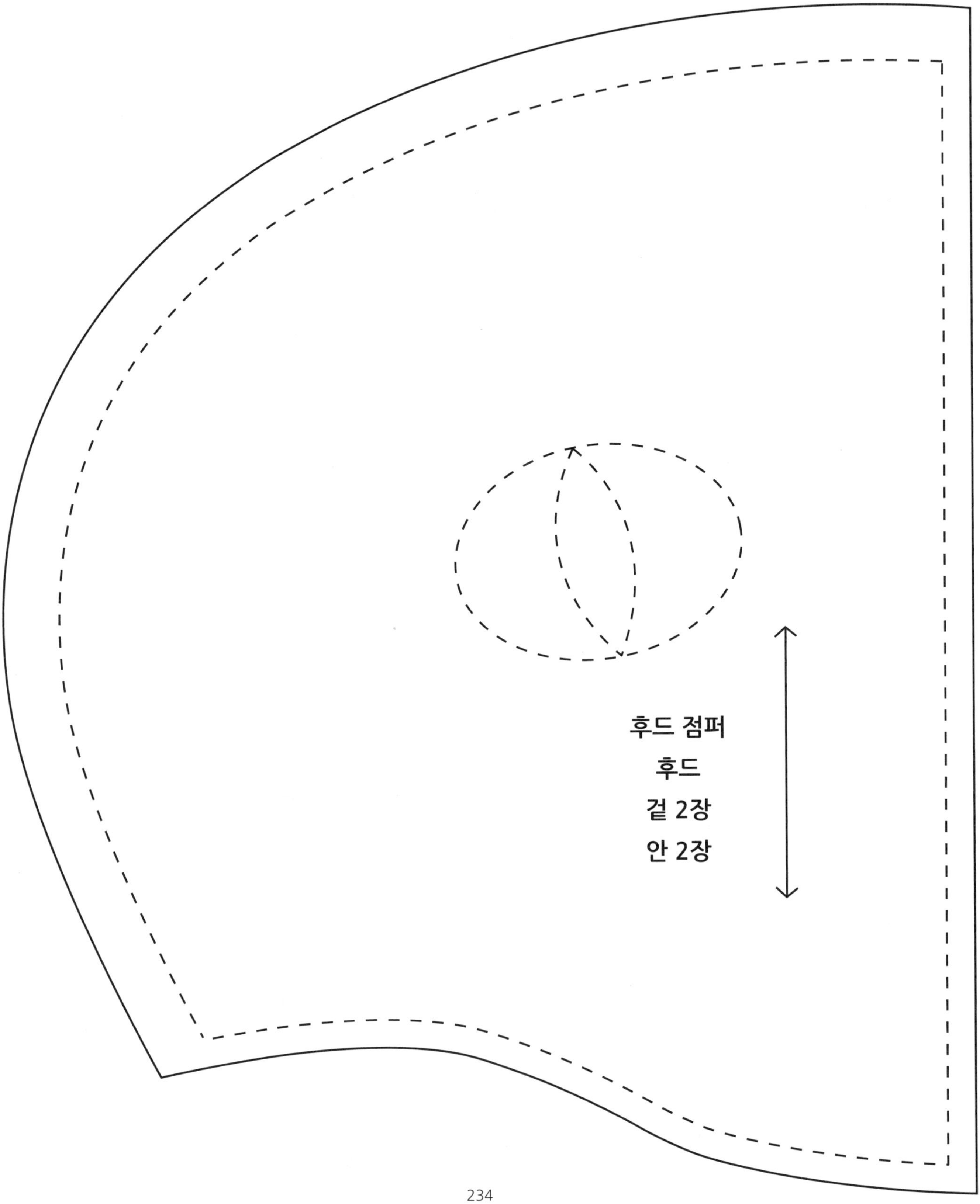
후드 점퍼
후드
겉 2장
안 2장

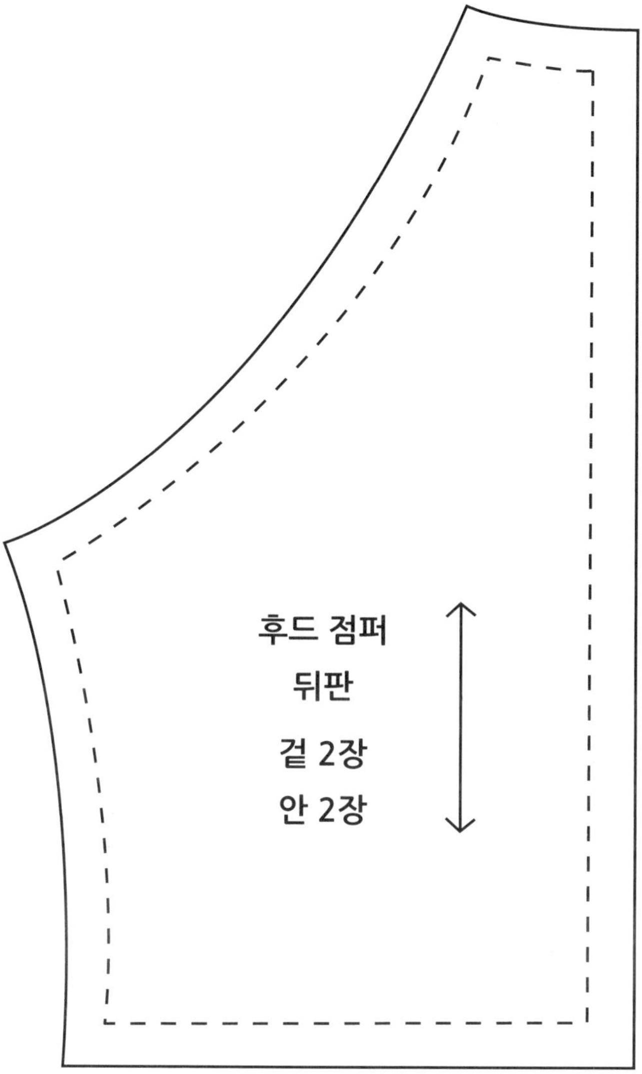
후드 점퍼
뒤판
겉 2장
안 2장

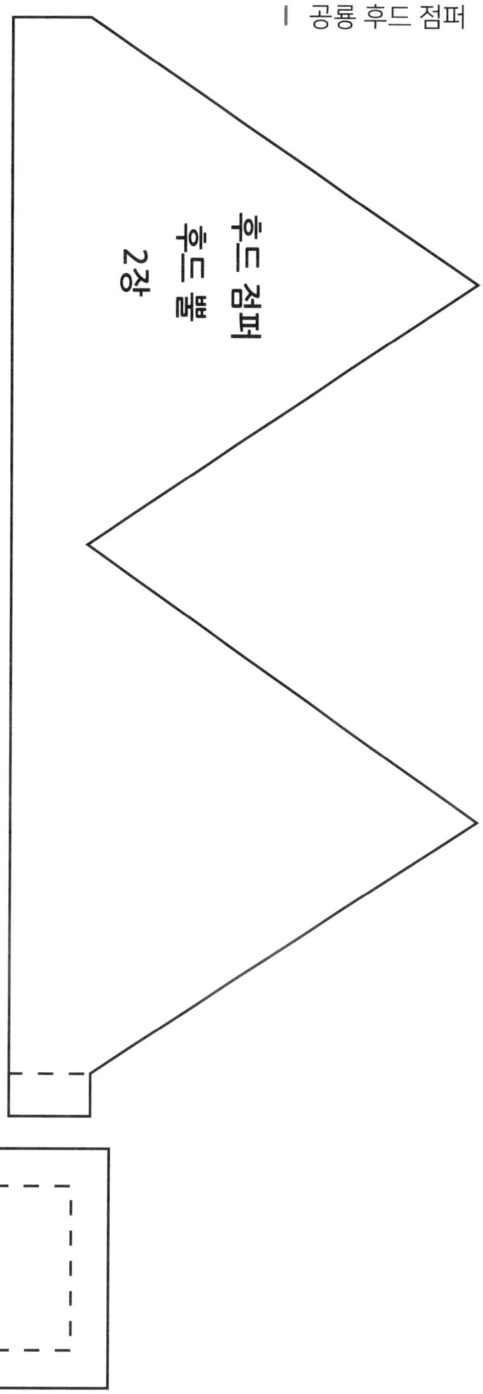
후드 점퍼
후드 뿔
2장

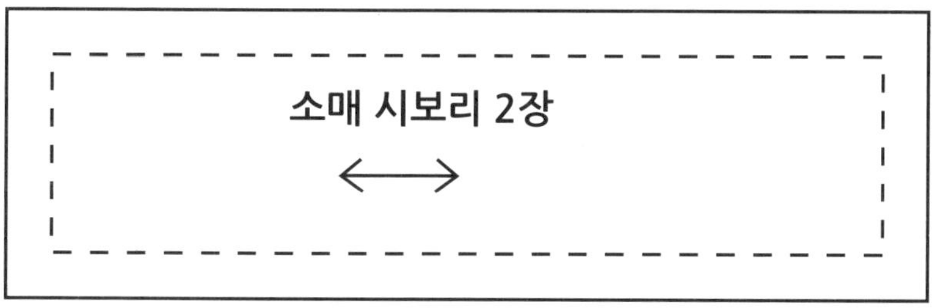
소매 시보리 2장

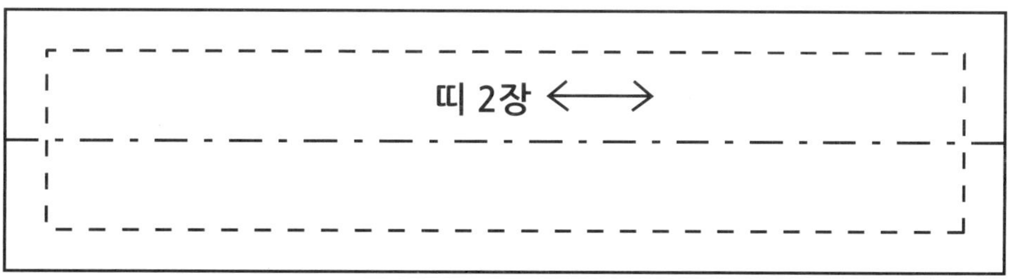
띠 2장

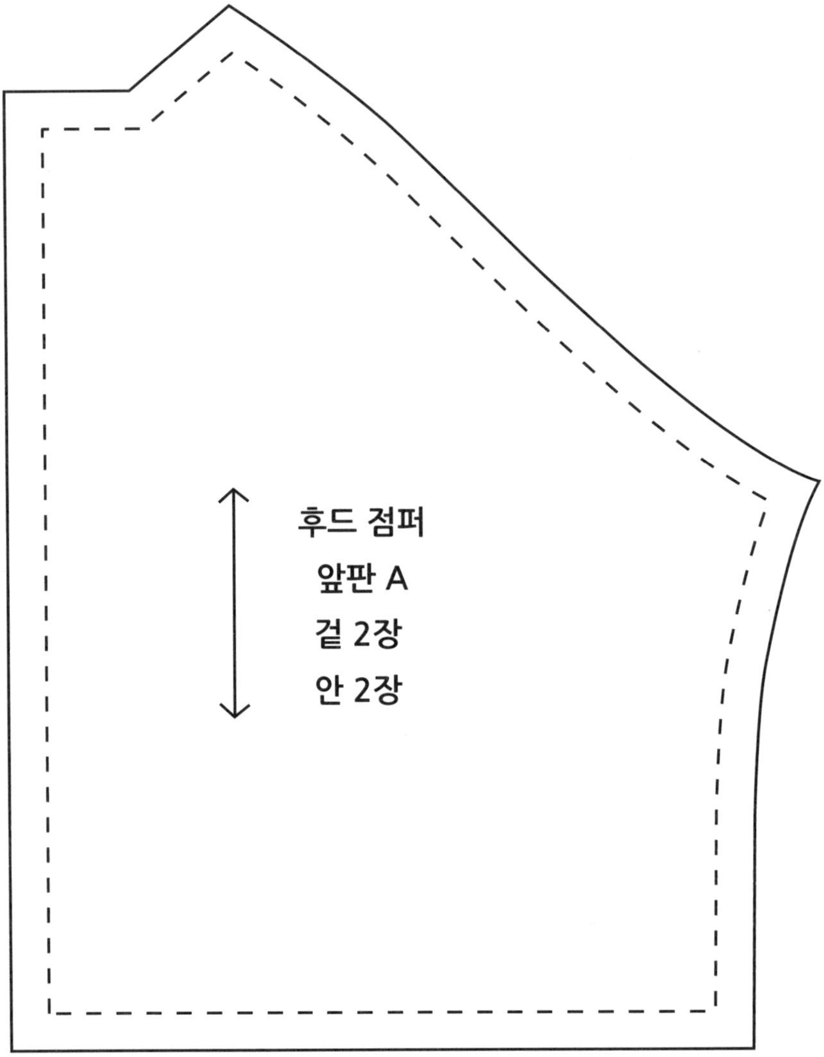
후드 점퍼
앞판 A
겉 2장
안 2장

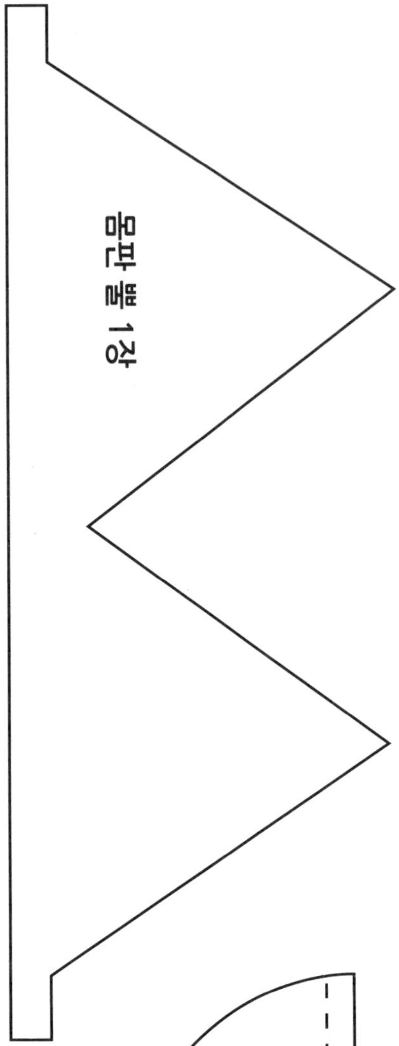
몸판 뿔 1장

발톱
6조각

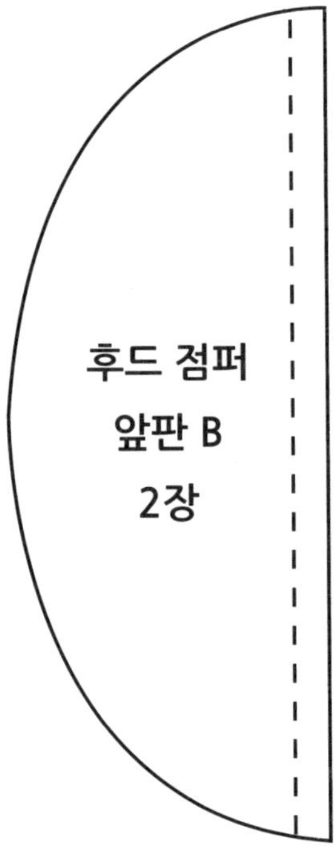
후드 점퍼
앞판 B
2장

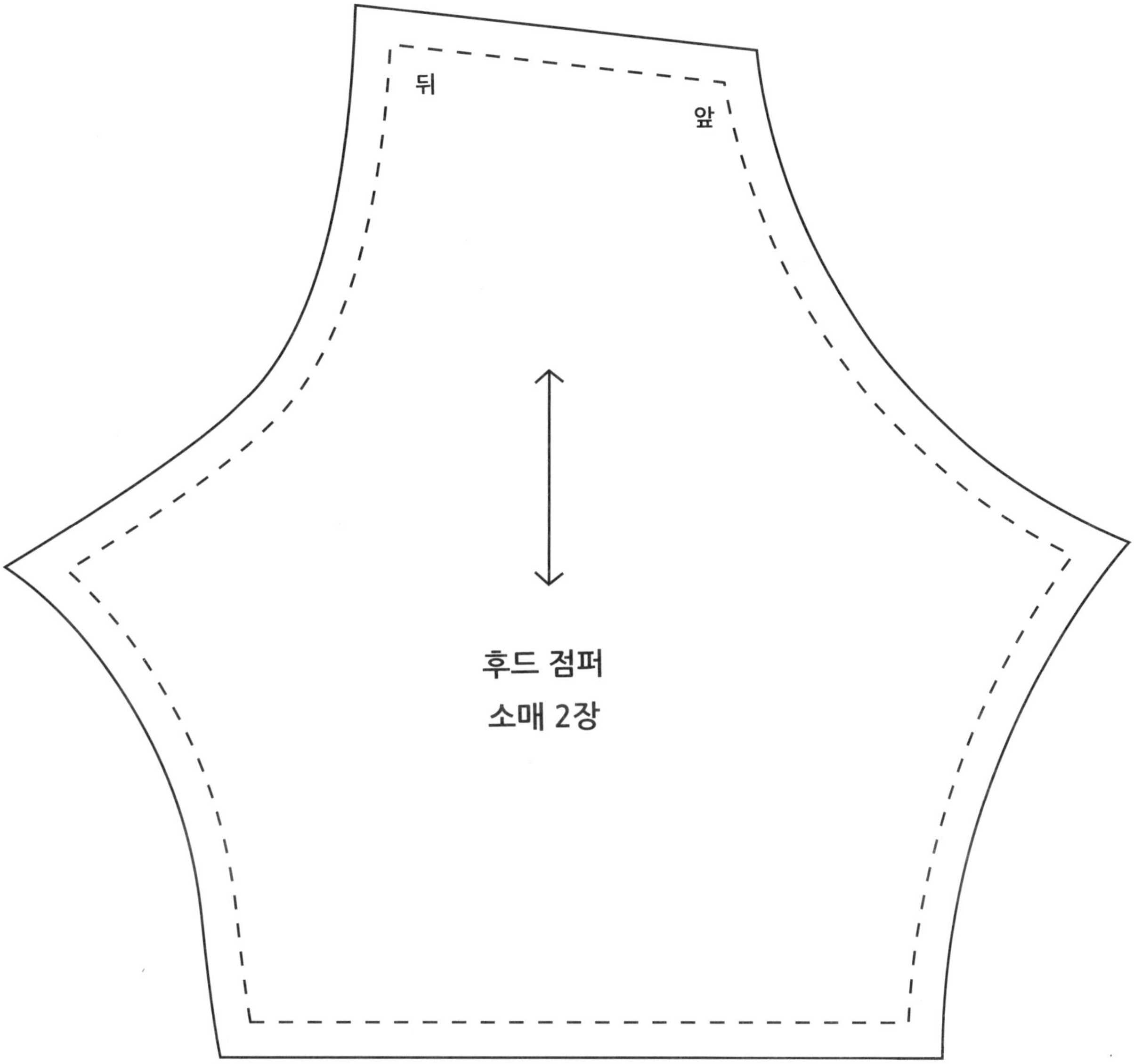
뒤
앞
후드 점퍼
소매 2장

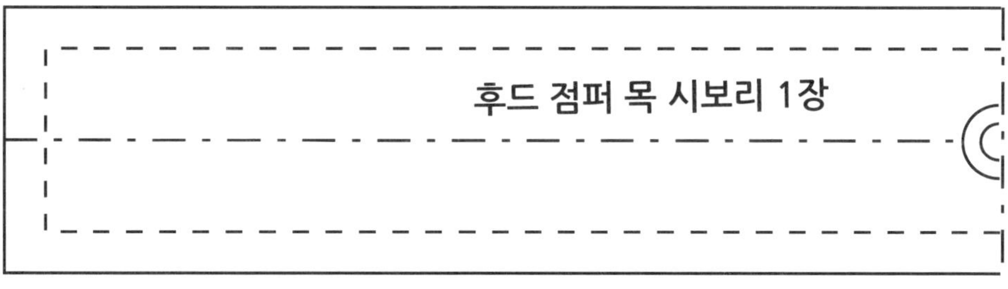
후드 점퍼 목 시보리 1장

공룡 후드 점퍼

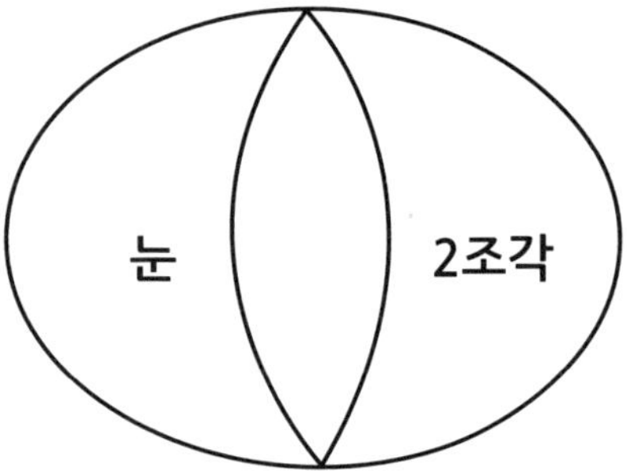

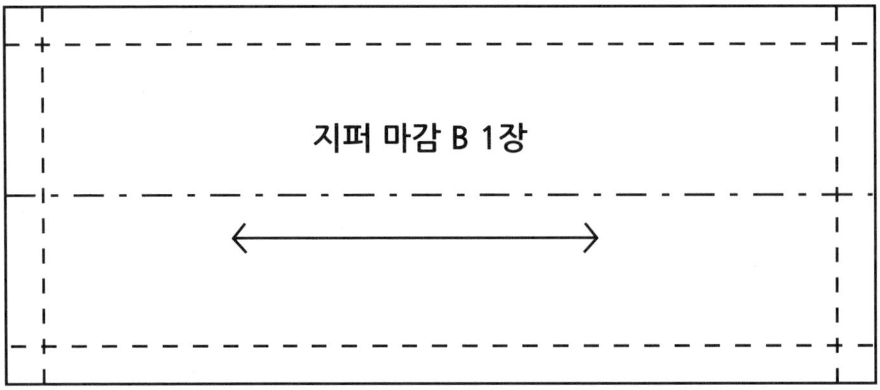

공룡 바디 슈트

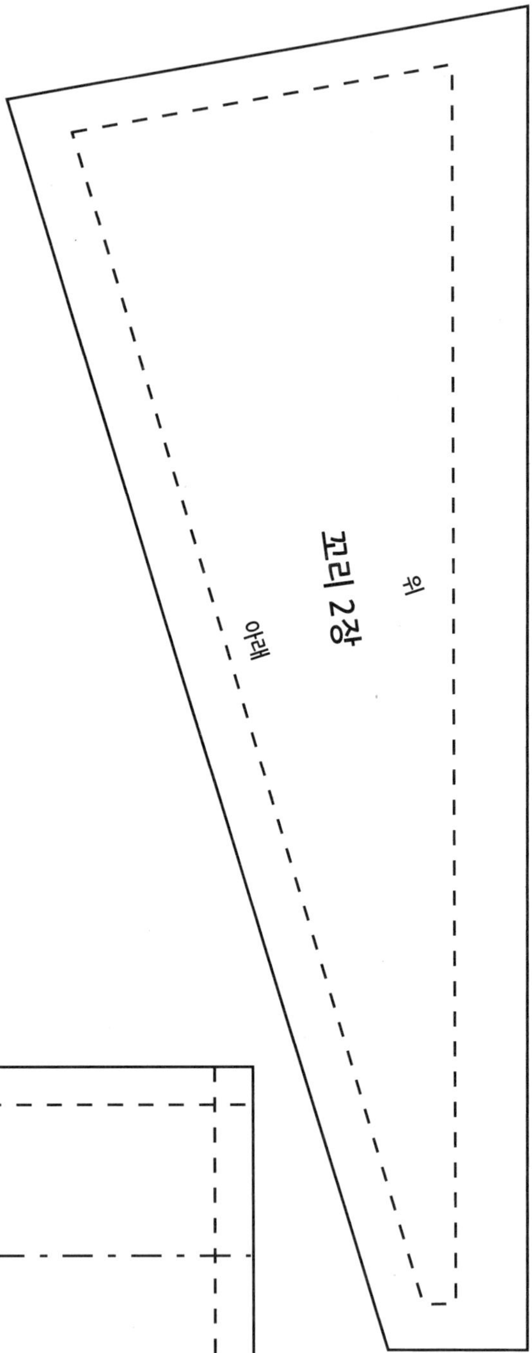

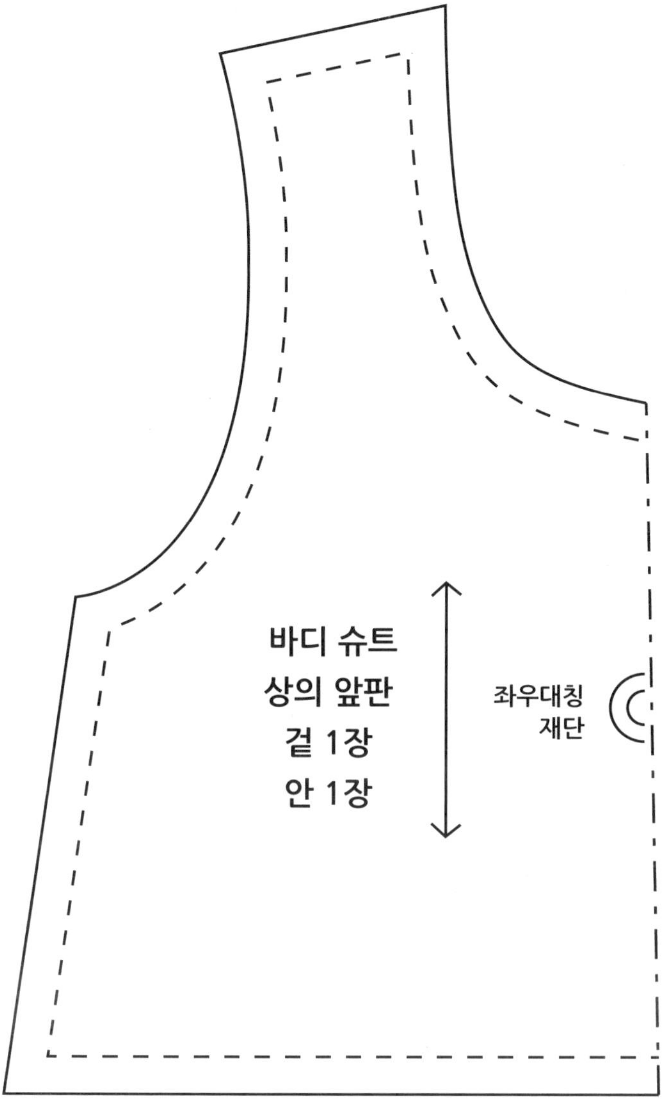
바디 슈트
상의 앞판
겉 1장
안 1장
좌우대칭
재단

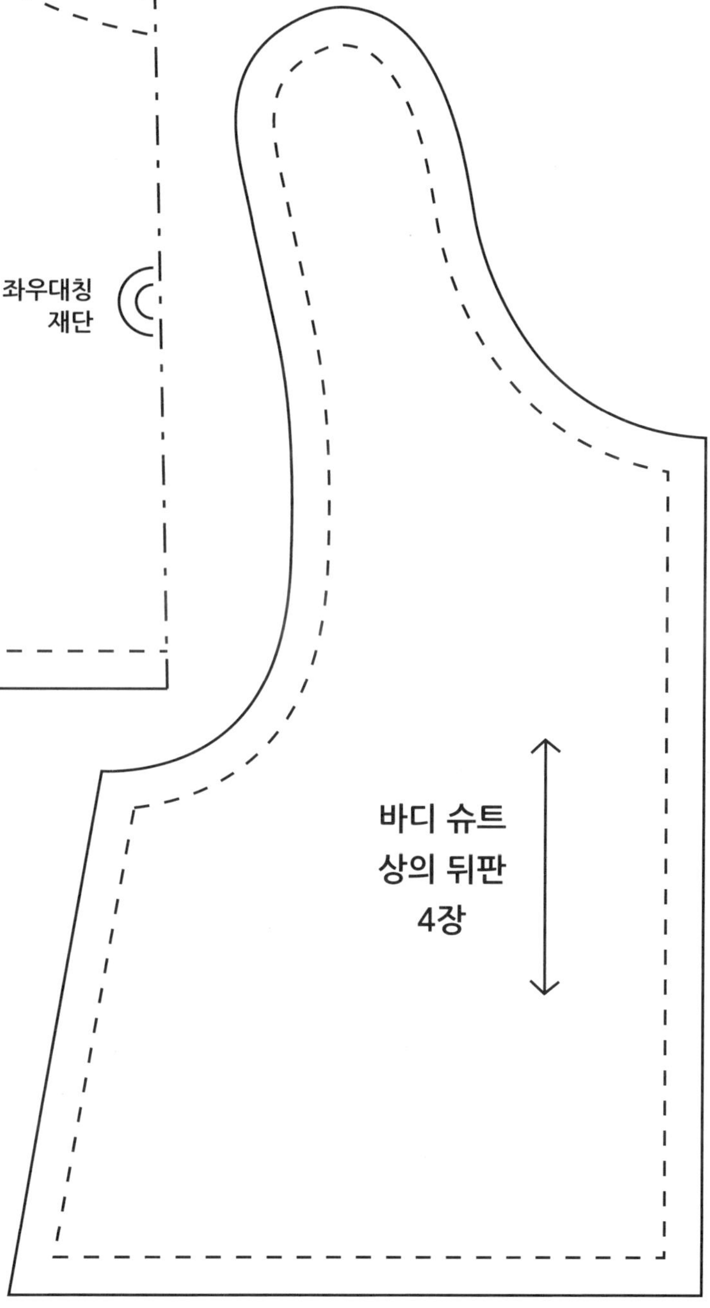
바디 슈트
상의 뒤판
4장

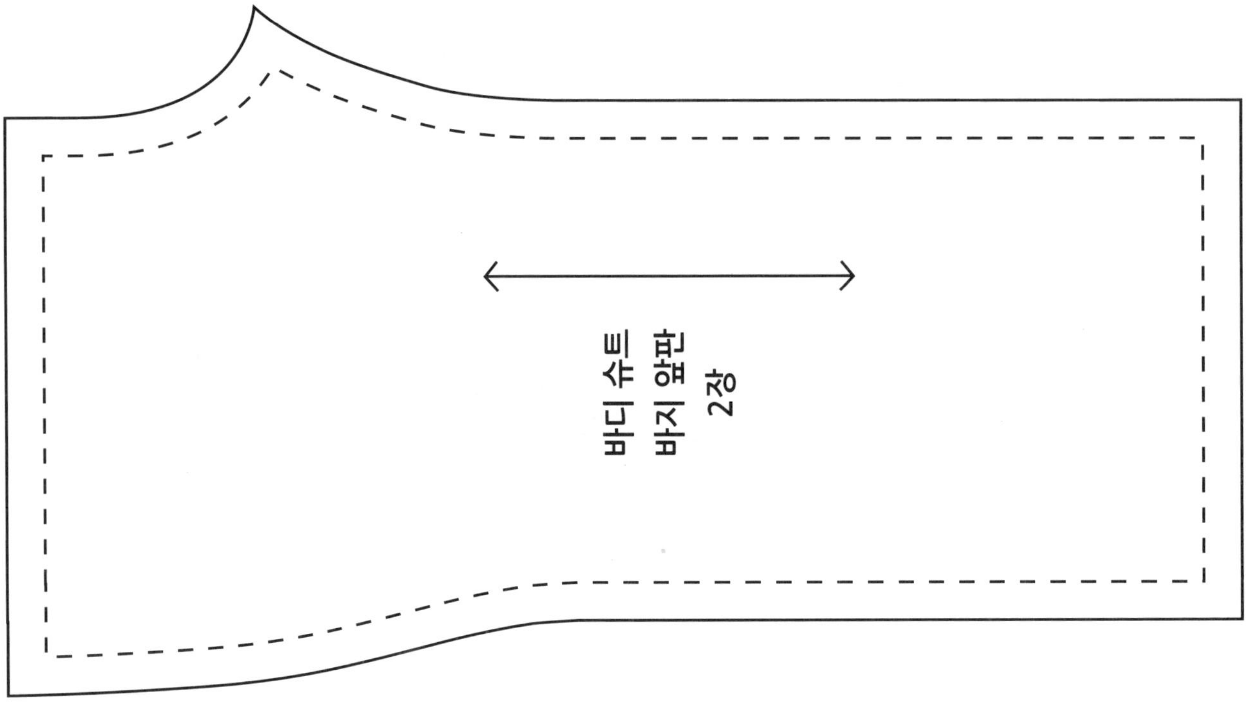
바디 슈트
바지 앞판
2장

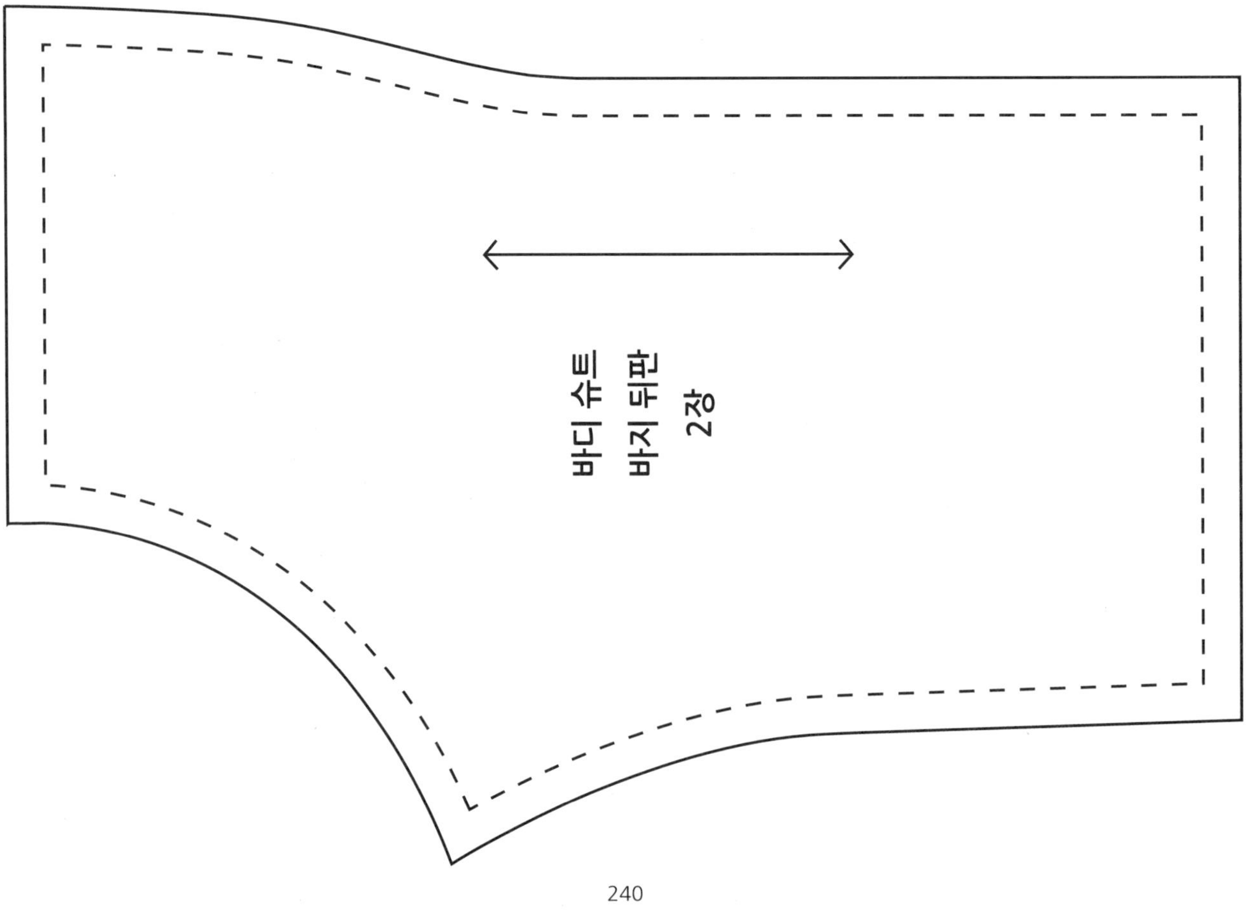
바디 슈트
바지 뒤판
2장

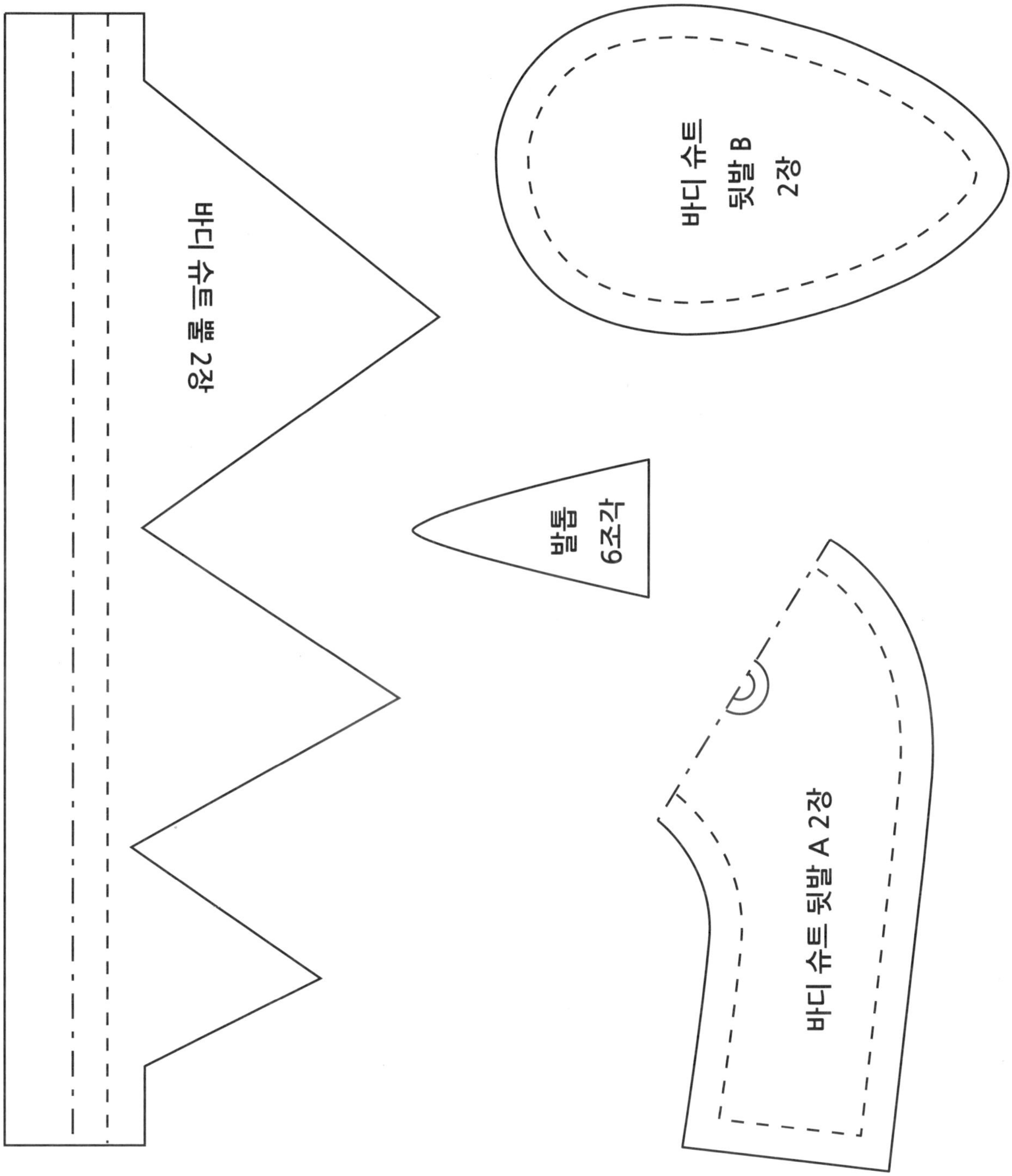
바디 슈트 뿔 2장
바디 슈트 뒷발 B 2장
발톱 6조각
바디 슈트 뒷발 A 2장

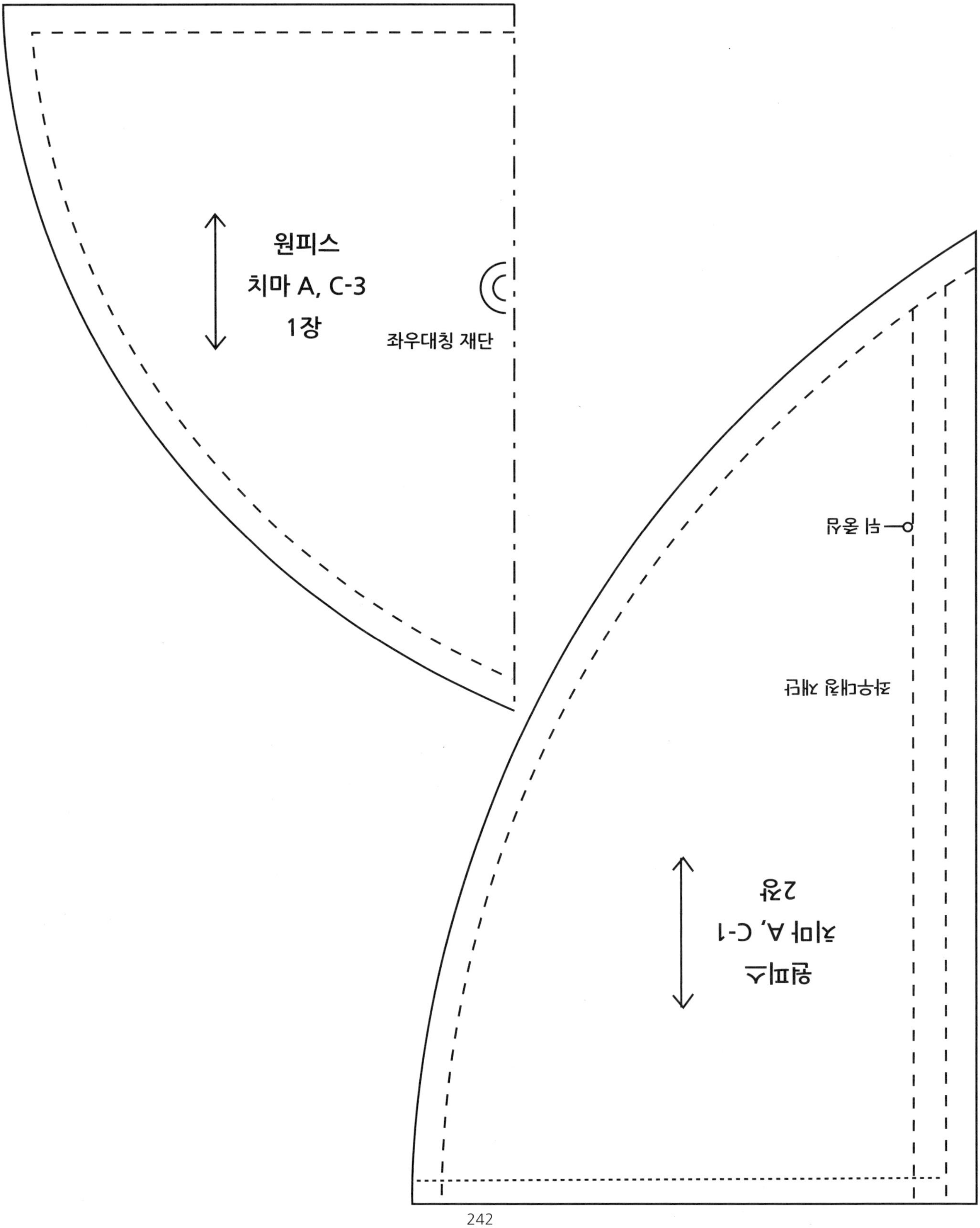
원피스
치마 A, C-3
1장
좌우대칭 재단
원피스
치마 A, C-1
2장
좌우대칭 재단
뒤 중심

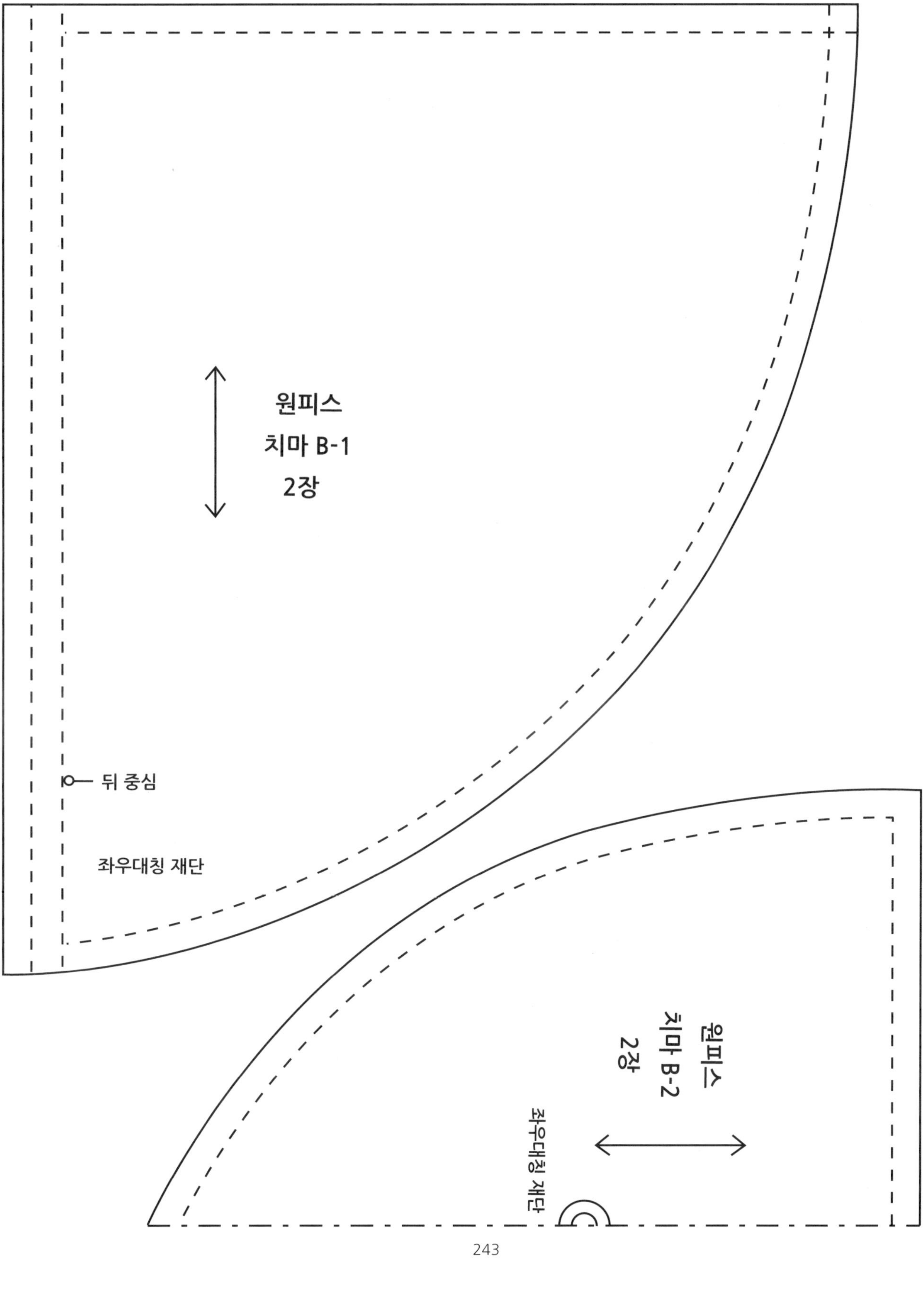
원피스
치마 B-1
2장
뒤 중심
좌우대칭 재단
원피스
치마 B-2
2장
좌우대칭 재단

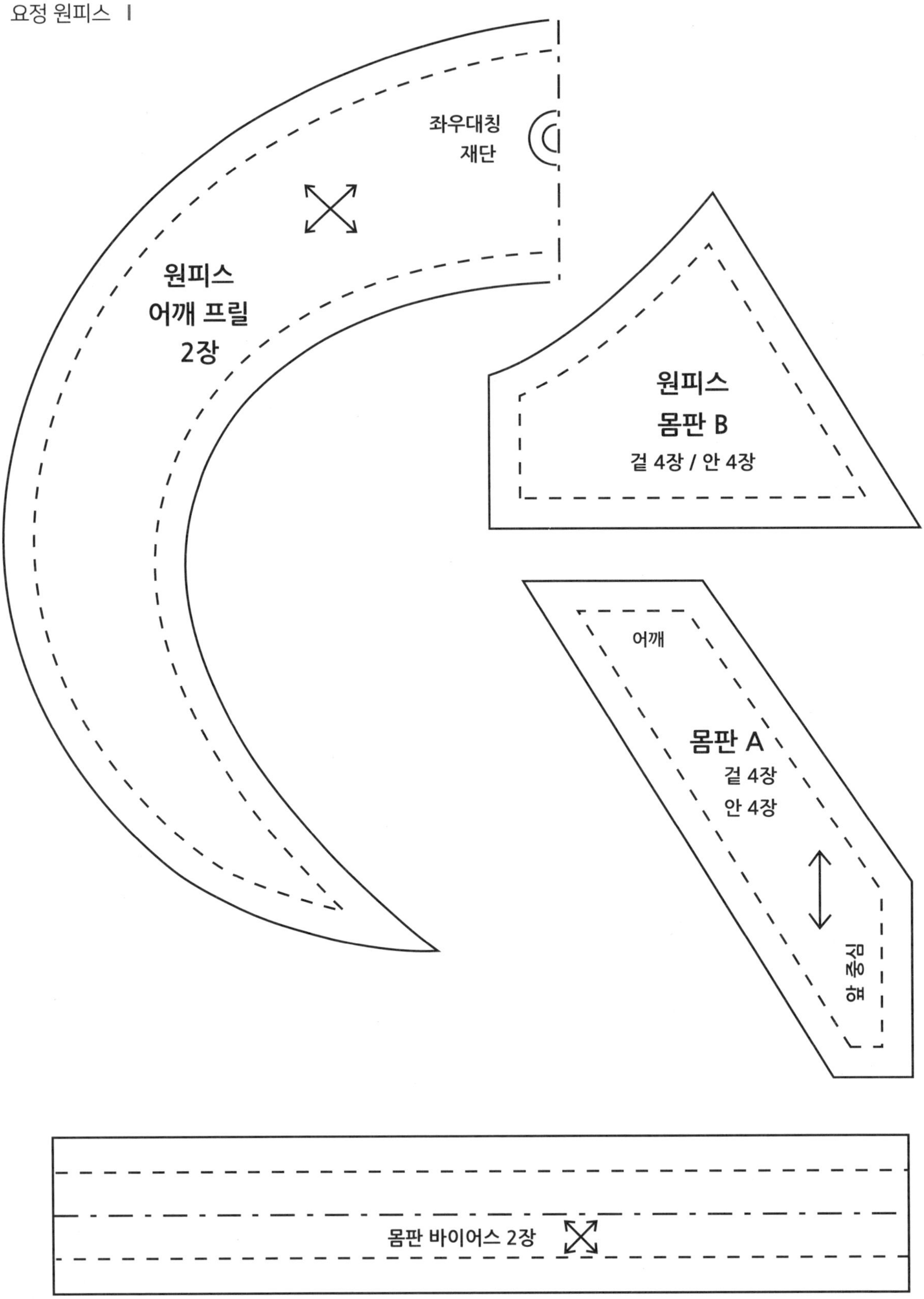
좌우대칭
재단
원피스
어깨 프릴
2장
원피스
몸판 B
겉 4장 / 안 4장
어깨
몸판 A
겉 4장
안 4장
옆 중심
몸판 바이어스 2장

원피스
치마 D
2장

요정 원피스

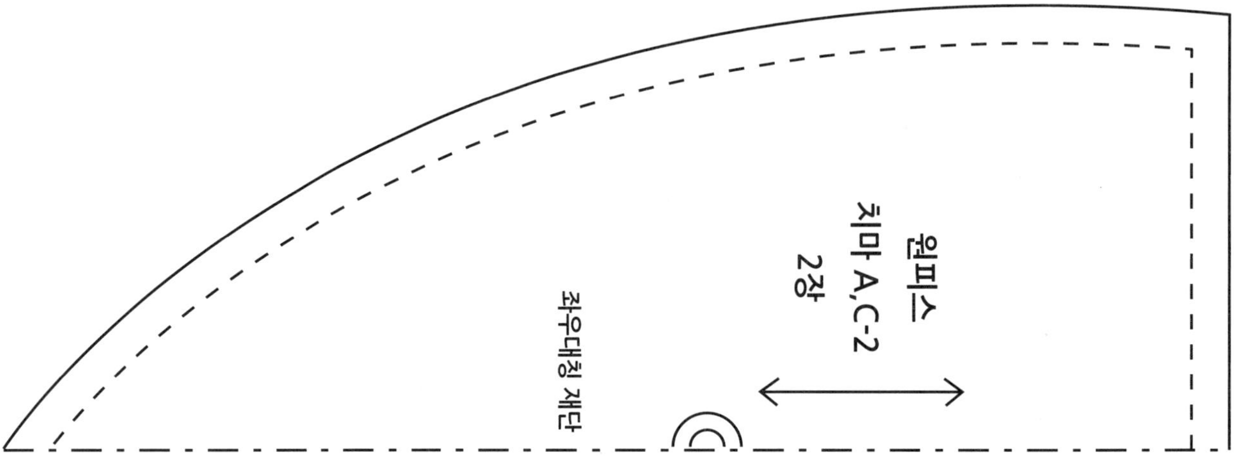

요정 날개

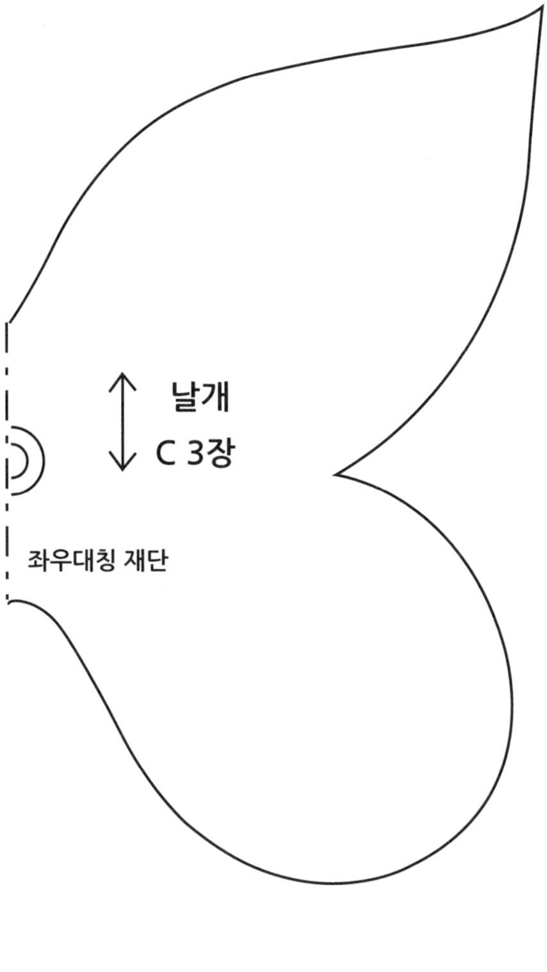

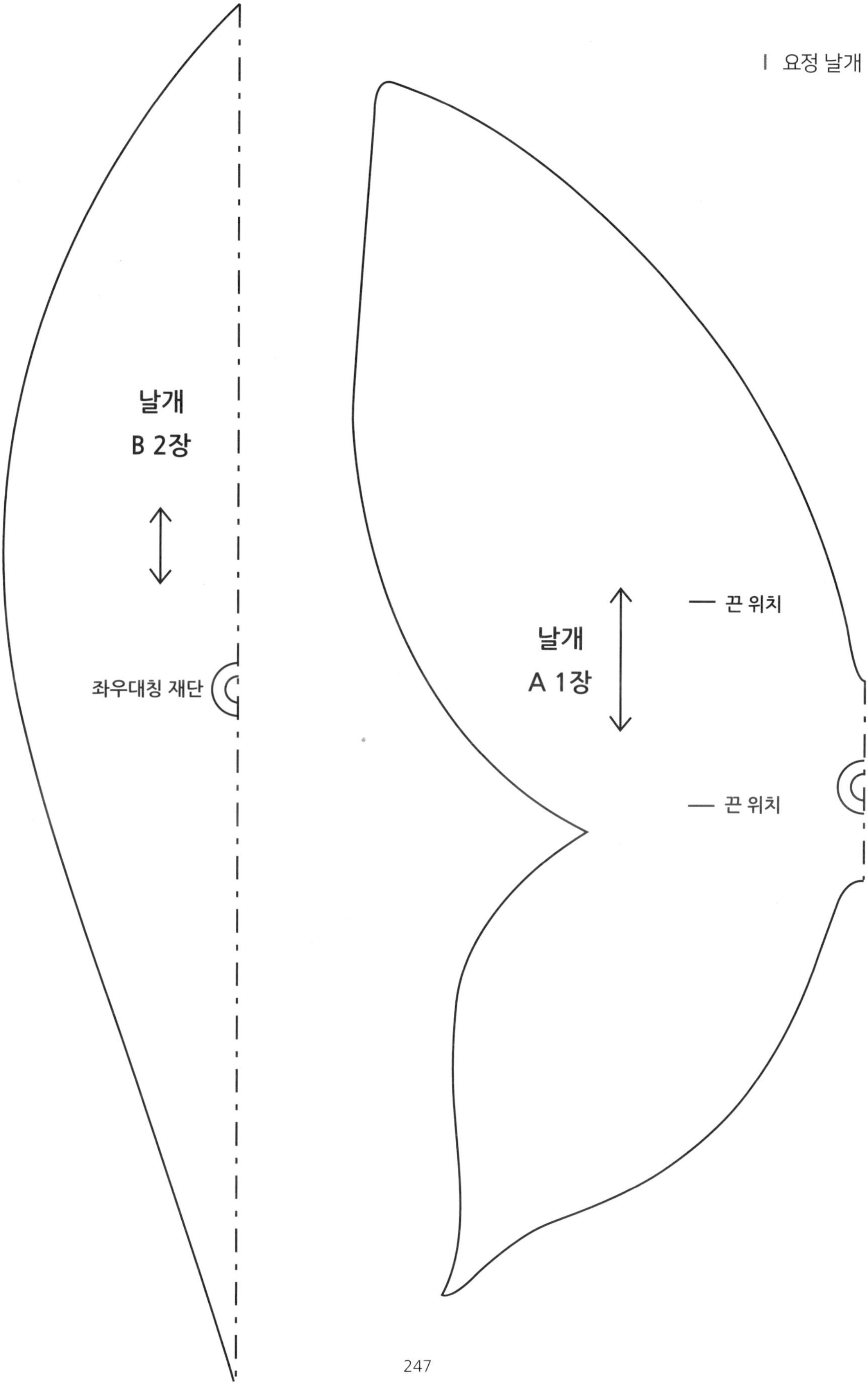
날개
B 2장
좌우대칭 재단
끈 위치
날개
A 1장
끈 위치

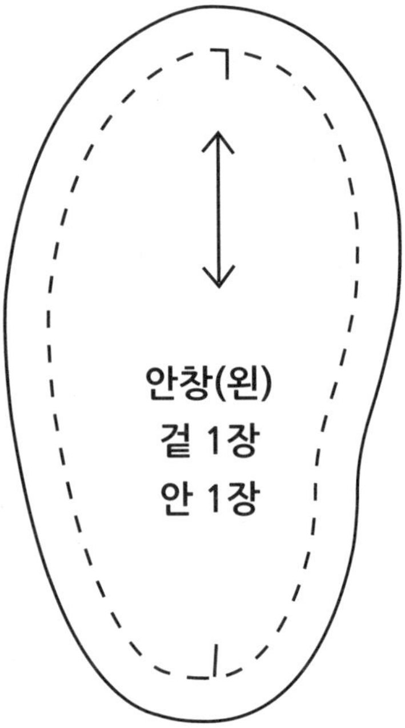
안창(왼)
겉 1장
안 1장

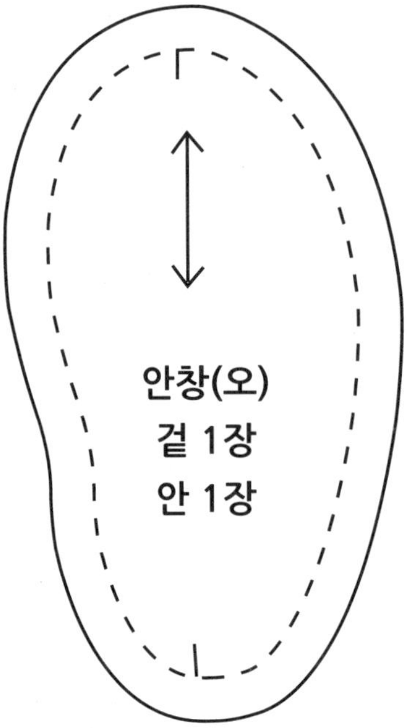
안창(오)
겉 1장
안 1장

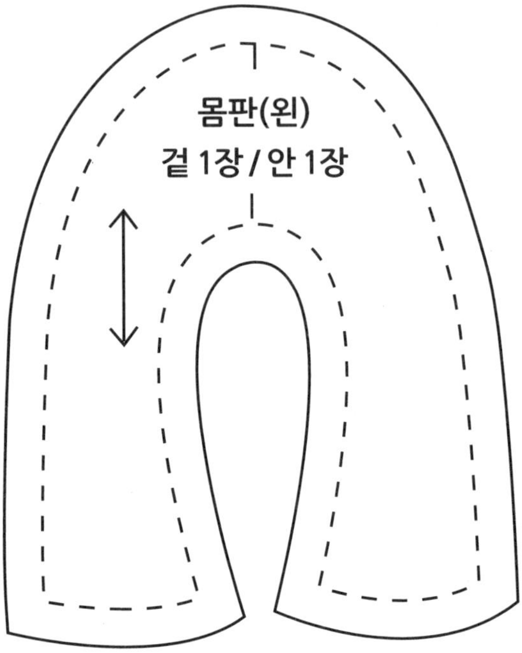
몸판(왼)
겉 1장 / 안 1장

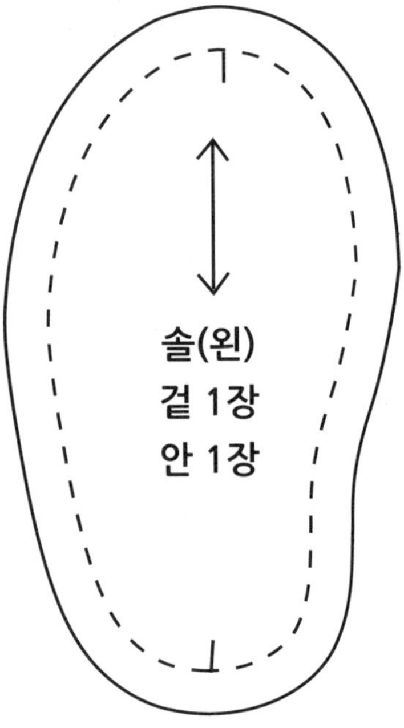
솔(왼)
겉 1장
안 1장

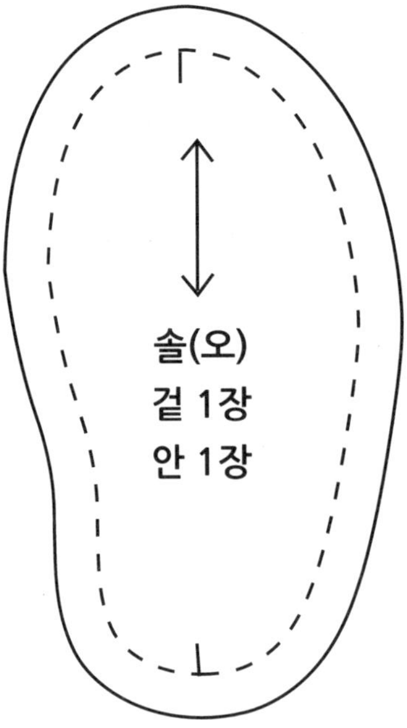
솔(오)
겉 1장
안 1장

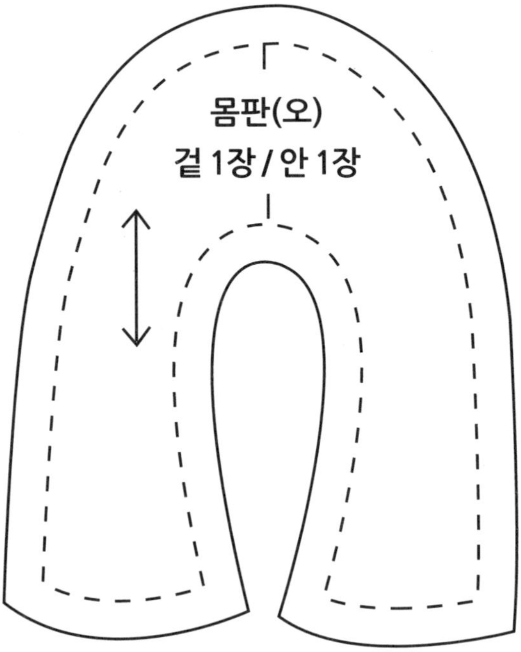
몸판(오)
겉 1장 / 안 1장